증강 현실·가상 현실과 공간 컴퓨팅

증강 현실·가상 현실과 공간 컴퓨팅

차세대 공간 컴퓨팅의 이론과 예제

에린 팡길리년 · 스티브 루카스 · 바산스 모한 지음

김서경 · 고은혜 옮김

에이콘

이 책을 집필하는 도중 세상을 떠난 사랑하는 분들에게 바친다.
또한 오늘날의 공간 컴퓨팅에 우리가 기여한 내용을 통해
혜택을 누릴 후대에게도 바친다.
이 작은 노력이 훗날 가상 현실이 주류로 부상할 때
기술이 발전을 이뤄 어떤 방향으로 쓰이게 될지
여러 아이디어를 제시했었던 표석의 역할을 하기 바란다.

에이콘출판의 기틀을 마련하신 故 정완재 선생님(1935-2004)

추천의 글

2016년, 기술 디자인 리포트Design in Tech Report에서 나는 이전 상사였던 MIT 미디어랩 창립자인 니콜라스 네그로폰테Nicholas Negroponte가 기고한 가상 현실VR에 대한 「와이어드Wired 지」 1993년 11월판 기사를 언급한 적이 있다. 니콜라스는 그만의 독특한 필체로 이렇게 썼다.

> 언론에서 이제 막 다루기 시작했기 때문에 초보자들은 VR이 완전히 새로운 것이라고 오해한다. 그렇지 않다. 이미 25년이나 전에 이반 서덜랜드(Ivan Sutherland)가 ARPA의 지원 하에 놀랍게 고도화된 VR 시스템을 최초로 개발해냈던 것이다. 이반은 컴퓨터 과학 분야에서 좋은 아이디어를 다수 갖고 있었기에 이 사실이 놀랍진 않을 것이다. 다만 오늘날에는 이반의 아이디어를 저렴한 가격에 매우 쉽게 접할 수 있다. 아직 이름을 밝힐 수 없는 한 회사가 곧 미화 25달러가 채 안 되는 부품 가격으로 VR 디스플레이 시스템을 소개할 예정이다.

잠깐 멈춰 서서 이 글이 1993년에 쓰였음을 상기하자. 기사에서 언급한 25년 전이 지금으로부터 얼마 전인지 계산하려면 시간이 좀 걸릴 것이다. 게다가 두뇌가 비상한 선도자(그리고 투자가)로서 네그로폰테 자신이 종자돈을 댔을 뿐더러 미래의 모습을 새로 바꿀 것이 분명한 스타트업을 장난스럽게 언급하는 모습을 보라. 21세기에 와 있는 우리 모두에게 실리콘밸리의 비슷한 주자들과 강자들이 떠오르지 않는가?

하지만 가장 동향에 밝고 가장 뛰어난 실리콘밸리의 기술 전문가들과는 다르게 네그로폰테의 예측은 (기이하고 대담한 예측마저 포함해) 대부분 아직 현실로 다가오진 않았다. 예컨대 오늘날 25달러가 안 되는 VR 시스템이 진짜 나와 있는가? 그렇기야 하다. 스마트폰이나 다른 PC를 갖고 있고 거기에 25달러가 안 되는 판지 헤드셋을 붙여 가동한다면 말이다. 어떤 의미에서 네그로폰테의 예측은 적중한 셈이다.

대부분의 테크놀로지들이 25달러 이상인 걸 감안할 때 여러분은 운이 좋다. 증강, 가상, 혼합, 확장 현실^{AR, VR, MR, XR}에 대해 광범위하게 다루며 전문가와 소비자의 관점 모두를 아우르는 이 책은 윌리엄 깁슨^{William Gibson}의 말을 빌면 사이버 공간과의 '접속'이다. 부유층이 아닌 우리 다수에게는 다행히도 이런 신기술 중 다수가 완전히 무료인데, 오픈소스이면서 이미 널리 배포돼 있기 때문이다. 마침내 현실화된 이 새로운 형태의 '현실'에 뛰어들기엔 지금이 최적기다.

이 책을 읽어 나가면서 여러분은 매 장마다 새로운 저자가 바톤을 넘겨받아 새로운 장을 써내려 간다는 점을 확인할 것이다. 즉, 이 책 한 권으로 차세대의 현실을 진실로 공유 가능한 현실로 만들어낼 전 세계의 전문가 커뮤니티를 소개 받는 것이다. AR, VR, MR, XR 커뮤니티 외부에서 쌓은 지식을 열정적으로 공유하는 이들의 노력은 미래를 만드는 훌륭한 이들이 다른 이들과 협업함으로써 인류를 위한 위대한 기술이 존재할 수 있었음을 상기시킨다.

AI 분야에서 활약하는 여성뿐 아니라 최신 컴퓨터 비전 트래킹 시스템이나 n곤^{n-gon}을 쓰지 않고도 어떻게 최적화된 3D 형태를 만들어내는지, 'AR 클라우드'라는 꿈에서부터 가상 캐릭터의 자율적 행동 양식, 스포츠와 헬스케어 산업에의 적용, 기업의 직원들이 새로운 훈련을 받는 대단히 개선된 방식에 이르기까지 한 권의 책에서 이렇게 폭넓은 주제를 다룬 것은 보기 어렵다. 이 흐름을 주도하는 기술 전문가와 아티스트들이 지닌 폭과 깊이만 봐도, XR이 가야 할 길은 이제 막 인류에게 선보이기 시작한 여러 현실 기술만큼이나 광대하다는 것을 알 수 있다.

이 책에 소개된 글에 영감을 받아 처음 VR을 대했을 때를 잠시 떠올려봤다. 1980년대였는데, MIT의 대학원 과정에 재학하던 중 VPL 테크놀로지 데이터 글러브^{VPL Technology Data Glove}를 써볼 기회가 있었다. 손가락 관절마다 빛이 통과할 수 있게끔 광케이블을 붙인 검정색 벨루어 재질의 딱 달라붙는 장갑이 신호를 읽어 손으로 움켜쥐는 동작을 감지하는 것이었다. 화면에 떠오른 내 가상의 손이, 인사를 건네는 내 손을 향해 마주 손을 흔드는 모습에서 눈을 뗄 수 없었다.

데이터 글러브의 역사를 되돌아보면 VPL이 개발하고 그에 따라 설계했던 헤드 마운티드 디스플레이도 떠오른다. 이 디스플레이의 이름이 무려 '아이 폰Eye Phone'이었다. 이 이름을 읽고 웃을 수밖에 없었는데, 몇 십 년이 지나 이 '아이 폰'의 비전이 완전히 적중했기 때문이다. 다만 '아이폰iPhone'이라는 새로운 스펠링으로. 아이폰이 헤드 마운티드 시스템은 아니지만, 장시간 동안 우리의 눈과 얼굴 가까이에 두고 사용하고 있는 기기인 것만은 분명하지 않은가!

이것이 그냥 우연의 일치일까? 매 장 말미의 참고 자료마다 엄청나게 긴 목록이 있는데, 모두 어떤 식으로든 다른 장에서의 작업과 연관이 있다. 때문에 가장 어려운 일을 가장 빠르게 해내기 위해서는 눈을 크게 뜨고 커뮤니티에 관심을 두는 것이 좋다. 가장 어려운 난관에 대한 다양한 관점을 둘러보는 것이야말로 예기치 않았던 혁신의 불꽃을 피우기에 으뜸가는 방법이다. 공간 컴퓨팅이란 비전이 진실로 이뤄지려면 이 책에서 개략적으로 다룬 것보다 더 폭넓은 아트, 과학, 비즈니스 커뮤니티의 참여가 필요하다. 하지만 여러분 앞에 놓인 이 책이 미래로 빠르게 달려갈 수 있는 탄탄한 기반을 갖추게끔 도와줄 것이다.

지금으로부터 몇 십 년 후에는 AR 클라우드처럼 지금은 기술적으로 어렵지만 언젠가 이룰 수 있는 개념이 (다른 이름으로 불릴지라도) 흔히 쓰이게 될 것을 믿어 의심치 않는다. 이런 개념 중 하나가 마침내 구현돼 세상에 나온다면 그것은 여러분의 덕일 수도 있다. 그러니 여러분이 제공할 수 있는 기술이 무엇이든 이 책의 공저자 중 누구에게라도 연락해 이들의 작업이 한발 더 나아갈 수 있도록 참여를 요청하길 강력하게 권고한다. 그럼 시작해보자.

존 마에다 John Maeda / 오토매틱Automattic의 디자인 앤 인클루전Design and Inclusion 부서장, 메사추세츠 렉싱턴

수석 공동 편집자 소개

에린 팡길리넌^{Erin Pangilinan}

USF 데이터 인스티튜트^{USF Data Institute}의 딥러닝 프로그램에서 다이버시티 펠로우^{Diversity Fellow}로 재직하고 있다. 자랑스러운 실리콘밸리 출신으로 UC 버클리 동문이자 컴퓨팅 디자이너와 소프트웨어 엔지니어를 겸하며, 스타트업 컨설턴트이기도 하다. 이 책의 수석 공동 편집자이자 기고자로서 집필 프로젝트를 개념화했으며, 데이터와 머신러닝 시각화 디자인 및 개발에 관한 장에 기여했다.

2017년에는 앞에 언급한 프로그램에서 다이버시티 펠로우로 선정됐으며, 다시 2018년에는 오큘러스 런치패드^{Oculus Launch Pad}의 펠로우로 선정됐다. 2015년 이래 교육과 전문 개발에 중점을 둔 두 개의 다이버시티 앤 인클루전^{diversity and inclusion} 관련 비영리 단체, 여성과 저소득층 커뮤니티를 지원하는 ARVR 아카데미, STEAM(과학, 기술, 공학, 예술, 수학을 아우르는 명칭) FASTER에서의 필리핀계 미국인 공동체를 공동으로 설립하고 확장했다. 이전의 시민 활동 경력을 십분 살려 전 미국 상무부 차관인 로 칸나^{Ro Khanna}와 테크 포 오바마^{Tech For Obama} 창립자인 스티브 스피너^{Steve Spinner}의 공식 캠페인 스태프로 일했다. 트위터 @erinjerri와 온라인 erinjerri.com에서 만나볼 수 있다.

스티브 루카스^{Steve Lukas}

어크로스 리얼리티^{Across Realities}의 CEO이자 매직 립^{Magic Leap}의 DR^{Developer Relation} 담당 관리자다. 퀄컴 벤처스^{Qualcomm Ventures}의 제품 관리와 벤처 캐피탈에서 AR/VR 회사 인 어크로스 리얼리티 설립에 이르기까지 XR 산업 전반에서 다양한 역량을 발휘해 왔다. 트위터에서 @slukas로 활동하고 있다.

바산스 모한^{Vasanth Mohan}

퓨즈드VR^{FusedVR}의 설립자다. 바산스(혹은 퓨즈맨^{Fuseman})는 2016년 4월 퓨즈드VR 유 튜브 채널을 시작해, 특히 HTC 바이브와 유니티로 VR 콘텐츠를 제작하는 데 관심 이 있는 사람의 수를 늘리고자 노력했다. 이후 유다시티^{Udacity}에서 VR과 ARKit 관련 나노디그리 제도^{Nanodegree}를 개발했으며, SVVR 커뮤니티와 함께 베이 에어리어 안 팎에서 개발 워크숍을 진행했다.

기고자 소개

하비 볼^{Harvey Ball}

VRTK의 제작자다. 거의 20년간 웹 공간과 웹 외의 애플리케이션에 엔터프라이즈 시스템을 구축하는 개발자로 일해 왔다. 2016년에 취미로 VR을 개발하기 시작했으며 이후 곧 VRTK 작업을 시작했는데, VR을 개발하는 사람들이 가능한 한 많이 참여할수록 VR 플랫폼 역시 혜택을 누릴 수 있으리라는 믿음 때문이었다.

재즈민 카노^{Jazmin Cano}

하이 피델리티^{High Fidelity}의 사용자 참여 관리자^{User Engagement Manager}다. 2013년부터 가상 현실용 3D 콘텐츠를 개발해 왔으며, 사회적 VR이 처음인 사용자를 위한 경험을 디자인하는 데 집중하고 있다. 하이 피델리티에서 VR 내 사회적 공간에서의 안전감과 편안함을 탐구하는 팀을 이끌고 있으며, 다수의 사용자 경험을 위한 디자인 환경, 이벤트, 정책에도 기여하고 있다. 여가 시간에는 모델링과 텍스처 페인팅으로 VR용 3D 환경을 창조하며 게임을 즐긴다. 컴퓨터 앞에 있지 않을 때는 영감을 얻고자 황야에서 모험 중일 것이다. 트위터에서는 @JC_3D를 찾으면 된다.

12

티파탯 첸나바신^{Tipatat Chennavasin}

초기 단계의 VR과 AR 회사에 투자하는 벤처 리얼리티 펀드^{Venture Reality Fund} 의 총괄 파트너다. VR/AR 콘텐츠 제작 경험이 있으며, VR을 개발하는 동안 우연히 고소공포증을 해결한 일을 계기로 VR의 힘을 확신하게 됐다. VR/AR 업계의 대변인이자 지적인 리더로 자리매김했으며, 여러 출판물에 기고했고 전 세계적으로 열리는 다양한 업계 이벤트에서 발표했다. 4,500개가 넘는 회사를 검토했으며 그중 30개에 투자하기도 했다. 또한 VR 아티스트이자 구글 레지던시 아티스트^{Google artist-in-residence} 이기도 하다.

클로라마 도빌리아스^{Clorama Dorvilias}

VRTK의 개발자이자 열렬한 옹호자다. 2015년, 런던 예술 대학교^{University of the Arts London}에서 유해한 사회적 편견을 해소하기 위한 방법에 대한 석사 논문을 쓰면서 VR을 발견했다. 이후 유니버시티 칼리지 런던^{University College of London}과 하이픈 랩스^{Hyphen-Labs LLC}를 포함해 여러 다양한 클리닉 및 기관과 함께 VR 경험을 제작함으로써 공감력을 높이고 사회적 편견에 저항할 수 있다고 입증된 연구 방법을 활용하고자 했다.

업적은 의료, 교육, 공공 부문, 직장에 관련된 기관 다수에 걸친다. 단시간에 프로토타입의 컨셉을 오큘러스 런치패드에 제출하고, 오큘러스 스토어에서 티처스 렌즈^{Teacher's Lens} 앱을 런칭하기 위한 시드 펀딩을 확보했으며, 디비아스 VR^{Debias VR}을 설립할 수 있었던 것을 VRTK의 공으로 돌린다. 디비아스 VR은 포춘 500대 기업과 협력해 무의식적인 편견에 대한 검사와 트레이닝을 제작하며, 이를 위해 VR만의 고유한 기능을 적극 활용해 행동 데이터를 측정하고 진행 상황을 트래킹한다.

매트 미에스닉스 ^{Matt Miesnieks}

선도적인 AR 클라우드 플랫폼이자 그의 세 번째 AR 스타트업인 6D.ai의 CEO겸 공동 설립자다. 영향력 있는 블로그 게시물 덕분에 AR 업계의 지적인 리더 중 하나로도 유명하다. AR에 투자하는 슈퍼벤처스^{SuperVentures}를 공동으로 설립하고, 삼성에서 AR 프로토타입을 제작했으며, 2009년 AR로 뛰어들기 전에는 모바일 소프트웨어 인프라에서 오랫동안 경영과 기술 경력을 쌓았다. 트위터에서 @mattmiesnieks로 활동한다.

실카 미에스닉스 ^{Silka Miesnieks}

어도비의 이머징 디자인 책임자다. 오늘날 어도비의 제품과 서비스에서 찾아볼 수 있는 여러 공간 디자인과 AI 관련 기능의 배후를 책임진다. 또한 디자인 도구와 서비스가 지닌 잠재력을 검토하며 어도비의 여러 팀과 더불어 미래의 도구를 상상한다. '저 아래 땅', 즉 오스트레일리아에서 남편, 두 아들, 혈압을 낮춰줄 위스키 한 병과 함께 왔다. 어도비에서 일하기 전엔 AR을 통해 기술을 인간화하고자 데코^{Dekko}를 공동 설립하기도 했다. 기업가 정신의 소유자로, 스타트업과 여성 기술자들을 멘토링한다. 트위터 계정 @silkamiesnieks와 Silka.co에서 만날 수 있다.

로스틴 머피 ^{Rosstin Murphy}

STRIVR에서 근무하는 VR 엔지니어로 이란계 미국인이다. 인생에서 가장 큰 기쁨은 자신이 개발한 소프트웨어를 사용하는 이들의 얼굴에 웃음꽃을 피우는 일이다. IBM R&D에서 XR 경험을 만들기 시작했으며 이머시브 인사이트^{Immersive Insights} 개발을 주도하기도 했다. 현재는 STRIVR에서 VR 엔지니어로 일하고 있으며, STRIVR 크리에이터와 STRIVR 플레이어 개발에 기여하고 있다. 트위터에서는 @RosstinMurphy를 찾으면 된다.

빅터 프리사카리우 ^{Victor Prisacariu}

샌프란시스코의 스타트업인 6D.ai의 공동 설립자이자 최고 과학 책임자^{CSO}로, 범용 모바일 하드웨어에서 시맨틱 3D 맵을 제작하고 있다. 2008년 루마니아의 이아시^{lasi}에 있는 게오르게 아사치 공과대학^{Gheorghe Asachi Technical University}에서 컴퓨터 공학 학위를 취득하고, 2012년 영국 옥스퍼드 대학교 공학과에서 공학 전공으로 철학 박사 학위를 취득했다. 이후 최초로 EPSRC 펠로십을 수상한 박사후 연구원으로, 그리고 2017년 부교수로 임명되기 전 다이슨^{Dyson}의 선임 연구원으로 활동했다. 관심 연구 분야로는 시맨틱 시각 트래킹, 3D 재구성과 SLAM이 있다.

마크 로울리 ^{Marc Rowley}

라이브 CGI의 CEO이자 공동 창립자며 에미상을 다섯 번이나 수상했다. ESPN에 있을 때 파일론 카메라^{Pylon Camera}와 스포츠센터 런다운^{SportsCenter Rundown}을 발명했으며, 증강 현실과 관련해 다수의 특허를 내기도 했다. 라이브 CGI에서는 모든 라이브 CGI 방송 시스템을 통틀어 가장 첫 번째를 발명했다. 열렬한 게이머이자 애독자이기도 하다.

딜런 샤 ^{Dilan Shah}

캘리포니아의 라구나 니구엘에서 자랐으며, 부스트 VC 회사인 YUR Inc.의 공동 설립자이자 최고 제품 책임자로 일하고 있다. 오랫동안 개발자로 일했으며, ARCore와 ARKit, 홀로렌즈, 오큘러스 고, 오큘러스 리프트, HTC 바이브에 걸친 프로젝트를 내세운 유니티의 새로운 산업 XR 애플리케이션 교육 리소스를 구축하는 데 기여했다. 공간 컴퓨팅(VR과 AR)의 얼리어댑터이자 전도자며 제품 전문가다. 자발적 학습자며 USC에서 경영학과 컴퓨터 과학 분야 학위를 취득했다. 블로그는 thelatentelement.com이고, 트위터 계정은 @dilan_shah이다.

티모니 웨스트^{Timoni West}

유니티의 XR 연구 디렉터로, 다양한 분야의 아티스트와 엔지니어 팀을 이끌며 인간-컴퓨터 상호작용용 새로운 인터페이스를 탐구한다. 현재 이끄는 팀은 공간 컴퓨팅, 즉 디지털 사물과 현실 세계가 나란히 공존하는 세상에서 어떻게 살아가고 일하며 창조할 것인지에 초점을 맞춘다.

OVA 이사회의 일원이며 티보리^{Tvori}와 스페셜 스튜디오^{Spatial Studios}의 고문이다. 2017년에 넥스트 리얼리티 뉴스^{Next Reality News}의 '지켜봐야 할 50인^{Top 50 to Watch}'에 선정됐다. 또한 XRDC의 자문위원회에서 활동하고 있으며, 세콰이어 스카우트^{Sequoia Scout}이자 2018년엔 ADC의 경험 디자인 수상 심사 위원이었다.

감사의 글

이 프로젝트에 헌신한 다음의 분들께 감사의 말을 전하고 싶다.

먼저 오늘날의 기술을 가능케 한 공간 컴퓨팅의 창작자들에게 감사한다.

VP 콘텐츠를 담당하는 마이크 루카이즈^{Mike Loukides}, 콘텐츠 개발 편집자인 안젤라 루피노^{Angela Rufino}, 브라이언 포스터^{Brian Foster}, 조시 가스카^{Josh Gasrstka}를 비롯한 오라일리 담당 스태프에게 감사를 전한다. 우리와 콘퍼런스 콜을 계속하며 진척 사항을 따라잡는 데 많은 시간을 쓰고, 콘텐츠를 살뜰히 관리할 뿐 아니라 창작의 자유를 보장해준 덕분에 이 프로젝트가 탄생할 수 있었다.

이 책을 펴낼 수 있도록 우리에게 용기를 준 가족, 친구, 커뮤니티에 감사한다.

이 책의 기고자이기도 한 STRIVR의 소프트웨어 엔지니어 로스틴 머피^{Rosstin Murphy}에게 특별히 감사한다. 이 책에 지속적으로 굉장한 도움을 줬다. 이 책이 거듭 변화하는 테크놀로지를 올바로 반영해 업데이트할 수 있도록 몇 번이고 거듭되는 수정과 초고를 제공해준 뛰어난 리뷰어들인 스팬다나 고빈가리^{Spandana Govindgari}(하이프^{Hype} AR, 공동 창립자), 알렉산드리아 헤스턴^{Alexandria Heston}(매직 립, UX, 상호작용 디자이너), 데이브 존스턴^{Dave Johnston}(BBC R&D, 선임 프로덕트 매니저), 캐서린 밈너프^{Katherine Mimnaugh}(울루대학교^{University of Oulu}, 박사후 연구원), 트로이 노크로스^{Troy Norcross}(게임하츠 GameHearts 창립자), 존 오크스^{Jon Oakes}(SJSU), 미카 스텁스^{Micah Stubbs}(링크드인, 데이터 시각화 인프라스트럭처), 송선빈^{Sunbin Song}(국립보건원 선임연구원), 디에고 세구라^{Diego}

17

Segura(A 프레임^{A-Frame}과 슈퍼미디엄^{Supermedium} 창립자)에게 감사한다.

오라일리에서 세 권의 책을 낸 저자이자 VR의 리더인 토니 패리시^{Tony Parisi}가 이 프로젝트에 바친 무한한 지원에 감사한다.

또한 이 책은 첫머리와 마무리에 디자인과 공학계 리더들이 공간 컴퓨팅 기술의 미래를 전망하는 예리한 통찰을 싣는 영광을 누렸다. 디자인 공학의 선구자이자 오토매틱의 디자인 앤 인클루전^{design and inclusion} 대표인 존 마에다^{John Maeda}가 추천의 글을 썼고, VR계의 전설이자 유니티 3D 테크놀로지^{Unity 3D Technologies}의 전략실 대표인 토니 패리시^{Tony Parisi}가 헌사를 썼다.

또한 도움을 준 켄트 바이^{Kent Bye}(VR 팟캐스트 개발자이자 진행자)와 메리 클라크 밀러^{Mary Clarke Miller}(버클리 시립대 교수)에게 감사한다.

이 책에 관심을 가지고 읽어준 독자 여러분께 감사한다. 여러분 모두 공간 컴퓨팅 경험의 여정을 멋지게 시작하길 바란다!

옮긴이 소개

김서경(ada.sk.kim@gmail.com)

 여의도 IT기업에서 일하는 전방위 심리학자다. 고려대학교에서 시지각 연구로 실험심리학 석사를 취득하고, 일리노이 주립대 어바나-샴페인University of Illinois at Urbana-Champaign의 벡맨 인스티튜트Beckman Institute에서 사회신경과학 연구원으로 일하며, 심리학 석사를 취득한 후 워싱턴 주립대University of Washington 박사 과정에서 인간-컴퓨터 상호작용Human-computer interaction을 연구했다.

카카오를 거쳐 현재 레이니스트(뱅크샐러드)에서 UX 리서처로 근무하고 있다. 다양한 형태의 플랫폼에서 일어나는 상호작용의 전 과정에 관심이 많으며, AR/VR이 지닌 가능성과 사회적 영향력을 관심 있게 지켜보고 있다. 뉴스페퍼민트에서 과학과 예술 분야의 에디터로 봉사했으며, 『가상 현실의 미래를 보다 - VR for Change Summit 2017』(PUBLY, 2017)의 저자이기도 하다. 공저서로 『세월호 이후의 사회과학』(그린비, 2016)이 있다.

고은혜(eunego91@gmail.com)

동국대학교에서 영어영문학을 전공했다. 졸업 후 12년간 서구권 TV 애니메이션 제작사의 번역 팀에서 미디어 콘텐츠 통번역 경력을 쌓았다. 이후 게임 개발/퍼블리셔 웹젠^{Webzen}에서 영미권 개발 스튜디오의 게임 개발 자료(design documents) 번역을 시작으로 게임 한글화로 영역을 넓혔다. 라이엇 게임즈^{Riot Games}에서는 로컬라이제이션 팀장으로 온라인 게임 리그 오브 레전드^{League of Legends}의 한국 런칭부터 제반 콘텐츠 한글화를 맡아 일했다.

현재는 반려견과 함께 좋아하는 책을 읽으며 프리랜서 번역가로 살고 있다. 옮긴 책으로는 『Game Mechanics』(에이콘, 2016), 『게임, 디자인, 플레이』(정보문화사, 2017), 『VR Book』(에이콘, 2019) 등이 있다.

코로나로 인해 도래한 '언택트' 시대, 비대면 상호작용은 그 어느 때보다 중요해졌습니다. 인간은 본질적으로 사회적 동물이며, 다른 인간과의 면대면 소통은 인류의 삶을 구성해온 근간입니다. 마주하지 않고서도 가능한 한 실제에 가까운 면대면 소통을 하고자 다양한 커뮤니케이션 도구가 개발되고 있습니다.

AR/VR은 이러한 시대적 흐름에 잘 부합하는 상호작용 플랫폼입니다. 게임과 엔터테인먼트 분야에서 주로 활용돼 왔지만, 기술의 발전을 예상할 때 AR/VR이 제공할 수 있는 사용자 경험은 무궁무진합니다. 단순한 일상적 소통뿐 아니라 다양한 공간에 대한 추체험, 세심한 케어가 필요한 돌봄 서비스, 회사에서의 트레이닝에 이르기까지 인간의 오감과 전신을 활용하는 면대면 소통에 가장 근접하는 경험을 제공할 수 있는 도구가 AR/VR입니다.

AR/VR 분야의 지속적인 발전을 예견하며 기대하는 입장에서는 지식의 최전선에서 가져온 풍성한 정보를 한국의 독자들과 공유할 수 있어 기쁘게 생각합니다. 저 역시 이 책을 번역하며, 제 전문 분야인 인간-컴퓨터 상호작용과 UX를 넘어서서 인식의 지평을 크게 넓힐 수 있었습니다. 모쪼록 AR/VR에 대해 지녔던 궁금증을 해갈하는 데 이 책이 일말의 도움이 될 수 있기를 빕니다.

김서경

21세기는 어쩌면 스마트폰의 시대라고 불릴 수도 있겠다. 남은 80년 동안 얼마나 눈부신 기술 발전이 우리가 사는 세상을 또 다른 모습으로 뒤바꿔 놓을지 아직 알 수 없지만, 적어도 지난 20년 동안 내 손을 거쳐 간 아이폰 3부터 지금의 최신 모델에 이르기까지 스마트폰을 손에 쥔 이래 내가 경험하는 세계는 일괄적으로 배포되는 정보를 그대로 받아들이기보다는 선별해서 소비할 수 있게 됐고, 그 형식 역시 개인 맞춤형 앱으로 화면, 혹은 손목의 스마트워치라는 렌즈를 통해 필터링돼 들어오고 있다.

하지만 내가 2020년 지금 21세기가 스마트폰의 시대라고 정의하는 이유는 다름 아니라 스마트폰만큼 혁신적으로 우리의 삶에 침투해 생활의 편의를 제공하는 다른 도구가 아직 '상용화'되지 못했기 때문이다.

AR과 VR, XR 등으로 구분돼 불리는 증강 현실과 가상 현실이 누구나 갖고 있는 스마트폰 플랫폼을 통해 간단하고 몸에 걸치기에 어색하지 않은 장비를 거쳐 제공되는 세상은 어떤 모습일까? 적어도 운전 중 스마트폰을 확인하거나 보행 중 스마트폰 화면에 집중하다가 겪는 사소한 사고들이 예방되는 순기능 정도는 기대해 본다.

그렇다면 상상력을 조금만 더 발휘해보자. 이 책 후반에서 소개하는 여러 사용 사례use case를 보면 지금 있는 기술을 어떻게 다듬어 얼마나 유익한 결과를 얻을 수 있을지 힌트를 얻을 수 있을 것이다. 이런 기술은 이미 세계 곳곳에서 개발되고 있다. 문제는 보급과 상용화인데, 이 분야를 단순히 엔터테인먼트에 국한하지 않고 지금 우리가 생활에서 항상 쓰는 다양한 부분을 확장하는 방식으로 활용한다면 삶의 질이 수직 상승할 수 있을 것이다. 아주 대단하고 근사한 것일 필요는 없다.

바야흐로 언택트가 대세가 되고 있는 지금이 거리와 시간에 구애 받지 않고 전문가의 도움을 받는 경험을 설계하고 개발할 최적기다. 의료 분야와 교육 및 재교육 분야에서는 특히 증강 현실 서비스로 기존 일방향 동영상 콘텐츠의 한계를 극복하고

상시 모니터링을 적용하는 등 지금과 같은 팬데믹 상황을 기술을 통해 극복하는 시도가 필요하다.

멀지 않은 장래에 SF 영화에서 흔히 보던 서비스들을 체험하고, "21세기는 멋진 신세계구나"라고 감탄하게 되길 기대해본다.

고은혜

차례

1부 디지털 현실과 교차하는 디자인과 아트

1장   인간이 컴퓨터와 상호작용하는 방법   51

4부 크로스 플랫폼 증강 현실과 가상 현실 창조

6장 가상 현실과 증강 현실: 크로스 플랫폼 이론   227

7장 가상 현실 툴킷: 커뮤니티를 위한 오픈소스 프레임워크   255

10장 캐릭터 AI와 행동 양식　345

6부 체화 현실의 사용 사례

들어가며

용어에 대해

신생 분야라는 속성과 개인적 의견에 따라 여러분은 최신 용어(XR, 확장 현실, X 등)
몇 가지가 필자의 선호도와 각 장의 주제에 따라 거의 동음이의어처럼 쓰이는 것을
볼 수 있을 것이다. 표준이 자리 잡아 가면서 용어에 대한 논쟁도 계속되고 있다.
각 필자는 자신의 관점과 믿음에 따라 용어를 선택했다. 독자는 각 장에서 해당 용
어의 정의를 찾아볼 수 있다.

이 책을 쓴 이유

이 책은 구글의 가상 현실^{VR, Virtual Reality} 부문 부사장 클레이 베이버^{Clay Bavor}가 2017년
구글 I/O 키노트에서 미래의 기술 크리에이터와 소비자에게 모두가 눈빛 한 번으
로 어디든 갈 수 있거나 제스처와 음성 명령으로 무엇이든 가져올 수 있는 새로운
경험이 펼쳐질 세계를 상상해 보라고 발표한 직후 구상됐다. 우리는 지금 공간 컴
퓨팅^{spatial computing}의 최전선에 서 있다. 여기서 공간 컴퓨팅이란 가상 현실 연속체의
다양한 모드, 즉 폴 밀그램^{Paul Milgram}과 후미오 키시노^{Fumio Kishino}가 1994년에 쓴 책
『A Taxonomy of Mixed Reality Visual displays(혼합 현실 시각 디스플레이 분류)』에서
사용한 가상 현실^{VR}, 증강 현실^{AR, Augmented Reality}, 혼합 현실^{MR, Mixed Reality}, 확장 현실^{XR,}
^{eXtended Reality}의 여러 종류를 일컫는다.

가상 현실 연속체(VC)

그림 P-1. 폴 밀그램과 후미오 키시노는 1990년대 중반 현실 연속체의 개념을 구상해 가상, 물리 등 다양한 현실 연속체를 설명했다.

2019년, 공간 컴퓨팅 분야의 성공은 오픈소스 기반 지식을 공유하고 지속적으로 쌓아올려야만 가능하다는 점을 인식했다. 미래는 노련한 베테랑뿐 아니라 다양한 직종에 걸쳐 이 공간에 관련된 작업을 하는 젊고 유망한 전문가의 손에도 달려 있기 때문이다. 따라서 공간 컴퓨팅이 번영할 수 있게끔 표준을 개발하고 기술의 전 분야에서 혁신을 일으키는 것은 까다로운 과제다. 새로운 기술과 기술 패러다임이 매일같이 진화하고 있다. 그중 불필요한 것들을 걸러내려면 교육뿐 아니라 명확하면서도 정보에 입각한 커뮤니케이션이 필수적이다. 개발과 공간 컴퓨팅의 기능/용법에 대한 필자들의 이해도를 공유함으로써 매체의 발전을 앞당기고 과거의 실패를 거울삼아 주류 시장에 VR을 소개하는 데 일조하고자 한다.

기술자, 창의적 스토리텔러와 아티스트, 사업/마케팅 전문가, 하드웨어 엔지니어, 풀스택 소프트웨어 애플리케이션 엔지니어/개발자, 디자이너(산업, 컴퓨터, 전통적 그래픽, 제품, 사용자 경험/사용자 인터페이스를 망라한다), 데이터 사이언스/머신러닝 엔지니어, 2D와 3D 아티스트 및 그래픽 디자이너(모델러, 페인터, 아키텍트, 프로덕트 매니저, 감독, 배우 등) 등 모든 기술 전문가의 제작 관련 지식을 시급히 총동원할 필요가 있다.

교육, 소프트웨어 엔지니어링, 디자인, 투자에서 관찰하고 경험한 바를 종합하니 공간 컴퓨팅 분야에 처음 발을 딛는 이들을 위한 문헌이 부족하다는 것을 깨달았다. 새로 시작하는 소프트웨어 엔지니어, 아티스트, 디자이너, 사업과 마케팅 전문가들이 이 기술 분야에 진입하면서 어쩔 줄 모르고 당혹감을 느끼는 요즘이다. 과거 다양한 분야에 걸쳐 기술과 창의적 교육이 부족했던 것도 사실이다. 이 책은 그런 상황을 바꾸고자 독자가 공간 컴퓨팅이 어떻게 개발되고 어떤 기능을 갖추고 있으며, 새로운 경험을 어떻게 만들고, 이 매체를 어떻게 적용할지 이해할 수 있기를 바란다. 공간 컴퓨팅의 많은 분야에 대한 표준이 아직 정립되고 있는 중이기에 첨단 하드웨어와 소프트웨어 분야, 특히 광학, 트래킹, 디자인, 모범 사례가 될 만한 개발, 무엇보다 다양한 헤드 마운티드 디스플레이^{HMD, Head-Mounted Displays}와 기기의 크로스 플랫폼 개발에 뛰어들려면 이런 방대한 지식을 다 습득하기가 만만치 않다. 소프트웨어나 하드웨어 개발 스택의 단 한 부분이라도 제대로 해내려면 엄청난 지적 노력이 요구되기에 버거움을 느끼는 것도 당연하다. 기업용 애플리케이션의 이론적 틀을 빚어냄으로써 간극을 메꿀 문헌이나 학술 자료, 심지어는 실용적 가이드 역할을 할 텍스트도 없다. 우리는 다양한 직군에서 선도적인 역할을 하는 이들의 글을 엮어냄으로써 이런 정보를 더 쉽게 이해할 수 있도록 이 새로운 공간에서 작업을 시작하는 데 필요한 풍부한 이론적 자료 못지않게 실용적인 자료를 제공하고자 결심했다.

이 분야가 교육으로 정립돼 있지 않기 때문에 전문가라 하더라도 일부 하드웨어, 컴퓨터 비전 알고리즘, 심지어 디자인 원칙의 기능에 대해 탄탄한 기반이 없다면 저급한 체험을 만들어낼 수 있으며, 이는 전체적으로 좋지 못한 영향을 초래한다. 처음으로 이런 체험을 하는 사용자는 "애플리케이션의 디자인과 체험이 좋지 않다"고 느껴 공간 컴퓨팅 자체를 외면하고 말 수 있다(때로는 접근성이 문제인데, 기술적 한계 못지않게 기술 자체에 대한 디자인적 이해가 뒤떨어지는 문제와도 직결된다). 기술적 표준이나 디자인적 모범은 시간이 흐르면서 진화하는 것이 사실이지만(이 책을 집필한 여러 전문가가 입을 모아 말하듯 기술과 디자인의 조사와 실험이 제작 과정에서 지속돼야 한다), 초급 지식과 중급 지식을 공유함으로써 이 업계에 진입하는 여타 전문가에게 기본 원칙을 제공한다면(물론 '유니티 설치법 기초' 같은 것은 예외다) 궁극적으로는 업계 전체가 공간 컴퓨팅에서 더 즐길 만하고 성공적인 애플리케이션과 체험을 만들어낼 수 있을 것이다.

새로운 전문가가 이 분야를 마스터하려면 엄청난 양의 문헌을 습득해 지식, 기술, 능력을 키우기 위한 이론과 실천의 기반을 닦아야 한다. 하지만 이런 공부를 하려해도, 공간 컴퓨팅에서 성공적인 애플리케이션과 체험을 만들어내는 데 필요한 지식을 갖추려는 이들에게는 원하는 자료가 충분치 않은 것이 현실이다. 또한 이 주제에 관한 학술적 이론은 대부분 너무 방대하고 접근하기 어려워 보인다. 우리는 그간 받은 전공 교육과 벤처 투자자로서의 경험, 독립적인 소프트웨어 개발자로 일해 온 배경을 통해 이 분야 업계와 학계의 선도자로서 저자들이 이런 간극을 메우는 데 도움이 되고자 한다.

이 책을 통해 독자가 증강 현실과 가상 현실 기능의 기본을 이해할 수 있기를 바란다. 기고해 준 필자 중 소프트웨어 엔지니어들은 이론과 업계의 실제 사례에 기반을 두고 실용적인 프로그램과 체험을 어떻게 구축할지에 대한 탄탄하고 구체적인 튜토리얼을 제공해줬다. 공간 컴퓨팅 분야에 새로 뛰어드는 제작자는 우리 필자들이 제공하는 전반적인 소프트웨어 개발 파이프라인을 배울 수 있다. 기술과 창작 분야 양쪽에서 선도적인 학계와 업계 전문가들이 공간 컴퓨팅에 대한 좀 더 포괄적인 이해를 위한 자료뿐 아니라 업계가 처한 현실 안에서 어떻게 기술을 갈고 닦을 수 있을지 실습 과제도 제공한다.

공간 컴퓨팅은 유망한 미래 기술이지만, 현재 어떻게 작동하고 있는지, 미래의 방향성은 어디로 향하고 있는지 통달한 이는 아주 드물다. 현실을 모사해 더 깊게 관여하게끔 하고, 이를 통해 학습 효과의 지속을 노리는 휴먼 컴퓨팅^{human computing}의 차기 혁명이 바로 공간 컴퓨팅이다. 현재 이 기술의 초기 단계에 접어들고 있으며, 현재의 물결에 동참하는 이는 산업이 완전히 성숙기에 접어들 때 즈음 리더 역할을 하게 될 것이다. 이 책에 기여한 이들이 해온 연구를 결합함으로써 공간 컴퓨팅의 미래를 보장할 산업용 사례를 만들어낼 수 있다. 단독으로 수십억 달러 투자 규모의 시상이 보상된 이 새로운 시상에 대해, 특히 지난 몇 년간 AR(매직 립^{Magic Leap}, 자산 가치 약 30억 달러)과 VR(페이스북이 인수한 오큘러스 리프트^{Oculus Rift}의 인수액 약 30억 달러)의 자산 가치가 눈에 띈다.

공간 컴퓨팅의 영향을 받기 시작한 다양한 분야의 전문가에게 이 책이 영감을 주길 바란다. 기본 원칙에 대한 이해가 부족한 것이 진입 장벽으로 작용한다는 점을 잘 알기에 공간 컴퓨팅 분야의 유명하고 노련한 전문가들이 꽉 채워 요약한 여러 서적을 모두 읽어보지 않더라도 이 책 하나만으로 충분한 지식을 얻을 수 있게끔 노력했다.

이 책은 매직 립, 오큘러스 리프트, 마이크로소프트 홀로렌즈, 모바일 AR(애플의 ARKit과 구글의 ARCore) 등 다양한 HMD와 플랫폼의 네이티브 개발과 콘텐츠 제작을 다루고 있다. 또한 주로 유니티와 C# 예제를 다루지만, 그와 함께 언리얼 엔진 C++/블루프린트도 다소 다뤘다.

진입 장벽을 최소화하고자 개발자들은 (a) 모바일 AR(ARKit, ARCore)이 구동되는 기기와 (b) PC 혹은 맥^{Mac} 등의 개발 기기를 갖췄다고 가정했다. 업계 환경이 빠르게 변화하고 있으며, 주요 기업에서 다수의 HMD와 새로운 SDK가 매 분기마다 출시되고 있는 점 역시 염두에 뒀다. 따라서 앞으로 몇 년간 공간 컴퓨팅 기반으로 소개될 새로운 플랫폼과 패러다임에 이런 학습 내용을 적용시킬 수 있게끔 이론과 개략적 개념에 초점을 맞췄다.

모두가 부담 없이 고급 HMD에 수백만 원을 쓸 수 있는 것은 아니다. 이 글을 읽는 이들이 모바일 공간 컴퓨팅에 대해서도 더 공부하기를 권하는데, 이는 여러 개념이 양쪽 모두에 적용되며 조정 가능하기 때문이다. 유료로 유다시티^{Udacity}(온라인 공개 수업)의 VR 개발자 나노디그리^{VR Developer Nanodegree}를 따르거나 코세라^{Coursera}(세계 최대의 온라인 강의 플랫폼)와 유데미^{Udemy}(미국의 온라인 학습 플랫폼)의 온라인 공개 수업^{MOOC, Massive Open Online Courses}을 들어도 좋고, 이 방면의 여러 리더가 내놓은 기술적이고 창의적인 오픈소스 튜토리얼을 찾아볼 수도 있다. 2015년 이래로 리브 에

릭슨[Liv Erickson](소셜 VR 스타트업 하이 피델리티[High Fidelity]의 리드 엔지니어)이 공동 창업한 ARVR 아카데미(이 책의 수익금이 기부될 예정인 다이버시티 앤 인클루전[diversity and inclusion] 단체)에서는 구글 카드보드 커리큘럼의 인기에 발맞춰 지속적으로 자료를 내놓고 있다는 점도 참고하자(http://bit.ly/2F7MVjT).

공동 편집자이자 퓨즈드VR[FusedVR]의 창립자인 바산스[Vasanth] 역시 유튜브에 몇 년간 공간 컴퓨팅 애플리케이션을 상세히 분석한 동영상을 올려놓았으며, 이 자료는 퓨즈드VR의 유튜브 채널에서 찾아볼 수 있다.

부록 깃허브 저장소(https://github.com/CreatingARVR)와 이 책의 웹 사이트(https://www.creatingarvr.com)에 많은 리소스를 제공해뒀으며, 책을 읽으면서 이런 자료들을 통해 더 학습하길 바란다.

이 책에서 다루지 않는 내용

이 분야에는 중요한 주제가 수없이 많고, 이 책의 범위를 넘어서는 기술도 있다. 360도 동영상, 암호 화폐, 블록체인, 가상 상품, AR 박물관, 관광, 투어, 여행, 교통, 교육 등이 그렇다. 오디오/사운드와 웹XR은 추가 자료를 통해 심도 깊은 내용을 찾아볼 수 있으며, 각각 자체만으로 책 한 권 분량이 될 만한 것들이다(그 자체를 다룬 책도 있고, 다른 개발 스택의 일부로 포함돼 있기도 하다). 책의 분량 제한으로 인해 신규 개발자와 기존 개발자 모두 업계에서 이미 시장 수요가 검증된 사례와 애플리케이션을 만들 수 있도록 도움이 될 만한 주제를 엄선했다.

이 책의 구성

아직도 표준이 만들어지고 있는 현 상황에서 독자에게 서로 다른 세 분야인 아트와 디자인, 기술적 사례, 실용적 사용 사례를 망라하는 개요를 제공해 테크놀로지의 발달 과정, 오늘날의 공간 컴퓨팅, 미래의 가능성을 소개한다.

아트와 디자인

공간 컴퓨팅은 3D 공간의 최적화와 작업을 이해하는 방식에서 시작된다는 점이 다른 이전 컴퓨팅 매체와 뚜렷이 다르며 사용자 경험에 모든 초점을 맞춘다. 따라서 책의 서두에는 디자인, 이트, 실제 콘텐츠 제작 도구의 기반에 초점을 맞춰야 했다. 먼저 티모니 웨스트Timoni West(유니티의 연구 책임자)가 광범위한 공간 컴퓨팅의 상세한 역사와 디자인을 설명하며, 실카 미에스닉스Silka Miesnieks(어도비의 이머징 디자인 책임자)가 새로운 기술 패러다임에서의 인간 중심 상호작용과 감각 디자인sensory design을 설명한다. 그런 다음 전문 3D 아티스트이자 기업가에서 벤처 투자가로 변신한 티파탯 첸나바신Tipatat Chennavasin의 콘텐츠 제작이 이어지며, 이에 더불어 전문 3D 아티스트이자 마케팅 리더인 재즈민 카노Jazmin Cano가 다양한 플랫폼에 맞춰 애셋을 최적화하고자 하는 아티스트를 위해 설명을 이어간다.

기술 개발

2부에서는 기술적 기반에 중점을 둔다. AR 클라우드 시대의 여명기에 있는 하드웨어와 소프트웨어 개발을 이해할 수 있도록 컴퓨터 비전의 선구자이자 6D.ai의 공동 창립자인 빅터 프리사카리우Victor Prisacariu(옥스퍼드 비전 랩) 교수와 매트 미에스닉스Matt Miesnieks가 이런 주제를 상세히 토론한다.

하드웨어, 컴퓨터 비전(SLAM) 알고리즘이 어떻게 기능하는지, 이 분야에 새로 진입하는 크리에이터가 AR 클라우드를 활용하는 성공적인 애플리케이션과 경험을 만들고자 어떤 기술적 벤치마크와 (어떤 HMD용으로 개발할 것인지에 대한) 사업적 결정을 프레임워크로 써야 할지 등에 대한 기본적 원칙을 깊이 있게 이해하도록 돕는다. 또한 ARKit과 ARCore를 상세히 비교한다.

공동 편집자이자 매직 립과 어크로스 XR[Across XR]의 스티브 루카스[Steve Lukas], 바산스 모한[Vasanth Mohan], VRTK의 하비 볼[Harvey Ball]이 역시 VRTK의 개발자이자 열렬한 옹호자인 클로라마 도빌리아스[Clorama Dorvilias]와 더불어 개발한 오픈소스 소프트웨어 라이브러리를 포함해 크로스 플랫폼 오픈소스 개발에 관련된 훌륭한 저작도 포함됐다.

게임을 만들기 시작하는 개발자나 ARKit과 AR 클라우드를 활용해 iOS와 안드로이드 애플리케이션을 만드는 모바일 개발자라면 여기에서 많은 것을 배울 수 있을 것이다.

체화 현실의 사용 사례

시뮬레이션 활용, 3D에만 최적화된 B2B 경험, 특히 공간 컴퓨팅에서의 데이터 엔지니어링 파이프라인, 시각화, 인공지능[AI], 교육과 트레이닝, 스포츠, 컴퓨터를 통한 생명 공학의 여러 분야(헬스테크, 바이오테크, 메디테크)를 총망라한 새롭고도 다양한 분야의 사용 사례가 있다.

USF 딥러닝의 다이버시티 펠로우[diversity fellow]이자 이 책의 선임 공동 편집자인 에린 팡길리넌[Erin Pangilian]은 AI 리서치[AI Research]의 유니티 이사인 니콜라스 플라우[Nicolas Meuleau], 선임 소프트웨어 엔지니어인 아서 줄리아니[Arthur Juliani]와 더불어 데이터 엔지니어링, 인공지능, 머신러닝, 컴퓨터 비전에 능숙하지 않은 독자를 위해 다양한 방법론, 모델, 모범 사례를 제공해 데이터를 기반으로 하는 공간 컴퓨팅 기술을 어떻게 구현할지 설명한다. 에린은 제작자들이 2D와 3D 네이터 시각와 디자인 패러나

임을 구분할 수 있게끔 더 나은 사용자 경험을 위해 어떻게 데이터를 더 잘 시각화하고 이해하게 할 수 있을지 탄탄하게 설명해준다. 플라우와 줄리아니는 제작자들이 기존의 데이터뿐 아니라 생성하거나 로드한 데이터를 활용해 체화 현실Embodied Reality에서 캐릭터의 행동을 어떻게 변경할 수 있는지 보여준다. 소프트웨어 엔지니어에게 데이터에 기반을 둔 디자인과 인간 중심 AI를 통합하는 방법을 보여줌으로써 독립적인 게임 개발자가 공간 컴퓨팅 개발을 시작할 수 있도록 안내한다.

YUR 주식회사의 창립자 딜런 샤Dilan Shah, 로스틴 머피Rosstin Murphy(선도적 트레이닝 기업인 STRIVR), 마크 로울리Marc Rowley(에미상 5회 수상, 스포츠 기술 리더, ESPN 근무)는 공간 컴퓨팅으로 헬스테크, 훈련, 스포츠테크에서 물리적 실체에 관련한 애플리케이션을 최적화하는 방법을 보여준다.

궁극적으로 다양한 직군에 뛰어들고자 하는 새로운 학생이라면 성공적인 애플리케이션과 경험을 만들어낼 수 있는 기술적이고 창의적인 접근법을 배울 수 있을 것이다.

이 책의 편집 규약

이 책의 편집 규약은 다음과 같다.

고딕체

새로운 용어, 메뉴 항목을 나타낸다.

고정폭 문자

프로그램 목록과 문단 안에서 변수나 함수 이름, 데이터베이스, 데이터 타입, 환경 변수, 명세, 키워드 같은 프로그램 요소를 칭할 때 사용한다.

고정폭 굵은 문자

사용자가 그대로 타이핑해야 하는 명령어나 텍스트를 표시한다.

 이 그림 표시가 나오면 일반적인 주의 사항이다.

 이 그림 표시가 나오면 각별히 주의해야 한다.

예제 코드

보조 자료(코드 예제, 연습 문제 등)는 다음 주소에서 다운로드할 수 있다.

https://github.com/CreatingARVR

또한 에이콘출판사의 도서정보 페이지인 http://www.acornpub.co.kr/book/creating-ar-vr에서도 동일한 파일을 다운로드할 수 있다.

여러분이 스스로 작업할 수 있도록 돕고자 이 책을 썼다. 이 책에서 제공된 예제 코드는 각자의 프로그램과 문서에 사용해도 좋다. 코드의 상당 부분을 복사하지 않는 이상 저자에게 허가를 구하지 않아도 된다. 예컨대 이 책에 등장한 코드의 여러 부분을 띄엄띄엄 사용해 프로그램을 작성한 경우에는 별도의 허가가 필요하지 않다. 하지만 오라일리 서적의 예제를 CD롬으로 판매하거나 배포할 때는 허가가 필요하다. 질문에 대답하고자 이 책을 인용하거나 코드 예제를 게재하는 데엔 허가가 필요하지 않다. 이 책에 나온 예제 코드의 상당 부분을 여러분의 제품 문서에 삽입하는 데는 허가가 필요하다.

출처 게재가 반드시 필요치는 않으나 그에 감사드린다. 출처 게재 시에는 일반적으로 제목, 저자, 출판사, ISBN이 포함된다. 예, "Creating Augmented and Virtual Realities by Erin Pangilinan, Steve Lukas, and Vasanth Mohan (O'Reilly). Copyright 2019, 978-1-492-04419-2."

위에 허용된 범위를 넘어서서 코드 예제를 사용한다면 출판사에 연락하길 바란다.

permissions@oreilly.com

독자 지원

이 책에 관한 의견과 질문은 bookquestions@oreilly.com으로 문의하면 된다. 이 책에 관한 오탈자, 예제, 추가 정보는 http://bit.ly/creating-ar-vr에서 찾을 수 있다.

오라일리 책, 강좌, 콘퍼런스, 뉴스에 대한 더 많은 정보는 오라일리 웹 사이트 http://www.oreilly.com을 방문하기 바란다.

- **페이스북 주소:** http://facebook.com/oreilly
- **트위터 주소:** http://twitter.com/oreillymedia
- **유튜브 주소:** http://www.youtube.com/oreillymedia

한국어판의 정오표는 에이콘출판사의 도서정보 페이지 http://www.acornpub.co.kr/book/creating-ar-vr에서 찾아볼 수 있다.

한국어판에 관한 질문은 이 책의 옮긴이나 에이콘 출판사 편집 팀(editor@acornpub.co.kr)으로 문의해주길 바란다.

표지 그림

이 책의 표지에 나오는 동물은 케이프천산갑(학명은 Manis temminckii 또는 Smutsia temminckii)이다. 이 천산갑은 이미 알려진 두 개의 명칭 외에도 보통 사람들에게 알려진 바 땅천산갑, 남아프리카천산갑, 템민크의 땅천산갑, 심지어 '비늘 있는 개미핥기' 등으로도 불린다.

케이프천산갑은 남부 아프리카와 동부 아프리카에 서식하며, 이름은 19세기에 네덜란드 국립 자연사 박물관 관장으로 재직했던 동물학자인 코엔라드 제이콥 템민크[Coenraad Jacob Temminck]에서 따왔다.

아프리카엔 8종의 천산갑 중 4종이 서식한다. 케이프천산갑은 들판에 주로 사는 반면, 다른 아프리카천산갑은 수목성[arboreal]이다. 케이프천산갑은 숲, 초원, 사바나 전역에 걸쳐 서식하며 적고 많은 강우량에 영향을 받지 않지만, 이 광대한 서식지조차도 극적으로 줄어들며 멸종 위기에 놓였다.

땅천산갑의 비늘은 케라틴 재질이며 갈색이나 올리브색, 때로는 자색이 돈다. 이들 비늘은 가장자리가 날카로워 육식 동물로부터 천산갑을 보호한다. 위험에 처했을 때는 공처럼 바짝 똬리를 틀어 비늘의 날을 세운다.

이들은 발마다 있는 다섯 가닥의 긴 발톱과 움켜쥘 수 있는 꼬리로 스스로를 방어한다. 때로는 땅돼지나 땅늑대의 굴에 숨기도 한다. 다 자란 케이프천산갑의 무게는 대략 15~39파운드며 길이는 머리부터 꼬리까지 32~55인치 가량이다. 케이프천산갑의 수명은 약 10년이다. 여러 주에서는 천산갑 사냥을 금지하며, 세계 야생동물 재단에서는 총 8종의 천산갑 모두 치명적인 멸종 위기에 처한 취약종으로 지정하고 있다.

케이프천산갑은 거의 10인치에 달하는 길고 폭이 좁으며 끈적끈적한 혀로 개미와

흰개미 같은 곤충을 훑어 들인다. 균형 잡힌 식단을 유지하기 위한 이빨은 없을 뿐더러 필요하지도 않다.

오라일리의 표지에 등장하는 많은 동물이 멸종 위기에 처해 있다. 이들 모두가 세상에 중요하다. 도움을 줄 수 있는 방법에 대한 자세한 내용은 animals.oreilly.com에서 찾을 수 있다. 표지 일러스트는 마이어스 클라이네스 렉시콘^{Myers Kleines Lexicon}의 흑백 조각을 바탕으로 카렌 몽고메리^{Karen Montgomery}가 그렸다.

1부

디지털 현실과 교차하는 디자인과 아트

우리는 흥미로운 시대를 살고 있다. 역사상 처음으로 지구상에 사는 약 80억 명의 사람 중 대다수가 문자를 읽고 쓸 수 있다. 즉, 시공간적으로 멀리 떨어져 있는 다른 사람과 상당히 정확하게 서로를 이해하며 소통할 수 있다.

그러나 인간의 표현은 언어를 넘어선다. 디자인과 아트는 딱 떨어지게 정의하기 어려운 것들을 반영한다. 탁월한 디자인은 언어로 나타내기 어려운 세상 속 행동 패턴을 명징하게 보여준다. 우리의 무의식적 뇌를 지휘하는 감정과 소셜 패턴은 조각, 춤, 그림, 음악 등 아트에 날것으로 드러난다. 그러나 이러한 인간의 표현 영역은 디지털 시대의 도래 전까지는 결국 늘 물리법칙, 물질, 시간과 같은 물리적 제약 조건에 묶여 있었다.

컴퓨터란 본질적으로 순수한 에너지, 즉 눈과 귀에 쏘아지는 빛과 소리, 웅웅대는 촉감, 우리가 바라는 대로 조정된 입력물로 우리 자신을 표현하려는 시도다. 그럼에도 현재까지 컴퓨터조차 디자인 및 아트와 마찬가지로 지극히 현실적인 한계를 넘어설 수 없었다. 컴퓨터란 물리법칙에 예속된 유리창과 같아 그 너머로 디지털 세상을 볼 순 있어도 다다를 수는 없다. 대신 우리는 더 가볍고, 빠르고, 밝은 컴퓨터를 만들어 곁에 둔다.

2019년에 접어들며 우리는 또 다른 흥미로운 입장에 처했다. 휴대할 수 있는 컴퓨터를 개발하면서 디지털 세계를 현실로 끌어올 수 있게 된 것이다. 이는 첫눈에 비교적 쉽게 진척되는 과정으로 보인다. 우리가 실제 느끼는 대로 자연스럽게, 그저 이미 알던 바를 흉내 내는 것만으로 컴퓨터와 상호작용할 수 있다는 생각은 유쾌하다.

다음 순간 우리가 현실 세계와 상호작용하는 방식의 많은 부분이 답답하고 불편하다는 사실을 깨닫는다. 또한 인간이 지금껏 이해하고 공유해온 세상에 대해 컴퓨터는 아무것도 모른다는 사실도 알게 된다. 읽고 쓸 수 있는 인류의 비율이 증가했음에도 이제 우리 곁에는 완전히 처음부터 가르쳐야 하는 새로운 대상이 있다.

1부에서는 컴퓨터를 2차원에서 끄집어내 실제 공간 컴퓨팅^{spatial computing}에 옮겨놓는 데 풀어야 할 몇 가지 문제를 검토한다. 1장에서 티모니 웨스트^{Timoni West}는 인간-컴퓨터 상호작용^{Human-Computer Interaction}의 역사와 우리가 현재의 지점에 어떻게 이르게 됐는지를 망라한다. 다음으로 인간이 입력하는 정보와 컴퓨터가 이해하는 세상이라는 두 가지 측면에서 정확히 우리가 어디쯤 와 있는지 이야기한다.

2장에서는 어도비^{Adobe}의 이머징 디자인 부서 총책임자인 실카 미에스닉스^{Silka Miesnieks}가 다양한 '현실' 앞에 우리가 생각하는 디자인을 둘러싼 콘텍스트, 즉 인간이 컴퓨터와 (자연스럽게) 상호작용하고자 하는 방식과 실제 공유되는 감각 디자인 사이의 간극을 줄일 방법을 말한다. 실카는 디자인 시 고려해야 할 인간 변수와 공간 컴퓨팅을 향상시키는 데 기여할 머신러닝을 설명한다.

1장과 2장에서 다루지 않은 내용이 여럿 있는데, 월드 스케일^{world-scale}, 버튼 매핑^{button mappings} 혹은 디자인 시스템과 같은 표준에 대한 모범 사례다. 솔직히 이 책이 출판될 즈음에는 다들 구식이 됐으리라 기대하기 때문이다. 5년쯤 후엔 존재조차 하지 않을 한 무더기의 입력 장치나 버튼에 관련된 논의를 정식으로 남기는 일은 피하고자 한다. 기록하는 데 역사적 의의를 둘 수도 있겠지만, 이 장들에서 다룰 핵심은 아니다.

필자들은 이 책에서 순수한 물리적 영역으로부터 디지털 영역으로 인간 표현을 변환하는 한층 폭넓은 디자인 작업을 고찰하고자 한다. 그 과정에 뒤따를 모든 실수와 오해 및 오류 역시 감안하고 있다. 이러한 노력은 분명 가치가 있으며, 궁극적인 목표는 좀 더 나은 의사소통, 즉 다르게 변해가는 의식의 명령어command이자 더욱 본능적이고 강력한 형태의 문해력을 추구하는 데 있다.

인간이 컴퓨터와 상호작용하는 방법

티모니 웨스트^{Timoni West}

1장에서 다루는 내용은 다음과 같다.

- 인간-컴퓨터 모달리티^{Modality}(상호작용 과정에서 사용되는 소통 채널)의 역사적 배경

- 일반적으로 쓰이는 모달리티와 장단점

- 인간과 컴퓨터가 주고받는 피드백 주기^{cycle}

- 현재의 산업 입력 장치에 사용되는 모달리티 매핑^{modality mapping}

- 좋은 몰입 디자인^{immersive design}이 갖춰야 할 피드백 주기에 대한 총체적인 관점

일반적인 용어 정의

인간이 지각하는 요소를 가정하는 구체적인 방식을 나타내고자 다음과 같은 용어를 사용한다.

모달리티^{Modality}

컴퓨터와 인간 사이의 감각 입력과 출력 채널

어포던스^{Affordance}

특정 사물이 잠재적으로 쓰일 용도를 정의하는 사물의 속성이나 특성

입력^{Inputs}

인간이 일으키는 이벤트^{event}, 즉 인간이 컴퓨터에 전송하는 데이터

출력^{Outputs}

사건에 뒤따르는 인지 가능한 반응, 즉 컴퓨터에서 인간에게 전송된 데이터

피드백^{Feedback}

출력되는 반응의 유형, 즉 인간이 한 일을 인지하고 그에 따라 행동했다는 확인

서론

스무고개 놀이를 할 때 목표는 상대방이 무엇을 생각하는지 알아맞히는 것이다. 원하는 것은 무엇이든 물어볼 수 있으며, 상대방은 진실하게 대답해야 한다. 여기서의 핵심은 오직 두 가지 대답, "예"와 "아니요" 중 하나로만 질문에 답하는 것이다.

인간이 일련의 이벤트와 보간법^{interpolation}을 통해 기존 컴퓨터와 의사소통하는 방식 역시 스무고개와 대단히 비슷하다. 컴퓨터는 이진수, 즉 1과 0으로 말하지만 인간은 그렇지 않다. 컴퓨터는 세상을 보는 감각을 타고나지 못했을 뿐더러 외부에서 주어지는 감각은 0과 1 중 매번 하나뿐이다(양자컴퓨터의 경우 확률뿐이다).

때문에 인간은 1과 0 또는 "예"와 "아니요"처럼 기초적인 의사소통의 레이어를 인간에게 친숙한 방식으로 추상화하는 단계를 거듭 거치며, 개념에서 입력에 이르는

모든 차원을 컴퓨터와 소통하게 된다.

결국 인간이 어떻게 점차 복잡해지는 아이디어를 쉽고 간단하게 컴퓨터에게 설명하는지를 결정하는 데 오늘날 컴퓨팅 작업의 대부분이 들어간다. 한편 인간 또한 1과 0 위에 (인간이 이해 가능한) 추상화된 레이어들을 얹어가며 컴퓨터가 좀 더 빨리 아이디어를 처리하는 데 주력하고 있다. 이는 결국 모달리티 간 주고받는 입력과 출력, 어포던스와 피드백의 주기로 나타난다. 추상화된 레이어는 다양한 형태를 띠는데, 그 예로는 그래픽 사용자 인터페이스^{GUI}의 은유, 발화된 단어에 대한 자연어 처리^{NLP}, 컴퓨터 비전^{computer vision}의 물체 인지뿐 아니라 가장 간단하고 보편적인 경우로, 대다수 사람들이 매일 컴퓨터와 상호작용하는 데 사용하는 키보드와 마우스 포인터처럼 일상적인 입력 장치가 있다.

시대로 보는 모달리티: 20세기 이전

우선 인간이 전통적으로 기계에게 지침을 내려온 방식을 얘기하고자 한다. 여기엔 초창기의 프로토-컴퓨팅 기계, 프로그래밍이 가능한 직조기, 유명한 "읽기"식 천공 카드 등이 있다. 조셉 재커드^{Joseph Jacquard}는 사실상 1839년에 천공 카드를 활용해 진정한 기계 아트 작품 중에서도 최초로 꼽히는 자신의 초상화를 창조했다(그림 1-1). 비슷한 시기에 러시아에서 세묜 코르사코프^{Semyon Korsakov}는 천공 카드를 사용해 데이터 세트를 저장하고 비교할 수 있다는 사실을 깨달았다.

그림 1-1. 조셉 재커드가 24,000장 이상의 천공 카드를 사용해 그린 실크 자화상, 1839년

기계가 읽을 수 있을 정도로 일관된 형태를 띠는 데이터에 한해서라면 천공 카드는 상당한 양의 데이터를 보유할 수 있다. 한편 펜처럼 손에 직접 쥐는 도구는 구체적인 작업을 하기엔 환상적이며 정보를 신속하게 표현하기도 좋지만, (이를 사용하는) 평균적인 인간의 팔뚝과 손가락 힘줄은 일관된 형태를 지속적으로 만들어내는 능력이 결여돼 있다.

이는 오랫동안 잘 알려진 문제였다. 실제로 17세기부터, 즉 기술을 사용할 수 있게 되자마자 사람들은 키보드를 만들기 시작했다. 위조를 방지하거나, 맹인 자매를 돕거나, 더 나은 책을 만드는 등 온갖 이유로 키보드를 발명하고 개량해 왔다. 손과 손목을 받쳐놓을 평평한 지지대를 갖춘 덕분에 비정형적인 움직임으로도 펜으로는 달성할 수 없는 일관된 결과물을 만들어낼 수 있었다.

앞서 언급했듯 프로토-컴퓨터(의 개발) 역시 그에 못지않게 절박한 동기가 있었다. 컴퓨터는 지극히 일관적인 형태의 물리 데이터를 필요로 하며, 인간이 그 수준의 데이터를 만들어 내기란 수월치 않다. 때문에 지금 돌이켜보면 놀라울지도 모르지만, 1800년대의 천공 카드 기계는 아직 지금과 같은 계산 괴물이 아니었을 뿐더러 그림 1-2에 묘사된 것처럼 키보드를 달고 있었다.

그림 1-2. 재커드 직조기가 읽어 들이는 천공 카드를 만드는 데 사용된 매슨 밀즈(Masson Mills) WTM 10 재커드 카드 절단기, 1783년

키보드는 줄곧 계산 장치에 연결돼 있었지만, 서로 다른 두 기술이 하나로 병합되면서 당연히 타자기로도 발전했다. 이 충동적인 결과물도 일관성이나 인간이 느끼는 피로와 관련이 있었다. 위키피디아Wikipedia에 따르면 다음과 같다.

> 19세기 중반에 이르러 비즈니스 소통의 속도가 증가함에 따라 작문 과정을 기계화할 필요가 생겼다고 한다. 속기사나 전신수는 분당 최대 130 단어의 속도로 정보를 받아 적을 수 있었다. 그에 반해 펜으로 작성하면 고작 분당 30단어 정도밖에 쓸 수 없었다. '버튼 누르기'란 반박의 여지없이 훨씬 나은 해결책이었다.

그다음 세기는 타자기의 기본적인 얼개를 완성하는 데 쓰였다. 시프트 키 등 새로운 기능이 추가되면서 초기 타자기의 디자인과 크기는 대폭 개선됐으며 간소해졌다. 여기서 잠시 멈춰 모든 사람이 타자기를 사용해, 특히 키보드를 입력 장치로 써서 해결하고자 했던 광범위한 문제를 지적하고자 한다. 가장 높은 차원에서 사람들은 아이디어를 좀 더 빠르고 정확하게 포착하기를 원했다. 기억하라. 이는 모든 종류의 모달리티를 개선하는 데 일관되게 나타나는 주제다.

시대로 보는 모달리티: 제2차 세계대전을 거치며

인류가 기계와 소통하려 했던 이래 늘 우리 곁에 있었던 키보드에 대해서는 이 정도로 마치고자 한다. 20세기 초부터, 말하자면 금속 가공과 제조 기술이 가능해지자마자 인류는 기계와 소통할 수 있는 창구를 마련했다. 그것은 비용이 많이 드는 실제 출력 단계 전에 인간 조작자와 소통을 주고받을 수 있는 모니터와 디스플레이 장치로, 전시의 군사비용을 통한 지원과 상당한 연구에 힘입어 성장한 분야였다.

최초의 컴퓨터 디스플레이는 단어를 보여주지 않았다. 초기 컴퓨터의 패널에는 꺼졌다 켜지며 특정 상태를 나타내는 작은 전구가 달려 있어 공학자는 이를 보며 컴퓨터의 상태를 점검^{monitor}했는데, 여기서 '모니터'라는 이름이 유래했다. 제2차 세계대전 동안 군사기관은 레이더 스코프에 CRT$^{Cathode-Ray\ Tube}$ 스크린을 사용했으며, 전쟁이 끝나자마자 CRT는 벡터, 텍스트, SAGE나 영국 왕립 해군에서 사용하는 컴퓨터 디스플레이로 새로운 삶을 시작했다.

그림 1-3. 고유 수용성 감각을 재구성하는 데 쓰이던 초기 컴퓨터 인터페이스의 사례. 1945년 5월, WAAF 레이더 운영자인 드니즈 밀리(Denise Miley)가 보드지(Bawdsey)의 '체인 홈' 역에 있는 수신실에서 항공기 도면을 작성하고 있다(밀리가 무선 방향 측정기의 감도를 변경할 수 있도록 고니오미터(Goniometer)를 조종하는 데 쓰이는 좌측에 달린 손잡이에 주목하라)

컴퓨팅과 모니터링 기계에 디스플레이가 장착되자마자 디스플레이 전용 입력 장치도 나타났다. 항공기용으로 개발됐던 조이스틱은 1926년 미국에서 항공기를 원격으로 조종할 목적으로 특허를 받았다. 이는 인간 생리학의 흥미롭고도 유별난 점을 잘 보여준다. 우리는 본능적으로 고유 수용성 감각proprioception[1], 즉 우리 신체가 처한 방향과 위치에 대한 감각을 낯선 공간과 평면의 각도에 맞춰 재구성할 수 있다(그림 1-3 참고). 그렇게 할 수 없다면 데스크톱 컴퓨터의 Z-평면상에서 마우스를 사용해 X-평면상의 포인터를 움직이기란 불가능할 것이다. 그리고 이러한 작업을 거의 생각을 기울이지 않은 체할 수 있다. 물론 자신이 체감하는 매핑에 맞추고자 회전축을 뒤집어야 하는 사람도 있겠지만 말이다.

1. https://terms.naver.com/entry.nhn?docId=383302&cid=42128&categoryId=42128 – 감수자

시대로 보는 모달리티: 제2차 세계대전 이후

제2차 세계대전 동안 조이스틱은 비행기를 등지고 레이더와 수중 음파 탐지기^{sonar} 디스플레이에 장착되기 시작했다. 전쟁이 끝난 직후인 1946년에야 최초로 디스플레이의 특징을 반영한 입력 장치가 발명됐다. 영국 왕립 해군의 공학자였던 랄프 벤자민^{Ralph Benjamin}은 기존 조이스틱 입력의 대안으로 롤러볼을 고안했다. "이 우아한 볼 추적기는 항공기가 향한 방향을 가리킵니다. 조종사는 공 하나만을 손에 쥐게 되며, 조이스틱은 퇴출됩니다." 설명을 들으면 롤러볼은 책상 위에 놓이는 대신 손에 쥐어졌던 것으로 보인다. 그러나 1946년 당시 제조업의 현실에 따르면 그때의 롤러볼이란 실물 크기의 볼링공을 뜻했다. 당연히 다루기 까다로운 10파운드짜리 롤러볼이 조이스틱을 대체할 수는 없었다.

이 일화는 컴퓨터 입력 장치의 대중성을 결정하는 다섯 가지 규칙을 떠오르게 한다. 요컨대 입력 장치는 반드시 다음과 같은 특징을 지녀야 한다.

- 저렴하며,

- 신뢰할 수 있고,

- 사용하기 편안하고,

- 장착 가능한 소프트웨어가 있으며,

- 사용자가 내는 오류의 비율(사용자 오류율)이 허용 가능한 수준이어야 한다.

마지막 조건은 어지간한 동작은 인지할 수 있는 우수한 소프트웨어를 설계함으로써 어느 정도 충족할 수 있지만, 주의하라. 어느 시점이 지나고부터는 무난한 오류조차 성가시게 여겨질 수 있다. 터치스크린의 자동 수정 기능은 사용자가 저지르는 실수가 소프트웨어의 기능을 앞지르는 좋은 사례다.

개인용 컴퓨터의 부흥과 더불어 롤러볼 마우스가 편재성^{ubiquity}[2]을 갖추게 된 시점이 1984년이긴 하지만, 약 1950년대 중반부터는 군대에서 컴퓨터와 함께 사용되던 여러 다른 유형의 입력 장치가 민간 부문으로 퍼져나가기 시작했다. 조이스틱, 버튼, 토글키, 그리고 물론 키보드가 있었다.

스타일러스^{stylus} 펜이 마우스를 잠식했다는 사실이 놀라울지 모른다. 1955년 SAGE가 개발한 라이트펜(혹은 '총')은 광학 스타일러스 펜으로, CRT 재생주기에 맞춰져 있어 모니터상에서 직접 상호작용할 수 있었다. 마우스와 유사한 또 다른 옵션으로는 데이터 이큅먼트 사$^{Data\ Equipment\ Company}$의 그라파콘^{Grafacon}으로, 화면의 커서를 이리저리 움직이는 기준점 위에 얹힌 블록과도 비슷했다. 심지어 1952년에는 (단어 열 개밖에 인지하지 못했지만) 음성 명령에 대한 연구도 수행됐는데, 그것이 벨연구소의 오드리^{Audrey} 시스템이었다.

1963년에는 MIT 링컨 연구소의 TX-2 모니터상에 그림을 그릴 수 있는 최초의 그래픽 소프트웨어가 존재했는데, MIT의 이반 서덜랜드$^{Ivan\ Sutherland}$가 제작한 스케치 패드였다. GM과 IBM 역시 그와 유사한 합작품으로 내놓은 것이 '컴퓨터에 의한 증강 디자인$^{Design\ Augmented\ by\ Computer}$' 또는 DAC-1로, 정전용량 스크린에 철필을 사용한 덕분에 CRT 신호가 갱신되기를 기다려야 했던 라이트펜보다 훨씬 속도가 빨랐다.

불행히도 라이트펜과 철필 두 경우 모두 디스플레이가 수직으로 세워진 탓에 입력 장치를 사용하려면 팔을 들어 올려야 했는데, 이는 훗날 악명 높은 '고릴라 팔'로 알려지게 됐다. 좋은 체력 단련이되 나쁜 인체 공학^{ergonomics}이었다. RAND 주식회사가 이 문제를 발견하고 태블릿과 스타일러스 펜을 개발하는 데 오랜 시간을 들였지만, 비용이 저렴하지는 않았다. 1964년, (혼란스럽게도 나중에는 그라파콘으로 판매된) RAND 스타일러스 펜의 가격은 약 18,000달러(2018년 기준으로 대략 150,000달러)에 달했다. 태블릿-스타일러스 펜 조합이 비상하기 한참 전이자 마우스와 그래픽

---

2. 이용자가 인지하지 못하는 가운데 그들 주위에 상호 연결된 다중 임베디드 시스템이 운용되는 것 – 감수자

사용자 인터페이스^{GUI} 시스템이 대중화된 지 한참 후였다.

1965년, 로열 레이더국^{Royal Radar Establishment}의 에릭 존슨^{Eric Johnson}은 정전식 터치스크린 장치에 관한 논문을 발표했으며, 그 후 몇 년간 이 주제에 대해 좀 더 명확한 사용 사례를 작성했다. 1973년, CERN^{European Organization for Nuclear Research}의 연구원들은 그의 사례를 참조해 사용 가능한 장치를 개발했다.

1968년, 더그 엥겔바트^{Doug Engelbart}는 스탠포드 연구소^{Stanford Research Institute} 산하에 있는 그의 연구소인 증강연구센터^{Augmentation Research Center}에서 1963년부터 준비했던 작업을 보여줄 준비가 돼 있었다. 샌프란시스코 시민센터^{San Francisco Civic Center} 홀에서 그는 자신의 팀과 개발한 NLS^{oNLine System}에 더불어 오늘날 컴퓨팅의 표준이 된 대다수 기능을 선보였다. 버전 제어, 네트워킹, 화상 회의, 멀티미디어 이메일, 다중 창, 마우스 작동 등이 그것이었다. NLS에도 물론 코드 키보드와 입력 장치로서의 기존 키보드가 필요했지만, 그들이 개발한 마우스는 주요한 혁신 기술 중 하나로 언급되곤 한다. 사실 엥겔바트 팀의 자체 연구에 따르면 NLS 마우스는 라이트펜이나 ARC가 전매특허를 낸 무릎 입력 시스템^{knee input system}과 비슷한 수준이었다. 게다가 유니크하지도 않았다. 엥겔바트가 프로토타입을 발표한 해에 독일 라디오와 TV 제조업체인 텔레풍켄^{Telefunken}은 RKS 100-86을 장착한 마우스인 롤러쿠겔^{Rollkugel}을 출시해 상업적인 생산에 들어갔던 것이다.

그럼에도 분명 엥겔바트는 '비대칭 자유형 컴퓨터 입력^{asymmetric freeform computer input}'이라는 개념을 대중화시켰다. ARC의 마우스를 실제로 설계했던 빌 잉글리시^{Bill English}는 1967년 논문인 「Display-Selection Techniques for Text Manipulation^{텍스트 조작을 위해 디스플레이를 선택하는 기법}」의 결론 부분에서 디지털 모달리티의 진실 중 하나를 지적했다.

> 한 장치(device)가 다른 장치보다 낫다는 식의 단순한 평가를 기대하는 것 자체가 비현실적이다. 특정 장치를 어떤 환경에서 어떻게 두고 얼마나 사용할지에 관한 세부 사항이야말로 너무나도 큰 차이를 만들어낸다.

하드웨어의 품질에 관계없이 가장 중요한 측면은 소프트웨어가 하드웨어에서 들어오는 사용자의 입력을 어떻게 해석하고 의도에 맞게 정규화하는지 여부에 달려 있다.

 입력에 대한 사용자의 인지에 소프트웨어 디자인이 미치는 영향을 더 알고 싶다면 스티브 스윙크(Steve Swink)의 『Game Feel: A Game Designer's Guide to Virtual Sensation』 (Morgan Kaufmann Game Design Books, 2008)을 적극 권한다. 각 게임마다 존재하는 고유한 세계관과 체계가 있기 때문에 입력이 주는 '느낌'을 다시 돌아볼 수 있다. 표준 컴퓨터 운영체제는 개선할 여지가 크지 않기 때문에 기본적으로 사용자가 인지 과부하를 일으키지 않도록 친숙하게 느껴져야 한다.

1960년대의 주목할 만한 기술 발전이 보여준 또 다른 면모는 대중문화에서의 공상 과학 소설, 그리고 컴퓨팅의 부상이었다. 「스타 트렉」(1966~1969)과 같은 TV 시리즈는 음성 명령, 텔레프레즌스[3], 스마트 시계, 미니어처 컴퓨터를 묘사했다. 「2001: 스페이스 오딧세이」(1968)는 오늘날의 아이패드와 매우 유사한 소형 개인용 컴퓨팅 장치뿐 아니라 음성 명령, 화상 통화, 그리고 저 유명한 인공지능을 보여줬다. 애니메이션인 「더 젯슨스」(1962~1963)에는 무인 자동차와 로봇 도우미, 스마트 시계가 등장했다. 그런 기술은 당시 흔하지 않았을 뿐더러 가능하지도 않았지만, 사람들은 컴퓨터가 작고 가벼우며 다목적이고 단순한 텍스트 입력이나 계산기를 훨씬 넘어서는 용도로 쓰인다는 생각에 익숙해졌다.

1970년대는 개인 컴퓨팅 시대 도래 직전의 10년이었다. 가정용 게임 콘솔이 상업적으로 생산되기 시작했으며, 아케이드 게임이 등장했다. 컴퓨터는 점차 저렴해졌다. 최고의 대학들이 컴퓨터를 들여놓았고, 상업적인 영역에서도 컴퓨터를 한층 쉽게 찾아볼 수 있게 됐다. 이전의 조이스틱, 버튼, 토글 기능은 비디오 게임 입력 장치로 훌쩍 넘어가서 게임 컨트롤러에 쓰이는 등 별도의 궤적을 그리기 시작했다. 제록스 주식회사의 유명한 팔로 알토 연구센터^{PARC, Palo Alto Research Center}는 알토 ^{Alto}라 불리는 복합 마우스와 GUI 컴퓨터 작업 체계를 연구하기 시작했다. 알토와

---

3. 공간적으로 떨어져 있는 장소 또는 가상의 장소를 신체적으로 경험하는 것 – 옮긴이

그 후속작 인 스타Star는 1980년대 초중반에 애플, 마이크로소프트, 코모도어, 델, 아타리, 여타 IT 회사들이 생산하기 시작한 개인용 컴퓨터의 첫 번째 물결에 지대한 영향을 끼쳤다. 또한 PARC는 앨런 케이Alan Kay의 1968년 모델인 키디콤/다이나북 KiddiComp/ Dynabook의 프로토타입을 제작했는데, 현대 컴퓨터 태블릿의 전신이 됐다.

시대로 보는 모달리티: 개인 컴퓨팅의 부상

종종 사람들은 마우스와 GUI를 컴퓨터 모달리티에 달아 놓은(게다가 크고 독립적인) 추가 구성이라 생각한다. 그러나 1970 년대 숨마그래픽스Summagraphics는 이미 저가 및 고가의 태블릿-스타일러스 펜 조합을 동시에 내놓은 바 있으며, 그중 하나가 1979년에 출시된 흰색의 애플 그래픽스 태블릿Apple Graphics Tablet으로 Apple II용이었다. 이 제품은 상대적으로 값비쌌을 뿐더러 일부 소프트웨어만을 지원했다. 즉, 다섯 가지 규칙 중 두 가지를 위반한 셈이다. 1983년, HP도 최초의 터치스크린 컴퓨터인 HP-150을 출시했다.

그러나 추적 충실도tracking fidelity는 상당히 낮은 편으로, 이는 (다섯 번째인) 사용자 오류율 규칙에 어긋났다. 최초로 개인용 컴퓨터 패키지(1984~1985)에 마우스가 번들로 제공됐을 때 운영체제OS 차원에서 마우스 입력이 지원됐다. 이것은 중요한 전환점이었으며, 마우스는 더 이상 선택 사양이 아닌 필수가 됐다. 단순한 추가 구성이나 부가적 장치를 넘어서서 이제는 그림 1-4에 묘사된 것처럼 사용자에게 마우스 사용 방법을 가르치는 튜토리얼이 컴퓨터에서 제공돼야 했다. 이는 플레이어가 컨트롤러 버튼을 사용해 게임 내의 움직임을 조작하는 방법을 알려주는 비디오 게임 내의 튜토리얼과도 비슷했다.

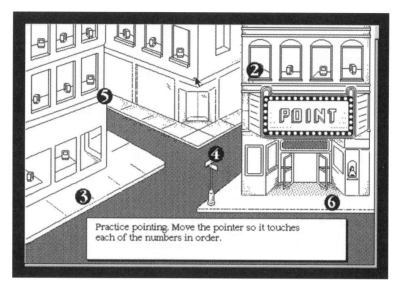

그림 1-4. 매킨토시 SE 투어(Macintosh SE Tour)의 사례, 1987년

1980년대를 돌아보면 개인용 컴퓨터는 다른 소프트웨어나 하드웨어와 별개로 일어난 혁신이었다고 생각하기 쉽다. 그러나 일반적으로 컴퓨팅 분야에서는 10년보다 짧은 시간에 단독으로 분야를 발전시킨 혁신은 거의 없다. 포트란^{FORTRAN}처럼 가장 이름난 혁신 기술조차도 대중화하고 상업화하는 데는 상당한 시간이 걸렸다. (얼핏 새로운 혁신처럼 보이는) 기술이 채택되도록 뒤에서 떠받친 원동력은 단순히 해당 기술이 다음의 다섯 가지 규칙을 충족시킨 결과인 경우가 더 잦다. 기술은 저렴하고, 신뢰할 수 있고, 사용하기 편안하며, 해당 기술을 활용할 수 있게 해주는 소프트웨어가 있고, 사용자 오류율이 허용 가능한 수준이어야 한다.

최근 개발된 것으로 보이는 기술의 첫 번째 버전이 사실 수십 년 혹은 몇 세기 전에 발명된 경우는 대단히 흔하다. 수많은 사람이 만들고자 하나 계속 실패하는 게 명백한 기술이라면 아마도 다섯 가지 규칙 중 하나를 충족시키지 못하고 있을 가능성이 높다, 기술이 더 향상되거나 제조 공정이 뒷받침해 줄 수 있을 때까지는 기다려야 할 것이다.

이러한 진실은 가상 현실Virtual Reality과 증강 현실Augmented Reality의 역사에서도 여러 예시를 통해 드러난다. 최초의 양안식 헤드 마운티드 디스플레이HMD, Head-Mounted Display는 1960년대 이반 서덜랜드Ivan Sutherland에 의해 개발됐고 1990년대부터는 NASA에서도 일상적으로 사용됐지만, 모바일 전자기기와 강력한 그래픽 처리장치GPU 분야가 충분히 발전해 상업적으로 판매할 수 있을 만한 가격으로 제공될 때까지는 수십년을 기다려야 했다. 심지어 오늘날에도 고급 독립형 HMD는 시판용이 아니거나 수천 달러에 달한다. 그러나 2000년대 초의 스마트폰(의 역사)을 보면 알 수 있듯 현재의 VR/AR 하드웨어가 미래의 공간 컴퓨팅으로 나아갈 길은 뚜렷해 보인다.

그러나 오늘날의 하드웨어에 주목하기 전에 먼저 1980년대 초반의 PC로부터 지금 가장 일반적으로 쓰이는 컴퓨터 유형, 즉 스마트폰으로 이어지는 흐름을 마무리 짓고자 한다.

시대로 보는 모달리티: 컴퓨터 소형화

미니어처 하드웨어를 탑재한 컴퓨터가 계산기와 컴퓨터 산업에서 등장하는데, 빠르기로는 1984년 초 시온 오가나이저Psion Organizer가 출시되면서부터였다. 최초의 성공적인 태블릿 컴퓨터는 그리드패드GriDPad로, 연구부서의 부사장이었던 제프 호킨스Jeff Hawkins가 1989년에 출시했으며, 훗날 팜파일럿PalmPilot을 개발했다. 애플은 1993년 필기 문자 입력 시스템을 갖춘 뉴턴Newton을 내놓았으나 주요 판매 목표를 달성하지는 못했다. 이 프로젝트는 1998년 노키아 900 커뮤니케이터Nokia 900 Communicator, 즉 전화와 PDA를 결합한 형태로 완성됐으며 그 이후는 팜파일럿이 미니어처 컴퓨터 시장을 장악했다. 다이아몬드 멀티미디어Diamond Multimedia가 1998년 출시한 리오Rio PMP300 MP3 플레이어는 휴가 시즌에 대히트를 쳤다. 이는 아이리버iRiver, 크리에이티브 노마드Creative NOMAD, 애플 등 여러 인기 있는 MP3 플레이어가 등장하는 계기가 됐다.

일반적으로 PDA는 스타일러스 펜과 키보드 입력을 둘 다 갖췄으나, 음악 플레이어처럼 단일 목적으로 쓰이는 장치에는 단순한 버튼 입력이 달려 있었다. 팜파일럿의 경우 제조 초반부터 필기 인식 시스템인 그래피티^{Graffiti}와 함께 배송됐으며, 1999년 무렵의 팜^{Palm} VII은 네트워크 연결이 가능했다. 같은 해에 키보드 입력을 장착한 최초의 블랙베리가 출시됐으며, 2002년 무렵에는 좀 더 일반적인 전화와 PDA가 조합된 장치로도 발전했다.

그러나 이들 작은 컴퓨터로는 보통 크기의 키보드가 주는 사치를 누릴 수 없었다. 이 때문에 좀 더 나은 필기 인식뿐 아니라 음성 입력의 실질적인 발전 역시 필요해졌다. 드래곤 딕테이트^{Dragon Dictate}는 1990년에 출시됐으며 최초로 소비자 옵션도 구비했지만, 무려 9,000달러에 달해 '저렴할 것'이라는 규칙을 크게 위반했다. 1992년 무렵 AT&T는 콜센터에 음성 인식 기능을 추가했다. 런아웃 & 하우스피^{Lernout & Hauspie}는 1990년대에 여러 회사를 인수했고 윈도우 XP에서도 사용됐다. 회계 스캔들을 겪은 이후 회사는 소프트스캔^{SoftScan}(이후 뉘앙스^{Nuance}로 개명)에 의해 인수됐고, 시리^{Siri}의 첫 번째 버전으로 라이선스를 획득했다.

2003년, 마이크로소프트는 윈도우 모바일 PDA에 음성 명령 기능을 장착해 내놓았다. 2007년, 구글은 뉘앙스 출신 공학자를 고용해 자체 음성 인식 기술을 개발하는 길을 걸어왔다. 오늘날 음성 기술은 점점 더 폭넓게 쓰이고 있는데, 특히 모바일 기기의 대다수 플랫폼에서 제공되거나 자체 기술로 개발되고 있다. 하나 짚고 넘어가자면 2018년에도 음성 입력용 플랫폼 간 표준 혹은 회사 간 표준은 만들어지지 않았다. 모달리티 자체가 충분히 성숙하지 않은 탓이다.

PDA, 소형 전자기기, 스마트폰은 개발될 당시부터 계산기, 전화, 음악 플레이어, 호출기, 메시지 표시기, 시계와 같은 기존 기술과 거의 항상 호환돼 왔다. 사실상 이 모든 기술은 단지 컴퓨터 기능이 지닌 여러 다른 면모에 불과하다. 따라서 2007년의 아이폰 출시는 소형 컴퓨터 산업의 전환점으로 생각할 수 있다. 노키아가 2007년부터 2008년에 걸쳐 1,500만 건의 ㅆ순한 실적을 올렸음에도 불ㄱ하고, 2008년경 애플은 그다음 순위였던 노키아 2330 클래식의 판매 실적을 1,000만 건이나 앞질렀다. 다만 2010년 사용자가 아이튠즈에 완전히 접속할 수 있게 되기 전까지 아이폰만으로는 아이팟의 판매 실적을 넘어서지 못했다.

브랜드에 상관없이 모든 소형 컴퓨터 장치에서 두드러지는 추세는 터치 입력 장치다. 여기에는 몇 가지 이유가 있다.

첫 번째 이유는 말 그대로(터치 입력 장치가) 시각적으로 매력적이며 유용하다는 점이다. 볼 수 있는 부분이 늘어날수록 기기를 사용하며 느끼는 품질 수준도 높아진다. 소형 기기에서는(사용할 수 있는) 공간 자체가 귀하므로 물리적 제어 장치를 줄일수록 기기의 더 많은 부분을 디스플레이에 할애할 수 있다.

두 번째와 세 번째 이유는 실용성과 제조 과정에 초점을 맞추고 있다. 기술이 저렴하고 신뢰할 수 있는 수준인 한 물리적으로 조작 가능한 부속품이 적어진다는 것은 생산 비용과 물리적 파손 가능성이 줄어든다는 것을 뜻하기 때문이다. 하드웨어 제작 회사에게는 대단히 중요한 기준이다.

네 번째 이유는 손을 입력 수단으로 사용하는 것이 자연스럽기 때문이다. 미세한 제스처까지는 반영할 수 없더라도 잘 설계되고 간소화된 GUI는 사용자 오류나 가림 현상^{occlusion}과 관련해 발생하는 많은 문제를 해결할 수 있다. 키보드에서 마우스와 GUI로의 전환처럼 터치 입력에 관한 새로운 인터페이스 지침은(마우스나 스타일러스 펜 기반 GUI로 터치를 사용하는 것이 거의 불가능한) 사용자에게 일관적이면서도 오류 없는 체험을 제공한다.

트렌드가 터치 입력으로 흐르는 마지막 이유는 단순히 취향의 문제 때문이기도 하다. 컴퓨터 기술이 압도적으로 다가오는 시대, 현재의 디자인 트렌드는 미니멀리즘이다. 따라서 학습 곡선이 훨씬 가파르고 여러 기능상 특징이 줄어들지언정 단순화된 장치는 더 사용하기 쉽다고 여겨질 수 있다.

손과 마우스를 이어주는 흥미로운 연결점 중 하나가 트랙패드로, 최근에는 손과

패드가 상호작용할 때 일어나는 가림 문제를 피하면서도 터치패드의 멀티터치 제스처를 모방할 수 있게 됐다. 태블릿에서는 전체 화면 크기에 비례해 터치가 인지되기 때문에 마우스나 스타일러스 펜과 비슷한 수준의 세밀한 제스처까지 수용할 수 있다. 트랙패드에서도 그간 줄기차게 이어져 온 문제, 즉 사람의 손이 느끼는 피로감이라든가 도구를 활용한 섬세한 작업을 가능케 하는 물리적 지원의 부재 등을 보여주긴 하지만, 그럼에도 통상적인 OS 수준에서 지원하는 거의 모든 상호작용에 사용할 수 있다.

지금까지 왜 이 모든 걸 훑어봤는가?

그래서 이 간략한 역사 수업의 요점은 무엇일까? 앞으로 나아갈 만한 적절한 지점을 설정하고자 우리는 오늘날 잘 알려진 영역에서 출발해 알려지지 않은 공간 입력의 미래를 향해 움직일 것이다. 어떤 시점이든 현재까지 이어져 온 모든 것을 알고 있다거나 항상 올바른 길을 걸어 왔다고 넘겨짚기는 쉽다. 우리가 어디서부터 출발해 현재에 이르렀는지 검토하는 일은 미래를 위해 더 나은 결정을 내리는 훌륭한 방법이다.

공간 컴퓨팅을 위한 인간-컴퓨터 상호작용^{HCI, Human-Computer Interaction}을 살펴보자. 단기간에 쉽게 변하지 않을 기반, 즉 인간이 어떻게 정보를 받아들이고, 처리하고, 출력하는지부터 시작하자.

일반적인 HCI 모달리티의 유형

우리가 컴퓨터와 상호 작용하는 주요 방법은 세 가지다.

시각

포즈, 그래픽, 텍스트, UI, 화면, 애니메이션

청각

음악, 음색, 음향 효과, 음성

물리감각

하드웨어, 버튼, 햅틱, 실제 물체

지금까지 살펴본 배경지식에 따르면 컴퓨터 유형에 관계없이 물리적 입력과 시청각적 출력이 HCI를 지배한다. 공간 컴퓨팅 세상, 즉 디지털 물체가 당신을 둘러싸고 현실 세계와 상호작용하는 세계에서는 이런 특성이 달라져야 할까? 아마도 그럴 것이다. 먼저 각 모달리티의 장단을 따져보자.

시각적 모달리티

장점:

- 분당 250 ~ 300 단어[WPM, Words Per Minute] 가량 이해할 수 있다.

- 초고도의 커스터마이징이 가능하다.

- 인간 측에서 즉시 인지하고 이해할 수 있다.

- 사운드나 햅틱과 비교할 때 상당히 높은 충실도가 있다.

- 시간과 무관하다. 영원히 그 공간에 매달려 있을 수 있다.

- 사용자가 이해할 수 있는 상태로 쉽게 재배치하고 매핑할 수 있다.

- 좋은 앰비언트[ambient] 모달리티다. 노닐다가 우연히 광고나 표지판을 알아차릴 수도 있다.

단점:

- 놓치기 쉽다. 위치에 좌우된다.

- 입력으로서 보통 안정된 물리적 응대가 필요하다. 매우 피로한 몸짓과 포즈를 예로 들 수 있다.

- 더 많은 인지 부하가 필요한 복잡한 정보를 처리하고 이에 반응하려면 전두엽 피질이 필요하다.

- 폐색occlusion과 중첩이 밥 먹듯 일어난다.

- 사용자 플로를 '방해'할 가능성이 있다.

- 매우 정밀한 시각적(눈) 추적은 프로세서 집약적이다.

HMD 관련 상호작용에 가장 적합한 용례:

- 제한된 카메라 뷰나 사용자가 어딘가를 봐야 하는 기타 상황

- 명료하고 분명한 지침

- 대량의 정보를 빠르게 설명

- 튜토리얼과 온보딩

사용 사례 – 스마트폰:

- 시각 전용으로 설계

- 소리가 꺼져 있어도 작동

- 물리적 피드백과 함께 작동

- 최소화된 물리적 어포던스physical affordances

- 피드백을 보여주는 다수의 새로운 애니메이션 언어

물리감각 모달리티

장점:

- 점자: 125 WPM

- 매우 빠르고 정확할 수 있다.

- 고차원적 사고 과정을 우회하므로 생리적, 정신적 '플로 상태'로 쉽게 돌입할 수 있다.

- 일차 운동피질에 들어오는 트레이닝 피드로, 결국 집중적인 전운동 피질이나 기저핵 처리는 필요치 않게 된다.

- 동물적 뇌의 "이건 현실이다" 구성 요소를 가진다. 강력한 현실 단서를 예로 들 수 있다.

- 가벼운 피드백은 무의식적으로 인지된다.

- 어포던스와 입력 사이의 지연시간이 최소화된다.

- 가장 정확한 단일 모드 입력 유형이다.

단점:

- 피곤할 수 있다.

- 물리적 하드웨어는 제작하기 더 어렵고, 비싸며, 파손된다.

- 가르치는 단계에서 훨씬 더 높은 인지 부하가 있다.

- 시각적인 것보다 유연성이 떨어진다. 예를 들어 버튼이 실제로 옮겨지지 않는다.

- 특정 모드에서의 실제적인 플로를 위해 더 많은 암기가 필요하다.

- 인간의 감각 능력에 따른 다양한 변형이 있다.

HMD 관련 상호작용에 가장 적합한 용례:

- 플로 상태

- 사용자가 UI를 계속 볼 수 없거나 보면 안 되는 상황

- 사용자가 계속 손을 쳐다보고 있으면 안 되는 상황

- 완전한 숙달이 이상적이거나 필수적인 경우

사용 사례 – 악기:

- 포괄적인 물리적 어포던스다.

- 특정 마스터 레벨 이후에는 시각 자료가 필요하지 않다. 예를 들어 창작자가 플로 상태에 돌입한다.

- 거의 항상 오디오 피드백 구성 요소를 지녀야 한다.

- 뇌의 일부를 우회하는 움직임을 허용한다. 생각이 곧 행동이다

청각 모달리티

장점:

- 150 ~ 160 WPM 가량 이해할 수 있다.

- 전방위적이다.

- 피드백을 제공하고 세계에 대한 느낌을 향상시키고자 쉽게 디제틱^{diegetic}화한다.

- 대단히 여리면서도 여전히 잘 작동할 수 있다.

- 물리적 입력과 마찬가지로 평가적 조건이나 기초적 뇌간 반사처럼 높은 수준의 뇌 처리를 필요로 하지 않는 반응을 유발하는 데 사용할 수 있다.

- 매우 짧은 소리도 학습 후 인지할 수 있다.

- 어포던스와 확인 피드백에 적합하다.

단점:

- 사용자가 현재 장치상에서 쉽게 놓칠 수 있다.

- 출력 충실도에 대한 제어 기능이 없다.

- 시간 기반: 사용자가 놓친 경우 반복해야 한다.

- 신체적으로 불편할 수 있다(뇌간 반사).

- 전반적으로 느리다.

- 언어 제약으로 인해 모호하고 부정확한 입력이 있을 수 있다.

- 타이밍과 구현 방식에 의존적이다.

- 커스터마이징이 어렵다.

- 잠재적으로 프로세서 집약적이다.

HMD 관련 상호작용에 가장 적합한 용례:

- 본능적 반응에 유리

- 사용자가 특정 대상을 쳐다보게 하기에 훌륭

- 사용자 제어 카메라에 적합

- 사용자가 시각적 및 물리적 제약을 받을 때 유용

- 모드 전환에 적합

사용 사례 - 수술실:

- 외과의는 시각적으로나 육체적으로 사로잡힌 상태다. 청각은 종종 유일한 선택이다.

- 모든 정보에 대한 지속적인 음성 업데이트가 가능하다.

- 도구, 요청, 확인을 위한 음성 명령을 사용할 수 있다.

- 음성은 현재 상황과 정신적 상태에 대해 가장 밀도 높은 정보를 제공할 수 있다. 고위험 상황에서 대단히 유용하다.

이제 각 모달리티 유형의 장단점을 기록했으므로 HCI 프로세스에 깊이 파고들어 사이클을 적절하게 기획할 수 있다. 그림 1-5는 일반적인 플로를 보여주는데, 어떻게 게임 시나리오에 매핑되는지 설명이 뒤따른다.

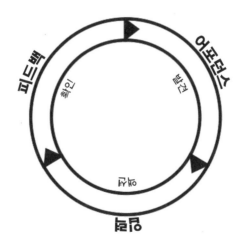

그림 1-5. HCI에서의 전형적인 모달리티 루프 사이클

이런 사이클은 거의 모든 HCI에서 반복되니, 간단한 세 단계로 구성된다.

- 첫 번째는 보통 어포던스나 검색 단계로, 사용자는 자신이 뭘 할 수 있는지 찾아낸다.

- 두 번째는 입력이나 작업 단계로, 사용자가 작업을 수행한다.

- 세 번째는 피드백이나 확인 단계로, 컴퓨터가 어떤 방식으로든 반응해서 입력을 확인해준다.

그림 1-6은 동일한 그래픽을 보여주지만, 기존 콘솔 비디오 게임의 튜토리얼 UX 루프로 채워져 있다.

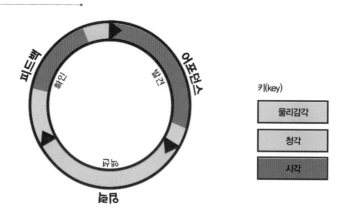

그림 1-6. 전형적인 HCI 양식 루프의 주기(예제 포함)

이것을 하나하나 살펴보자. 많은 비디오 게임 튜토리얼에서 사용자가 뭔가 할 수 있게 해주는 첫 번째 어포던스는 보통 (놓칠래야 놓칠 수 없는) UI 오버레이로, 눌러야 하는 버튼의 레이블을 사용자에게 알려준다. 이는 때때로 버튼의 해당 이미지나 모델로 나타난다. 음악, 어조, 대화의 변동과 관련된 사운드로 나타날 수도 있으며, 튜토리얼 내에서 지원된다.

기존 콘솔 비디오 게임의 경우 입력 단계는 버튼 누르기처럼 전적으로 물리적이다. 탐색적인 비디오 게임의 경우 음성과 같은 오디오 입력을 쓰거나 물리적 입력과 시각적 입력(예, 손 포즈)을 조합하기도 하지만, 그런 경우는 드물다. 거의 모든 경우 사용자는 단순히 버튼을 눌러 계속한다.

피드백 단계는 종종 이 세 가지 모달리티의 조합으로 나타난다. 컨트롤러에는 햅틱 피드백이 올 수 있고, 시각적 요소는 거의 확실하게 변화할 것이며, 확인을 알려주는 사운드도 주어질 것이다.

이 특정 루프가 튜토리얼 단계를 구체적으로 설명하고 있다는 점을 언급해둘 필요가 있다. 사용자가 게임 플레이에 익숙해지면서 실력이 향상됨에 따라 시각적 요소는 좀 더 본능적인 모달리티에 자리를 내줄 것이다.

게임 후반에는 종종 시각적 과부하를 방지하고자 사운드 어포던스를 기본 어포던스로 삼을 수 있다. 물리감각 모달리티와 마찬가지로 청각 역시 상위 뇌 기능을 우회하는 반응을 유발할 수 있기 때문이다. 시각 모달리티는 가장 정보 집약적이지만, 제한된 공간에서는 주의를 산만하게 한다. 또한 이해하고 반응하는 데 가장 많은 시간을 요구한다.

새로운 모달리티

더 나은 하드웨어와 새로운 센서의 등장으로, 컴퓨터와 대화를 나눌 뿐 아니라 컴퓨터가 직접 모니터링하고 반응하도록 하는 새로운 방법을 갖게 됐다. 다음은 프로토타입이나 상용화 단계에 있는 입력 수단들의 간략한 목록이다.

- 위치

- 호흡 수

- 음성의 어조, 높낮이, 주파수

- 안구 운동

- 동공 확장

- 심박 수

- 무의식적인 사지 움직임 추적

(앞서 논의한 세 가지 일반적 모달리티와 달리) 이들의 흥미로운 속성 한 가지라면 사용자가 이들 모달리티에 대해 생각을 기울이지 않을수록 더욱더 유용해진다는 것이다. 이들 중 거의 대부분이 의식적인 입력 메커니즘으로 장시간 제어하는 것이 어렵거나 불가능하다. 같은 맥락에서, 목표가 머신러닝을 위해 데이터를 수집하는 것이라면 데이터를 의식적으로 변경하려는 시도는 전체 세트를 오염시킬 가능성이 높다. 따라서 이들은 수동 입력으로 처리해 두는 게 가장 적합하다.

이들 입력의 또 다른 특성은 단방향이라는 것이다. 컴퓨터는 이들 각각의 변화에는 반응할 수 있으나 그 역은 어렵다. 적어도 컴퓨터가 엄청난 발전을 이루지 않는 한 그렇다. 그때까지 위 목록의 대부분은 직접 또는 즉각적 피드백이 아닌 주변 피드백 루프로 이어질 것이다.

공간 컴퓨팅 장치에 쓰이는 모달리티의 현재

이 글을 쓰는 시점에 AR과 VR 장치의 대다수 하드웨어 제품에서는 다음과 같은 모달리티 방식을 사용한다.

물리감각

- 사용자 입력: 컨트롤러

- 컴퓨터 출력: 햅틱

청각

- 사용자 입력: 음성 인식(드문 편)

- 컴퓨터 출력: 소리와 공간화 오디오^{spatialize audio}

시각

- 사용자 입력: 손 추적^{hand tracking}, 손 포즈 인식과 눈 추적^{eye tracking}

- 컴퓨터 출력: HMD

위의 목록에서 눈에 띄는 지점이 하나 있다. 몰입형^{immersive} 컴퓨팅에서 처음으로 시각적 입력이 중요해졌는데, 손이나 눈과 같은 신체 부위를 추적하는 컴퓨터 비전^{computer vision} 덕분이었다. 손의 위치나 전체적인 움직임이 어쩌다 한 번씩 중요할 때도 있었지만, 실제 버튼을 누르는 동작을 매핑할 때 외에는 그 자체로 중요성을 인정받은 적은 없었다. 이에 대해서는 나중에 자세히 설명하겠지만, 먼저 가장 일반적인 입력 유형인 컨트롤러와 터치스크린을 이야기하고자 한다.

몰입형 컴퓨팅 시스템을 위한 컨트롤러의 현재

혼합, 증강, 가상 현실을 포괄하는^{XR} 전용 헤드셋에 따라오는 가장 일반적인 유형의 컨트롤러는 뿌리를 기존의 게임 컨트롤러에 두고 있다. 어떤 상업용 XR HMD 패키지 컨트롤러에서든 옛날 조이스틱이나 디패드^{D-pad}의 흔적을 쉽게 찾을 수 있다. 1989년 NASA 아메스^{Ames}의 뷰랩^{VIEWlab}처럼 초기에 등장한 동작 추적 장갑 같은 장치는 아직까지 대규모로 상용화되지 않은 상태다. 재미있게도 이반 서덜랜드는 이미 1964년에 VR 컨트롤러는 조이스틱이어야 한다고 주장했다. 2018년에는 거의 모든 컨트롤러가 조이스틱의 면모를 갖추고 있거나, 최소한 썸패드^{thumbpad}와 비슷한 것이라도 갖추고 있다.

처음으로 소비자용 헤드셋이 나오기 전 식스센스^{Sixsense}는 이미 추적이 가능한 마그네틱 컨트롤러를 선보였다. 그 컨트롤러 한 쌍에는 조이스틱이나 범퍼, 트리거 못지않게 게임 콘솔로 이미 친숙한 A/B나 '홈' 버튼까지 달려 있었다.

완전한 추적이 가능한 현재의 PC 기반 VR 시스템 역시 비슷한 입력 장치를 갖추고 있다. 오큘러스 리프트^{Oculus Rift} 컨트롤러, 바이브^{Vive} 컨트롤러, 윈도우 MR 컨트롤러에 공통적으로 달린 입력 장치는 다음과 같다.

- 선택 버튼(거의 항상 트리거 역할을 함)

- 보조 선택 도구(트리거, 그립, 또는 범퍼)

- A/B 혹은 그와 유사한 버튼

- 원형 입력 장치(썸패드, 조이스틱, 또는 둘 다)

- 모든 애플리케이션에서 일관되고 기본적인 조작을 가능케 하는 다양한 시스템 버튼

그림 1-7. 식스센스의 스템(Stem) 입력 시스템

일반적으로 마지막 두 항목은 메뉴와 설정을 불러오는 데 사용되며, 앱이 활성화된 상태로 홈 화면으로 돌아갈 수 있게 한다.

독립형 헤드셋에 딸린 컨트롤러에서도 위 목록 중 일부를 찾아볼 수 있다. 홀로렌즈^{Hololens}의 리모컨에서부터 구글 데이드림$^{Google\ Daydream}$의 3DOF 컨트롤러에 이르기까지 어디서든 선택을 내린 후 홈 화면으로 돌아갈 수 있게 하는 시스템 버튼을 찾을 수 있다. 그 외는 전부 HMD 추적 시스템$^{tracking\ systems}$의 성능과 OS가 설계된 방식에 달려 있을 뿐이다.

기술적으로 볼 때 레이캐스팅^{raycasting}은 시각적 입력이지만, 대부분의 사람이 물리적 입력으로 생각하기 때문에 여기서 따로 언급해둘 필요가 있다. 예를 들어 매직립$^{Magic\ Leap}$ 컨트롤러는 6DOF 컨트롤러와 썸패드에서 들어오는 레이캐스팅 둘 다를 허용한다. 이는 오큘러스 리프트가 '아바타 크리에이터$^{avatar\ creator}$'와 같은 특정 애플리케이션에서 사용하는 방식과 같다. 그러나 2019년 현재까지도 레이캐스팅 대 아날로그형 스틱(혹은 썸패드)에 대한 표준화는 이뤄지지 않았다.

추적 시스템이 개선되고 표준화됨에 따라 점차 지금의 기준이 정착되리라 기대한다. 두 방식 다 각기 다른 상황에서 유용할 뿐 아니라, 전통적인 Y축 반전 문제와 마찬가지로 저마다 다른 환경설정을 선호하는 사용자 때문에 두 방식을 항상 허용해야 할 수도 있다. 어떨 땐 손으로 가리켜서 선택하는 게 편하고, 또 어떨 땐 스크롤해 선택하는 게 편하다. 그럼 둘 다 하지 않을 이유가 있는가?

신체 추적 기술

오늘날 가장 일반적으로 논의되는 세 가지 신체 추적 방식인 손 추적, 손 포즈 인식, 눈 추적을 살펴보자.

손 추적

손 추적$^{hand\ tracking}$은 전체적인 손의 움직임을 디지털 골격에 매핑한 후 해당 손의 움직임이나 포즈^{pose}에 기초해 입력을 추론할 때 일어난다. 이런 방식을 통해 디지털 물체를 집어 들기, 떨어뜨리기, 혹은 제스처 인지처럼 자연스러운 움직임이 가능하다. 손 추적은 전적으로 컴퓨터 비전에 기반을 두거나, 장갑에 부착된 센서를 활용하거나, 여타 유형의 추적 시스템을 통해 사용할 수 있다.

손 포즈 인식

종종 손 추적과 혼동되긴 하지만 손 포즈 인식^{hand pose recognition}은 그 자체로 별도의 연구 분야다. 컴퓨터는 수화와 같은 특정 손 포즈를 인지하도록 설계돼 왔다. 각 손의 포즈가 잡기, 놓기, 선택하기, 기타 일반적인 동작을 반영할 때 사용자의 의도에 맞춰 매핑이 이뤄진다.

긍정적인 측면에서 포즈 인지는 손 추적보다 프로세서 집약도가 낮을 뿐더러 개별적인 캘리브레이션^{calibration}을 덜 필요로 한다. 그러나 외부에서 볼 땐 포즈를 맞추는 일이 왜 자연스러운 손놀림보다 더 중요한지 이해하지 못하는 사용자에게는 피곤하고 혼란스러울 수 있다. 또한 사용자에게 손 포즈를 가르치려면 상당 분량의 자습서가 필요하다.

눈 추적

우리 눈은 끊임없이 움직이지만 뇌에서 일어나는 시각화 과정보다 눈의 움직임이 앞서곤 하므로, 그 위치를 추적함으로써 사용자 자신이 느끼는 것보다 훨씬 빠르게 관심과 의도를 추측하기 쉽다. 눈 추적^{eye tracking}은 그 자체 혹은 입력 과정에서 피로를 유발하지만, 다른 방식의 추적과 병행해 사용하기에는 탁월한 기법이다. 예를 들어 사용자가 관심을 완전히 드러내기 전에 컨트롤러나 손 추적을 활용해 사용자의 관심이 향하는 대상의 위치를 삼각 측량하는 데 사용할 수 있다.

신체 추적^{body tracking}이나 음성 인식^{speech recognition} 기능은 목록에 아직 넣지 않았는데, 이들 기능을 표준 입력 기법으로 구현하는 기술이 없기 때문이다. 그럼에도 립 모션^{Leap Motion}이나 매직 립^{Magic Leap}, 마이크로소프트 같은 회사들이 목록에 실린 온갖 추적 방식을 개발하기 위한 길을 개척하고 있다.

손 추적과 손 포즈 인식에 대한 참고 사항

손 추적과 손 포즈 인식은 둘 다 인간이 컴퓨터와 상호작용하는 방식에 있어 흥미롭고 심지어 반직관적이기까지 한 변화를 일으켜야 한다. 대화할 때의 제스처처럼 손동작이 보조적인 역할을 할 때 외에는, 사람은 보통 손의 위치와 자세에 큰 관심을 기울이지 않는다. 우리는 손을 일상적인 도구로 사용할 뿐 아니라 물체를 집어 올리는 것처럼 특정 동작을 흉내 내는 제스처를 알아볼 수 있다. 그럼에도 HCI의 역사상 손의 위치는 매우 적은 비중을 차지했다. 실제로 마우스나 게임 컨트롤러와 같은 주변 장치는 특별히 손 위치에 구애받지 않게 설계됐다. 누구든 마우스를 왼쪽이나 오른쪽에 놓고 사용할 수 있고, 컨트롤러는 30센티미터 위 혹은 아래로 쥐고도 사용할 수 있다. 손의 위치는 입력에 별반 영향을 미치지 않는다.

이 규칙의 눈부신 예외라면 터치 장치인데, 이 경우 손 위치와 입력이 긴밀하게 연결돼야만 한다. 그럼에도 터치에 필요한 '제스처'는 장치를 건드리는 손가락 끝을 제외한 손의 움직임과 거의 관련이 없다. 어떤 손가락이든 셋만 있으면 화면을 쓸어서 넘길^{swipe} 수 있다. 여기서 진짜 중요한 것은, 원하는 결과를 얻으려면 컴퓨터가 필요로 하는 최소한의 요구 사항만 충족하면 된다는 것이다.

손, 눈, 신체의 움직임을 추적하는 컴퓨터 비전은 잠재적으로 매우 강력한 기술이지만 잘못 사용될 수도 있다.

차세대 음성, 손, 하드웨어 입력

대부분의 사람들은 물어본다면 이상적으로 그리고 궁극적으로 다른 인간과 상호 작용하듯이 평범하게 얘기하고 손과 제스처를 사용하며 컴퓨터와 상호작용하게 될 것이라 추측하곤 한다. 여러 다양한 회사에서 넉넉한 금전적 지원을 받는 무수한 팀이 오늘날 이 문제를 해결하고자 작업 중이며, 목소리와 손을 활용한 입력 방식 모두 앞으로 수십 년 내에 완벽하게 이뤄질 것으로 본다. 그러나 이 두 입력 방식에는 즉각적이고 완결된 손 추적과 자연어 처리[NLP, Natural Language Processing]가 보여줄 수 있는 최상의 시나리오만을 상상하느라 사람들이 염두에 잘 두지 않는 심각한 단점이 있다.

음성

흔히 얘기하듯 음성 명령은 아무리 완벽하게 이해할 수 있더라도 정확하지는 않다. 사람들은 종종 평범한 문장조차도 오해를 한다. 어떤 사람은 추론, 은유, 유의어를 한데 섞어가며 진짜 의도를 전달한다. 말하자면 발화 상대를 제대로 이해하고자 다양한 모달리티뿐 아니라 모달리티 속의 모달리티까지도 사용하는 것이다. 전문 용어란 언어학적으로 볼 때 흥미로운 진화인데, 특정한 맥락에서 특정한 대상을 지칭하는 고도로 특화된 이들 단어는 언어에서의 단축키나 다름없다.

컴퓨터는 인간보다 훨씬 빠르게 반응하며, 그것이 가장 큰 장점이다. 인간의 발성으로 입력을 한정짓는 것은 컴퓨터와 소통하는 방법이 상당히 느려진다는 뜻이기도 하다. 특정 동작이 매핑된 버튼을 타이핑하거나, 두들기거나, 누르는 일은 모두 매우 빠르고 정확하다. 예를 들어 텍스트를 선택하고, '잘라 내기' 위해 단축키를 누르고, 커서를 옮겨서 다시 '붙여 넣기' 단축키를 누르는 과정은 컴퓨터에 해당 작업을 말로 설명하는 것보다 훨씬 빠르다. 이는 거의 모든 동작에 해당된다.

그러나 시나리오를 설명하거나, 이야기를 나누거나, 다른 사람과 계획을 세우는 데에 있어서는 대화를 나누며 단어를 사용하는 게 더 빠른데, 이는 잠재적으로 생기는 오해에 대해 즉시 질문을 받고 내용과 대화 과정을 수정할 수 있기 때문이다. 이를 위해서는 실제 세상에서 작동하는 지식이 필요하지만, 진정한 인공지능의 서막이 열리기 전까지는 컴퓨터에게 바랄 수 없는 능력이다.

핸즈프리 입력이 필요할 때, 다른 일을 하는 중일 때, 소리 나는 대로 받아써야 할 때, 또는 다른 움직임 없이 빠르게 모달리티를 전환할 때(예, '최소화! 종료!') 음성 입력의 장점이 드러난다. 음성 입력은 다른 입력 방식과 함께 사용될 때 항상 제일 훌륭하게 작동하지만, 그렇다고 그 자체로 완벽하지 못할 이유는 없다. 그리고 물론 음성 인식과 음성-텍스트 전사 기술은 단순한 입력을 넘어서는 다양한 용도를 보여준다.

손

일반적인 대화에서 손이나 자세가 그러한 역할을 하듯 손 추적, 제스처, 손 포즈 인식과 같은 시각적 모달리티는 부차적으로 의미를 확인하는 수단으로 유용하다. 각각의 사용자를 위한 맞춤형 데이터 세트를 매우 빠르게 학습할 수 있는 방법이 있다면 공간 컴퓨팅에 가장 유용하게 쓰일 것이다. 이를 위해서는 다음의 사항이 필요하다.

- 맞춤형 생체 인식 데이터 세트를 여러 플랫폼에 걸쳐 유지하고 관리할 수 있는 개인

- 개인이 알아차리거나 혹은 무시해야 할 사항을 컴퓨터에게 가르칠 수 있는 수단

위의 사항이 필요한 이유는 간단하다. 각 사람마다 얼마나 어떻게 움직이고 제스처를 취하며, 그게 무엇을 뜻하는지가 매우 다르기 때문이다. 어떤 사람은 별 생각

없이 계속 손을 움직일 수도 있다. 어떤 사람은 아주 가끔만 제스처를 취하는 대신 거기에 매우 중요한 의미를 담을 수도 있다. 이처럼 다양한 움직임을 사용자별로 광범위하게 커스터마이즈할 필요가 있을 뿐 아니라, 특별히 주의를 기울여야 하거나 무시해야 할 움직임을 사용자 스스로가 컴퓨터에게 지시할 수 있게끔 해야 한다.

맞춤형 시스템에 대한 대안으로 오늘날 잘 알려져 있는 것은 특정 동작에 맞춰 미리 사전에 매핑된 일련의 손 포즈다. 립 모션의 경우 '그랩grab' 자세는 사용자가 대상을 선택하고 움직이려는 것을 나타낸다. 홀로렌즈의 경우 '핀치pinch' 제스처가 선택과 이동을 나타낸다. 매직 립은 열 가지 손 포즈를 지원하며, 일부 손 포즈는 다른 경험에서는 또 다른 동작으로 매핑된다. 오큘러스 리프트 컨트롤러에서도 마찬가지로 양손 포즈(가리키거나 양 엄지를 치켜세우는 등)를 지원하며, 두 가지 포즈 모두 개발자가 선택한 동작으로 다시 매핑할 수 있다.

이를 위해서는 사용자가 평소의 자연스러운 손놀림 대신에 하드웨어가 요구하는 포즈와 제스처를 암기해야 하는데, 이는 태블릿 장치에서 '스와이프swipe' 동작이나 '핀치로 확대하거나 축소하는' 동작을 표준화한 것과도 상당히 비슷하다. 이러한 인간-컴퓨터 간 수화가 표준화돼 일반적인 규범으로 굳어질 가능성도 있지만, 이 방식을 지지하는 이들은 그들이 제안하는 바가 단순한 재매핑 수준이 아니라 오늘날의 인간이 손을 어떻게 사용할지에 대한 대안이라는 사실을 명심해야 한다. 특히 인간의 손 자체가 부정확하기 때문에 더욱 큰 문제가 된다. 그림 1-8을 보면 알 수 있듯이 인간의 손이 실제로 정밀하게 동작하려면 물리적 지지대와 다른 도구가 필요하다.

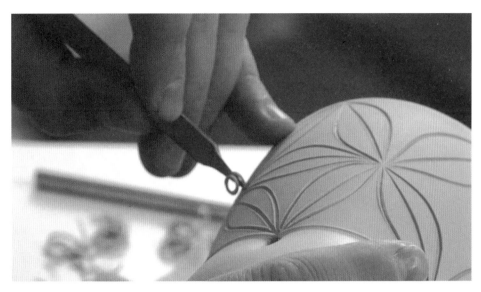

그림 1-8. 손의 무게를 지탱하기 위한 삼각 측량은 중요하다. 디지털 촉이나 나이프를 쓴다 하더라도 세밀한 제스처를 취하려면 손을 지탱할 수 있는 수단이 필요하다.

컨트롤러와 다른 물리적 주변 장치

서론에서 봤듯이 컴퓨터에 여러 다양한 유형의 물리적 입력 장치를 장착하는 데 거의 한 세기에 걸쳐 무수한 시간과 노고가 들어갔다. 그럼에도 다섯 가지 규칙 덕분에 주변 장치가 표준화될 수 있었다. 다섯 가지 규칙 중에서도 두 가지가 가장 중요한데, 대규모 제조로 인해 가격이 저렴해졌고, 이를 지원하는 하드웨어 덕분에 입력 장치가 표준화된 것이다.

그러나 이제 우리는 흥미로운 전자기기의 시대로 들어서고 있다. 처음으로 여러 다양한 애플리케이션에서 작동하는 주변 장치를 구매하거나 만드는 일이 거의 모든 이에게 가능해졌다. 사람들은 키보드나 마우스뿐 아니라 야구 방망이나 애완동물에 달아놓은 재조립 바이브 추적기, 심지어 엑스박스[Xbox] 컨트롤러용 맞춤형 페인트 작업에 이르기까지 모든 것을 제삼자가 제조한 부품으로 만들어낸다.

공간 컴퓨팅이 사용자 커스터마이징을 더 큰 폭으로 허락한다는 이유만으로 소비자가 알아서 자연스럽게 자기만의 입력 장치를 만들어낼 거라 넘겨짚는 것은 지나친 요구다. 그러나 제조업체가 수요에 맞춰 더 많은 맞춤형 하드웨어를 만들어낼 것이라는 생각은 일리가 있다. 오늘날의 자동차를 생각해보라. 렉서스^{Lexus} 4에는 스티어링 휠 옵션만 450가지가 넘는다. 모든 옵션을 포함할 경우 한 차량 안에서도 4백만 가지의 조합을 만들어낼 수 있다. 컴퓨팅이 집안에 자리한 개인적인 활동일 때 사람들은 자동차나 가구 및 벽지를 고를 때와 마찬가지로 그 형태, 느낌, 반응하는 방식에 강력한 의견을 지니게 된다.

플랫폼과 사용자 양측 모두에 관련해 커스터마이징에 대한 심도 있는 논의는 우리를 새로운 생각의 길로 이끈다. 공간 컴퓨팅 덕분에 컴퓨터는 마치 보통 사람의 집, 그리고 그 집에 물건을 늘어놓는 방식처럼 사적이면서도 개성적인 도구로 변모한다. 따라서 입력 장치도 그에 못지않게 개성적이어야 한다. 두 펜을 놓고 하나를 선택하는 것과 비슷한 방식이 컴퓨터 상호작용의 모든 측면에 적용될 것이다.

2장

장치가 아닌 우리의 감각을 위한 디자인

실카 미에스닉스^{Silka Miesnieks}

우리가 처한 현실에서처럼 기술과 다채롭게 소통할 수 있는 미래를 상상해보자. 화면 앞에서 얼마나 많은 시간을 소비하는지에 대해 열의를 갖고 얘기하는 사람은 많지 않다. 다행히도 대부분의 기술 기업들도 비슷하게 느낀다. 회사들은 감지할 수 있는 기계^{sensing machine}를 창조하고자 센서와 AI에 많은 투자를 해 왔다. 음성, 공간, 생체 인식 데이터를 인공지능에 투입해 인간이 좀 더 편하게 관계할 수 있는 형태로 기술을 개발하고 있다. 그럼에도 친근하게 다가오며, 접근성이 높고, 알맞게 반응하는 기계 주도적 감지 기술을 설계하는 방법에는 아직 이해가 부족한 실정이다. 이 때문에 기술 산업은 엔지니어링 실무, 정책, 관련 도구 못지않게 인간을 위한 반응형 디자인을 이해하는 데도 더 많은 투자를 할 필요가 있다.

우리 모두는 더 행복한 미래를 가져다줄 좀 더 나은 해결책을 원하지만, 오늘날의 발전하는 기술에서 어떻게 그것을 얻을 수 있는가? 2장에서는 이런 주제를 탐구하고자 하며, 이후로도 더 많은 탐구를 이끌어내고자 한다.

어도비^{Adobe}의 이머징 디자인^{Emerging Design} 책임자로, 나는 회사 내의 여러 팀과 협력해 새롭게 등장하는 기술을 제품과 서비스에 도입하며, 실질적인 개인과 사회적 과제를 해결한다. 지난 25년 동안 세 가지 주요한 기술적 전환을 통해 디자인을 계발해 나가며, 인터넷이 지식 경제를 강화하고 모바일 컴퓨팅이 소통 방식을 변화시키는 것을 목도했다. 향후 AI로 구동되는 공간 컴퓨팅은 우리가 서로 협력하고 정보를 사용하는 방식을 대폭 확대할 것이다. 이는 일하고, 생활하고, 배우며, 노는 방식을 크게 변화시킬 것이다. 공간 컴퓨팅이 사회에 미칠 영향은 (지금까지의) 인터넷과 모바일 컴퓨팅이 미친 영향을 합친 것보다도 크리라 생각한다. 디자이너로서 인류 역사상 이처럼 비범한 시대에 참여한다는 사실이 참으로 신명나면서 때로는 조금 무섭기까지 하다.

미래 전망

구글의 크리에이티브 디렉터인 티 어글로^{Tea Uglow}는 공간 컴퓨팅을 바라보는 시각을 제시함으로써 나와 내 팀에 깊은 영향을 줬던 최초의 디자인 리더였다. 그녀는 우리가 만들 수 있는 더 나은 미래를 그려 보도록 도와줬다. 티가 테드 토크^{Ted Talk}에서 공유한 상상의 여정으로 여러분을 데려가고자 한다.

> 잠시만 눈을 감아보라. 우리 모두에게 하나쯤은 있는 행복한 장소를 상상해보라. 환상이더라도 나한테 행복한 장소는 친구들이 나를 둘러싸고 있는 호주의 바닷가로, 태양이 빛나고, 발가락에 와 닿는 바닷물의 느낌과 지글거리는 바비큐 소리가 들리는 곳이다. 자연스럽고 단순하며 친구들과 함께할 수 있는 그곳에서 나는 행복하다. 컴퓨터 앞에 앉아 있거나 모바일 화면을 보는 데 너무 많은 시간을 할애하는 날은 그다지 행복하지 않다. 외톨이가 된 기분이다. 하지만 그곳에서 행복한 하루를 보낸 다음날이면 휴대폰으로 들어오는 정보나 연락이 기다려진다. 그러나 휴대폰 자체는 그립지 않다. 휴대폰은 날 행복하게 해주지 못한다.

그리해 디자이너로서 나는 자연스럽고 단순하면서도 우리를 행복하게 만들어 주는 방식으로 정보에 접근하는 데 관심이 있다. 이러한 사고방식은 디자이너가 새로운 제품이나 디자인 작업에 착수할 때마다 그 일의 가치와 중요성을 이해하는 데 도움을 준다.

감각 기술의 설명

공간 컴퓨팅 디자인의 중요성을 탐색하기 전에 관련된 기술을 정의해야 한다. 머신러닝을 구동하는 기계에 투입되는 센서 데이터가 공간 체험을 이끌어낸다. 공간 컴퓨팅과 감각 기계에 대한 간략한 요약은 다음과 같다.

사각형 화면에 갇혀 있는 모바일 컴퓨팅과 데스크톱 컴퓨팅과는 달리 공간 컴퓨팅 Spatial computing은 우리를 둘러싼 세계를 자유롭게 넘나들 수 있다. 즉, 공간 컴퓨팅에서는 주변의 공간이 곧 디지털 경험을 위한 캔버스로 사용된다.

기술이 모습을 감추고 디지털 상호작용이 인간화되는 것이야말로 공간 컴퓨팅의 꿈이다. 예를 들어 마우스, 키보드, 심지어 터치스크린과 같은 입력 장치는 우리 체험을 중개한다. 공간 컴퓨팅을 통해 우리는 음성, 시각, 터치(3D로), 제스처, 기타 자연스러운 입력을 써서 정보와 직접 연결된다. 더 이상 우리를 이해하게 하고자 컴퓨터처럼 생각하고 행동할 필요가 없다. 이제 컴퓨터 쪽에서 인간의 방식을 이해할 테니까.

컴퓨터가 우리를 이해할 수 있다고 치면 공간 컴퓨팅도 우리가 지닌 능력과 차이점을 이해하고 그에 맞게 지원할 수 있을 것이다. 예를 들어 인간의 경우 시력을 잃은 사람에게 주변 환경을 언어로 설명하거나, 문화를 넘나드는 의사소통을 할 때 언어뿐 아니라 문화적 뉘앙스도 함께 전달할 수 있다. 반대로 공간 컴퓨팅은 인간이 기존에 지닌 능력을 향상시킬 수 있는데, 뛰어나 수학적 자질을 지닌 사람에게 보통 사람이 이해하기 어려운 지식이나 데이터를 한눈에 보고 상호작용할 수 있는 능력을 제공하는 것이다.

감각 데이터^{Sensory data}는 AI 기술로 구동되는 감각 기계를 통해 생성된다. 컴퓨터 비전, 기계 청각, 기계 터치는 각기 카메라의 정확한 위치, 둘러싼 주변 공간의 규모, 사물과 사람 및 음성 식별(바이오데이터)과 같은 데이터를 출력할 수 있다. AI 기술을 사용하면 인간이 지각하는 방식을 모방해 이러한 데이터를 해석할 수 있다. 우리가 세상을 지각하듯이 기계도 세상을 지각할 수 있다.

기계 감지^{machine senses} 기술이 온 사방에 장착되고 설치되면서 좀 더 많은 사용 사례가 등장하고 있다. 감각 기계와 데이터의 현재 쓰임새는 다음과 같다.

- 증강 현실^{AR, Augmented Reality} 지원 카메라는 2019년 말까지 27억 대의 휴대폰에 장착될 것이다. AI 기술에 힘입어 AR 카메라는 자신이 '보는' 것을 신속하게 파악할 수 있다. 구글 렌즈(구글의 픽셀폰용 AR 시스템)는 2017년 처음 출시됐을 때보다 네 배 많은 10억 개의 사물을 식별할 수 있다.

- AR 기술이 장착된 휴대폰을 통해 AI 기술은 분노, 경멸, 혐오, 두려움, 행복, 무표정, 슬픔, 놀라움처럼 기본적인 인간의 감정을 감지할 수 있다. 이러한 감정은 다양한 문화에 걸쳐 통용된다고 알려져 있지만, 누군가가 실제로 어떤 감정을 느끼는지에 대한 진정한 척도는 아니다. 사우스 오스트레일리아 대학교의 AR 개척자이자 공감 컴퓨터 연구소^{Empathic Computer Laboratory}의 소장인 마크 빌링허스트^{Mark Billinghurst}는 "얼굴 표정만으로는 감정을 제대로 측정하지 못할 수 있다. 예를 들어 인상을 찌푸리고 있는 사람은 행복하지 않기 때문일까, 아니면 복잡한 작업에 집중하고 있기 때문일까? 누군가의 감정을 더 잘 추정하려면 그 순간에 하는 작업, 처한 환경, 말하는 내용, 생리적 신호(예, 심박수) 등과 같은 다른 상황적인 신호를 고려하는 것이 중요하다. 사람들은 자신이 느끼는 감정이나 다른 사람의 감정을 파악하고자 이 단서들을 모두 고려한다. 기계도 똑같이 해야 한다."라고 말했다.

- AR은 훈련과 안전을 위해 인간이 주변 공간에 대해 갖는 고유 수용성 감각에 개입함으로써 훈련 속도를 높인다.

- 마이크와 스피커는 가상 조수처럼 기능하며, 가정, 휴대폰, 청취 가능 장치, 기타 장치에 점점 더 많이 장착되고 있다.

- 센서가 내장된 옷과 시계는 땀을 이용해 전기 피부 반응(정서적 강도)을 측정하고, 심장 박동을 통해 건강을 24시간 모니터링할 수 있다.

- 도시는 거리, 자동차, 대중교통 시스템에 설치된 수많은 센서로 '스마트'해지고 있다. 데이터를 통합함으로써 지방 자치단체는 상호 연결된 문제를 해결하는 방법에 대해 좀 더 자세한 통찰을 얻을 수 있다. 이 센서는 날씨, 대기질, 교통량, 방사능, 수위 등을 모니터링하며, 교통 상황, 가로등, 보안 시스템, 비상경보와 같은 기본적 서비스를 자동으로 알려주는 데도 사용된다.

공간 컴퓨팅은 기계 센서, 렌더링 성능, AI, 머신러닝, 3D 캡처, 디스플레이의 기술 발전이 서로 상호작용하며 비롯됐다. VUI^{Voice-User Interface}, 제스처, XR 디스플레이는 컴퓨팅을 바라보는 새로운 맥락을 제공한다. 공간 컴퓨팅은 우리가 있는 장소, 손목, 눈과 귀, 부엌과 회의실 탁상, 거실, 사무실, 그리고 선호하는 교통수단 등 어디서나 찾아볼 수 있다. 자동차의 GPS에 대고 목적지에 도달하는 방법을 한번 물어보라.

VUI는 이미 가정, 휴대폰, 자동차 등에서 찾아볼 수 있지만 AR 서비스는 아직 대규모로 소비자에게 채택되지는 못하고 있는 추세다. 어떤 사람은 잘 모르는 사람도 한 번에 사용할 수 있는 AR 안경이 등장할 때 가능하리라고 생각한다. 개인적 견해로 장치, 감각적 시간, AI 시스템이 공간적 차원에서 한데 힘을 합쳐 우리 인간에게 자연스럽게 주어진 창조적인 초능력을 해금할 때 비로소 전환점이 찾아오지 않을까 싶다. 여기에 대해서는 이 상의 뒷부분에서 더 자세히 설명하겠다.

인공지능 기계는 독립적으로 생각하고 새로운 방식으로 일을 수행한다. 목표는 이렇지만 아직 기계 자체는 지능을 갖지 못했다. 그러나 머신러닝과 그보다 훨씬 더 똑똑한 자매품인 딥러닝은 기계가 방대한 양의 데이터를 새롭고 놀라운 방식으로 판독해낼 수 있는 방법을 제공한다. 우리의 지능적인 기계는 현재 학습은 가능하지만, 완전히 이해하지는 못한다.

공간 컴퓨팅의 경우 머신러닝은 감각적 측면에서 다소나마 인간의 신경계와 비슷하게 작동한다. 도시의 시스템과 빌딩 시스템이 점점 더 많은 수의 센서를 포괄함에 따라 이들 역시 신경계를 반영하게 된다. 카메라(시각), 마이크(청각), 관성 측정 장치^{IMU, Inertial Measurement Units}처럼 센서를 통해 얻어지는 데이터는 복잡한 머신러닝(신경) 시스템을 통해 수렴되고 해석된다. 네덜란드어를 읽을 수 없다면 카메라가 대신 번역해 줄 수 있다. 소리가 잘 들리지 않으면 스피커가 해당 음성을 증폭하거나 음성을 텍스트로 번역할 수 있다. 차로 움푹 파인 곳 위를 달린다면 당신의 차량은 즉시 해당 지역의 공공사업 부서에 구멍을 수리하라고 알려줄 수 있다. 장난감은 지금 놀이에 쓰이고 있는지 상자 속에 들어 있는지 알림으로써 더 나은 장난감이 될 뿐 아니라 불필요한 쓰레기도 줄인다.

머신러닝과 축적된 데이터는 과거를 기억하고 이해한다. 시간에 따라 축적된 글쓰기 스타일을 기반으로 지메일^{Gmail}이 문장을 완성하는 모습을 이미 보고 있을 것이다. 어느 날 내 아이들은 나만큼 나이를 먹으면 내 삶을 체험할 수 있을 것이다. 우리는 이러한 역사적 사건을 기반으로 한 발명품들의 예측된 미래를 '볼' 수 있을지 모른다.

인공지능이 계속 발전함에 따라 감각 디자인 역시 자연스럽게 바뀌어가며 장치에도 자연스러운 인간의 감각을 부여한다. 우리 디자이너는 현재의 도구가 더욱 자연스러워지는 세상을 꿈꾸며, 나는 이것이야말로 사람들이 갈망하는 미래라고 생각한다. 더 자연스럽고 직관적인 도구일수록 더 쉽게 접근할 수 있으며, 여기엔 감각 디자인이 중요한 역할을 한다.

우리는 누구를 위해 미래를 만들고 있는가?

우리는 그림 2-1에 등장하는 두 소년과 같은 사람들을 위한 미래를 만들고 있다. 그들은 오늘날 우리가 구축하는 생태계를 기반으로 제품과 서비스를 만들어낼 것이다. 그들의 목소리와 바람에 귀 기울여 더 나은 미래에 대한 영감을 얻어 보자. 여기 그 몇 가지가 있다.

그림 2-1. 두 명의 Z세대

그림에 등장하는 두 소년은 Z세대[1]다. 이 세대는 "2019년 전 세계 77억 인구의 32%를 차지한다." 오늘날의 Z세대는 2000년 이후 태어났으며 대략 9세에서 24세 사이다. 이들은 이전 세대보다 더 많은 장치를 소지한다. 미국이라면 집에는 아마존에서 개발한 알렉사Alexa가, 항상 들고 다니는 휴대폰에는 AI 칩이, 그리고 다음 10년 안에 그들의 코에는 AR 안경이 걸려 있을 것이다.

---

1. 밀레니얼(Millennials) 다음 세대로 1997년 ~ 2010년대 초반에 출생한 세대를 가리키며, 어릴 때부터 인터넷과 디지털 환경에 익숙하다는 특징이 있다. – 옮긴이

Z세대의 정체성은 인종이나 성별 대신 그들 자신이 그때그때 의미 있게 여기는 대상에 달려 있다. 그들은 자신의 개성을 지속적이고 유동적인 형태로 표현한다. 따라서 그림 2-1의 두 신사는 "나중에 여자랑 결혼할 거야 아니면 남자랑 결혼할 거야?"라는 질문을 이상하다고 생각지 않았다. 둘 중 하나는 "여자"라고 대답했으며, 다른 하나는 "생각 중이에요."라고 대답했다. 그들 자신이 이분법적으로 생각하지 않기 때문에 대답할 때도 전혀 어색하거나 불편한 기색이 없었다.

유튜브나 인스타그램처럼 자체적으로 뭔가 제작하는 유형의 체험에서 스냅챗 Snapchat과 페이스북 메신저Facebook Messenger처럼 AR 페이스마스크를 사용해 유동적인 정체성을 만드는 방향으로 브랜드가 움직여가는 걸 본다.

이것이야말로 공간 컴퓨팅에서 기대되는 종류의 전환이다. 정보가 묶여 있는 화면이라는 세상에서 AI 기반 AR 덕분에 우리를 둘러싼 주변 환경으로 각종 창의적인 표현이 자유롭게 흐를 수 있는 세상으로 이동하는 것이다. 미래의 사상가들은 다양한 연결을 만들고 쌓아감으로써 다가올 혼란을 헤쳐 나갈 것이다. 미래 세대에 필요한 핵심 기술로 창의성을 꼽는 이유가 이 때문이다.

우리 모두는 좀 더 단순하고, 자연스러우며, 장치에 덜 제약되는 동시에 인간의 감각과 더 비슷한 창조적 표현 방식을 만들어 갈 필요가 있다. 여러 면에서 공간 컴퓨팅 도구는 민주적인 모습을 띌 것이다. 실시간 애니메이션과 같은 도구는 공간 컴퓨팅에 필요한 핵심 기술이지만, 오늘날에도 제작에 드는 어려움 때문에 애니메이션은 특정 도구에 접근할 수 있는 전문가의 몫으로 남겨져 있다.

이 때문에 내가 속한 어도비 팀에서는 휴대폰 카메라를 통해 모션을 캡처한 후 3D 오브젝트나 2D 디자인으로 바로 전송해 날아가는 새나 춤추는 친구의 움직임을 기록할 수 있는 도구를 개발했다. 감각 기술의 마법을 사용하는 사람들의 얼굴에 드러나는 경이를 지켜보는 일은 참으로 근사하다(그림 2-2).

그림 2-2. 마이크로소프트 홀로렌즈를 착용한 Z세대

Z세대들은 실시간으로 이뤄지는 협업을 바란다. 또한 그냥 바라보거나 (가지고 노는 것과 같은) 상호작용을 통해 어디서든 무엇이든 만들어낼 수 있기를 기대한다.

오늘날 많은 어린이가 교실에서 모바일 AR을 사용해 주변 세계를 탐험함으로써 배운다. 또는 수학 문제를 풀고자 구글에서 검색한다. 내 아이들이 딱 그렇다. Z세대가 산업의 역군이 될 즈음이면 아마 주변 사물에 관한 정보를 투사하는 AR 지원 인터페이스를 사용해 양손으로 기타를 배울 수 있을지 모른다. 티 어글로가 말했듯이는 '근사한 기계 유튜브'와도 비슷할 것이다.

창의력은 우리를 둘러싼 세계를 향해 확장되고 또한 향상돼 숙련된 전문가만 지녔던 기술을 오늘날의 우리 모두에게 제공한다. 인터넷이 모든 사람에게 출판의 기회를 제공했던 것처럼 애니메이션, 3D 오브젝트 생성, 3D 공간 디자인과 같은 기술역시 쉽게 접근하고 사용할 수 있게 될 것이다. AR, 가상 현실^{VR}과 AI는 우리가 생각하는 바를 공유하는 것 이상으로 우리의 마음까지 공유될 수 있게 도울 것이다.

AR, AI, 공간 컴퓨팅이 우리 주변의 세계로 확장됨에 따라 독창적인 표현은 문해력만큼이나 중요해질 것이다. 기술 산업계의 일원으로서 어도비는 (우리가 만들어내는) 창의적 도구가 모든 사람에게 열려 있길 바라며(XD는 무료다!), 다양한 능력과 문화를 포용하고, 개인 정보 보호와 투명성에 대한 사람들의 권리를 존중하길 바란다. 공간 현실과 우리가 맺는 관계를 다듬는 도구를 개발하는 일이 신명나는 지금이다.

디자이너와 팀이 미래에 맡을 역할

간단히 말하면 감각 디자인은 건축, 인테리어, 산업, 시스템, UI 디자인처럼 공간 디자인에 관련된 분야를 과학(인지 과학과 신경 과학 등), 아티스트, 활동가, 정책 입안자, AI 엔지니어와 이어주는 접착제 노릇을 한다. AI 기반 공간 컴퓨팅으로 미래를 설계하려면 (관련된 모든 이에 의한) 다종다양한 기술뿐 아니라 인간 행동에 대한 깊은 이해가 필요하다.

현재 성장하는 디자인 영역이니만큼 인류에게서 최고의 역량을 이끌어내려면 다양한 역할이 필요하다.

2018년 8월, 나는 청각 장애가 있는 공연 아티스트인 로자 리 팀^{Rosa Lee Timm}을 만나 영감을 받았다. 그녀는 어도비 디자인에 다음과 같이 요청했다.

> (로자) 자신처럼 다른 능력을 가진 사람들을 디자인 과정에 포함시키고 팀의 일원이 되게 하세요. 혹시 아나요, 우리 중 일부는 당신이 미처 생각지 못한 새로운 발명과 아이디어와 창의성을 지닐지, 그렇게 디자인 과정은 좀 더 조화로워지죠. 과정을 다 마치면 처음부터 쉽게 널리 퍼질 수 있게 디자인하는 거죠.

이어 로자는 구어를 자신의 언어로 '읽을' 수 있도록 수화로 번역하는 도구를 만들 수 있는지 물었다. 그녀는 많은 교육용 동영상에 텍스트 캡션조차 없다고 지적했다. 로자와의 대화 덕분에 나는 얼굴과 손 추적 및 인지 기술을 사용해 수화를 영어로, 그리고 영어를 다시 수화로 변환할 방법에 생각을 기울일 수 있었다.

좀 더 세계적으로, 문화적으로, 그리고 포용적인 시각에서 생각할 수 있도록 우리 팀에 깊은 영감을 준 또 다른 사람은 쇼피파이^{Shopify}의 UX 책임자인 파라이 마지마 ^{Farai Madzima}다. 그는 작년에 어도비 디자인의 우리 팀을 방문해 다음과 같은 생각을 공유했다.

> 다양성이란 개념이 그저 다양한 톤의 갈색[2]을 나타낼 뿐이라는 인상에 사로잡혀 있다면 제
> 대로 알지 못하는 것입니다. 다양성이 단지 성별이나 능력에 관한 것일 뿐이라 생각한다면
> 이 또한 제대로 알지 못하는 것입니다. 나처럼 걷지 않고, 생각하지 않고, 말하지 않는 사람
> 들과 함께 일해야 합니다. 그들이 일하는 방식의 일부가 돼야 합니다. 얼핏 듣기에 어려운
> 일 같지만, 제품을 디자인하는 문제를 해결해야 할 입장에서는 더욱 그렇겠지만, 이는 절대
> 적으로 필요합니다. 사회가 내미는 도전 과제란 결국 우리가 몸담은 산업이 세상의 필요를
> 간과한 데에서 비롯됩니다. 동료들이 우리에게 필요로 하는 것과 우리 스스로에게 필요한
> 것을 충분히 이해하지 못하고 있다는 바로 이 생각이, 무엇이 (어떻게) 다른지에 대해 한층
> 열린 마음으로 바라보게 합니다.

AI에서 여성의 역할

디자인의 미래에 대해 내가 지닌 비전은 포용성과 다양성에서부터 출발한다. 새로 운 디자인 언어를 짓고자 기초를 세우려면 다양한 팀이 필요하다. 여기에는 여성 이 포함된다. 나는 도전을 해결하려면 언제나 여러 가지 방법이 있다고 생각하기 에 성공적인 감각 디자인을 위해서는 여러 다른 관점을 구하는 것이 긴요하다.

공간 컴퓨팅과 AI를 위해 미래의 디지털 디자인을 이끌려면 여성과 남성 모두가 필요하다. 지난 30년 동안 우리는 남성이 컴퓨터 플랫폼의 설계를 주도하는 것을 지켜봤고, 그 결과 오늘날의 기술 분야에서 여성 엔지니어가 부족해진 것도 보게 됐

---

2. 아시아인, 인도인, 흑인 등 유색 인종 전반을 암시하는 색 – 옮긴이

다. AI는 재무, 엔터테인먼트, 온라인 뉴스, 홈 시스템을 개인화한다. 오늘날 공간 컴퓨팅 시스템을 디자인하는 사람들은 우리를 둘러싼 내일의 세상에 직접적인 영향을 미칠 것이다. 지속 가능한 동시에 공감할 수 있는 방식으로 실제적인 문제를 해결하고자 다양한 관점을 한데 모을 수 있는 다양한 사고방식이 필요하다. 이것은 사업뿐 아니라 사회 전체를 위해서도 좋은 일이다.

운 좋게도 지난 2년 동안 AI에 접근하는 방식을 변화시키고자 실질적인 산업 지원이 이뤄지고 웅대한 목표가 세워지는 것을 목도했다. 많은 프로그램을 여성이 주도한다. 일부만 예로 들자면 스탠포드의 페이-페이 리[Fei-Fei Li], 마이크로소프트 AI 나우 연구소[Microsoft AI Now Institute]의 이사인 케이트 크로포드[Kate Crawford], AI 파트너십을 이끌고 있는 테라 라이온즈[Terah Lyons] 등이 있으며, 심지어 미셸 오바마[Michelle Obama]는 AI 포올[AI4ALL]의 공동 창업자인 올가 루사코프스키[Olga Russakovsky]를 지원해 고등학교 재학 중인 여성들이 인공지능 교육을 받을 수 있도록 지원했다. 이처럼 다양한 사고방식과 착상을 받아들일 때 다가올 미래와 우리가 이룰 성취에 대해 개인적으로 기대가 된다.

감각 디자인

오래오래 지속될 공간 디자인을 이끌어내는 동력은 인간에 대한 깊은 이해를 수반하는 폭넓은 착상이다. 역사적으로 디자인은 매체[medium]와 차원[dimension]에 제약을 받아 왔다. 어떤 디자인이 시간이라는 '시험'을 거쳐 살아남았는지 확인할 수 있는데, 주변에서 익숙하게 찾아볼 수 있는 건축 구조나 웹 사이트 레이아웃이 그 예다.

디자이너가 사용하는 매체가 지닌 물리적이거나 화면상의 한계는 오랜 시간에 걸쳐 디자인 결과물뿐 아니라 허용되는 표준을 결정해 왔다. 공간 컴퓨팅이 보편화된 미래의 세상에서 한계의 가짓수는 0에 가까워진다. 더 이상 물리적 요소라든가

2차원 화면에 의해 제약받지 않는 감각 디자인은 현존하는 모든 디자인 매체를 훨씬 능가하는 가능성을 열어준다. 감각 디자인을 활용하려면 이해가 앞서야 하며, 이것이야말로 우리가 감각 디자인 언어^{Sensory Design Language}를 개발하는 이유다.

서론

감각 디자인은 공간 컴퓨팅을 목적으로, 적용이 쉽고 인간성에서 통찰을 얻어 산업 전반에 폭넓게 적용되는 디자인 언어다. 머티리얼 디자인 언어^{material design language}가 모바일 인터페이스 디자인의 기본 가이드가 된 것처럼 감각 디자인 언어가 화면을 넘어서는 상호작용을 위한 기본 디자인 가이드가 되기를 바란다.

감각 디자인은 기존 디자인 패러다임을 머리 꼭대기부터 뒤집는다. 따라서 새로운 접근 방식이 필요하다. 예를 들어 화면 디자인은 사용자가 수행하려는 동작에 중점을 두는 반면, 감각 디자인은 인지 기능을 감각에 연동함으로써 사용자가 갖는 동기에 중점을 둔다. 이를 염두에 두고 어도비는 기본으로 돌아가서 인간 행동의 보편적인 첫 번째 원칙에 초점을 맞추기로 결정했다. 또한 조직화된 사회, 문화, 개인 간에 드러나는 차이점과 여러 다른 측면을 이해하고자 했다. 운 좋게도 이 분야에서는 이미 엄청난 양의 작업이 돼 있었다. 핵심적인 출발점을 찾아내려면 수백 개의 연구 논문을 조사하기만 하면 됐다.

이러한 착상을 염두에 두고 나는 디자이너, 인지 과학자, 기업가, 엔지니어를 한데 모아 우리 모두 이해하고 사용할 수 있는 공간 컴퓨팅용 새로운 디자인 언어를 만들어냈다. 감각 디자인 팀에 합류한 최초의 사람들은 두 명의 인지 과학자인 스테파니 후트카^{Stefanie Hutka}와 로라 허만^{Laura Herman}, 그리고 머신러닝 개발자이자 디자이너인 리사 잼후리^{Lisa Jamhoury}였다.

우리는 인간이 지닌 뛰어난 공간 기억력을 출발점으로 삼았다. 우리는 자신이 처한 공간을 이해하고 파악하고자 고유 수용성 감각을 사용한다. 나는 이 글을 읽는 당신이 집에서 눈가리개를 하고서도 충분히 걸어가 냉장고 문을 열 수 있다고 확신한다. 우리는 공간적인 훈련을 위한 효과적인 도구로 고유 수용성 감각을 활용하는 가상 현실을 이미 본 바 있지만, 사실 감각 디자인은 공간 그 이상을 넘어 감각에 작용한다.

심리학자들은 미소가 우리를 화학적인 차원에서부터 행복하게 만들어준다고 증명했다. 두뇌, 몸, 감각 간의 연결이야말로 우리가 세상을 이해하고 인지하는 방법이다. 인간의 감각과 인지 능력을 디자인함으로써 실제 현실에 대한 인지를 엿볼 수 있다. 심지어 감각 디자인을 '지각된 현실'에 대한 디자인이라 부를 수도 있을 것이다.

감각 디자인에 접근하는 방법

인간의 인지를 디자인한다는 건 환상적인 기회지만, 여기에는 큰 책임이 따른다. 누군가가 지각하는 현실을 디자인과 그에 뒤따르는 잠재적 결과를 통해 바꿀 수 있다는 생각은 무시무시하다. 때문에 우리 감각 디자인 팀은 스스로 책임감을 부여하고자 다음과 같이 감각 디자인에 대한 접근 방식을 작성했다.

- 직관적인 상호작용에 관한 언어를 구축할 때는 **인간을 중심**에 놓을 것. 이는 오직 기본적인 인간 행동, 신체 및 인지 능력에 대한 이해를 통해서만 가능하다.

- 업계 전문가부터 실제 사용자에 이르기까지 다양한 사람에게서 인사이트를 공유하고 피드백을 수용하며 배움으로써 좀 더 **협력적**이 될 것

- 얻은 통찰을 공개적으로 그리고 집단적으로 공유함으로써 스스로의 일에서 디자인 리더가 될 것

- 우리가 만드는 제품을 좀 더 효과적으로 함께 개선해 나가는 데 사용할 수 있는 원칙, 방법론, 패턴을 정의할 것

- 물리적이거나 디지털화된 개인 정보를 존중함으로써 사람들을 존중할 것. 우리가 개발한 도구를 통제할 권한을 주고 자유롭게 행사하게 할 것. 우리의 안녕보다는 그들의 안녕을 먼저 생각할 것

- 다양한 기술, 문화 및 필요에 의한 공감대를 이끌어내고자 시스템을 구축하는 과정에서 올바른 인간 행동을 취할 것

우리는 이 목록을 (따라야 할) 규칙이라기보다는 가이드나 영감의 일부로 간주한다. 감각 디자인의 시대가 바야흐로 시작되는 이 시기에 우리 모두가 이와 같은 방향에 동참한다.

감각 프레임워크

다음으로 여러 가능성과 그들 간의 연결을 조망하고자 (그림 2-3에서 확인할 수 있는) 프레임워크를 작성했다.

그림 2-3. 일반적으로 사용되는 인간 감각의 분류

이처럼 인간과 기계의 감각을 다시 나눠 분류한 이유는 이들을 새로운 방식으로 다시 조합해 실제 세상의 문제를 해결하려는 것이다. 감각 디자인이 다른 매체를 대신해 해결할 수 있는 문제에는 무엇이 있을까? 한 예는 컴퓨터 비전과 AR을 사용해 수화를 파악하고 이를 텍스트로 번역한 다음 다시 수화로 재생하는 것이다. 컴퓨터 비전은 얼굴 표정을 판독할 수 있기 때문에 이를 손 제스처나 생체 인식 데이터와 결합한다면 기계가 인간 상대의 기분을 파악하게 할 수 있다. 머신러닝은 방대한 양의 감각 데이터에서 패턴을 찾아내는 데 매우 유용하다. 여러 기관에서는 이미 이러한 데이터를 사용해 도시 계획을 구성하고 기후 문제를 해결하는 데 도움을 준다. 언젠가 우리와 기계가 서로를 더 잘 이해할 수 있게 되는 게 내 바람이다.

감각과 지능의 조합이 우리가 다른 문화와 다른 소통 방식에 더 공감할 수 있도록 어떻게 도울 수 있을까? 보이스 투 텍스트 voice-to-text가 난독증에도 불구하고 내게 스스로를 더 쉽게 표현할 수 있도록 도왔듯이 우리도 유사한 방식으로 사람들에게 새로운 능력을 선사할 수 있을까? 질문은 너무나 많고 기회도 너무나 많다.

다섯 가지 감각 원리

어도비의 전 거주 아티스트 artist-in-residence인 자크 리버만 Zach Lieberman과 몰몰 쿠오 Molmol Kuo는 악기에 음을 입력하는 데 AR 얼굴 추적을 사용하자고 제안했다. 눈이 깜박이면 애니메이션이 켜지고 입이 움직이면 음악이 흘러나온다.

아티스트들은 경계를 허물고 기술로 세상을 바라보는 새로운 길을 창조한다. 우리는 이전에 생각하지 못했던 새로운 경험을 고안하고자 아티스트를 찾는다. 점점 더 많은 아티스트가 공간 컴퓨팅과 감각 디자인에 뛰어들면서 사용자가 이해할 수 있는 방향으로 경험을 안내할 수 있는 일련의 원칙이 필요할 것이다. 1세대 감각 디자인 사용자는 무엇을 기대할 수 있는지 명확한 개념이 없을 것이다. 이 때문에 디자인 원칙은 감각 디자인의 도입을 용이하게 하며 전반적인 공간 컴퓨팅 경험을 향상시킬 것이다.

다음은 이해와 몰입이 쉬운 공간 컴퓨팅 경험을 창조할 수 있도록 디자이너를 위해 제작된 다섯 가지 감각 디자인 원칙이다.

1. 직관적 경험은 다중 감각적이다

우리의 제품은 다중 감각적일 때 비로소 직관적일 것이다. 도구들이 서로 다른 감각을 수용하고 결합할 수 있게 함으로써 좀 더 안정적이면서도 사용자의 의도를 더 잘 파악하는 제품을 만들 수 있다.

우리는 다중 감각적 존재이기에 감각을 추가할수록 체험의 즐거움도 향상된다. 헤드폰을 통해 녹음을 듣는 것보다 콘서트에서 밴드 공연을 관람하는 것이 한층 기억에 남는다. 스카이다이빙을 비디오로 보는 것보다 직접 하는 것이 좀 더 인생을 바꾸는 경험에 가깝다. 페이스북이나 스냅보다 친구와 만나 어울리는 게 좋다. 사회적 유대감을 일으키는 호르몬인 옥시토신은 '좋아요' 버튼을 누를 때가 아니라 실제 포옹을 할 때 방출된다.

지난달에 나는 내 모든 감각에 통째로 관여했던 매시브 어택^{Massive Attack}의 공연에 다녀왔다. 눈물이 북받치는 90분의 체험 덕분에 나는 지난 20년간 앨범을 들으면서도 충분히 느끼지 못했던 매시브 어택의 메시지를 좀 더 깊이 이해할 수 있게 됐다. 내 전신의 감각이 전부 관여했기 때문에 단순히 소리나 2D 화면을 통해서는 표현할 수 없는 새롭고 구체적인 방법으로 메시지를 이해하고 느낄 수 있었다고 나는 믿는다.

2. 3D는 표준의 핵심이 될 것이다

약 5년에서 10년 안에 3D 디지털 디자인은 오늘날의 2D 디지털 디자인만큼이나 평범해질 것이다. 사진, 데스크톱 출판, 이전의 인터넷처럼 누구나 쉽게 이용할 수 있고, 사용하기 쉽고, 누구나 쉽게 이해할 수 있는 디자인 도구, 초심자용 하드웨어와 클라우드 서비스가 필요해질 것이다.

현재 우리는 모바일 AR을 현실 세계(주로 우리 얼굴)의 특수 효과 필터로 사용하며 즐거운 실험을 벌이고 있다. 미래에는 AR과 더불어 사는 것이 오늘날 밀레니얼 세대가 찍는 셀카보다도 더 평범해질 것이다.

곧 음성, 손동작(핸드 제스처), 환경 그 자체를 사용해 3D 환경을 제작할 수 있을 것으로 기대된다. 우리 몸은 내일의 공간 컴퓨팅 세계에서 마우스가 될 것이며, 우리 주변의 세계는 클릭, 편집, 재설계가 가능할 것이다. 키보드, 마우스, 터치스크린과 같은 기존 입력은 본질적으로 소프트웨어를 복잡하게 만든다. 우리의 모든 자연적인 감각과 육체를 사용해 소프트웨어를 공간적으로 제어한다면 인간의 창의성을 표현하는 방식도 바뀔 것이다.

2D 기술에서 완전히 자유로운 AR 세계에서는 AR 안경을 통해 눈앞의 도로나 보도에 얹힌 3D 방향 설명을 보는 것 대신 모바일 앱에서 2D 지도를 보는 게 우습게 느껴질지 모른다. 장비에 덧씌워진 AR 지침서가 실시간으로 사용자를 안내하게 되면 홈 오디오 시스템을 설치하고자 미리 비디오를 보는 게 구식으로 느껴질지 모른다.

책상 앞에 앉아 있을 때뿐 아니라 우리가 처한 어느 공간에서나 영감을 받는 즉시 창조가 가능할 것이다. 색상, 라이팅, 텍스처, 움직임, 소리, 심지어 사물마저도 AR 장치를 사용해 3D로 캡처할 수 있을 것이다. 마우스나 키보드 대신 3D 환경, 음성, 손 제스처를 입력 메커니즘으로 사용해 창조할 수 있기를 기대하고 있다.

키보드, 마우스, 터치스크린과 같은 기존 입력은 소프트웨어를 본질적으로 복잡하게 만든다. 3D 공간에서 우리의 진 감각을 활용해 소프트웨어를 제어한다면 창의력을 한껏 발휘할 수 있을 것이다.

예를 들어 나는 난독증이 있기 때문에 생각을 지면에 옮기는 과정에서 상당한 좌절감을 경험한다. 손으로 단어를 써내려갈 때의 나는 말이 없어진다. 창의적인 생각의 흐름도 끊기고 만다. 나는 지금 이 글을 음성 텍스트 기술을 사용해 작성했다. 완벽하지는 않아도 내 단어들을 추려내고 종이에 음성을 옮기는 데 도움이 된다.

3. 디자인은 곧 물리적 성질이다

우리가 만드는 제품은 근본적으로 물리적이어야 한다. 세상 속에 처한 디자인은 오직 자연스럽게 인간의 삶에 스며들 때 받아들여질 것이다. 친구들처럼 알아듣고 응답할 때까지 알렉사에 대고 계속 소리를 지를 것이다. 디자인이 세상에 적용될 때를 위한 새로운 UI 표준이 있다.

공간 디자인용 새로운 사용자 인터페이스 표준은 세상 속에서 구동되는 디지털 디자인이 마치 물리적으로 실재하듯이 동작할 것을 요구한다. 가상 머그잔을 땅에 던지면 실제 머그잔처럼 부서질 것을 기대하듯이 말이다.

마우스를 클릭하거나 화면을 건드렸을 때 화면상의 디자인이 작동되듯이 세상 속에 처한 디자인은 우리의 감각에 의해 작동된다. 디자인과 디자인상에서의 상호작용은 자연스러워야 하며, 주변 세계의 맥락과 어우러져야 한다. 사용자가 앱이 고장 났다고 생각할 정도가 아닌 한 종종 이러한 규칙을 깰 수 있다.

4. 통제할 수 없는 부분까지도 디자인하라

실제 세상 속에 처한 디자인 요소는 화면에 놓인 픽셀을 제어하듯이 통제할 수 없다. 3D 공간에서의 디지털 경험은 그 경험이 일어나는 주변 환경에서 라이팅, 공간의 크기, 상황에 맞춰져야 한다. 이는 디자이너 입장에서 카메라나 시각적 관점을 제어할 수 없다는 뜻이기도 하다. 사용자는 자신의 관점, 위치, 상황을 자유롭게 적용할 수 있다.

애플 WWDC 2018에서 프로젝트 에어로^{Project Aero}를 선보였을 때 나는 프로젝트 에어로를 이끄는 대담한 제품 책임자인 스테파노 코라자^{Stefano Corazza}가 했던 말을 즉시 이해할 수 있었다. "AR은 그 자체로 제작자에게 사용자(AR을 통해 보는 사람)의 주체적 감각(혹은 직접 내리는 선택)에 대해 생각하게 하며, 이는 사용자에게 더 공감하게끔 만듭니다." 사용자가 카메라를 제어할 수 있게 함으로써 그들에게도 역할을 줄 수 있다. 부분적인 창조자가 되는 것이다. 사용자가 가상으로 무대 위에 걸쳐진 2D 아트 작품을 통해 AR 기반 카메라를 이동시킬 때 그 순간의 그는 촬영 감독의 역할을 맡게 되는 것이다.

통제 바깥에 있는 디자인을 발견하는 또 다른 방법은 매년 세 번, 3개월에 걸쳐 열리는 어도비의 AR 레지던시^{AR Residency} 프로그램에 참여하는 아티스트들의 눈을 통해 바라보는 것이다. 이 거주 아티스트 중에는 자크 리버만과 몰몰 쿠오가 있다. 이들은 3D 공간 어디에서든 무엇이든지 적을 수 있고 애니메이션화할 수 있는 iOS AR 앱인 위어드 타입^{Weird Type}을 만들고자 함께 일했다. 앱을 시작한 후 우리는 자리에 앉아서 어떻게 타이포그래피를 공간 속에서 다시 상상할 수 있는지 지켜봤다. 사람들은 위어드 타입을 사용해 건물 내부를 안내하고, 특정 장소에 대한 이야기를 소개하고, 조각품을 만들고, 살아 움직이는 단어들이 일으키는 바람을 느끼고, 문자들을 무작위로 공간 속에 흩어 날려 보내며, 흡사 텍스트가 눈처럼 휘날리게 만들었다(그림 2-4). 이처럼 새로운 형태의 커뮤니케이션은 AR 사용자에게 주체적인 감각을 되돌려줌으로써 발견됐을 뿐 아니라, 창조를 위한 새로운 매체로서의 가능성을 보여줬다.

그림 2-4. 애플의 앱스토어에서 제공하는 '위어드 타입' 앱으로 만들어낸 이미지

5. 공간 협업의 힘을 활용하라

AR이 가능케 하는 것 중 비길 데 없이 독창적이고 효율적인 권능이야말로 공간 협업spatial collaboration이라 생각한다. 같은 방에 있는 것처럼 느끼고, 온몸으로 자연스럽게 소통하고, 실제 인간 팀원들과 함께 AI로 좀 더 강력해진 의사 결정을 활용해 디지털-물리적 사물을 마술처럼 디자인할 수 있을 때 멀리 떨어진 곳에서도 정서적이고 물리적으로 연결되는 힘은 곧 공간 컴퓨팅을 도입하는 원동력이 된다. 다시 말해 인간끼리의 연결은 AR을 위한 최강의 애플리케이션이나 다름없다.

어도비의 거주 아티스트인 나딘 콜로제이Nadine Kolodzey는 다음과 같이 말함으로써 AR 공동 작업에 대한 아이디어를 한 단계 더 발전시켰다. "나는 사람들이 단지 내 그림을 감상하는 것 이상으로, 그 위에 뭔가 덧그릴 수 있기를 바랍니다." 우리는 나딘이 사용자에게 주체성을, 즉 아티스트로서의 권한을 부여하려 한다는 것을 깨달았다. 그 순간 나딘은 도구 제작자였으며 사용자는 아티스트였다. 데스크톱 출판이 인쇄물을 제공했듯 혹은 인터넷이 지식을 제공했듯 AR은 모든 사람에게 스토리텔링 기능을 제공한다.

어도비의 AR 이야기

AI가 이끄는 AR은 디자이너의 창작물뿐 아니라 기업과 소비자가 관계 맺는 방식을 근본적으로 변화시킬 것이며, 우리가 일상에서 협업하는 방법도 확장할 것이다. 최근 어도비가 디자이너와 아티스트용 모바일 AR 디자인 도구인 프로젝트 에어로 Project Aero를 발표한 이유도 여기에 있다.

프로젝트 에어로의 목표는 새로운 매체로서의 AR을 모든 제품에 도입하고, AI로 구동되는 공간 컴퓨팅용 디자인 원칙을 수립하는 것이다. 오늘 내가 본 공간 컴퓨팅의 미래는 다음과 같다.

5년에서 10년 안에 주변 세상을 바탕으로 그려진 3D 방향을 보는 대신 화면에 나타난 2D 지도를 읽는 것은 우스운 일로 여겨질 것이다. 우리를 둘러싼 장소와 사물을 바라보고 마법의 3차원 엑스레이 기계를 다루듯이 경험하며 배울 수 있을 때 위키피디아는 구식으로 느껴질 것이다.

디자이너는 언제 어디서나 영감을 주는 그 순간에 창조할 수 있을 것이다. 색상, 라이팅, 텍스처, 움직임, 공간, 소리, 사물마저도 AR 장치를 사용해 3D로 캡처할 수 있을 것이다. 기존 작업에 자연스러운 요소를 추가하거나, 새로운 디자인을 만들거나, 날것의 영감을 공유할 수 있을 것이다. 지금 디자이너들은 세상을 바라보는 특수 효과 필터처럼 모바일 AR을 사용하며 즐기고 있다.

우리는 오늘날의 디자이너와 새롭게 등장할 디자이너를 위해 현재와 미래 간 격차를 해소할 수 있는 풍부하고 역동적인 인터랙티브 interactive 도구를 구축하는 것이 어도비의 책임이라는 것을 안다.

최근 어도비의 거주 아티스트인 나딘 콜로제이는 "사람들이 내 그림을 보는 이상으로 거기에 무언가 덧그리기를 원한다."고 말했다. 그녀는 AR 기반 스마트폰과 AR 기반 클라우드 덕분에 가능해진 실시간 협업 디자인에 대한 최근의 요구를 정확히 짚고 있었다. '창조자의 브랜드'로 잘 알려진 아디다스^{Adidas}는 소비자 역시 제작자로 여긴다. 우리가 아디다스에게 제작자끼리의 협업을 지향하는 '알맞은' AR 도구를 만들 수 있도록 도움을 요청했을 때 그들은 즉시 뛰어들었다. 허나 프로젝트 에어로는 어도비가 풀어나갈 AR 이야기의 시작도 끝도 아니다.

애프터 이펙트$^{After\ Effects}$, 3D 애니메이션 도구인 디멘션 CC$^{Dimension\ CC}$, 3D 디자인 도구인 XD, 최근 음성을 장착한 UI 디자인 도구인 어도비 캡처$^{Adobe\ Capture}$, 클라우드 서비스와 함께 세상의 편린을 잡아낼 수 있도록 돕는 카메라 앱, 이 모두를 아우르는 AI 플랫폼인 센세이^{Sensei}와 같은 도구에 에어로를 깊이 통합함으로써 우리는 AR의 잠재력을 여는 생태계를 만들어 나가고 있다.

기계의 생태계가 다양한 기능으로 구성돼 있듯이 우리는 감각, 음성, 터치, 시각, 고유 수용성 감각(우리 주변의 공간 감각)을 한데 엮어 세상을 이해한다. AR을 통해 보이는 광경처럼 인간의 감각을 모방한 기계는 인간이 예상한 대로 작동할 때만 잘 디자인됐다고 할 수 있다. 친구들이 알아듣듯 이해하지 못한다면 우리는 알렉사에게 계속 소리를 지를 것이다. 좋은 감각 디자인을 위한 새로운 표준은 어도비 디자인으로 하여금 디자인 원칙, 디자이너의 역할, 우리가 개발하는 도구의 핵심 메커니즘을 다시 생각하게 만들었다.

결론

공간 컴퓨팅이라는 새로운 세계에 손대면서 나는 어도비의 제품 최고 책임자인 스캇 벨스키^{Scott Belsky}가 다음과 같이 한 말을 상기한다. "창의력은 인류 최고의 기예며, 수많은 새 장치와 매체 사이에서 창조적인 인간은 단연코 그 중심에 선다. 세상이 더 많이 변할수록 창의력은 더욱더 중요해진다." 나는 우리 삶에 걸친 모든 분야에서 창의력이 폭발하는 것을 본다. 창의력은 문해력만큼이나 중요하다.

그러니 다양한 능력, 문화, 프라이버시, 투명성에 대한 권리와 이에 대한 존중을 포함해 모든 사람이 우리의 창의적인 도구를 사용할 수 있도록 디자인하자. 1970년 산업 디자이너인 디터 람스^{Dieter Rams}는 저 유명한 『좋은 디자인의 10가지 원칙^{principles for good design}』(시공아트, 2020)을 저술했다. 오늘날 우리는 그 어떤 것이든 밀거나 반응하거나 감지할 수 있는 디자인의 세상에 살고 있다. 한때 디자인은 일회성이었다. 람스의 시대에는 의도를 이해하고, 과거의 동작을 기억하며, 맞춤형 인터페이스를 제공하는 적응형 이미징 기술 같은 건 없었다. 디자인은 달라졌다. 디자인은 이제 API '신경계^{nervous system}'에 공감하며 반응한다.

우리는 실제로 이 시대의 기반을 닦는 사람들이다. 우리는 곧 디자이너, 엔지니어, 인지 과학자, 기업가, 그리고 수많은 다른 이들이다. 좋은 디자인 기반을 구축하고자 에너지를 집중하고 기술 저 너머를 보기 위해 우리 스스로에게 도전한다면 분명 근본적인 차원에서 좀 더 공감할 수 있는 미래를 만들어나갈 수 있다. 더 나은 미래를 위해 제품에 공감이 깃들 수 있도록 감지 기술을 사용하는 도구를 개발하고자 스스로를 향한 도전을 멈추지 말자.

2부

확장 현실이 디지털 아트를
변화시키는 방법

컴퓨터는 우리가 아트와 애니메이션을 생각하는 관점을 영원히 바꿔 놨다. 처음에는 픽셀로, 그 다음에는 폴리곤으로. 이제 가상 현실^{VR}과 증강 현실^{AR} 덕분에 또 다른 혁명이 일어나려 한다. 공간 인식 디스플레이가 개발되면서 마침내 디지털 사물을 실제 3D로 볼 수 있게 됐다. 이러한 공간 디스플레이를 최대한 활용하고자 VR과 AR 기술은 그에 맞는 고유한 방식으로 최적화돼야 한다. 공간 인식이 가능한 입력 장치를 사용하면 실제 3D 형태의 디지털 사물과 상호작용할 수 있다. 즉, VR을 사용해 새롭고 직관적인 방식으로 3D 작품을 창조할 수 있다.

3장에서는 그림 II-1에 등장하는 자화상의 주인공이자 디지털 아티스트 겸 벤처 투자자이기도 한 티파탯 첸나바신$^{Tipatat\ Chennavasin}$이 3D 아트와 애니메이션을 제작하는 방식을 VR이 어떻게 개선하는지, 그 과정에서 어떻게 3D 아트를 대중화하는지 설명한다. 그는 VR 아트와 애니메이션을 이끌어 가는 최신 도구와 그 중요성을 논한다. 안타깝지만 시간과 지면상의 제약으로 인해 구글 블록스$^{Google\ Blocks}$의 로우 폴리 모델링$^{Low\ poly\ modeling}$이나 그래비티 스케치$^{Gravity\ Sketch}$의 스플라인 기반 모델링$^{spline\ based\ modeling}$처럼 놀라운 VR 아트 도구를 모두 다루기는 어렵다. 다만 VR 페인팅과 VR 조각^{sculpting}의 개념을 망라함으로써 VR이 3D 아트에 미치는 영향을 이해하

는 데 유용한 프레임워크를 제공하고자 한다. 디자인 프로토타이핑용 새로운 VR
과 AR 도구도 있는데, 공간 디자이너에게 위지윅^{WYSIWYG, What You See Is What You Get} 환경
을 제공하는 마이크로소프트 마케트^{Microsoft Maquette}나 토치^{Torch} 3D가 그것이다. 이들
도구는 3장에서 소개하는 범위를 벗어나지만, 그들이 속한 분야에 변화를 가져오
는 만큼 더 알아볼 가치는 충분하다.

그림 II-1. 구글 블록스와 틸트 브러시(Tilt Brush)로 만든 티파탯 첸나바신의 VR 자화상

4장에서는 그림 II-2가 보여주는 자화상의 주인공인 디지털 아티스트 재즈민 카노
^{Jazmin Cano}가 VR에서 사용할 아트를 제작하는 데 따르는 난관을 소개한 후 몇 가지
실용적인 팁과 기법을 전수한다. 그녀는 전통적인 3D 아트 제작에 활용됐던 다양
한 모델링과 텍스처링 기법을 이 새로운 제작 공정에 접목시켜 자신이 창조할 아트
가 매끄럽게 돌아가면서도 근사하게 보이게 돕는다. 여기서 다룰 내용은 사용자가
계속 편안함을 느낄 수 있도록 최상의 VR 체험을 창조하기 위한 안내자 노릇을 할
것이다.

그림 II-2. 재즈민 카노의 VR 자화상. 미미크리(Mimicry)의 핑거 페인트(Finger Paint) 앱으로 제작한 후 하이 피델리티(High Fidelity)로 채색했다.

3장과 4장은 디지털 아트 세계에 VR과 AR이 어떤 영향을 미치는지 잘 보여준다. 도구와 기술은 끊임없이 변해간다는 것이 3장과 4장의 핵심이다. 새로운 도구와 기술을 습득하고 때로는 직접 기법을 개척해 배운 바를 공동체와 나눔으로써 성공적인 디지털 아티스트는 영원히 학생으로 남는다.

아트를 위한 가상 현실

티파탯 첸나바신^{Tipatat Chennavasin}

한층 자연스럽게 3D 아트 작품을 제작하는 방법

전통적으로 디지털 3D 아트 작품을 제작하는 과정은 그리거나 조각하기보다는 초안을 잡는 데 더 가까웠다. 가장 큰 문제는 2차원 기반 인터페이스에서 어떻게 3차원 공간을 조작할지 파악하는 일이었다. 3D로 구현된 물체를 2차원 디스플레이에서 조망하고자 아티스트는 마치 도면을 작성하듯이 수시로 시점을 바꿔가며 작업을 한다. 이 3D 물체들은 기하학적 도형으로 구성되며, 도형은 다시 공간상에 놓인 여러 버텍스^{vertex}로 구성된다. 3차원 공간에서 마우스를 사용해 버텍스들을 움직이는 작업은 직접 손으로 조작할 수 있는 전통적인 아트보다 훨씬 더 추상적인 사고를 요했다.

오토데스크 마야^{Autodesk Maya}(그림 3-1)나 3D 스튜디오^{3D Studio}처럼 널리 사용되던 3D 프로그램의 인터페이스를 보면 위에서 설명한 문제점이 드러난다. 이러한 어려움 때문에 3D 아트 작품을 만들 수 있는 이는 거의 없었다. 이윽고 픽솔로직^{Pixologic}의 젯브러시^{Z-Brush}(그림 3-2)처럼 근본적으로 다른 방식을 취하는 3D 모델링 프로그램이 등장했다.

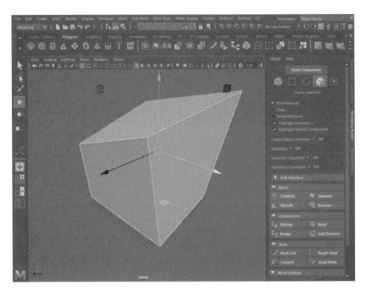

그림 3-1. 잘 알려진 3D 모델링 및 애니메이션 소프트웨어인 오토데스크 마야의 인터페이스(출처: CGSpectrum (http://bit.ly/2XQigPH))

그림 3-2. 와콤(Wacom) 펜 태블릿과 픽솔로직 젯브러시를 사용해 작업하는 디지털 아티스트(출처: Wacom(http://bit.ly/2u4khKs))

3D 모델링 프로그램은 펜 태블릿을 입력 장치로 활용하는 동시에 3D 모델링 공간을 변환할 수 있도록 조각 도구와 비슷한 인터페이스를 도입해 더 많은 아티스트가 3차원에서 작업할 수 있게 했다. '펜'을 도입하고 아티스트들이 한층 자연스러운 몸놀림으로 입체 도형을 다룰 수 있게 함으로써 3D 아트 작품을 창조하는 일은 한층 대중화됐다. 이처럼 인터페이스가 좀 더 직접적으로 변했음에도 2차원 디스플레이와 인터페이스로 3D 물체를 만들고 작업하는 일은 여전히 어색했다. 그러나 가상 현실VR을 사용하고자 하는 흐름이 밀려들며 이 모든 게 바뀌었다.

보통 VR이라고 하면 사람들은 흔히 머리에 쓰는 헤드 마운티드 디스플레이HMD, Head-Mounted Display를 떠올린다. HMD에는 시야를 점령해 디지털 세계에 완전히 몰입할 수 있게 하는 스크린과 센서가 달려 있다. 한편 입력 장치(컨트롤러) 역시 이에 못지않게 중요한데, 여기에도 디지털 세계와 좀 더 자연스럽고 직관적으로 상호작용할 수 있게 해주는 센서가 장착돼 있다. 궁극적으로 VR 헤드셋은 3D 디스플레이가 됐고, 손에 쥐는 컨트롤러는 최적의 3D 인터페이스가 됐다. 사용자가 이전에 한 번도 해보지 않았던 방식으로 뭔가를 만들어내고 표현할 수 있게 하는 독창적인 디스플레이와 입력 장치가 달린 애플리케이션이야말로 VR의 영향력을 가장 잘 보여주는 사례다. 현대 VR의 물결에서 이 모든 것은 그림 3-3에서 볼 수 있는 틸트 브러시Tilt Brush라는 앱으로 시작됐다.

그림 3-3. 구글 틸트 브러시용 프로모션 이미지

틸트 브러시는 스킬만 & 하켓Skillman & Hackett이라는 이름의 2인 스타트업에서 발명했으며 현재의 VR을 활용한 아트 프로그램으로는 최초였다. 입력 장치 없이 헤드셋뿐인 오큘러스 개발자 키트 2를 바탕으로 개발된 탓에 초기의 틸트 브러시는 와콤의 펜 태블릿과 함께 사용할 수 있도록 설계됐다. 사용자는 3D 작품을 창조하고자 기울이거나 움직일 수 있는 2차원 평면 여럿 위에 그림을 그렸다. 밸브Valve와 HTC가 바이브 개발자 키트Vive developer kit를 내놓자 스킬만 & 하켓은 완벽한 추적이 가능한 핸드 컨트롤러와 유저가 3차원 공간에서 직관적으로 그림을 그릴 수 있도록 공간 전체를 추적하는 기능을 새로 얻었다. 이제 방 하나가 통째로 캔버스가 되면서 손에 쥔 컨트롤러의 끝에서 디지털 페인트가 흘러나와 3차원 공간에 떠다니며 아주 자연스럽고 수월하게 현실을 초월한 듯 마법적인 분위기를 자아냈다. 이후 구글이 스킬만 & 하켓을 인수하면서 틸트 브러시는 HTC 바이브 사용자 키트Vive consumer kits에 첫 번째로 포함되며, 현재까지 가장 빈번하게 쓰이는 VR 애플리케이션 중 하나가 됐다. 틸트 브러시는 아트 관련 애플리케이션의 선구자 역할을 했을 뿐 아니라 탁월하고 직관적인 VR 사용자 경험에 빛나는 사례로 남았다.

틸트 브러시는 오롯이 소비자를 위한 애플리케이션으로 설계됐으며, 단순하면서도 갖고 놀기 좋은 디자인 덕분에 접근성이 대단히 좋은 도구다. 틸트 브러시는 라이팅^{lighting}이나 애니메이션 등 시각적 효과를 보여주는 다양한 브러시를 자랑하는데, 이는 대단히 독특하면서도 세련된 분위기를 만들어내 시장에 출시된 다른 도구들과 차별화될 뿐 아니라 초심자라도 쉽게 근사한 결과물을 내놓을 수 있다. 다양한 스타일을 기본으로 탑재할 만큼 (사용 가능한) 도구의 폭이 넓긴 하지만, 틸트 브러시로 창조한 아트 작품은 한눈에 알아볼 수 있다. 그림 3-4에서 그 사례를 볼 수 있다.

그림 3-4. VR 아티스트인 피터 챈(Peter Chan)이 틸트 브러시로 그린 VR 아트 작품

눈을 사로잡는 아트 작품이 아니더라도 틸트 브러시는 완전히 무제한에 가까운 가능성을 보여준다. 이 프로그램은 행위 예술 도구(그림 3-5)나 뮤직비디오와 텔레비전 광고 제작에 쓰이거나, 뉴스에 역동적인 인포그래픽^{infographics}을 더할 뿐더러 제품 디자인이나 심지어 패션 디자인에도 쓰이고 있다. 틸트 브러시는 진화를 거듭하고 새로운 특징과 기능을 더해가며 공간 속에서 이뤄지는 새로운 종류의 디지털 아트를 위한 기반을 닦아나갈 것이다.

그림 3-5. VMWorld 2017에서 실시간으로 틸트 브러시 작품을 선보이는 중인 아티스트 대니 비트만(Danny Bittman)
(출처: WMWare(http://bit.ly/2T0JXS3))

VR 업계 안팎에서 큰 성공을 거둔 덕분에 구글 틸트 브러시^{Google Tilt Brush}는 VR 페인팅이라는 발상을 대중화한 최초의 도구가 됐다. 틸트 브러시가 창작에 사용하는 (은유로서의) 페인트 스트로크는 이전까지 3D 아트가 제작되던 방식과는 매우 다르다. 그러나 틸트 브러시만이 유일하게 존재하는 VR 페인팅 프로그램은 아니다. 사실 나우-구글 팀이 틸트 브러시를 제작하던 곳과 그리 멀지 않은 곳에 오큘러스 스토리 스튜디오^{Oculus Story Studio}라는 이름으로 매우 다르게 VR 페인팅에 접근하는 팀이 있었다.

오큘러스 스토리 스튜디오는 VR 스토리텔링을 연구하는 오큘러스 내의 내부 개발 그룹이었다. 그들이 처음으로 제작한 두 개의 VR 애니메이션 단편인 '로스트^{Lost}'와 '헨리^{Henry}'는 표준에 가까운 아트 제작 워크플로를 사용해 실시간으로 아름답게 살아 움직이는 짧은 이야기를 만들었다. 그러나 그들의 세 번째 작품인 '디어 안젤리카^{Dear Angelica}'는 완전히 다른 방향으로 나아갔다. 그림 3-6에서 볼 수 있듯이 디어 안젤리카는 3D라기보다는 차라리 2D 애니메이션처럼 느껴지는 VR 페인팅 스타일로 그려진 초현실적인 꿈이었다. 이러한 분위기를 내고자 오큘러스 스토리 스튜디오 팀은 퀼^{Quill}이라는 자체 VR 페인팅 프로그램을 만들었다. 퀼과 틸트 브러시 모두 페인팅 스트로크라는 접근 방식을 사용하지만, 결과물은 한눈에 매우 다를 뿐더러 UX 역시 다방면에서 상이하다.

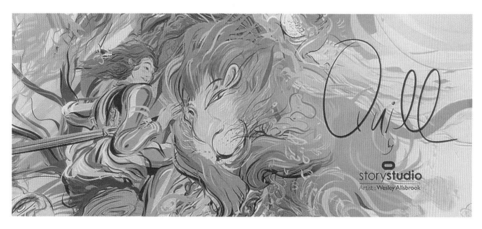

그림 3-6. 아티스트 웰슬리 올스브룩(Wesley Allsbrook)이 '디어 안젤리카'에서 제작한 퀼 프로모션 이미지. 페이스북 '피처링 아트워크(Featuring Artwork)' 페이지에서 발췌

퀼은 전문가용 도구로 제작됐기 때문에 UX 역시 시각적 레이아웃과 기능 면에서 어도비 포토샵^{Adobe Photoshop}과 같은 다른 전문가용 도구와 유사하다. 또한 틸트 브러시의 실시간 라이팅이나 애니메이션 브러시처럼 스타일 효과가 다양하지는 않다. 이는 아티스트가 더 폭넓게 형태를 제어할 권한을 주지만, 원하는 결과를 얻으려면 더 많은 노력을 요한다. 또한 퀼은 VR 아트로 가능한 여러 발상을 보여주는데, (거의) 무한대인 스케일, 시점에 따라 달라지는 뷰, 타임라인 기반 애니메이션과 같은 흥미로운 기능이 그것이다. 오큘러스의 아트 책임자이자 거주 아티스트인 고로 후지타^{Goro Fujita}는 이러한 기능을 활용해 진정으로 독창적인 작품 세계를 일궜는데,

그 한 예는 그림 3-7에 묘사된 '세계 속의 세계'Worlds in Worlds'처럼 손 안에서 돌릴 때마다 다른 계절의 모습을 보여주는 나무다. 이러한 사례들은 VR로 만들어졌을 뿐 아니라 VR을 통해 시청할 수 있는 아트 작품이 얼마나 독창적이고 매력적일 수 있는지 알려준다.

그림 3-7. VR 아티스트인 고로 후지타가 퀼을 사용해 그린 '세계 속의 세계'가 진행되는 장면. 페이스북에서 발췌

특히 애니메이션은 퀼이 빛을 발하는 장르로, 2D 아티스트와 애니메이터 세대에게 친숙한 방식으로 3D 작품을 제작하면서도 매우 놀라운 결과를 얻을 수 있게 한다. 후지타는 단 3주 만에 '울타리를 넘어Beyond the Fence'라는 아름다운 6분짜리 애니메이션 단편을 만들 수 있었다. 퀼로 제작한 애니메이션의 시각적 형태와 느낌은 2D 애니메이션에 훨씬 더 가깝지만 분명 3D로서 존재하며, 이는 우리가 완전히 이

해하지 못했지만 비주얼 스토리텔링에 장기적인 영향을 미칠 독창적이고 특별한 무언가를 창조하기 위해서다. 그러나 (VR을 통한) 가상 페인팅은 가상 아트를 제작하는 한 가지 방법일 뿐이다. 회화 대신 조각에 기반을 둔 또 다른 접근 방식이 오큘러스 스토리 스튜디오의 다른 팀에 의해 진행되고 있었으며, 이는 이후 '미디엄 Medium'이라는 이름으로 등장할 것이었다(그림 3-8).

그림 3-8. 오큘러스의 미디엄 프로모션 아트

오큘러스 미디엄은 사실 퀼이 등장하기 한참 전부터 만들어지고 있었다. 전통적인 2D 아티스트가 3D로 작업할 수 있게 하는 것이 가상 페인팅인데 반해, 전통적인 3D 아티스트가 3D로 작업할 수 있게 하는 것이 가상 조각이었다. 가상 조각에서 아티스트는 언제나 대단히 유기적인 방식으로 3D 양감을 다루는데, 가상의 점토에 모양을 잡아 틀을 만든 다음 채색하고 텍스처를 적용하는 식이다. 그림 3-9에서 볼 수 있듯이 이러한 방식을 통해 기존의 3D 제작 공정과 비슷한 과정을 거쳐 3D 모델을 제작할 수 있을 뿐 아니라, 게임과 영화에 사용하고자 3D 폴리곤으로 변환하는 것도 훨씬 쉬우며, 심지어 3D 프린팅으로 실제 세상에 내놓을 수도 있다.

그림 3-9. 애니메이션을 위한 오큘러스 미디엄 VR에서 3D 조각을 제작 중인 VR 아티스트. 오큘러스(http://bit.ly/2HuMlsB)에서 발췌

제작 초반 미디엄은 여전히 추가적인 공정과 개선이 필요했지만, 그처럼 초기 단계에서부터도 기존의 비VR 3D 애플리케이션에 비하면 3D 오브젝트를 만드는 것이 많은 사람에게 얼마나 쉬워졌는지는 명백했다. 이제 미디엄은 콘셉트 아트^{concept art}, 프로토타이핑, 건축, 제품과 장난감 디자인, 심지어 게임과 영화에까지 쓰이고 있다. 오큘러스 미디엄 팀에 따르면 미디엄을 사용해 디자인 반복^{design iteration} 시간을 크게 단축시킴으로써 프로젝트에서 사전 제작에 드는 분량을 80%나 줄일 수 있다고 한다. 그러나 미디엄과 같은 VR 도구가 정말로 차이를 가져오는 지점은, 전통적으로 VR이 아닌 도구를 쓰며 3D 오브젝트를 제작하지 않던 아티스트도 이제는 직관적으로 3D를 창조할 수 있게 해준다는 점이다.

애니메이션용 VR

VR은 단지 3D 아트 제작에 적합한 것 이상이다. VR은 그렇게 제작된 아트에 생명을 불어넣어 한층 높은 차원으로 끌어올린다. 기존의 3D 아트가 제작되던 것처럼 전통적 3D 애니메이션은 3D 공간 내에서 3D 버텍스를 이동하고 조작했지만 2D 디스플레이에는 2D 인터페이스를 사용했다. VR을 사용함으로써 이런 워크플로를 좀 더 자연스럽고 직관적으로 재구성할 수 있는 기회가 찾아왔다. 한 가지 방법은 (가상 공간의) 3D 오브젝트를 실제 세계의 물리적 오브젝트처럼 취급해 마치 실제 세계에서 스톱모션 애니메이션을 제작하듯이 접근하는 것이다. 트보리^{Tvori}와 같은 VR 애니메이션 프로그램이 바로 이런 접근 방식을 취한다. 그러나 보통 가장 복잡하고 시간이 많이 걸리는 캐릭터 애니메이션의 경우 VR에는 그보다 더 신묘한 방법이 있다.

모션 캡처^{Motion capture}란 배우에게 모션 추적기^{motion trackers}를 부착한 후 카메라를 사용해 연기할 때의 움직임을 캡처한 다음 3D 모델에 적용해 실제와 같은 캐릭터 애니메이션을 만드는 기술이다. 이 기술은 수십 년에 걸쳐 게임과 영화에서의 애니메이션에 사용됐지만 값비싼 장비와 상당한 손질을 필요로 한다. 한편 VR이 돌아가려면 컴퓨터는 반드시 사용자의 머리와 손 움직임을 정확히 추적해야 한다. 이런 디폴트 설정 덕분에 VR은 이미 대단히 초보적인 모션 캡처 시스템으로 기능하는데, 여기 들어가는 비용은 일반 모션 캡처의 10분의 1보다도 적다.

VR 애니메이션 프로그램을 개발하는 마인드쇼^{Mindshow}는 이런 사실뿐 아니라 누구나 VR 헤드셋을 쓰면 간단한 캐릭터 애니메이션을 작업할 수 있고 스토리텔러가 될 수 있다는 사실도 깨달았다. 이제 수천 장의 스케치를 하거나 화면상에서 포인트를 옮기는 데 며칠을 소비하는 대신 애니메이터가 실제 배우처럼 직접 연기를 하며 장면을 구성할 수 있다. 마찬가지로 레코딩 작업을 통해 동일한 배우가 다른 부분에 참여해 다른 장면을 연기할 수도 있다. 이런 기술은 보통 끝맺는 데 일주일이 걸리는 과정을 단 몇 분 만에 이룰 수 있도록 변환시켜 초보적인 애니메이션 제작을 위한 지름길을 제공할 뿐 아니라 1인 애니메이션 스튜디오도 가능케 한다. 아직 품질은 할리우드 수준에 이르지 못했으나 지금과 같은 초기 단계에서 보여주는 결과는 인상적이면서도 유망하다. 그림 3-10에 묘사된 이런 프로세스야말로 마인드쇼가 2018년 인터랙티브 미디어^{Interactive Media} 분야에서의 뛰어난 혁신으로 에미상^{Emmy Award}를 수상한 주요 이유 중 하나다.

그림 3-10. 애니메이터가 VR 내에서 선보이는 연기는 마인드쇼를 통해 실시간으로 디지털 캐릭터에 반영된다.

지난 3년간 VR이 아트를 바라보고 창조하는 방식을 어떻게 변화시키는지 지켜보는 일은 놀라웠다. 틸트 브러시, 퀼, 미디엄, 마인드쇼와 같은 놀라운 도구를 창조한 개발자들 덕분에 우리는 이제 막 공간 스토리텔링으로서의 언어를 탐험하기 시작한 것이다. 특히 아트를 창조하고자 위와 같은 도구를 사용하는 아티스트와 주요 작품도 이에 포함된다. 초반에는 다수 작품이 우리가 본 것을 반영하는 선에서 그쳤지만 우리는 이미 매체 특유의 개성을 엿보기 시작한 참이며, 우리가 어디로 나아갈지 지켜보는 일이 매우 기대된다.

VR은 데스크톱 컴퓨터가 2D 제작을 대중화했듯이 3D 제작을 대중화했다. 이제 자신을 전통적인 의미의 아티스트로는 한 번도 생각해 본 적이 없던 사람들도 시각과 공간 아트의 미래를 만들어가는 대화에 참여할 수 있다. VR에서는 누구나 재료만으로도 수만 달러가 드는 창고 크기의 설치물을 제작할 수 있다. 심지어 이제는 현실 세계에서는 아예 불가능할 행성 크기의 설치물도 제작할 수 있다. VR은 아티스트들에게 힘을 실어 줄 뿐 아니라, 모든 사람 속에 숨은 아티스트가 상상력 외의 그 어떤 제약도 없이 작품을 창조할 수 있도록 마음에 불을 지피는 궁극적인 캔버스다.

3D 아트 최적화

재즈민 카노[Jazmin Cano]

서론

4장에서는 VR 쪽에 특히 중점을 두고 VR[가상 현실]과 AR[증강 현실]용 애셋[asset]을 개발할 때 최적화가 거대한 도전인 이유를 설명한다. 또한 3D 아트 제작과 관련된 다양한 영역에서 고려해야 할 여러 접근 방식과 사고 과정을 공유한다. 특정 도구, 기술, 자습서에 초점을 맞추기보다는 3D 아트를 최적화하는 데 할 수 있는 것들을 전반적으로 파악할 수 있을 것이다. 전체 설계 프로세스에서 최적화를 최우선으로 유지하는 것이 중요한 이유를 알리고자 한다.

VR 콘텐츠 작업을 갓 시작하는 대부분의 아티스트에게 VR 최적화가 낯선 이유부터 시작하자.

일반적인 2D LCD 모니터의 재생 빈도는 60Hz다. 이 속도로 돌아가는 평면 모니터를 보면 환상적인 시각적 경험을 할 수 있다. 이런 조건은 전통적인 애셋 개발을 '무겁게' 했는데, 이 맥락에서 무겁다는 뜻은 곧 애셋이 더 많은 폴리 카운트[poly counts][1]와 더 큰 텍스처 이미지를 지니며, (애셋이 속한) 장면 역시 더 많은 수의 모델을 지니고

---

1. 3D 메시 모형을 제작할 때 쓰이는 폴리곤의 수 – 옮긴이

있음을 뜻한다.

헤드 마운티드 디스플레이^{HMD}는 90Hz에서 작동한다. 편안하면서도 그럴싸한 경험을 얻으려면 VR 콘텐츠를 초당 90프레임^{FPS, Frame Per Second}로 실행해야 한다. 90 FPS보다 낮을 경우 사용자에게 불편을 줄 수 있으며, 두통, 구역질, 눈의 통증 등을 유발할 수 있다. 결과적으로 사용자가 당장 그만두고 싶어 할 만큼 질 낮은 경험이 될 것이다. 이처럼 높은 수준의 불편함을 고려할 때 사용자에게 느린 프레임 속도를 강요해서는 안 된다.

곧 VR은 다른 분야로 진출할 것이다. 단순히 VR 자체를 만드는 대신 각 분야에서 도구, 경험, 앱 등이 제작될 것이며 VR은 매체 노릇을 할 것이다. 이러한 분야 중 일부는 이미 3D 콘텐츠 개발에 익숙할 것이고 최적화를 배우는 것이 중요할 것이다. 애셋 개발에 일어나는 중대한 변화를 쫓아가는 데 적절하지 않은 직업적 배경을 지닌 이들은 분명 다수일 것이며, 이와 같은 새로운 프로세스에 적응하는 것은 어려울 것이다. 최적화를 염두에 두고 제작하는 방식을 익혀야 하는 업계 내 분야의 예는 다음과 같다.

- 고해상도 렌더링(실제 오브젝트에 대한 사실적인 모델 생성)

- PC 전용의 고화질 게임

- VR 아트 제작

이러한 예는 더 이상 VR과 AR에만 국한되지 않을 장점을 갖고 있다. 오큘러스 리프트나 HTC 바이브와 같은 고급 테더링 헤드셋을 제외한 많은 다른 장치가 좀 더 가볍고 휴대하기도 좋을 것이다. 파일의 크기가 커지고 콘텐츠와 드로우 콜^{Draw Call}²이 늘어날수록 성능이 떨어져 사용자에게 부담을 지울 가능성도 높아진다.

---

2. CPU가 그래픽 API를 호출해 GPU에게 특정한 물체를 그리라고 요청하는 것 – 옮긴이

한편 영화와 렌더링용 콘텐츠를 제작하는 개인은 다수의 폴리 카운트로 이뤄진 3D 모델을 제작하는 특권을 누린다. 이들은 모델이 복잡한 정도나 컴퓨터가 모델을 시각화하는 데 필요한 렌더링 데이터의 양에 구애받지 않는다. 다음은 최적화에 익숙하지 않은 사람이 VR 개발을 시도할 때 일어날 수 있는 사례다.

카메라 3D 모델 제작

완성된 모델

고해상도 텍스처(4096 × 4096 텍스처)를 지닌 하이 폴리$^{high poly}$ 카메라 모델

문제

3D 모델이 해당 장면에 할애할 수 있는 폴리 카운트의 대부분을 차지하므로 나머지 콘텐츠의 품질이 희생된다. 나머지 콘텐츠가 현재의 품질과 크기를 유지해야 하는 경우는 성능에 문제가 발생한다. 개발자는 굳이 예술적이지 않아도 되는 부분을 균형 있게 고려해서 하이 폴리 카메라 모델을 위해 더 많은 여지를 남겨둬야 할 것이다.

그런데 개발자에게 이게 그렇게나 큰 문제인가? 개발자가 사진용으로 쓰일 모델을 렌더링하는 작업을 주로 해왔다면 그들은 하이 폴리 카운트 위주로 작업하려 할 것이다. 50,000개에서 1,000,000개의 삼각형(업계에서는 '트리스^{tris}'라고 부른다)에 이르기까지 큰 숫자를 접하는 것은 드문 일이 아니지만, 실시간 VR 렌더링으로는 쉽게 변환되기 어려운 양이다. 이미 언급했듯 성능 문제가 일어나 사용자가 느끼는 경험의 질이 떨어질 것이다.

고려할 만한 대안

다음은 문제를 해결하고자 해볼 만한 몇 가지 방법이다.

- 데시메이션Decimation[3] 도구를 실행해 폴리 카운트를 자동으로 줄인다.

  인기 있는 3D 모델링 소프트웨어에서 찾아볼 수 있는 방법이다. 모델의 형태나 실루엣에 영향을 주지 않고 삼각형 개수의 50%까지 제거할 수 있을 만큼 효과적이다.

- 모델의 UV 레이아웃(3D로 투영되는 2D 텍스처의 축)을 살펴본다.

  정사각형 공간 전체를 활용할 수 있도록 UV 텍스처가 깔려 있는가? UV는 스케일이 가능하며, 가장 상세한 부분까지 나타내야 하는 영역을 우선시하는가? 텍스처와 머티리얼은 이 장의 뒷부분에서 좀 더 자세히 살펴본다.

생각해 볼만한 또 다른 좋은 방법은 사용자 제작 콘텐츠UGC, User-Generated Content를 허용하는 소셜 VR 공간에 모델을 투입할지 여부다. 이는 앞으로 오랫동안 도전적인 과제로 남으리라 예상된다. 공간에 아바타가 많을수록 모든 이의 프레임 속도를 보장하고자 각 사람에게 할당되는 '예산'은 줄어들며, 이는 좋은 경험으로 이어진다는 사실을 염두에 둬라.

이상적인 해결책

가장 좋은 해결책은 형태에 영향을 미치지 않는 절대 최솟값까지 모델의 삼각형 수를 줄이는 것이다. 모델이 흐릿해지거나 원하는 품질에서 밑돌지 않는 선에서 텍스처 크기를 최소로 줄여라.

---

3. 다운 샘플링 기법으로 표본화율을 낮춰 데이터의 크기를 줄이는 기법을 말한다. - 옮긴이

사용자 경험이 자연스러울 수 있도록 시스템의 프레임 속도에 맞춰 충분한 여유를 두는 환경에 모델을 배치할 수 있게 하라.

요약하면 3D 아트를 최적화하는 것이 왜 중요한가?

3D 환경 내에 배치된 모든 모델이 체험의 성능에 영향을 미치기 때문이다. 모델을 추가할수록 정해 놓은 폴리 카운트의 상한선에 얼마나 근접하는지 고려해야 한다. 이상적인 '예산'이 얼마나 되는지 결정하기 위해 팀과 얘기하라. 3D 모델을 어떻게 할지 고려할 때는 소셜 VR 플랫폼이 포함될지 여부도 염두에 둬야 한다.

UGC를 포함하는 소셜 VR 플랫폼이 간혹 있다. 이런 공간에서는 보통 아바타가 존재하며, 또한 아바타를 커스터마이즈할 수 있는 경우 지금까지 배운 모든 내용이 여기에 바로 적용된다는 사실을 기억하라. 이 장의 나머지 부분에서도 배우겠지만, 아바타와 아바타가 착용한 모델을 로우 폴리로 낮추고 가능한 한 최소의 드로우 콜을 유지하라. 개개인이 다운로드해야 하는 양을 줄여 주는 필터를 사용할 수도 있지만, 그 전에 먼저 얼마만큼의 화면 렌더링을 요구하게 될지 생각해보라. 사용자의 하드웨어와 연결망을 꼭 염두에 두고 가능한 한 쉽게 렌더링하고 다운로드할 수 있게 하라.

VR과 AR용 3D 모델을 만들 때 확인해야 할 전반적 사항을 계속 알아보자.

폴리 카운트에 할당된 '예산'

장면에 넣기 어려운 폴리의 수가 이미 지정돼 있는가? 모델당 폴리 카운트 수가 제한돼 있는가?

늘 삼각형의 숫자를 확인하라. 모델에 실제로 몇 개의 폴리곤이 포함되는지 측정할 때 면의 수가 항상 정확하지 않을 수 있다. 정사각형처럼 4개의 버텍스로 구성된 면은 실제로는 하나로 합쳐진 두 개의 삼각형이다.

보여주지 않을 면은 삭제하라. 사용자가 절대 들어가 보지 않을 건물이 있는 거리 환경을 제작하는 경우 해당 장면에는 건물 정면만 있으면 된다. 건물 벽이나 인테리어의 뒷면은 필요하지 않다. 이미 제작된 콘텐츠를 사용 중인 경우 눈에 보이지 않을 모든 부분을 삭제할 수 있다.

사용자가 직접 경험하는 부분에서 멀리 떨어져 있는 3D 모델을 작업하는 경우 모델을 가까이 배치할 때처럼 구체적인 세부 사항이 필요하지는 않다. 문과 창문 모델과 텍스처는 덜 자세하게 그려져도 좋다. 폴리 카운트 역시 적을수록 좋다.

다음 절에서 모델링 시 명심해야 할 사항을 알아본다.

토폴로지

에지 루프Edge Loop[4]를 확인해 모양을 만드는 데 상관이 없는 에지 루프를 찾아내라. 에지가 평평한 영역을 가로질러 이어질 때 연결된 모든 에지를 제거해도 모델의 실루엣에 차이가 없다면 이들은 확실히 필요치 않다. 한편 에지 루프가 모양을 지탱하는 동시에 원하는 곡선을 만들어낸다면 대신 폴리 카운트를 줄이는 게 낫다. 가끔은 한 에지를 다른 부분과 합칠 수 있는 영역이 발견되기도 한다. 제거한 에지 루프가 버텍스vertice를 남겨 놓지 않았는지 다시 확인하고, 어떤 에지로도 연결되지 않는 버텍스는 제거하라.

그림 4-1부터 4-4까지는 게임 콘솔을 제작하는 과정을 보여준다. 그림 4-1에서 볼 수 있듯 와이어프레임wireframe 모드에서 에지 루프를 사용해 어디에 얼마나 더 많은 도형이 필요할지 결정하는 것으로 모델을 만들기 시작한다. 두 단계를 더 거쳐 그림 4-4에서는 폴리곤을 줄이고 최종 버전을 만드는데, 첫 번째에 비해 삼각형 수가 더 줄어든 것을 알 수 있다.

---

4. 한 바퀴를 돌아 시작점으로 돌아오는 연결된 에지(모서리)들 – 옮긴이

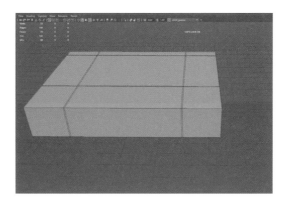

그림 4-1. 게임 콘솔의 첫 번째 단계: 기본 도형이 설정됐다. 삼각형 수: 140

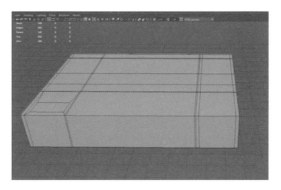

그림 4-2. 게임 콘솔의 두 번째 단계: 면과 에지가 올라가고 굽어지는 위치를 지정한다. 삼각형 수: 292

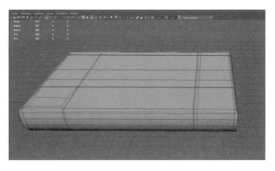

그림 4-3. 게임 콘솔의 세 번째 단계: 에지를 부드럽게 다듬는 동시에 필요 없는 부분은 제거하기 시작한다. 삼각형 수: 530

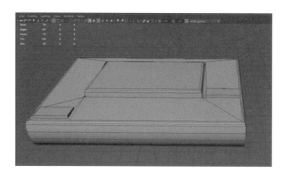

그림 4-4. 네 번째 단계와 종 버전: 모델의 형태에 영향을 주지 않는 에지를 마저 제거했다. 삼각형 수: 136

그림 4-1에서부터 4-4까지 표시된 프로세스는 이 게임 콘솔 세트에 속한 일부 다른 애셋을 모델링하는 프로세스와 유사하다. 그림 4-5에서 결과물을 볼 수 있다. 콘솔 세트는 하나로 합쳐진 메시에 여러 모델을 포함하는데, 이제 여기에 텍스처를 적용할 수 있다. 모델 전부가 함께 하나의 텍스처 아틀라스^{Texture Atlas}[5]를 공유할 것이다. 이 장 말미에서 텍스처 아틀라스를 직접 볼 수 있다.

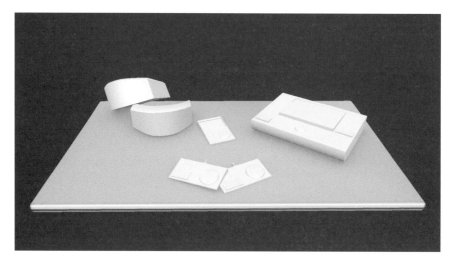

그림 4-5. 머티리얼을 입히기 전 애셋들의 모습

---

5. 드로우 콜을 줄이고자 여러 텍스처 이미지를 미리 한 장에 모아 놓은 컬렉션 – 옮긴이

모델링할 때 명심해야 할 몇 가지 사항은 다음과 같다.

- n곤n-gons을 피하라. n곤은 네 개 이상의 변을 지닌 면이다. 이 n곤은 대부분의 엔진에서 문제가 된다. 충돌 문제를 일으키거나 완전히 잘못 렌더링될 수도 있고 심지어 전혀 보이지 않을 수도 있다. 오토데스크 마야와 같은 3D 모델링 소프트웨어는 장면을 정리하면서 발견된 n곤을 제거할 수 있는 선택지를 제공한다.

- 모델링 소프트웨어에 있는 정리 기능을 실행해 동일 평면coplanar face을 전부 찾아 제거하라. 그런 평면은 종종 복제본에 은밀하게 숨겨져 있는데, 맨눈에는 잘 띄지 않으면서 폴리 수는 증가시킨다. z파이팅fighting 문제도 있다. z파이팅이란 두 개의 면이 같은 3D 공간을 차지할 때를 말한다.

- 노멀normal[6]이 의도한 방향으로 향하게 뷰어를 켜둬라. 보통 사용하는 엔진에서 노멀은 한쪽 면으로 렌더링된다. 3D 모델링 소프트웨어가 양면 렌더링으로 장난치지 못하게 하라.

3D 모델 작업을 시작하기 전에 아주 처음 단계부터 이러한 고려 사항을 모두 염두에 둬야 한다. 그림 4-6은 내가 개인적으로 작업한 최적화 프로젝트의 예다. 내가 받았던 건 69,868개의 삼각형으로 구성된 3D 안경 모델이었다. 이 삼각형 수는 내가 제작한 신체, 옷, 머리카락, 액세서리를 포함해 약 4만 명에 육박하는 아바타의 삼각형 수를 합친 것보다도 더 많았다.

---

6. 평면(폴리곤)이 향하고 있는 방향을 나타내는 벡터. 법선이라고도 한다. - 옮긴이

그림 4-6. 소셜 VR 공간에서 사용하기 위한 안경 모델

안경은 3D 모델 파일을 판매하는 온라인 상점에서 구입한 것인데, 마치 '실제' 안경 처럼 모델링할 수 있다는 걸 보여주기 위한 목적으로 제작한 게 아닐까 싶을 정도 였다. (그걸 제작한) 아티스트는 관자놀이 부분의 경첩을 포함해 모든 부분을 일일 이 모델링했다.

안경을 소셜 VR 플랫폼에서 착용할 수 있도록 만들려고 했기 때문에 대부분의 디 테일이 필요하거나 눈에 띄지 않는다는 사실을 알았고, 결과적으로 모델의 많은 부분을 삭제했다. 대부분의 에지 루프를 삭제하거나 다시 구성하면서도 안경의 전 체적인 형태를 유지할 수 있었다. 완성된 결과물이 포함하는 삼각형은 1,000개 미 만에 불과했다.

특히 AR에 사용할 경우 삼각형 수를 1,000개 미만으로 낮출 것이 절대적으로 요청 된다. 예를 들어 홀로렌즈에서는 전체 장면에 필요한 삼각형의 수를 대략 최대 60,000개로 제한한다. 애플리케이션에서 중점을 두는 바가 실제 못지않게 상세한 선글라스인지 여부가 아닌 한 방금 설명한 사례처럼 삼각형 수를 대폭 줄이게 될 것이다. 그림 4-7은 둥근 안경테 주변의 거친 에지를 클로즈업한 것인데, 멀리서 보면 눈에 띄지 않는다.

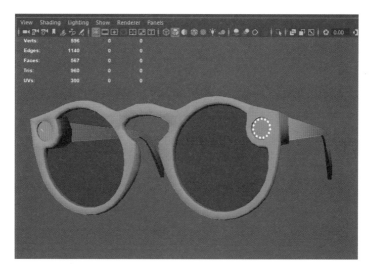

그림 4-7. 안경테의 둥근 부분 주변에 보이는 각진 에지

베이킹

폴리 카운트를 줄이는 또 다른 비법은 디테일을 포함한 하이 폴리 모델을 로우 폴리 모델로 베이킹^{baking}하는 것이다. 이렇게 하면 뷰어가 지오메트리(도형) 자체에는 드러나지 않는 높이와 깊이가 보이는 노멀 맵^{normal map}을 생성할 수 있다.

모델에 적용되는 많은 내용을 다뤘으므로 이제부터 UV 언래핑^{unwrapping}과 텍스처 페인팅을 이야기하고자 한다. UV는 평면에서 3D 모델을 묘사하는 데 사용된다. 이러한 UV는 색상과 머티리얼 정보를 적절하게 매핑하고자 모델이 사용하는 텍스처를 참조한다. 최적화를 위해 드로우 콜 수를 낮게 유지하는 것을 목표로 두면서 텍스처 생성에 어떻게 접근할지 살펴보자(드로우 콜은 나중에 더 설명하겠다).

텍스처 아틀라스^{texture atlas}는 특정 머티리얼이 무엇으로 구성되는지 묘사하는 데이터가 포함된 텍스처 이미지다. 텍스처 아틀라스는 언제나 만드는 것이 좋은데, 드로우 콜 수를 크게 줄일 수 있기 때문이다.

그림 4-8은 로봇 아바타를 보여주는데, 여러 조각으로 나눠 제작한 후 단일 메시로 병합해 UV를 한 공간 내에서 공유한 다음 한 번에 언래핑과 텍스처 입력이 가능하게 만들어졌다.

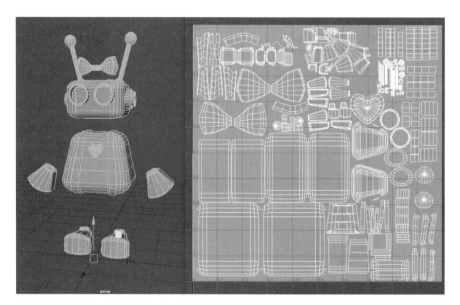

그림 4-8. 로봇과 텍스처를 구성하는 조각의 모음

이 모델에서 높은 해상도를 유지하고 싶은 단 하나의 부분이 있다. 눈의 디테일이다. 모델 자체는 평면이지만, 먼저 한쪽 눈에 텍스처 맵을 준 다음 두 눈의 평면 원형 메시에서 공유할 수 있게 만들었다. 평평한 2D 이미지상의 디테일은 보는 이가 실제보다 더 깊이가 있다고 느끼게끔 한다.

이 부분을 텍스처 아틀라스에 포함시켰다면 텍스처 크기를 늘리고 나머지 UV를 훨씬 작게 만들어야 했을 것이다. 눈동자의 디테일과 눈의 하이라이트가 더 중요하고, 따라서 더 많은 UV 공간이 필요하기 때문이다.

대신 아이 메시의 UV는 눈 텍스처의 사분면에서 전체 UV 공간을 차지한다. 서브메시submesh는 눈에 필요한 모든 디테일을 보여준다. 이 서브메시는 다른 쪽 눈에 그대로 복제되는데, 두 눈을 구별해야 할 고유한 디테일이 따로 필요하지 않기 때문이다. 그림 4-9는 눈의 세부 텍스처에 공유되는 UV 영역을 보여준다.

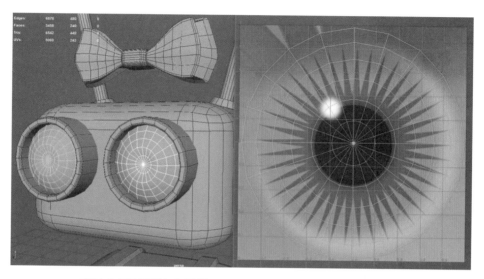

그림 4-9. 로봇 모델의 눈은 동일한 UV를 공유하며, 단일 메시로 결합되기 전에 복제됐다.

폴리곤 수를 여전히 낮춰 유지해야 하지만 좀 더 사실적인 스타일을 위해서는 물리 기반 렌더링과 셰이더를 사용해 모델의 품질을 높게 유지하는 방법도 있다. 그림 4-10에 표시된 것처럼 이 로봇 모델은 물리 기반 렌더링^{PBR, Physically Based Rendering}을 사용해 사실적으로 보인다. PBR은 실제 머티리얼을 반영하는 사실적 라이팅 모델과 표면 값^{surface value}을 사용한다.

그림 4-10. PBR 머티리얼 전부를 반영하는 로봇의 형태

로봇 모델에서 사용한 PBR 텍스처를 예로 들어보자. 바라건대 이 사례가 VR 체험을 위한 모델에서 PBR이 어떻게 작동하는지 이해하는 데 도움이 되길 바란다. 이 장의 앞부분에서 봤던 게임 콘솔 모델이 기억나는가? 그림 4-11에서 4-13까지는 해당 모델 세트에 사용된 텍스처 아틀라스를 보여준다. PBR 머티리얼에 사용된 개별 텍스처를 확인해보라.

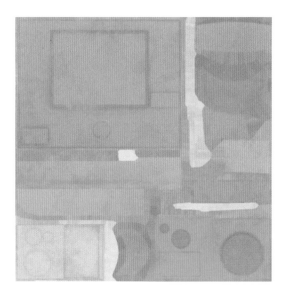

그림 4-11. 텍스처가 모델에 반영되는 색상을 정의하는 컬러 맵

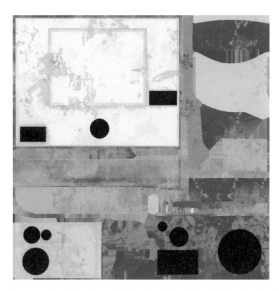

그림 4-12. 텍스처가 모델 표면의 부드럽고 거친 정도를 정의하는 러프니스 맵

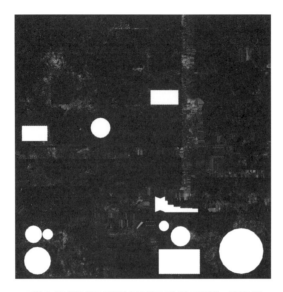

그림 4-13. 텍스처가 표면이 금속인지 여부를 정의하는 메탈릭 맵

그림 4-14부터 4-17까지는 알레고리드믹^{Allegorithmic}에서 개발한 서브스턴스 페인터^{Substance Painter}로 색을 입힌 3D 모델의 프로그램 내 최종 모습을 보여주며, 소셜 VR 애플리케이션인 하이 피델리티^{High Fidelity} 내에서는 어떤 모습인지도 보여준다.

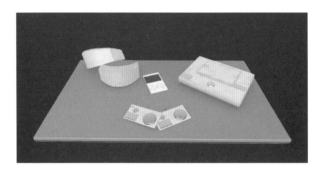

그림 4-14. PBR 텍스처로 색상과 표면을 정의한 단일 머티리얼을 사용해 하나의 메시로 결합한 게임 시스템의 모습

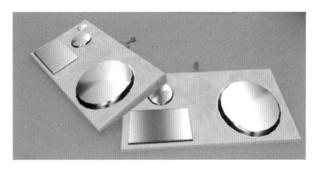

그림 4-15. 텍스처로 금속과 비금속 표면을 정의하는 데 사용하는 고대비(high contrast)를 잘 보여주는 컨트롤러

그림 4-16. 이 게임 시스템은 비금속 부품에 더 많은 거칠기 정보를 더함으로써 먼지와 때를 보여준다.

그림 4-17. 이들이 포함된 최종 버전으로 모델이 하늘에 떠다니는 대규모 가상 미술관 내에 위치해 있다.

노멀 맵, 범프 맵, 앰비언트 오클루전^{ambient occlusion}[7] 맵 등 여러 다른 유형의 텍스처 맵이 있다. 이들은 깊이를 주거나 그림자를 만드는지 여부에 따라 모델의 모양을 달리 정의하는 역할을 한다. 시간을 좀 들여 여러 텍스처 맵을 실험하면서 모델에 무엇이 필요한지 찾아보라.

여기까지 텍스처 아틀라스를 만드는 방법을 살펴봤다. 다음으로 드로우 콜을 알아 보면서 텍스처 아틀라스를 만드는 것이 중요한 이유도 알아보겠다.

드로우 콜

드로우 콜은 화면에 오브젝트를 렌더링하는 기능이다. CPU는 GPU^{Graphics Processing Unit}와 함께 메시, 텍스처, 셰이더 등에 대한 정보를 사용해 오브젝트를 그린다. 너무 많으면 프레임 속도가 줄어들기 때문에 언제나 드로우 콜을 최소한의 숫자로 유지 하며 작업할 필요가 있다.

드로우 콜 수를 줄이려면 다음 지침을 따르자.

- 모델의 모든 서브메시를 하나의 메시로 결합하라.

- 모델이 지닌 모든 UV용 텍스처 아틀라스를 만들라.

- 모델에 필요한 모든 텍스처를 사용하는 머티리얼의 수를 가능한 한 줄인 다음 메시에 적용하라.

좋아하는 VR 체험을 떠올린 다음 해당 장면을 구성하는 모든 3D 모델을 머릿속에 그려보라. 이들 각각은 어떤 방식으로든 드로우 콜을 끌어내는 데 기여한다. 다 합 쳐보라. 이 맥락이 소셜 VR이라면 얼마나 많은 사람이 당신의 장면 속 모든 것이

---

7. 언리얼 엔진 문서에 따르면 빛의 가림으로 인한 감쇠 근사치를 구하는 효과를 말한다. - 옮긴이

렌더링되는 경험을 할 것인지도 고려하라.

이 장의 막바지에 다다르고 있으므로 초기 모델부터 완성된 텍스처에 이르기까지 전체 설계 프로세스에서 최적화를 최우선으로 유지하는 것이 중요하다는 것을 다시 강조하고자 한다. VR 콘텐츠가 잘 돌아가게 하고자 넣고 싶은 것 전부를 희생하지 않으려면 크기와 숫자(드로우 콜, 폴리카운트 등)를 작게 유지하라.

3D 아트 제작에 VR 도구 사용

이쯤 되면 VR에 대해 얘기한다면서 왜 지금까지 2D 화면에서 생성된 3D 아트 작품에 초점을 맞췄는지 궁금할 것이다. 틸트 브러시, 미디엄, 언바운드, 퀼, 구글 블록스처럼 다양한 도구가 나오면서 작품 창작을 위한 선택의 폭도 넓어졌지만, 전통적으로 3D 애셋은 2D 뷰어 프로그램 안에서 다듬어지기 때문이다.

최적화가 필요한 모델의 경우도 크게 다르지 않다. 현재 저러한 애플리케이션에서 상당량의 콘텐츠를 내보내는 것은 놀라운 일이 아니다. 3D 공간에서 아트를 창조하는 마법의 느낌은 예상한 대로 뽑혀 나오는 콘텐츠 덕분이다. 이는 기대한 대로의 커브를 뽑고자 에지 루프를 충분히 쓰는 폴리곤이 다수 만들어진다는 뜻이다. 조각을 매우 화려하고 밝게 만들려다 보니 다양한 머티리얼을 사용할 수도 있다. 이러한 프로그램으로 만든 콘텐츠는 최적화가 필요한데, (화면에 똑같이 나타날) 다른 콘텐츠와 같이 한 공간에 추가되는 경우가 그렇다.

어떤 프로그램을 사용하더라도, 심지어 몰입형 체험에 사용되는 애셋을 최적화하는 데 도움이 되는 도구를 찾더라도 제작자와 디자이너는 언제나 (오브젝트의) 크기, 개수와 품질이 만들고자 하는 경험에 부합할 수 있도록 선택을 해야 한다. 콘텐츠를 만드는 데 어떤 매체를 사용하든 항상 적절한 균형이 요구된다.

3D 모델 구해오기와 처음부터 직접 만들기

온라인 상점에서 모델을 구입할 때는 조심하라. 모델이 얼마나 오래 전에 만들어졌는지 고려하라. VR을 염두에 두고 만들어진 것 같은가? 모델을 다듬고 사용 목적에 맞게 최적화해야 하는가? 거기에 들여야 할 시간이 처음부터 새로 만드는 데 걸리는 시간보다 적은가? 3D 모델을 사서 쓰는 것이 빠르고 쉬울 수는 있지만, 이후 성능에도 영향을 미칠 수 있고, 잘 돌아가도록 모델을 수정하는 데 많은 시간이 걸릴지도 모른다.

다음은 특정 아이템의 목록에서 찾아봐야 할 사항과 폴리[Poly], 터보스퀴드[Turbosquid], CG트레이더[CGTrader]와 같은 사이트에서 3D 모델을 다운로드할 때 물어봐야 할 질문의 목록이다(아래 목록에 해당하는 정보가 나와 있지 않다면 매우 주의하고, (예상되는) 불편에 대비하라).

- 폴리 카운트

    - 삼각형 수는 적절한가?

    - 모델은 괜찮지만 하이 폴리일 경우 폴리 카운트를 줄이고 형태를 정리해서 애셋을 VR에 맞게 준비하는 데 얼마나 많은 시간을 쓸 수 있는가?

- 텍스처 맵

    - 텍스처 아틀라스를 사용하는 등 모델이 최적화돼 있는가?

    - 텍스처 맵이 여러 개인 경우 이를 최적화하는 데 걸리는 시간은 적당한가?

    - 텍스처 파일이 렌더링할 엔진에서 지원하는 형식인가?

    - 텍스처 파일의 크기는 얼마인가? 2,048보다 큰 텍스처를 주의하라. 텍스처는 크지만 적용되는 모델이 스케일상 작다면 더욱 그렇다. 또한 일부 모델에서 필요한 해상도가 더 높은 경우엔 작은 텍스처를 찾아보라.

- 파일 형식

    - 작업이 가능한 파일을 구매하는가?

    - 프로그램이 모델 열기와 편집을 지원하는가?

항상 모델이 어떻게 보이는지 시험해보라. 선택한 엔진에 던져 넣고 VR이나 AR 내에서 직접 확인해보라. 실제로 몰입해서 체험할 때 스케일에 따라 얼마나 느낌이 다른지 놀랄 것이다.

요약

4장에서는 3D 아트 제작과 관련된 다양한 영역에서 고려해야 할 접근 방식과 사고 과정을 다뤘다. 3D 아트를 최적화하는 방법을 배우려면 시간과 연습이 필요하므로 전체 디자인 프로세스에서 최적화 과정이 늘 최우선일 수 있게 해야 한다. 당신은 VR이나 AR을 처음 만드는 아티스트일지 모른다. 다른 이들이 종사하는 분야를 배우려는 개발자일 수도 있고, 아티스트의 작업 공정이 궁금한 제작자일 수도 있다. VR과 AR 애셋을 개발한다는 건 엄청난 도전이기 때문에 최적화의 중요성을 이해하는 데 여기까지 따라 와줘서 기쁘게 생각한다. 몰입형 체험을 제작하는 모든 이는 애셋 제작에 들어가는 까다로운 손질 과정을 알아야 할 필요가 있다.

기술이 빠르게 변화함에 따라 4장에서 살펴본 일부 기술이나 프로그램은 가까운 미래에 소용이 없어질지도 모르므로 설명한 기법 뒤에 숨은 근거를 기억해두는 게 더 중요하다. 앞에서 언급했듯 사람들이 편안한 체험을 누릴 수 있도록 하는 게 중요하다. 이를 늘 염두에 두고 최적화된 작품으로 프레임 속도를 높게 유지하기를 바란다.

하드웨어, SLAM 추적

증강 현실[AR]의 사용자 경험은 매력적일 뿐 아니라 종종 마법처럼 느껴진다. 그러나 정말 최고의 경험이 되려면 사용자가 아예 알아차리지 못할 정도여야 한다. AR 시스템 디자이너가 더 나은 작업물을 내놓을수록 사용자는 도리어 작업물을 덜 의식하게 되며, AR 내에서 하고자 하는 바를 달성하는 데 도움이 되는 콘텐츠와 상호작용에 좀 더 집중할 수 있다. 이를 이루고자 기술적 문제를 해결하는 것은 대단히 어려운 문제다. 그간 엄청난 진전이 있었지만 여전히 해결해야 할 수많은 문제가 남아 있다.

3부에서는 그 모든 것이 어떻게 작동하는지, 어떻게 여기까지 왔는지, 이제 앞으로 나아가기 위해 어디에 에너지를 쏟을 것인지 설명하는 데 초점을 맞춘다.

바라건대 5장에서는 왜 그리고 언제 시스템이 당신을 못살게 구는지, (그런 순간에) 무엇이 일어나고 있는지를 명쾌히 알려줄 뿐 아니라, 그런 문제들 중심으로 디자인하는 방법의 단서를 제공하고자 한다. 향후 몇 년 동안 AR 앱 개발은 AR 개발자가 시스템의 제약 내에서 작동하는 제품을 개발하는 방법에 크게 좌우될 것이며, 시스템 개발자는 그러한 제약을 제거하고자 노력할 것이다.

3부에서는 모든 AR 시스템을 뒷받침하는 핵심 기술인 SLAM[Simultaneous Localization And Mapping]과 왜 이 단어가 그 자체로는 아무것도 설명하지 못할 만큼 광범위한 용어인지 다룬다. SLAM 시스템에 들어가는 구성 요소와 이들이 지닌 한계를 언급하고, 이러한 한계 중 일부(예, 장치 하나로는 처리하기 어려운 SLAM 맵)를 AR 클라우드를 통해 해결함으로써 어떻게 공유 콘텐츠, 지속적인 콘텐츠, 그리고 가상 콘텐츠가 물리적 세상과 물리적으로 상호작용하는 동안 발생하는 의미론적^{semantic} 이해와 같은 경험들을 가능케 하는지 살펴본다.

여기서 ARKit, ARCore, 6D.ai, 매직 립$^{Magic\ Leap}$이나 홀로렌즈^{Hololens}와 같은 공간 매핑 기반 시스템 간 차이점 몇 가지를 다룬다. WWDC 2017에서 애플이 발표한 ARKit은 AR 생태계에 큰 영향을 미쳤다. 처음으로 개발자들은 강력하면서도 폭넓게 사용할 수 있는 AR SDK가 자신의 앱에서 '저절로 작동'한다는 것을 알게 된다. 마커라든가 초기화, 심도 카메라라든가 독점적인 제작 도구로 이리저리 들쑤실 필요가 없는 것이다. 당연히도 ARKit은 시연의 붐을 불러왔다(트위터에서 @madewitharkit을 팔로우하면 최신 정보를 얻을 수 있다).

그러나 대부분의 개발자는 ARKit이 어떻게 작동하는지, 왜 ARKit이 다른 SDK보다 더 잘 작동하는지 모른다. ARKit의 '덮개 아래'를 들여다봄으로써 오늘날 ARKit이 지닌 한계, 무엇이 여전히 왜 필요한지를 이해하고 그와 비슷한 기능을 언제쯤 안드로이드와 헤드 마운티드 디스플레이^{HMD}, 혹은 가상 현실^{VR}, 증강 현실^{AR}에서 사용할 수 있게 될지 예측하는 것을 도와준다.

사람들이 ARKit을 SLAM이라 부르거나 SLAM이라는 용어를 추적(트래킹)의 대용으로 쓰는 걸 본 적이 있다. 명확히 하자면 SLAM을 매우 광범위한 용어로 취급할 필요가 있는데, 그 비슷한 예가 '멀티미디어'다. 추적 자체는 더 일반적이고 주행거리계는 더 구체적인 용어지만, AR과 연결 지어 쓰일 때 이 둘은 충분히 근접한 단어다. 이런 점이 혼란스러울 수 있다. SLAM을 활용하는 방법에는 여러 가지가 있으며 트래킹은 포괄적인 SLAM 시스템의 한 가지 구성 요소일 뿐이다. ARKit은 '경량' 또는 단순한 SLAM 시스템으로 출시됐다. 이 글을 쓰는 시점에서 탱고(Tango)나 홀로렌즈의 SLAM 시스템은 주행거리 측정 이상으로 한층 정교한 매핑, 3D 재구성, 심도 센서 지원처럼 수많은 기능을 지니고 있다.

'AR 클라우드'라는 용어는 내 슈퍼 벤처스^{Super Ventures}(http://bit.ly/2ChCpoi) 파트너인 오리^{Ori}(http://bit.ly/2TOp5Sk)와 내(http://bit.ly/2Hx888z)가 해당 주제에 대해 두 개의 블로그를 작성한 이후로 완전히 자리 잡았다. 해당 용어가 AR스러운 측면을 지니고 '뭉게뭉게' 피어나는 무수한 아이디어를 가리킬 때 쓰이는 걸 봤지만 내가 보기엔 특히 (콘텐츠 말고) AR 시스템끼리 연결할 뿐 아니라 일반적으로 더 넓은 세계로도 연결을 확장할 수 있는 인프라스트럭처를 의미한다.

5장

증강 현실을 가능하게 하는 컴퓨터 비전의 작동 방식

빅터 프리사카리우^{Victor Prisacariu}와 **매트 미에스닉스**^{Matt Miesnieks}

우리는 누구인가

나는 매트 미에스닉스이며 6D.ai라는 스타트업의 CEO다. 6D.ai는 옥스퍼드대학교의 액티브 비전 랩^{Oxford University Active Vision Lab}의 일부로, 공동 창립자인 빅터 프리사카리우 교수는 세계 최고의 AR 컴퓨터 비전 연구 그룹 중 하나를 이끌고 있다. 나는 데코^{Dekko}의 창립자, 슈퍼 벤처스^{Super Ventures}의 투자자, 삼성과 레이아^{Samsung, Layar}의 임원으로 재직하며 AR 분야에서 10년간 일해 왔다. 오픈웨이브^{Openwave}와 어센드 커뮤니케이션스^{Ascend Communications}에서 엔지니어와 영업 부사장으로 재직하며, 스마트폰과 유선통신의 소프트웨어 인프라에 대해 광범위한 배경지식을 보유하고 있다.

6D.ai에서는 AR를 약간 다르게 생각한다. 난이도 높은 기술적 문제를 해결하며, 가장 까다로운 AR 문제를 들고 오는 고객을 위해 개발자 API를 활용해 솔루션을 공개한다. 독립적이고 다양한 플랫폼에 걸쳐 호환되며 고객 데이터를 사용해 광고를 하는 대신 API의 사용료를 받는다. 우리는 지속성^{persistency}을 근본적인 가치로 생각

하며, 이는 프라이버시를 중요하게 여기지 않는 한 유지되기 어렵다. 프라이버시를 중요하게 다룬다는 얘기는 (사용자가 명시적으로 허용하지 않는 한) 개인 식별 정보^{PII, Personally Identifiable Information}를 장치 밖으로 내보내지 않는다는 것을 뜻한다. 이를 위해서는 대형 SLAM^{Simultaneous Localization and Mapping} 맵을 장치에서 실시간으로 구축하고 검색해야 하기 때문에 해결하기 훨씬 어려운 기술적 문제를 불러온다. 소규모 맵이나 앵커에서는 기술적으로 별반 어렵지 않은 작업을 큰 맵에서 수행하기는 아주 어렵다. 여기서 작다는 얘기는 방 절반 정도의 크기를 뜻하며, 크다는 얘기는 큰 주택보다도 크다는 뜻이다.

다행히도 6D.ai의 배후에는 액티브 비전 랩의 탁월한 AR 연구 그룹이 버티고 있으며, 아직은 일부 발표되지 않은 연구에 힘입어 차세대 3D 재구성, 리로컬라이징^{relocalization} 알고리즘과 신경망을 기반으로 한 시스템을 구축했다. 이 모든 작업의 목표는 멀티플레이어와 유지 가능한 AR로, 어떤 것도 설명할 필요 없이 '저절로 되는' 사용자 경험^{UX, User eXperience}과 AR 콘텐츠가 어떻게 작동해야 좋을지를 판단하는 사용자의 직관에 가능한 한 가깝게 만드는 것이었다. 다음은 6D.ai의 AR이 지닌 특별한 점이다.

- 장치에서 실시간으로 처리와 수행이 이뤄진다. 유지 가능한 맵 스토리지^{map storage}와 일부 오프라인 데이터 병합과 정리에 클라우드를 사용한다.

- 앱이 실행되는 동안 백그라운드에서 맵이 구성된다. 모든 사용자로부터의 업데이트가 단일 맵으로 병합돼 공간이 적용되는 범위가 크게 향상됐다.

- 앵커와 맵은 PII 대신 클라우드에 영구적으로 저장된다. 6D.ai 기반 앱에서 해당 물리적 공간을 사용할 때마다 앵커가 늘어나면서 해당 공간의 적용 범위 역시 향상된다. 따라서 공간을 미리 스캔할 필요가 줄어들며, 마침내 완전히 사라진다.

- 모든 앱에서 맵을 사용할 수 있다. 6D.ai 앱을 사용하는 모든 사용자는 다른 사용자들로부터 혜택을 받는다.

- 맵 데이터는 사람이 읽을 수 있는 시각적 이미지로 리버스 엔지니어링^{reverse engineering}이 불가능하다.

- 앵커는 클라우드 스토리지와 병합에서 오는 이점을 누리지만, UX 자체는 클라우드에 의존하지 않는다. 구글 시스템과 달리 오프라인, P2P, 또는 비공개되고 보안이 강화된 환경(심지어 중국)에서도 작업할 수 있다. 말하자면 아주 작은 세상이다. 이런 시스템을 잘 구축할 수 있는 이들은 많지 않다.

AR의 간략한 역사

다음은 AR의 품질을 상업적 수준으로 끌어올린 주요 인물과 기관을 요약한 것이다.

- 레오니드 네이마크^{Leonid Naimark}가 2000년대 초 인터센스^{Intersense}에서 발명한 시각적 관성 거리계^{VIO, Visual Inertial Odometry} → 데코 → 삼성 → FB, 매직 립, 테슬라^{Tesla}

- 플라이바이 VIO^{FlyBy VIO} → 탱고^{Tango}와 애플

- 옥스퍼드 액티브 비전 랩 → 조지 클라인^{George Klein}(PTAM) → 마이크로소프트

- 마이크로소프트의 데이비드 니슬러^{David Nister} → 테슬라

- 옥스퍼드 → 게르하르트 라이트마이어^{Gerhard Reitmeir} → 부포리아^{Vuforia}

- 옥스퍼드 → 게이브 시블리^{Gabe Sibley} → 죽스^{Zoox}

- 옥스퍼드 + 케임브리지 + 임페리얼 칼리지 → 키넥트^{Kinect} → 오큘러스와 ML의 리처드 뉴컴^{Richard Newcomb}과 데이비드 몰리눅스^{David Molyneux}

- 부포리아[Vuforia] → 아이탄 필립스키[Eitan Pilipski] → 스냅[Snap]

- 플라이바이[FlyBy]/부포리아 → 대쿼리[Daqri]

양질의 AR 시스템을 어떻게 구축할지에 대해 흥미로우면서도 잘 알려지지 않은 측면 중 하나는 문자 그대로 전 세계에서 오직 소수에 불과한 사람만이 그러한 시스템을 구축할 수 있다는 것이다. 그들 공학자가 쌓아올린 경력은 서로서로 연결되며 마침내 모바일 추적용 최고의 시스템을 만들어냈는데, 그것이 단안[monocular] 시각적 관성 주행거리 측정[VIO, Visual and Inertial Odometry]로 수렴하는 '솔루션'이다. 그 외의 UX를 가능케 하는 다른 방법은 (아직까지) 없다.

VIO는 2000년대 초, 매사추세츠 주의 보스턴에 기반을 둔 군수산업체인 인터센스에 의해 처음으로 구현됐다. 공동 발명가 중 한 명인 레오니드 네이마크는 내가 2011년에 창립한 데코의 수석 과학자였다. 센서의 제약으로 인해 VIO가 아이패드[iPad] 2에서 소비자를 위한 UX를 제공할 수 없다는 걸 증명한 후 레오니드는 군수산업으로 되돌아갔지만, 데코의 CTO인 피에르 조르겔[Pierre Georgel]은 현재 구글 데이드림 팀의 책임 공학자로 일한다. 같은 시기에 오그멘토[Ogmento]가 슈퍼 벤처스의 파트너인 오리 인바[Ori Inbar]에 의해 세워졌다. 오그멘토는 이후 플라이바이[FlyBy]가 됐으며, 팀은 부가적인 어안 카메라를 사용해 VIO 시스템을 iOS에 성공적으로 구축했다. 이 코드베이스는 탱고용 VIO 시스템으로 개발됐으며, 이후 구글이 라이선스를 가져갔다. 애플은 훗날 플라이바이를 인수했으며, 동일한 코드베이스가 현재 ARKit VIO의 핵심이다. 플라이바이의 CTO였던 크리스 브로더스[Chris Broaddus]가 대쿼리의 추적 장치를 개발했는데, 대쿼리는 현재 자율 주행 로보틱스 회사며, 죽스의 수석 과학자인 게이브 시블리와 함께한다. 게이브는 (현재 액티브 비전 랩을 이끌고 있는 6D.ai 공동 창업자와 함께) 옥스퍼드에서 박사후 연구원으로 일했다.

최초의 모바일 SLAM 시스템(PTAM)은 2007년경 게오르그 클라인[Georg Klein]이 옥스퍼드 액티브 컴퓨팅 랩[Oxford Active Computing Lab]에서 개발했다. 그는 홀로렌즈의 VIO 시스템을 구축하러 떠났는데, 당시 함께 떠난 크리스토퍼 메이[Christopher Mei](액티브 비전 랩의 또 다른 졸업생)와 데이비드 니스터[David Nister]는 테슬라에서 자율 주행 시스템을 구축했다. 게오르그는 케임브리지에서 박사 학위를 취득했으며, 그의 동료 게르하르트 라이트마이어는 SLAM과 VIO 시스템 개발을 위해 부포리아로 갔다. 부포리아의 개발은 대니얼 와그너[Daniel Wagner]가 이끌었으며, (플라이바이 출신인) 크리스 브로더스의 뒤를 이어 대퀴리의 수석 과학자가 됐다. 부포리아의 엔지니어링 관리자였던 에이탄 필립스키[Eitan Pilipski]는 키 판[Qi Pan]과 스냅에서 AR 소프트웨어 엔지니어링을 이끌고 있다. 키 판은 게르하르트 및 게오르그와 함께 케임브리지에서 공부한 후 부포리아로 갔다. 키 판은 이제 런던의 스냅 지사에서 에드 로스텐[Ed Rosten](대부분의 SLAM 시스템에서 사용되는 FAST 특징 탐색기를 개발한 케임브리지 졸업생)과 함께 AR 팀을 이끌고 있다.

옥스퍼드, 케임브리지(데이비드 몰리눅스), 임페리얼 칼리지(리처드 뉴컴, 하우크 스트라스닷과 여러 명이 참여했던 앤디 데이비슨[Andy Davison] 교수의 랩)에 포진한 주요 연구팀은 D-SLAM을 한층 개선하고 키넥트 추적 시스템을 확장했으며, 현재는 오큘러스와 매직 립에서 추적 팀을 이끌고 있다. 메타이오[Metaio]는 또한 (피에르 조르겔[Pierre Georgel]이 연구했던 TU 뮌헨의 전문성에 의거한) SLAM 개발의 초기 핵심 혁신가였으며, 현재 다수 공학자들이 애플에서 근무하고 있지만, 당시 R&D 책임자였던 셀림 벤히만[Selim Benhimane]은 피에르와 함께 연구했고, 인텔 리얼센스[Intel RealSense]에서 SLAM을 개발했으며 현재는 애플에 있다.

AR 플랫폼을 고르는 방법과 그 이유

모바일 AR에서 PCAR에 이르기까지 AR에는 다양한 플랫폼이 있다. AR 개발을 시작할 때 명심해야 할 기술적인 고려 사항은 다음과 같다.

개발자에게는 어떤 플랫폼이 적절하며 그 이유는 무엇인가?

ARKit에 접속할 수 있는 모든 스마트폰으로 AR 관련 아이디어를 개발할 수 있다. 지금 가진 스마트폰이 이미 ARKit를 지원하고 있을지도 모른다. 픽셀 하나하나를 조절할 수 있는 스마트폰이나 VR 앱과 비교해 장면을 제어할 수 없는 실제 환경에서 실행되는 앱을 디자인하고 개발하는 데 뒤따르는 거대한 차이를 느껴보라.

그리고 세계 자체를 공간적으로 매핑할 수 있는 매직 립, 6D.ai 또는 홀로렌즈와 같은 플랫폼으로 넘어가보라. 이제 제어할 수 없는 장면 속의 3D 구조물과 자신이 개발한 콘텐츠가 상호작용할 때 무슨 일이 발생하는지 알아보라.

한 플랫폼에서 다른 플랫폼으로 넘어가는 일은 대단히 가파른 학습 곡선을 요한다. 솔직히 웹에서 모바일로, 또는 모바일에서 VR로 넘어가는 것보다 훨씬 가파르다. 앱이 어떻게 작동하는지, UX나 사용 사례가 맥락에 맞는지 완전히 다시 생각해야 한다. 5년 전에는 부포리아 기반, 다시 4년 전에는 레이아 기반이었던 ARKit 데모가 다수 보인다. 개발자가 배우는 사항은 비슷하지만 규모는 훨씬 크다. 나는 지난 몇 년 동안 거의 모든 유형에 속하는 AR 앱을 봤으며, 피드백과 지원을 제공할 용의가 있다.

개발자라면 참신한 앱을 제작하는 일을 꺼리지 말았으면 한다. 방귀 앱은 스마트폰에서 히트를 친 최초의 앱이다. 사실 시스루 폼팩터form-factor 휴대용 하드웨어에서 AR이 유용하게 쓰일 만한 사례를 찾아내는 것도 상당히 어려운 일이다.

성능은 곧 통계다

AR이나 보통의 대다수 컴퓨터 비전 시스템으로 처음 작업할 때 한곳에서는 잘 작동하는데 다른 곳에서는 끔찍하게 작동하는 문제 때문에 좌절할 수 있다. AR 시스템은 절대 복불복으로 돌아가지 않는다. 광범위한 상황에서 기능이 충분히 제대로 작동하는지는 언제나 문제다. 궁극적으로 '더 나은' 결과를 얻는 것은 결국 목적에 맞춰 통계를 들여다보는 일에 달려 있다.

이런 이유로, 특히 유튜브에서 아무리 굉장해 보이더라도 절대 AR 앱의 데모를 신뢰하지 마라. 잘 통제돼 있거나 적당히 꾸며진 환경에서 놀랍게 잘 작동하는 앱과 일반적인 상황에서 거의 돌아가지 않는 앱 간에는 큰 차이가 있다. 스마트폰이나 VR 앱 데모에는 이런 상황이 아예 존재하지 않는다.

요약하면 다음과 같다.

- 항상 실제 환경에서 시스템을 시연하거나 테스트해보라. 제어된 장면과 제어되지 않은 장면 사이에는 큰 차이가 있다. 데모 영상을 절대 신뢰하지 마라.

- 잘 작동한다는 것은 무엇을 뜻하는가?
  - init을 감지하는 사용자 동작이 없음
  - 즉각적인 수렴
  - 오류율 2% 미만의 메트릭 스케일
  - 떨림 없음
  - 드리프트 없음
  - 저전력
  - 낮은 BOM^{Bill of Materials} 비용
  - 수백 미터에 달하는 범위에서 1% 미만의 드리프트율(루프 클로저 이전)
  - 즉각적인 루프 클로저
  - 넓은 범위 또는 각도상에서의 루프 클로저
  - 저요소 장면(하늘, 흰 벽 등)
  - 가변적인 라이팅/낮은 라이팅
  - 반복되거나 반사되는 장면

다음은 시스템이 얼마나 잘 작동하는지 판단하는 데 통계가 중요한 이유에 대한 구체적이면서도 기술적인 설명이다. 그림 5-1은 카메라의 디지털 이미지 센서를 격자로 표시하고 있다. 각 상자는 픽셀을 나타낸다. 안정적인 추적을 위해서는 각 픽셀이 실제 세계의 해당 지점과 일치해야 한다(장치는 완벽한 정지 상태라고 가정한다).

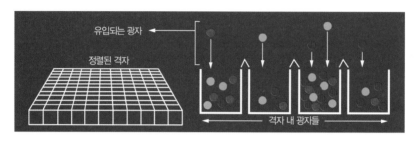

그림 5-1. 컴퓨터 비전의 성능과 관련된 모든 것이 통계의 문제다. 이것은 이진(binary)이 아닌 실제 세계다.

그러나 두 번째 이미지는 광자가 제대로 수용되지 않고 다양한 세기의 빛이 제멋대로 떨어지며, 각 픽셀은 들어오는 광자의 총합을 나타낼 뿐이다. 해당 장면에서 빛의 변화(구름이 해를 지나치거나, 형광등이 깜박이거나 등)가 센서를 건드리는 광자의 구성을 달리하면 실제 세계에 대응하는 픽셀도 달라진다. 시각 추적 시스템의 관점에서는 움직인 것이나 다름없다.

다양한 ARKit 데모에서 포인트가 깜박거리는 이유가 여기에 있다. 시스템은 반드시 어떤 포인트가 '신뢰할 수 있는지' 혹은 없는지 결정을 내려야 한다. 그런 다음 해당 지점을 삼각 측량해 사용자의 자세를 계산하고, 다시 평균을 내 실제로 취하는 자세를 가장 잘 추정하는 값을 구해야 한다. 따라서 이 과정에서 통계적인 오류를 제거하고자 가능한 모든 작업은 곧 좀 더 견고한 시스템을 낳는다. 이를 위해서는 카메라 하드웨어 스택(다양한 렌즈와 코팅, 셔터와 이미지 센서 사양 등)과 관성 측정 장치IMU, Inertial Measurement Unit 하드웨어 및 소프트웨어 알고리즘 간의 긴밀한 통합과 보정이 필요하다.

162

개발자의 경우 항상 다양한 장면과 라이팅에서 앱을 테스트해야 한다. 안드로이드 파편화^{android fragmentation}에 대처하기 어렵다고 생각되면 실제 환경에서 발생 가능한 모든 사항을 테스트할 때까지 기다려라.

하드웨어와 소프트웨어 통합

흥미롭게도 VIO로 그렇게 하기는 어렵지 않다. 이미 다수의 알고리즘이 발표됐고 구현도 약간은 이뤄졌다. 그러나 '잘' 작동하게 하기는 매우 어렵다. 즉, 관성 시스템과 광학 시스템은 거의 즉각적으로 양안 맵^{stereoscopic map}에 수렴해야 하며, 메트릭 스케일은 한 자릿수 수준의 정확도 선에서 결정돼야 한다. 예를 들어 데코에서 구현했던 결과물은 특정 동작을 수행한 다음 수렴하기 전까지 약 30초 동안 폰을 앞뒤로 흔들어줘야 했다. 훌륭한 관성 추적 시스템을 구축하려면 숙련된 공학자가 필요하다. 불행히도 지구상에 (AR을 위해) 필요한 기술과 경험을 갖춘 공학자는 약 20여 명뿐이며, 대다수가 크루즈 미사일 추적 시스템, 화성 로버 내비게이션 시스템, 또는 기타 소비자용이 아닌 모바일 애플리케이션을 개발하고 있다.

그림 5-2에서 볼 수 있듯 모든 것은 여전히 하드웨어와 소프트웨어가 정확히 맞물려 작동하면서 오류를 최소화하는 데 달려 있다. 핵심만 추리면 이는 소프트웨어로 정확하게 모델링할 수 있는 IMU, 전체 카메라 스택에 대한 전폭적 접근, 스택을 구성하는 각각의 요소에 대한 세부 사양, 무엇보다 IMU와 카메라 사이에 딱 떨어지게 정확한 동기화가 필요하다는 뜻이다. AR 시스템은 프레임 캡처의 시작과 끝에 해당하는 IMU 판독 값을 정확히 알아야 한다. 이는 두 시스템 사이의 상관관계에 필수적인데, 하드웨어 OEM^{Original Equipment Manufacturer}이 여기에 투자할 이유는 딱히 없었기 때문에 최근까지 불가능했다.

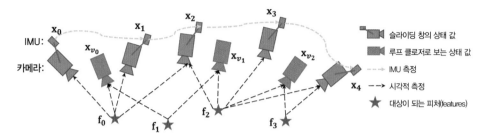

그림 5-2. AR은 소프트웨어와 하드웨어 간의 긴밀한 통합이 필요한데, 이는 스마트폰의 솔루션 속도를 느리게 한다.

이 때문에 데코의 아이패드 2 기반 시스템이 수렴하는 데 그토록 오랜 시간이 걸렸다. 최초의 탱고 피넛Peanut 폰은 모든 것을 정확하게 동기화하는 최초의 장치이자 훌륭한 추적 기능을 제공하는 최초의 소비자용 폰이었다. 오늘날 퀄컴Qualcomm과 기타 회사의 칩에 들어 있는 시스템에는 동기화된 센서 허브가 장착돼 있어 모든 구성 요소에 사용할 수 있다. 즉, VIO는 적절한 센서 보정을 통해 대부분의 최신 장치에서 실행할 수 있다.

이처럼 하드웨어와 소프트웨어에 대한 밀접한 의존성 때문에 소프트웨어 개발자가 적절한 하드웨어를 구축하게 돕는 OEM의 지원 없이 훌륭한 시스템을 개발하는 것은 거의 불가능했다. 구글은 일부 OEM이 탱고 하드웨어 사양을 지원할 수 있게 많은 투자를 했다. 마이크로소프트, 매직 립, 기타 업체들이 자체 하드웨어를 구축하고 있고, 궁극적으로 애플이 ARKit를 통해 성공한 이유 역시 소프트웨어와 하드웨어 둘 다를 잘했기 때문이다.

광학적 보정

카메라 센서의 픽셀이 실제 세계의 한 지점과 일치하는지 여부를 소프트웨어가 정확하게 관련지으려면 카메라 시스템을 정확하게 보정해야 한다. 다음과 같은 두 가지 유형의 보정 방식이 있다.

기하학적 보정

이것은 카메라의 핀홀 모델을 사용해 렌즈의 FOV^{Field Of View}와 렌즈의 배럴 효과 Barrel effect[1]를 수정한다. 대부분의 소프트웨어 개발자는 체커보드^{checkerboard}와 기본 공용 카메라 사양을 사용해 OEM의 도움 없이 이 단계를 마칠 수 있다.

광도 보정

이 작업은 훨씬 더 복잡하며, 일반적으로 이미지 센서 자체의 세부 사항, 내부 렌즈의 코팅 등을 요하기 때문에 OEM의 참여가 필요하다. 이 보정은 색상과 빛의 세기에 관한 매핑을 처리한다. 예를 들어 멀리 떨어진 별을 촬영하는 망원경에 부착된 카메라는 센서의 픽셀에서 발생하는 약간의 광도 변화가 실제로 별인지, 아니면 단순히 센서나 렌즈의 수차^{aberration}[2]인지를 알아야 한다. 광도 보정을 한 AR 추적기는 센서의 픽셀이 실제 지점과 일치할 가능성이 훨씬 높아지므로, 광학 추적 역시 줄어든 오류와 더불어 더욱 강력해진다.

그림 5-3에서는 이미지 센서의 픽셀에 떨어지는 무수한 RGB 광자의 그림을 보여 줌으로써 문제를 묘사하고 있다. 현실 세계의 한 지점에서 나오는 빛은 일반적으로 여러 픽셀의 경계에 걸치며, 각각의 픽셀은 그에 부딪치는 모든 광자의 세기로 평균값을 낸다. 사용자의 움직임에서 나타나는 작은 변화, 장면 속의 그림자나 깜박이는 형광등에 따라 실제 지점을 가장 잘 나타내는 픽셀이 달라질 것이다. 이는 모든 종류의 광학적 보정이 최선을 다해 제거하고자 하는 오류다.

---

1. 렌즈 모양으로 인한 모든 종류의 이미지 왜곡 – 옮긴이
2. 상을 맺을 때 한 점에서 나온 빛이 광학계를 통한 다음 한 점에 모이지 않고 영상이 빛깔이 있어 보이거나 일그러지는 현상이 나타나는 것 – 옮긴이

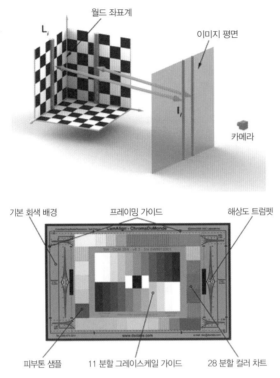

월드 좌표계

이미지 평면

카메라

기본 회색 배경

프레이밍 가이드

해상도 트럼펫

피부톤 샘플

11 분할 그레이스케일 가이드

28 분할 컬러 차트

그림 5-3. 실제 현실의 한 지점에 대응하는 픽셀이 무엇인지 시스템이 파악하게 하는 데는 광학적 보정이 긴요한 역할을 한다.

관성 보정

IMU(장치 내의 가속도계와 자이로스코프의 조합)의 경우 (이 장치가) 거리나 속도가 아닌 가속도를 측정한다는 사실을 기억하는 게 중요하다. IMU 판독 오차는 시간이 지남에 따라 매우 빠르게 누적된다. 보정과 모델링의 목표는 거리 측정(가속도까지 이중으로 합산된다)이 X분의 1초에 대해 충분히 정확한지 확인하는 것이다. 이상적으로 이는 사용자가 렌즈를 가리거나 장면 내에서 뭔가 일어나 카메라가 몇 프레임 정도 추적을 놓치는 것을 커버하기에 충분한 시간이다.

IMU를 사용해 거리를 측정하는 것을 데드 레커닝[dead reckoning]이라고 한다. 기본적으로는 추측이라 하지만, IMU의 동작 방식을 모델링하고 오류가 누적되는 모든 방식을 찾은 다음 이런 오류를 줄이고자 필터를 작성해 내놓은 정확한 추측이다. 한 발자국으로 걸음을 추측한다면 오차 범위는 매우 커질 것이다. 반복적으로 몇 천 걸음을 걷고 각각의 걸음을 측정한 다음 어느 쪽 발로 디디는지, 바닥의 머티리얼은 무엇인지, 신고 있는 신발은 무엇인지, 얼마나 빨리 움직였는지, 얼마나 피로했는지 등을 파악한다면 '추측'은 결국 매우 정확해질 것이다. IMU 교정과 모델링이 기본적으로 하는 작업이 이것이다.

오류의 원인은 다양하다. 로봇 팔은 보통 장치를 정확히 똑같은 방식으로 반복해서 움직이는 데 사용되며, IMU의 출력은 캡처돼 로봇 팔의 그라운드 트루쓰ground truth[3] 운동과 정확하게 일치할 때까지 기록된다. 구글과 마이크로소프트는 심지어 기기를 국제 우주 정거장까지 보내 미세 중력이나 '무중력 비행'을 통해 추가적인 오류를 없애고자 했다.

그림 5-4. 관성 보정은 훨씬 더 어려우며 이전에는 (소비자 하드웨어용으로는) 사용 사례도 없었다.

실제 정확도를 달성하는 과정은 지금 설명하는 것보다도 훨씬 어렵다. 다음은 몇 가지 가속도계 오류로, 그림 5-5에 표시된 그래프의 RGB 선과 같은 추적trace을 통해 식별해야 한다.

---

3. 추론 대신 실제 관찰에 의해 얻어지는 값 – 옮긴이

고정 바이어스

0이 아닌 가속도 측정(제로 가속도 통합 시)

스케일 팩터 오차

수학적 출력 모델(일반적으로 비선형 출력)에서 도출된 실제 출력의 편차

크로스 커플링

센서 측정에 전달된 측정 방향과 직교하는 방향으로 가속(제조 결함, 비직교 센서 축)

진동과 진자 관련 오류

진자 변위pendulum displacement를 수반하는 진동 단계(그네에 매달린 아이를 생각해보라)

클럭 오류

잘못 측정된 통합 주기

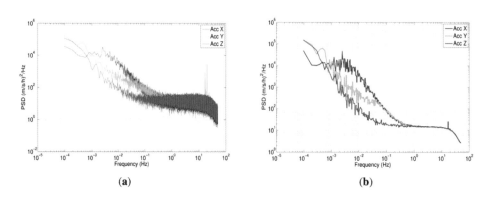

그림 5-5. 이는 그래프상의 RGB 선과 같은 흔적을 통해 반드시 식별해야 할 몇 가지 오류에 불과하다. 이는 OEM에게도 큰 도전인데, 포트폴리오상의 모든 장치에 대해 이 프로세스를 거쳐야 할 뿐더러 장치들이 서로 다른 IMU를 장착했을 수도 있기 때문이다(예, 갤럭시 7은 인벤센스(Invensense) 또는 보쉬(Bosch)의 IMU를 장착했을 수 있는데, 물론 보쉬 전용 모델링은 인벤센스에서는 작동하지 않는다). 이는 애플이 안드로이드 OEM보다 유리한 또 다른 지점이다.

추적의 미래

오늘날 사용하는 게 VIO라면 그 다음에는 무엇이 올 것이며 ARKit은 더 이상 필수가 아니게 될까? 놀랍게도 VIO는 여전히 수백 미터에 이르는 범위를 추적하는 가장 좋은 방법으로 남을 것이다(이보다 더 길면 시스템에 융합된 GPS와 일종의 랜드마크 인식을 사용해 시스템을 다시 로컬라이징해야 한다). 다른 광학 전용 시스템이 VIO만큼 정확해지더라도 여전히 HMD를 위해 더 많은 (GPU 또는 카메라) 전력이 필요하기 때문이다. 단안^{monocular} VIO는 가장 정확하면서도 가장 전력이 적게 들며 저렴한 솔루션이다.

실제로 딥러닝은 추적을 연구하는 커뮤니티에 큰 영향을 미친다. 지금까지 딥러닝 기반 시스템은 오류 추적과 관련해 약 10%, 상위 VIO 시스템은 1%에 불과하지만 계속 개량되고 있고 실외 재로컬리제이션에 큰 도움이 될 것이다.

심도 카메라$^{depth\ cameras}$(뎁스 카메라라고도 한다)(그림 5-6)는 몇 가지 방법으로 VIO 시스템을 돕는다. 정확한 그라운드 트루쓰 측정과 메트릭 스케일, 에지 추적이 가장 큰 장점이다. 그러나 전력 소비가 매우 높기 때문에 매우 낮은 프레임 속도로만 실행하고, 프레임 간에 VIO를 사용하는 것이 좋다. 또한 심도 카메라는 실외에서 작동하지 않는데, 햇빛으로 인한 배경 적외선 산란이 카메라에서 적외선을 씻어내기 때문이다. 또한 소비되는 전력량에 따라 범위 역시 달라지는데, 폰의 경우 그 범위가 몇 미터로 매우 짧다. BOM 비용 측면에서도 비용이 많이 들기 때문에 OEM은 대용량 폰을 위해 이런 경우를 피하고자 할 것이다.

심도 이미지　　　　컬러 이미지　　　　피처 매칭

그림 5-6. 추적의 미래

스테레오 RGB나 어안 렌즈는 둘 다 더 큰 장면을 볼 수 있게 함으로써 잠재적으로
더 많은 수의 광학적 특징을 보여준다(예, 일반 렌즈로는 흰 벽이 보이지만 어안 렌즈로
는 프레임의 천장과 카펫을 볼 수 있다. 매직 립과 홀로렌즈가 이 접근 방식을 사용한다).
VIO도 BOM과 전력비용을 낮추는 데 있어 그만큼 정확하긴 하지만, 렌즈를 사용하
면 VIO보다 낮은 컴퓨팅 비용으로 깊이 정보를 획득할 수 있다. 휴대폰이나 HMD

의 스테레오 카메라는 서로 가까이 붙어 있는 탓에 이들의 정확도 범위는 깊이를 계산할 때 매우 제약이 크다(몇 센티미터 떨어져 있는 카메라는 최대 몇 미터까지 정확한 깊이를 계산할 수 있다).

일련의 과정에서 가장 흥미로운 것은 훨씬 더 넓은 지역, 특히 야외에서 몇 십 킬로미터를 추적하는 것이다. 이 시점에서는 이미 AR 추적과 자율 주행 자동차 추적에 큰 차이가 없어지는데, AR 시스템의 센서 수와 전력이 더 적을 뿐이다. 결국 어떤 장치든 충분히 넓은 영역을 매핑할 만한 공간은 모자랄 수밖에 없기 때문에 클라우드 지원 서비스가 필요하다. 구글은 최근 이런 이유로 탱고 비주얼 포지셔닝 서비스^{Tango Visual Positioning Service}를 발표했다. 아마 가까운 시일 내에 더 많은 얘기를 듣게 될 것이다. 모든 사람이 3D 맵에 대해 많은 관심을 기울이는 이유이기도 하다.

AR 컴퓨터 비전의 미래

6DOF 위치 추적은 이미 모든 장치에서 거의 완벽하게 상품화돼 있다. 2019년에는 일반 칩셋과 장치에 장착된 기본 기능으로 제공될 예정이다. 그러나 여전히 해결해야 할 지점은 있다. AR 컴퓨터 비전의 미래를 들여다보는 김에 함께 이 문제를 살펴보자.

그림 5-7에서 볼 수 있듯이 3D 재구성(홀로렌즈 용어로는 공간 매핑^{spatial mapping}, 탱고 용어로는 심도 인식^{depth perception})은 시스템이 장면에서 실제 물체의 모양이나 구조를 알아낼 수 있게끔 하며, 가상 콘텐츠가 실제 세계와 '부딪쳐' 숨겨지게 한다(오클루전). 이런 기능은 사람들을 혼란스럽게 하는데, AR이 곧 '혼합된' 현실을 뜻한다고 생각하게 하기 때문이다. 하지만 AR은 늘 AR이다. 사람들이 봤던 대부분의 AR 데모에는 3D 재구성 지원이 없었기 때문에 콘텐츠가 모든 실제 사물 앞에서 움직이는 것처럼 보였을 뿐이다.

3D 재구성은 장면에서 밀집된 포인트 클라우드^{point cloud}를 캡처하고 (최근에는 심도

카메라를 사용해) 메시로 변환한 다음, '보이지 않는' 메시를 유니티^{Unity}에 (실제 좌표와 함께) 입력하고, 카메라에 나타나는 실제 세상 위에 메시를 정확히 얹는다. 즉 가상 콘텐츠가 실제 세계와 상호작용하는 것처럼 보이게 된다. 3D 재구성의 규모가 커짐에 따라 클라우드에서 호스팅하고 여러 사용자가 모델을 공유(및 확장)할 수 있는 방법을 찾아야 한다.

 현재 ARKit은 2D 평면을 감지함으로써 이 얘기의 2D 버전을 제작한다. 지금 필요한 최솟값인 셈이다. 지면이 없다면 유니티 콘텐츠는 문자 그대로 서 있을 지면이 없어 떠다니게 된다.

그림 5-7. 대규모 3D 재구성

그림 5-8은 아이패드 2를 사용해 메시를 구성한 후 오클루전을 시연하려는 초기의 시도를 보여준다. 이 제품은 상용 모바일 하드웨어에서 가상 콘텐츠와 실제 세계 간의 물리적 상호작용을 보여주는 최초의 앱이었다.

그림 5-8. 이 앱은 필자의 이전 스타트업인 데코가 제작했다.

그림 5-9는 장면의 3D 시맨틱 분할$^{semantic\ segmentation}$의 예를 보여준다. 소스 이미지는 맨 밑에 있다. 그 위에 (스테레오 카메라나 LIDAR로 만들 수 있는) 3D 모델이 있으며, 맨 위에는 딥러닝을 통한 분할이 있다. 이제 우리는 보도와 도로를 구분할 수 있다. 이는 포켓몬이 바쁜 도로 한가운데 나타나지 않도록 도와준다.

이제 이 모든 놀라운 기술을 확장해 다수의 동시 사용자를 실시간으로 지원하는 방법을 찾아내야 한다. 이것은 궁극의 MMORPG$^{Massively\ Multiplayer\ Online\ Roleplaying\ Game}$ (말하자면 실제 세상을 위한 월드 오브 워크래프트)이다.

해결해야 할 다른 과제는 다음과 같다.

- 스택 내 모든 것
  - 렌더링(일관성, 성능)
  - 입력
  - 광학
  - GUI와 앱
  - 소셜 네트워크에 들어가는지 여부

그림 5-9. 대규모 3D 재구성

매핑

매핑^{Mapping}은 SLAM의 'M'이다. 이는 메모리에 저장된 데이터 구조로, 추적기(VIO 시스템의 일반적 명칭)가 로컬라이징할 수 있는 3D 장면에 대한 정보가 포함돼 있다. 로컬라이징한다는 것은 지도에서 '내'가 어디에 위치하는지 결정하는 것을 뜻한다. 눈이 가려진 채 낯선 도시의 한가운데 종이 지도와 함께 떨어졌다고 치면 주변을 둘러보고, 지도를 보고, 다시 지도상에서 어디쯤 있는지 확인될 때까지 주변을 둘러보는 과정이 곧 스스로의 위치를 '로컬라이징'하는 과정이다.

가장 간단한 수준에서 SLAM 맵은 스파스 포인트^{sparse point} 클라우드를 나타내는 3D 포인트로 구성된 그래프며, 각 포인트는 장면 내의 광학적 요소를 나타내는 좌표(예, 테이블 모서리)에 해당한다. 그런 포인트는 일반적으로 해당 지점을 나타내는 상당량의 메타데이터(얼마나 포인트를 '신뢰할 수 있는지' 등)를 포함하는데, 동일한 좌표에서 특정 광학적 요소가 얼마나 많은 수의 프레임에서 감지됐는지 여부로 측정할 수 있다(예, 내 강아지의 검은 얼룩점은 강아지와 함께 움직여 다니므로 신뢰할 수 있는 포인트로 표시되지 않는다). 일부 맵에는 '키 프레임^{key frame}'이 포함되는데, 이는 몇 초마다 맵에 저장되면서 추적기가 실제 세계와 맵을 일치시키는 데 사용되는 단일 비디오 프레임(말하자면 사진)이다. 다른 맵은 밀집된 포인트 클라우드를 사용하는데, 이는 더 신뢰할 수 있는 대신 더 많은 GPU와 메모리가 필요하다. ARCore와 ARKit는 모두(아마 키 프레임 없는) 스파스 맵^{sparse map}을 사용한다.

스파스 맵은 그림 5-10의 오른쪽 위 이미지와 비슷하게 보일 것이다. 왼쪽 상단은 (맵상의) 특징을 나타내는 포인트가 실제 세계와 어떻게 일치하는지 보여준다(색상은 포인트의 신뢰도를 나타내는 데 사용된다). 왼쪽 아래는 출처 이미지이고 오른쪽 아래는 인텐시티 맵^{intensity map}으로, 다른 유형의 SLAM 시스템(반직접적인 형태로, 아주 훌륭하긴 하지만 ARCore나 ARKit 같은 프로덕션 SLAM 시스템에는 아직 쓰이지 않는다)에 사용할 수 있다.

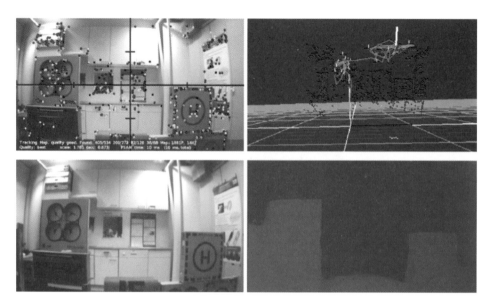

그림 5-10. 인간이 읽을 수 있는 이미지 위에 겹쳐진 AR 시스템의 사례

그럼 실제로 어떻게 작동하는가? ARCore나 ARKit 앱을 열면 추적기는 미리 다운로드돼 바로 쓸 수 있는 맵이 있는지 확인한다(단 ARCore와 ARKit v1.0에는 이런 기능이 없다). 없다면 추적기는 앞에서 설명한 것처럼 스테레오 계산을 수행해 새로운 맵을 초기화한다. 이제 카메라의 FOV 내에 있는 것들에 대한 멋진 3D 맵이 탄생했다. 돌아다니기 시작하고 배경 장면 내의 새로운 지점이 시야 내로 들어오면 더 많은 3D 포인트가 맵에 추가되며 크기가 커진다. 더 커지고, 계속 커진다.

이전에는 이게 문제가 되지 않았는데, 추적기의 성능이 너무 나빠 맵이 지나치게 커지기 전에 이미 사용이 불가능해졌기 때문이다. 이제는 그럴 일이 없기 때문에 맵 관리야말로 (딥러닝 및 콘볼루션 신경망과 더불어) SLAM 관련한 흥미로운 작업의 대부분이 진행되고 있는 지점이다. ARKit는 맵에 '슬라이딩 창'을 사용하는데, 이는 최근 과거(시간과 거리)의 가변량만 맵에 저장한 후 오래된 데이터는 버린다. 한참 전에 지나간 장면을 다시 로컬라이징할 필요가 없다고 가정하기 때문이다.

ARCore는 더 큰 맵을 관리하므로 시스템을 더 신뢰할 수 있어야 한다. 즉, ARCore

를 사용하면 추적이 유실되더라도 복구가 더 쉽고 그에 따른 영향도 받지 않는다.

ARCore와 ARKit는 앵커^{anchor}라는 영리한 개념을 사용해 실제보다 더 큰 물리적 영역을 처리하는 것처럼 느끼게 한다. 나는 홀로렌즈에서 이 개념을 처음 접했는데, 보통 그래왔듯 1년 이상 앞선 기술이었다. 일반적으로 시스템은 사용자나 앱 개발자에게 맵이 전혀 보이지 않도록 관리한다. 앵커를 사용하면 개발자가 시스템에 "이 맵을 기억해서 지우지 마라"고 지시할 수 있다. 앵커의 물리적 크기는 약 1제곱미터다(개인적 추측이긴 하지만 시스템이 볼 수 있는 광학적 요소의 수에 따라 달라질 것이다). 사용자가 특정 물리적 위치를 다시 방문할 때마다 시스템이 다시 로컬라이징하기에 충분한 크기다. 개발자는 보통 콘텐츠가 실제 위치에 배치될 때마다 앵커를 삭제한다. 즉, 사용자가 (앵커가 생성되기 전에) 방황하면 콘텐츠가 놓여야 하는 실제 위치 주변의 맵이 날아가고 콘텐츠도 손실될 것이다. 앵커를 사용하면 콘텐츠가 항상 있어야 할 원래 위치에 유지되기 때문에 시스템이 다시 로컬라이징하며 누적된 드리프트(있는 경우)를 수정할 때 발생할 수 있는 최악의 UX란, 콘텐츠에 작은 결함이 발생하는 정도다.

추적기를 두 가지 방식으로 돕는 것이 맵의 목적이다. 먼저 스마트폰을 앞뒤로 움직일 때 맵은 주어진 움직임에 맞춰 생성된 후 실시간으로 감지된 특징을 기존에 저장된 것과 비교한다. 이를 통해 포즈 계산에서 현재 장면과 이전 장면에서 가장 신뢰할 수 있게 남는 특징만 사용해 좀 더 안정적으로 추적할 수 있다.

두 번째 방식은 추적을 로컬라이징(또는 복구)하는 것이다. 카메라를 가리거나, 스마트폰을 떨어뜨리거나, 너무 빨리 움직이거나, 기타 임의의 상황이 발생하면 다음에 카메라가 장면을 비출 때는 마지막으로 업데이트된 맵과 일치하지 않는다. 눈가리개를 하고 새로운 장소에 떨어진 셈이다. 이것이야말로 "추적을 놓쳤습니다."를 정의하는 말이며, 선구적인 AR 개발자는 지난 몇 년간 매일 천 번씩 이 얘기를 듣고 있다.

그림 5-11. 대규모 SLAM 매핑이야말로 이동 전화 기반 AR의 도전 과제다.

또한 모바일 AR의 경우 여기서 '큰' 맵이라고 하면 매우 큰 방이나 매우 작은 아파트 크기의 물리적 영역을 다루는 맵을 뜻한다. 또한 이는 실외 AR의 경우 완전히 새로운 방식으로 매핑을 고려해야 한다는 뜻도 된다.

큰 맵을 안정적이고 일관되게 로컬라이징하는 것은 매우, 매우, 매우 어려운 문제라서 이 글을 쓰는 시점에서는 그 누구도 소비자 UX 수준으로 문제를 해결하지 못했다. 멀티플레이어나 지속되는 AR 콘텐츠를 제공한다고 주장하는 사람은 플레이어 1이 생성했거나 클라우드에서 다운로드한 맵을 다시 로컬라이징해야 하는 두 번째 스마트폰(즉 플레이어 2)의 기능 때문에 매우 제한적인 UX를 보여주게 된다. 플레이어 2는 플레이어 1과 아주 가까이 서서 스마트폰을 거의 똑같이 쥐어야 한다. 사용자에게는 성가신 일이다. 그들은 그저 맞은편의 소파에 앉아 폰을 켜는 즉시 상대가 보는 것을 (물론 정반대편에서) 보고 싶을 뿐이다. 아니면 플레이어 2는 자리에 남아 있는 '지속적' AR 콘텐츠를 보고자 이전 위치에서 몇 미터 내에 서 있어야 한다.

앱에 따라 마커를 사용하거나 좀 떨어진 플레이어 2의 시작 위치를 하드코딩하는 등 멀티플레이어를 위한 해결 방법이 있긴 하다. 기술적으로는 가능하지만, 여전히 사용자에게 뭘 해야 할지 설명해야 할 뿐더러 UX 역시 복불복으로 작동할 것이다. ARKit와 ARCore가 VIO 추적을 '저절로 되게' 하던 방식으로 다시 로컬라이징(즉, 다른 사람의 맵에 참여)하게끔 하는 마법의 '저절로 되는' 솔루션 같은 건 없다.

멀티플레이어 AR은 어떻게 작동하는가?

멀티플레이어가 가능하려면 몇 가지 사항을 설정해야 한다.

1. 두 장치가 서로의 상대적인 위치를 알아야 한다. 기술적으로 이는 두 장치가 공통의 좌표계를 공유하며 모든 비디오 프레임에서 서로의 좌표를 알아야 한다는 것을 의미한다. 좌표계는 월드 좌표(예, 위도와 경도)이거나, 시작할 때 첫 번째 장치의 좌표를 기준으로 맞출 수 있다. 각 장치를 시작할 때 보통은 '어디든 지금 내가 있는 곳은 (0,0,0) 좌표'라고 말한 후 그 위치부터의 움직임을 추적한다는 사실을 기억하라. 내 (0,0,0)은 실제로는 상대의 (0,0,0)과 다른 지점이다. 내 좌표를 상대의 좌표로 변환하려면 상대의 SLAM 맵으로 로컬라이징한 후 그 좌표상에서 내 포즈를 얻은 다음 그에 따라 내 맵을 알맞게 조정해야 한다. SLAM 맵은 저장된 모든 데이터로 내가 있는 위치를 추적할 수 있게 해준다.

2. 그다음으로 각 프레임마다 나와 상대가 서로의 위치를 파악할 수 있게 해야 한다. 각 장치에는 각 프레임의 포즈를 지속적으로 업데이트하는 자체 추적기가 장착돼 있다. 따라서 멀티플레이어가 가능하려면 특정 포즈를 게임의 다른 모든 플레이어에게 쏴줘야 한다. 이는 P2P나 클라우드 서비스처럼 특정 유형의 네트워크 연결이 필요하다. 종종 사소한 네트워크 결함을 보완하고자 포즈 예측과 스무딩의 측면이 더해질 수도 있다.

3. 어떤 장치가 실제 세상을 3D로 해석한 결과물이 다른 장치와 공유될 것 역시 기대한다(없다면 UX에 상당히 안 좋은 영향을 끼치겠지만, 필수는 아니다). 이는 포즈와 더불어 3D 메시와 시맨틱 정보를 스트리밍하는 것을 뜻한다. 예를 들어 내 장치가 물리와 오클루전 기능을 제공하는 멋진 3D 방 모델을 캡처한 경우 상대가 게임에 참여할 때 내가 이미 캡처한 데이터를 사용할 수 있어야 하며, 게임이 진행됨에 따라 장치 간에 업데이트가 이뤄져야 한다.

4. 마지막으로 온라인 실시간 다중 사용자 애플리케이션에 관한 한 모든 '정상적인' 사항이 필요하다. 여기에는 사용자 권한 관리, 각 사용자의 실시간 상태(예, 게임에서 '쏘기'를 탭하면 다른 사용자의 모든 앱에 내가 '샷'을 날렸다고 업데이트돼야 함)와 다양한 공유 애셋 관리가 포함된다. 이런 기술적 기능은 AR과 AR 이외의 앱에서도 동일하다. 현재까지 이런 기능은 게임용으로만 제작됐지만, AR의 경우 모든 유형의 앱에 필요하다는 것이 가장 큰 차이점이다. 다행스럽게도 이 모든 기능은 온라인과 모바일 MMO 게임을 위해 여러 번 개발됐으며, 그림 5-12에 표시된 것처럼 일반 게임 이외의 앱에 적용하는 것 역시 그리 어렵지 않다.

그림 5-12. 심지어 이런 앱이라도, 실시간 상호작용을 가능하게 하려면 AR 클라우드와 MMO 인프라가 필요하다.

어려운 부분은 무엇인가?

창문이 없는 잠긴 방에 갇혀 도시의 보도가 찍힌 사진 한 장을 받았다고 상상해보라. 그 사진에는 길가, 자동차, 사람 등의 일부 건물과 상점 이름이 나와 있다. 당신은 사진 속 장소에 가본 적도 없고, 완전히 낯선 장소인데다 간판조차 외국어로 쓰여 있다. 당신의 임무는 약 1센티미터의 정확도로 사진이 촬영된 장소를 정확하게 짚어내는 것이다(그림 5-13은 이를 대략적으로 시뮬레이션하는 실제 게임을 보여준다). 당신은 GPS를 통해 대략적인 위도와 경도를 얻었고, 마주하고 있는 방향을 대략적으로 알고 있으며, GPS는 20~40미터 정도의 오차가 있을 수 있음을 알고 있다. 가진 것이라곤 최근 거의 같은 지역에서 누군가 찍은 사진 더미로, 각 사진에는 정확한 장소가 표시돼 있다.

그림 5-13. 리로컬라이징이 얼마나 어려운지 느끼고 싶다면 〈지오게서(Geoguessr)〉를 플레이해보라. 이 게임은 당신이 AR 시스템을 켤 때마다 해결해야 하는 문제와 매우 유사하다.

이 사례에 등장하는 문제는 AR 시스템을 처음 켤 때마다, 혹은 카메라가 잠시 가려지기나 추적할 수 없는 지점(흰 벽, 푸른 하늘, 기타)으로 인해 추적을 놓쳤을 때마다 매번 해결해야 할 문제다. 또한 이는 친구의 AR 게임에 참여하려면 반드시 해결해야 할 문제이기도 하다. 당신이 가진 사진은 장치에 달린 카메라의 라이브 이미지며, 사진 더미는 메모리에 로드한 SLAM 맵이다(친구의 장치에서 복사됐거나 이전에 저장된 사진일 수도 있다). 당신은 사용자가 카메라를 움직여 라이브 이미지를 엉뚱하게 바꿔놓기 전에 이 작업을 완료해야 한다.

문제를 설명하고자 두 가지 극단적인 사례를 들고자 한다. 첫 번째 예에서는 당신이 더미에서 주어진 사진과 거의 같은 모양의 사진을 찾아낸다. 갖고 있는 사진이 더미에서 뽑은 사진의 뒤편과 왼쪽 지점이라는 사실을 쉽게 추정할 수 있다. 이제 갖고 있는 사진이 어디에서 찍혔는지 위치를 아주 정확하게 예측할 수 있다. 이는 플레이어 2가 게임을 시작할 때 플레이어 1의 바로 옆에 서도록 요청하는 것과 똑같다. 이렇게 하면 플레이어 2의 시스템이 플레이어 1에서 얼마나 떨어져 있는지 결정하기 쉬워지므로 시스템은 좌표(위치)를 정렬할 수 있고 앱은 행복하게 실행된다.

다른 예에서는, 당신은 모르지만 주어진 더미의 모든 사진은 대략 남쪽을 향하는데 반해 당신이 지닌 사진만 북쪽을 향하고 있다. 이 사진과 사진 더미 간에는 공통점이 거의 없다. 이는 마치 가상의 보드 게임에서 플레이어 1은 테이블의 한쪽에 앉아 있고 플레이어 2는 그 반대편을 내다보며 게임에 참여하려고 시도하는 상황과 동급인 AR 사례다. (파일에 나타난 것과는 정반대로 표시되는) 테이블의 일부를 제외하고, 시스템이 지도를 동기화(리로컬라이징)하기란 매우 어렵다.

이 두 사례 간 차이가 알려주는 바는 누군가가 멀티플레이어 AR을 지원할 수 있다고 주장한다면 사용자는 그만큼 희생된 UX를 겪게 되리라는 사실이다. 2012년부터 멀티플레이어 AR 시스템을 구축한 경험에 따르면 첫 번째 예시의 (두 사람이 옆에 나란히 서서 시작해야만 한다는) UX 문제는 사용자 입장에서 극복하기 너무 어렵다. 이렇게 되면 손에 쥐고 설명해야 할 게 너무 많은데다 마찰도 지나치다. 소비자 수준의 멀티플레이어 체험을 제공한다는 것은, 곧 두 번째 사례를 해결하는 것을 뜻한다.

두 번째 사례에 더해 더미 속 사진은 서로 멀리 떨어져 있거나 다른 라이팅 조건하에 있거나(아침의 그림자 대 반전된 오후의 그림자), 심지어 다른 카메라 모델을 사용한 탓에 당신의 사진과 다르게 보일 수도 있다(같은 갈색 벽의 색깔이 내 사진에 나타난 것과 똑같은 갈색이 아닐 수도 있다). 심지어 GPS를 사용할 수 없을지도 모른다(아마도 실내에 있을 경우). 이러면 현재 위치가 어디쯤인지에 대한 대략적인 아이디어조차 가질 수가 없다.

지금까지 꼬인 상황에 없는 마지막 '지푸라기'로, 이렇게 기다리게 되면 사용자는 지루함을 느낀다. 위치 리로컬라이징 프로세스가 1~2 초 이상 걸리는 경우 보통 사용자는 장치를 어떤 식으로든 움직여 버리므로 처음부터 다시 시작해야 한다. (그 어떤 경우에도) 정확하고 강력한 리로컬라이징은 여전히 AR(뿐 아니라 로봇, 자율 주행 차 등)의 가장 어려운 과제 중 하나다.

리로컬라이징은 어떻게 작동하는가?

따라서 실제로 어떻게 작동하는가? 이런 문제는 요즘 어떻게 해결되고 있는가? 그 다음은 무엇인가?

근본적으로 리로컬라이징은 매우 특정한 유형의 검색 문제다. 물리적 영역을 다루는 SLAM 맵을 검색해 특정 장치가 해당 맵의 좌표에서 어디쯤 있는지 찾아내는 일이다. SLAM 맵에는 일반적으로 두 가지 유형의 데이터, 즉 해당 공간에서 추적 가능한 모든 3D 포인트의 스파스 포인트 클라우드와 전체 키 프레임이 있다. 앞에서 언급했듯이 키 프레임은 캡처된 비디오의 한 프레임이며, 시스템이 돌아가는 동안 매 순간 사진의 형태로 저장된다. 시스템은 마지막 키 프레임 이후 장치가 얼마나 멀리 이동했는지와 시스템 설계자가 성능을 위해 절충하는 정도에 따라 캡처할 키 프레임의 개수를 결정한다. 키 프레임을 많이 저장해두면 리로컬라이징을 할 때 매칭이 될 가능성이 높아지지만, 더 많은 저장 공간이 필요하고 키 프레임을 검색하는 데도 더 시간이 걸린다.

따라서 검색 프로세스는 그림 5-14와 같이 실제로 두 부분으로 이뤄져 있다. 첫 번째 부분은 방금 전 사진 더미의 사례에서 설명한 것과 같다. 라이브 카메라에 들어온 이미지를 SLAM 맵의 키 프레임 세트와 비교하는 것이다. 두 번째 부분은 장치의 전원을 켜자마자 현재 보는 장면만을 기반으로 작은 3D 포인트 세트를 즉시 구축해 SLAM 맵의 스파스 포인트 클라우드와 일치하는지 검색하는 것이다. 이것은 3D 직소 퍼즐 조각(카메라로부터의 작은 포인트 클라우드)을 갖고 거대한 3D 퍼즐에서 일치하는 지점을 찾으려고 하는 것이나 같다. 퍼즐 조각은 양쪽 다 한결같은 회색이다.

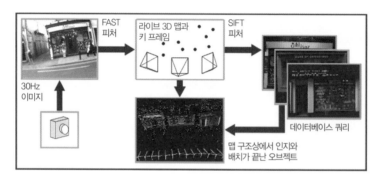

그림 5-14. 오늘날 대부분의 SLAM 시스템이 어떻게 광학적 특징(스파스 3D 포인트 클라우드)과 키 프레임 데이터베이스를 조합해 SLAM 맵을 작성하는지에 대한 개요

사용자가 지루함을 느끼기 전까지의 가용한 시간에 제약이 있고 오늘날 모바일 장치의 컴퓨팅 성능도 적당한 수준에 그치기 때문에 리로컬라이징 작업의 대부분은 SLAM 맵에서 모든 종류의 무차별 검색bruteforce searching을 수행하기 전에 검색할 범위를 줄이려는 노력에 들어간다. 더 나은 GPS, 추적기, 센서는 모두 이 문제를 해결하는 데 굉장한 도움이 된다.

이 분야 연구에서 (특히 소비자가 경험할 수 있는) 최신 기술은 무엇인가?

이전에 설명한 리로컬라이징이 가장 일반적인 기술이지만, 실험실에서 좋은 결과를 보여주며 곧 제품으로 상용화될 다른 기술도 있다. 포즈넷^{PoseNet}(그림 5-15 참고)이라는 한 가지 기술은 풀 프레임 신경망 회귀를 사용해 장치의 포즈를 추정하는 것이다. 이 기술은 광범위한 조건에서 약 1미터 정도의 정확도로 포즈를 결정할 수 있게끔 한다. 또 다른 기술은 이미지의 각 픽셀 값을 기반으로 삼아 카메라의 포즈를 (평균으로) 회귀하게끔 한다.

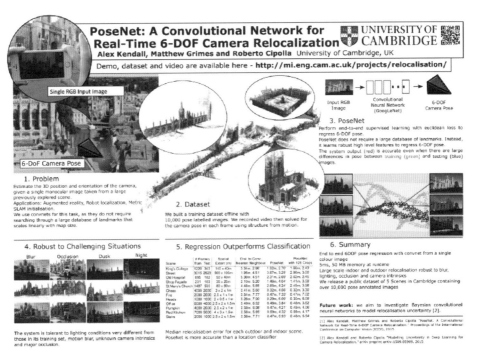

그림 5-15. 포즈넷은 시스템이 향하는 위치를 나타내준다.

리로컬라이징 문제를 소비자가 실제로 해결할 수 있는가?

그렇다. 실제로 이 글을 쓰는 시점에서 지난 12개월 동안 최첨단 연구 결과를 바탕으로 상당히 큰 진전이 이뤄졌다. 딥러닝 시스템은 넓은 지역이나 매우 넓은 각도에서 리로컬라이징을 할 경우 검색의 범위를 줄이는 데 인상적인 결과를 보여준다. (추적에 사용되는 스파스 포인트 클라우드가 아니라) 밀집된 3D 포인트 클라우드를 통해 지어진 SLAM 맵 검색 역시 매우 강력한 리로컬라이징 알고리즘을 가능케 한다. 나는 모바일 하드웨어에서도 매우 넓은 범위의 다양한 각도에서 리로컬라이징이 가능할 뿐 아니라 많은 수의 사용자를 동시에 지원할 수 있는 비공개 시스템을 본 적이 있다.

그러나 이런 연구는 여전히 정확한 위도와 경도 및 GPS가 불가능한 환경, 또는 SLAM 시스템 자체가 존재하지 않는 세계의 일부('콜드 스타트' 문제)에 대한 리로컬라이징 문제를 완전히 해결하기 위한 솔루션의 일부에 지나지 않는다. 그럼에도 이런 문제 대부분을 해결하는 데모들을 접할 수 있었고, 이들을 완전한 솔루션으로 통합해 나가려면 영리한 팀이 필요할 뿐이다. 대규모 리로컬라이징은 현재 과학적 문제라기보다는 주로 공학적 문제라고 봐도 무방하다.

그냥 구글이나 애플이 이 문제를 해결할 수는 없는가?

딱히 그렇진 않다. 구글은 현재 단종된 탱고 플랫폼을 위해 클라우드상에 공유되는 SLAM 맵을 지원함으로써 장치 간 리로컬라이징을 일부 가능케 했던 비주얼 포지셔닝 시스템^{VPS, Visual Positioning System}(그림 5-16 참고)이라는 서비스를 시연했다. 멀티플레이어는 지원하지 않았지만 어려운 기술 부분을 해결하는 데는 큰 진전을 보여줬다. 공개적으로 제공된 적이 없으므로 실제 환경에서 얼마나 잘 작동했는지 말할 수는 없지만, 데모들은 모두 좋았다. 주요 AR 플랫폼 회사 전부가 ARKit, ARCore, 홀로렌즈, 스냅 등의 일부인 리로컬라이징 도구를 개선하고자 노력하고 있다. 이는 주로 추적 시스템의 안정성을 높이기 위한 목적이지만, 멀티플레이어에도 도움이 될 수 있다.

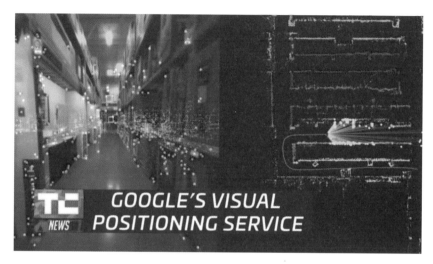

그림 5-16. 구글은 수년간 대규모 비주얼 포지셔닝 서비스를 개발해 왔다.

VPS는 클라우드 호스팅이 되는 공유 SLAM 맵의 좋은 예다. 그러나 구글의 SLAM 알고리즘과 데이터 구조에 완전히 묶여 있기 때문에 애플, 마이크로소프트, 기타(자체 시스템을 원하거나 중립적인 서드파티를 원할) SLAM OEM에서는 사용되지 않을 것이다.

모든 주요 플랫폼이 멀티플레이어에 관련해 지닌 큰 문제는 기껏해야 같은 생태계(ARCore에서 ARCore로, ARKit에서 ARKit로, 기타 등등) 내에서만 멀티플레이어가 가능하다는 것이다. 서로 다른 플랫폼 간 리로컬라이징이 작동하려면 두 시스템 간 공통의 SLAM 맵이 있어야 하기 때문이다. 즉, 애플은 날것의 SLAM 데이터에 대한 액세스 권한을 구글에 부여해야 하며, 그 반대의 경우도 마찬가지다(홀로렌즈나 매직립 등). 기술적으로야 가능하더라도 다양한 AR 시스템 간 UX의 주요 차별화 요소는 하드웨어와 소프트웨어 간 통합에 더해 SLAM 매핑 시스템 기능의 조합이 큰 폭을 차지하기 때문에 상업적으로 이뤄지기는 요원하다.

따라서 모든 대형 플랫폼이 서로의 데이터를 완전히 개방하기로 동의하지 않은 상태에서 쓸 수 있는 방법은 다음으로 제한된다.

- 독립적이고 중립적인 서드파티가 서로 다른 플랫폼 간 리로컬라이징 서비스의 역할을 한다.

- 일반적인 개방형 리로컬라이징 플랫폼이 등장한다.

개인적으로는 SLAM 리로컬라이징 알고리즘과 데이터 구조 사이의 긴밀한 통합으로 인해 목적에 맞게 설계된 전용 시스템이 (UX 측면에서) 일반적인 개방형 시스템보다 꽤 오랫동안 성능을 발휘할 것이라고 믿는다. 이는 수년간 컴퓨터 비전에서 일어났던 사례다. OpenCV나 다양한 오픈 SLAM 시스템(orb slam, lsd slam 등)과 같은 개방형 플랫폼은 훌륭한 시스템이지만, 특정 회사가 자체 개발한 플랫폼처럼 균일한 수준의 최적화된 성능을 제공하지는 않는다. 내가 아는 한 현재까지 개방형 SLAM 시스템을 실행하거나 고려하고 있는 AR 플랫폼 회사는 없지만, 비슷한 알고리즘 기술 다수가 최적화된 독점 시스템에 적용되고 있다.

그렇더라도 AR 클라우드에 개방형 플랫폼의 자리가 아예 없다고는 생각하지 않는다. 도리어 공개적인 접근 방식으로 혜택을 볼 수 있는 서비스는 많을 것이다. 그럼에도 "시스템은 개방적이어야 한다." 혹은 "시스템은 가능한 한 최적화돼야 한다."는 구체적인 얘기가 나올 만큼 업계에서 대규모 AR 문제를 충분히 이해하고 있다고는 생각하지 않는다.

리로컬라이징 != 멀티플레이어: 사실 그 이상으로 중요한...

이 부분에서는 멀티플레이어를 AR에 구현하기 어려운 이유를 살펴본다. 지금까지 몇 가지 문제를 알아봤고, 그중 적어도 일부는 리로컬라이징을 소비자 수준으로 끌어올리는 데 뒤따르는 문제다. 이미 설명한 바와 같이 개발하기 어려운 다른 측면이 있긴 하지만, 이들은 모두 이전에 해결된 문제다. 그러나 단순히 멀티플레이어를 넘어서는 정말 중요한 문제는 리로컬라이징 자체다. 다음은 반드시 해결해야할 몇 가지 문제다.

콜드 스타트

이는 앱을 처음 시작하거나 HMD를 켜는 최초의 상황을 뜻하며, 장치는 반드시 현재 위치를 파악해야만 한다. 일반적으로 현재의 시스템에서는 전혀 문제가 될 일이 아닌데, 그저 어디든 시작 위치를 (0,0,0)으로 호출하면 되기 때문이다. 자율 주행 자동차, 순항 미사일, 위치를 추적해야 하는 기타 시스템으로는 이런 방식을 쓸 순 없지만, 대신 믿을 수 있는 수많은 추가 센서가 있다. AR 시스템이 이 첫 순간을 리로컬라이징한다면 좌표계는 여러 세션에 걸쳐 일관적이 되므로 유지 가능한 AR 앱을 개발할 수 있게 된다. 어제 특정 좌표로 포켓몬을 떨어뜨리고 나서 그다음 날 기기를 켜고 리로컬라이징을 하면 해당 좌표는 계속 사용될 것이며, 포켓몬도 계속 거기 있을 것이다. 이 좌표는 특정 시스템에 고유할 수 있으며, 다른 모든 사람이 공유하는 절대적인 글로벌 좌표(위도와 경도)일 필요는 없다(언젠가 다다를 궁극적인 목표이기도 한 일반적인 글로벌 좌표계에 우리 모두가 로컬라이징하지 않는 한).

절대 좌표

이는 위도와 경도 기준에서 'AR 사용 가능' 수준의 정확도로 특정 좌표를 찾는 것을 말하는데, '서브픽셀' 수준까지 정확해야 한다. 서브픽셀이란(정확히 똑같은 물리적 지점에 있을 경우) 나와 누군가의 장치에서 동일한 픽셀을 사용해 가상 콘텐츠를 그릴 수 있을 정도로 좌표가 정확해야 한다는 뜻이다. 일반적으로 서브픽셀은 떨림이나 진동까지 고려해 포즈가 정확하게 추적하는 데 쓰인다. 서브픽셀은 장치가 움직이지 않을 때(포즈가 다양하기 때문에) 콘텐츠가 떨리지 않는 것을 뜻한다. 이는 또한 미터법에 상응하지 않는 숫자이기도 한데, 각 픽셀이 장치의 해상도(픽셀 크기)와 장치가 향하는 곳과 얼마나 떨어져 있는지(먼 곳을 비추면 픽셀은 더 먼 물리적 거리를 포함하게 된다)에 따라 약간씩 다른 물리적 거리를 나타내기 때문이다. 실제 상황에서는 사용자가 자신의 장치와 다른 장치 간에 콘텐츠가 몇 센티미터 정도 차이 나는지를 구별할 수 없기 때문에 서브 픽셀 수준의 정확도는 필요치 않다. 내비게이션뿐만 아니라 위치 기반 상거래 서비스(예, 그림 5-17에 나타난 것처럼 문 위의 가상 간판이 올바른 건물 위에 걸려야 한다)에서는 정확한 위도와 경도 좌표를 얻는 것이 필수적이다.

그림 5-17. 정확한 절대 좌표(또는 도시의 3D 메시)가 없을 때는 이렇게 된다.

유실된 추적

리로컬라이징이 중요하게 여겨지는 마지막 사안이야말로 추적기의 핵심이라 할 수 있다. 추적기가 절대로 '추적을 놓치지' 않으면 좋겠지만, 최고의 추적기일지라도 센서를 혼란스럽게 하는 코너 케이스corner case**4**를 경험할 수 있다. 예

---

4. 모든 매개변수가 정상적으로 작동함에도 불구하고 극단적인 외부 요인 때문에 일어나는 문제 – 옮긴이

를 들어 움직이는 차량 안에 있는 것은 VIO 시스템의 IMU를 혼란스럽게 하고, 텅 빈 벽은 카메라 시스템을 혼란스럽게 할 수 있다. 추적이 유실되면 시스템은 이전으로 돌아가 현재 센서 입력을 SLAM 맵과 비교해 리로컬라이징함으로써 콘텐츠가 앱의 현재 세션 내에서 일관성을 유지하게 해야 한다. 추적을 복구할 수 없으면 좌표는 다시 (0,0,0)으로 재설정되고, 따라서 모든 콘텐츠가 재설정된다.

앱에서는 리로컬라이징이 실제로 어떻게 이뤄지고 있는가?

빠른 대답? 형편없게!

넓게 볼 때 오늘날 인사이드-아웃$^{inside-out}$[5] 시스템에서 리로컬라이징을 수행하는 다섯 가지 방법이 있다(HTC 바이브와 같은 아웃사이드-인 방식은 외부의 라이트하우스 박스가 추적하는 모든 장치에 공통 좌표를 제공하기 때문에 상대적으로 쉽다). 각각에 대한 설명은 다음과 같다.

- 두 장치 모두의 GPS에 의지하고 위도와 경도를 공통 좌표계로 사용한다. 이는 간단하지만 그림 5-18이 보여주듯 보고자 하는 공통의 물체가 각 장치에서는 다른 물리적 위치에 배치될 것이기 때문에 GPS 위치상 오차의 양(보통 수십 미터)에 달렸다. 이는 현재 포켓몬 고에서 멀티플레이어를 지원하는 방법이지만, MMO 백엔드가 여전히 단순하기 때문에 실제로는 '같은 위치에서 동일한 싱글플레이어 게임을 하는 여러 플레이어'에 더 가깝다. 한 포켓몬이 잡히는 순간 다른 플레이어들은 못 잡게 되므로 상태 관리는 간단하게 진행된다.

---

5. HMD 기기에 위치 추적 센서를 탑재해 외부 사물의 위치를 추적하는 방식. 아웃사이드-인의 경우 추적 센서가 밖에 따로 위치한다. – 옮긴이

그림 5-18. 리로컬라이징을 위해 GPS만 단독으로 사용하는 경우 다음과 같은 상황이 발생한다. 물체를 거기 '있어야 할' 자리에서 볼 수 없을 뿐더러 서로 다른 두 장치가 가리키는 동일한 지점에서 볼 수도 없다

- 일반적인 물리적 추적 마커 이미지(또는 QR 코드)를 사용한다. 즉, 그림 5-19에 표시된 것처럼 두 스마트폰이 앞에 놓인 탁자 위의 마커를 가리키면 두 앱 모두 마커를 원점 (0,0,0) 좌표로 취급한다. 즉, 실제 세계와 가상 세계가 두 스마트폰에서 일관되게 나타난다는 뜻이다. 이 방식은 꽤 잘 작

동하며, 아무도 마커를 갖고 다니지 않기 때문에 실제 사용할 때 다른 여지를 주지 않게 된다.

그림 5-19. 이 앱은 모든 장치가 리로컬라이징할 때 좌표를 공유하고자 쓰는 인쇄된 이미지를 사용한다.

- 장치 간에 SLAM 맵을 복사한 후 사용자에게 서로 옆에 서서 플레이어 2가 스마트폰을 플레이어 1 옆에 매우 가깝게 들고 있도록 요청한다. 기술적으로 이 방법은 매우 잘 작동한다. 허나 이제 UX는 사용자가 그저 극복해야 할 심각한 문제가 됐다. 이것이 우리가 데코에서 테이블톱 스피드^{Tabletop Speed}를 위해 한 일이다.

- 추측한다. 내가 특정 위치에서 ARKit 앱을 시작하면 앱이 원점을 시작 좌표에 놓는다. 나중에 온 당신이 같은 장소에 서서 앱을 시작하고 시스템이 설정되는 곳마다 당신의 원점이 내 원점과 거의 동일한 물리적 위치에 있기를 그저 바랄 뿐이다. 이는 SLAM 맵을 복사하는 것보다 기술적으로 훨씬

간단하며, UX 문제는 거의 비슷한 수준이고, 앱 디자인이 너무 민감하지 않다면 좌표계의 오류도 눈에 띄지 않는다. 단지 사용자가 '올바르게' 움직이는 데 목맬 뿐이다.

- 정확도가 낮은 장소와 비동기식 상호작용^{asynchronous interactions}을 허용하도록 멀티플레이어 UX를 제한한다. 잉그레스^{Ingress}와 보물찾기 유형AR 게임이 이 범주에 속한다. 정확도가 높은 실시간 상호작용을 달성하는 것이 어려운 과제다. 비동기식 다중 사용자 상호작용에 의지하는 훌륭한 사용 사례는 항상 있을 것이라 믿으며, 이런 사례를 발견하는 것이 AR UX 디자이너의 몫이다.

이 다섯 가지 솔루션 모두 수년 동안 존재해 왔지만, 사람들이 사용하는 실시간 멀티플레이어 앱의 수는 제로에 가깝다는 사실을 말해두고 싶다. 내 생각에는 모든 솔루션이 "봐라 작동하지, 우리는 멀티플레이어도 할 수 있다!"라고 말할 수 있는 엔지니어의 입장에 맞아떨어진다. 그러나 최종 사용자에게 번거로움은 너무 크고 혜택은 너무 적다.

플랫폼

AR 앱을 구축한다는 것은 구축할 AR 플랫폼을 선택한다는 뜻이다. 플랫폼은 API와 도구 세트로, 개발자가 실제 세계와 상호작용하는 콘텐츠를 작성할 수 있게 돕는다. 가장 널리 사용되는 두 가지는 애플의 ARKit와 구글의 (초기 프로젝트였던 소프트웨어와 맞춤형 전화 하드웨어인 탱고에서 발전한) ARCore다. 마이크로소프트 홀로렌즈와 매직 립은 모두 소비자용 헤드 마운티드 디스플레이^{HMD} 하드웨어를 위해 AR 개발자 플랫폼을 제작한다. 다음 절에서는 ARCore와 ARKit의 주요 기능을 설명하고 개발자의 관점에서 (두 플랫폼을) 비교한다.

애플의 ARKit

구체적으로 ARKit는 간단한 2D 평면 탐지 기능을 갖춘 VIO 시스템이다. VIO는 공간 내에서 장치의 상대적인 위치(6DOF 포즈)를 실시간으로 추적한다. 즉, 디스플레이의 모든 프레임이 새로 고침 할 때마다 포즈의 위치가 재계산되는데, 이는 초당 약 30회 이상이다. 이런 계산은 병렬로 두 번 수행된다. 실제 세계의 한 지점을 각 프레임마다 카메라 센서상의 픽셀과 일치시킴으로써 시각적인 (카메라) 시스템을 통해 포즈를 추적할 수 있다. 또한 포즈는 관성 시스템(가속도계와 자이로스코프 IMU)에 의해 추적된다. 이후 캘먼^{Kalman} 필터를 통해 두 시스템의 출력을 결합한 후 어느 쪽이 '실제' 위치(그라운드 트루쓰)에 대한 최상의 추정치를 제공하는지 판단해 ARKit SDK를 통해 해당 포즈를 업데이트한다. 주행거리계^{odometer}가 차량이 이동한 거리를 추적하듯이 VIO 시스템은 아이폰이 6D 공간에서 이동한 거리를 추적한다. 여기서 6D란 XYZ 이동(평행 이동)의 3D와 피치^{pitch}/요^{yaw}/롤^{roll}(회전)의 3D를 의미한다.

ARKit이란 무엇인가?

– 시각적 관성 주행거리 측정(내가 움직일 때마다 어디로 가는지 추적한다)
– 간단한 평면 탐지
– 개발자용 API
– SLAM과 동일한가?
– 단안 렌즈로 3D를 어떻게 가져오는가?
– 메트릭 스케일은 어떻게 가져오는가?
– 정확한 포즈는 AR 탑재의 기반이 된다.

(시각적)
관성
1000Hz

광학
30Hz

그림 5-20. 애플의 ARKit

VIO가 제공하는 가장 큰 이점은 IMU 판독이 초당 약 1,000회에 달할 뿐 아니라 가속 (사용자 동작) 기반이라는 점이다. 데드 레커닝^{Dead reckoning}은 IMU 판독 값에서 장치 이동을 측정하는 데 사용한다. 내가 당신에게 한 발짝 내딛으라고 부탁한 후 그 걸음이 몇 인치인지 추정하는 것처럼 데드 레커닝 역시 기본적으로는 (이런 식의) 추측을 한다. 관성 시스템의 오차는 시간이 지남에 따라 누적되므로 IMU 프레임 간의 시간이 늘어지거나 시각 시스템을 통한 '리셋' 없이 관성 시스템이 돌아갈수록 추적 결과는 실제 값에서 동떨어질 것이다.

시각/광학 측정은 일반적으로 초당 30 프레임, 즉 카메라의 프레임 속도로 진행되며 거리(프레임 간 장면 변경)를 기준으로 삼는다. 광학 시스템은 일반적으로 거리에 따라(그리고 어느 정도는 시간에 따라) 오차를 축적하므로 이동 거리가 길어질수록 오차도 커진다.

좋은 소식인데, 각 시스템의 장점이 서로의 약점을 무마한다.

따라서 시각과 관성 추적 시스템은 상호 의존하지 않는 각각 완전히 다른 측정 시스템 위에 세워져 있다. 즉, 카메라가 가려지거나 광학적 요소가 거의 없는 장면 (예, 흰 벽)을 비출 때 관성 시스템이 몇 프레임 정도 그런 '부하를 버텨줄' 수 있다. 반대로 장치가 아주 가만히 있을 때 시각 시스템은 관성 시스템보다도 더 안정적인 포즈를 제공할 수 있다. 캘먼 필터는 지속적으로 최고의 품질을 지닌 포즈를 선택하며, 그 결과는 안정적인 추적이다.

지금까지는 그렇다고 쳐도 흥미로운 점이라면 VIO 시스템이 수년 동안 사용돼 왔고, 업계에서도 널리 쓰이며, 이미 구현도 꽤 많이 돼 시장에도 나와 있다는 사실이다. 따라서 애플이 VIO를 사용한다는 사실 자체만으로는 큰 의미가 없다. 살펴봐야 할 것은 시스템이 그토록 강력한 이유다.

ARKit의 두 번째 부분은 간단한 평면 탐지다. 이는 콘텐츠를 얹어놓을 지면을 파악하려면 필요하다. 그렇지 않다면 그 콘텐츠는 끔찍하게도 우주에 둥둥 떠다니는 것처럼 보일 것이다. 이는 광학 시스템에 의해 감지된 특징(데모에서 볼 수 있는 작은 점이나 포인트 클라우드)을 통해 계산되며, 알고리즘은 특징을 파악해 어떤 세 점이든 평면을 정의할 수 있도록 평균값을 낸다. 이 작업을 충분히 반복하면 실제의 바닥이 어디쯤인지 추정할 수 있다. 이 점들은 스파스 포인트 클라우드를 형성하며, 이번 장의 앞부분에서 살펴봤던 광학적 추적에 사용된다. 스파스 포인트 클라우드는 추적에 훨씬 적은 메모리와 CPU 시간을 사용하며, 관성 시스템의 지원 덕분에 광학 시스템은 적은 수의 포인트로도 충분히 추적할 수 있다. 이것은 밀집된 포인트 클라우드와는 다른 포인트 클라우드의 형태로, 극사실화에 가깝게 보일 수도 있다(연구 중인 일부 추적기는 밀집된 포인트 클라우드도 사용하는데, 그렇게 되면 훨씬 더 혼란스럽다).

설명된 일부 수수께끼

ARKit이 지닌 두 가지 수수께끼는 "단안 렌즈에서 3D를 어떻게 얻는가?" 그리고 "(줄자를 사용하는 시연에서처럼) 메트릭 스케일을 어떻게 얻는가?"이다. 여기의 비결은 정말 뛰어난 성능의 IMU 오차 제거(즉, 데드 레커닝의 예측을 매우 정확하게 만드는 것)이다. 그게 성공하면 다음과 같은 일이 일어난다.

단안 렌즈에서 3D를 얻으려면 현재 위치에 대한 양안 시차 계산을 수행할 수 있도록 서로 다른 위치에서 바라본 장면 두 개가 있어야 한다. 이런 방식은 우리의 눈이 3D를 지각하는 방식뿐 아니라 일부 추적기가 스테레오 카메라에 의존하는 이유와 유사하다. 두 대의 카메라가 있는 경우 두 카메라 사이의 거리를 알고 있을 뿐더러 한 프레임을 동시에 캡처할 수 있으므로 계산하기도 쉽다. 하나의 카메라만으로 계산하려면 한 프레임을 캡처한 다음 이동해서 다시 두 번째 프레임을 캡처해야 한다. IMU의 데드 레커닝을 사용하면 두 프레임 사이에서 이동한 거리를 계산한 다음 일반적인 방식으로 스테레오 계산을 수행할 수 있다(실제로는 더 높은 정확도를 위해 두 개 이상의 프레임에서 계산을 수행할 수 있다). IMU가 충분히 정확하다면 이 두 프레임 사이의 '움직임'은 손을 가만히 두려고 할 때처럼 미세한 근육의 움직임만으로도 포착된다. 때문에 마법처럼 보이는 것이다.

메트릭 스케일을 구하고자 시스템은 IMU의 정확한 데드 레커닝에 의존한다. IMU가 제공하는 가속과 시간 측정을 역진 적분$^{integrate\ backward}$해 속도를 계산하고, 다시 그 결과를 적분해 IMU 프레임 간에 이동한 거리를 얻을 수 있다. 수학은 어렵지 않다. 진짜 어려운 작업은 IMU에서 오류를 제거해 거의 완벽한 가속도를 측정하는 것이다. 스마트폰을 움직이는 데 걸리는 몇 초 동안 초당 1,000회 누적되는 미세한 오차가 곧 30 % 이상의 메트릭 스케일 오차로 나타날 수 있다. 애플이 이런 오차를 한 자릿수로 낮췄다는 사실은 인상적이다.

ARCore는 그냥 경량 탱고 아닌가?

ARCore가 출시될 무렵 어떤 개발자는 "ARCore SDK를 보면 말 그대로 심도 카메라 코드를 주석 처리하고 컴파일러 플래그를 달리한 후 이름만 바꾼 탱고 SDK네요."라고 농담을 던졌다. 그 정도까진 아니다 싶지만 딱히 엄청난 차이도 아니다(나쁜 뜻은 아니다). 예를 들어 ARCore를 지원하는 새로운 웹 브라우저는 개발자 입장에선 환상적이지만, 핵심 SDK와는 별개다. 최근 올린 ARKit 게시물에서 나는 12개월 전에 구글이 (심도 카메라가 필요하지 않은) 탱고 VIO 버전을 충분히 출시할 수 있을 만큼 준비가 됐음에도 그러지 않은 이유를 궁금해 했다. 이제는 알겠다.

이건 매우 좋은 일인데, ARCore는 충분한 테스트를 거친 완성도 높은 소프트웨어 (물론 메테이오와 플라이바이를 인수한 덕분에 애플의 속도가 빠르긴 했지만, 구글은 애플이 ARKit에 썼던 시간에 더해 최소 2년 이상 ARCore 개발에 투자했다)라 보면 된다. 탱고 전용으로 준비됐던 3D 심도 데이터에만 의존하지 않는 다양한 기능의 로드맵은 이제 ARCore로 향할 것이다.

그림 5-21. 탱고는 주로 3D 공간에서 스마트폰의 움직임을 추적하는 데 중점을 뒀다.

이름은 차치하더라도 ARCore가 돌아가는 스마트폰에 심도 카메라 센서 하드웨어를 추가하면 그게 곧 탱고 스마트폰이다. 이제 구글은 OEM의 플래그십 폰에 SDK를 제공함으로써 SDK를 폭넓게 채택할 수 있는 훨씬 쉬운 경로를 갖게 됐다. AR이 달려 있더라도 덜떨어진 폰을 뛰어난 안드로이드 폰과 바꿀 사람은 없다(마찬가지로 AR이 달린 윈도우 모바일 폰 때문에 훌륭한 폰을 포기할 사람도 없으므로 마이크로소프트는 힘을 빼는 대신 HMD에 주력했다). 이제 사람들은 어쨌든 사게 됐을 스마트폰을 구매할 것이며, ARCore는 무료로 제공될 것이다.

많은 독창적인 아이디어가 실내 매핑을 목표로 삼았다. 그건 오직 AR과 VR이 가장 인기 있는 사용 사례가 된 후였다. 명칭을 고려할 때 탱고는 언제나 '항상 자기 위치를 알고 있는 폰'이라 묘사됐다는 사실이 흥미로웠다.

그 묘사가 인상적이라 느낀 사람은 내가 알기론 단 한 명도 없었다. 내가 봤을 때 그 한 줄은 탱고 폰을 구글 맵스와 같은 선상에 포지셔닝했으며, AR 자체는 나중에 덧붙여진 것이었다(구글 입장에서 논란의 여지가 있었는지 여부와는 관계없이). 새로운 명명에선 그림 5-22에 나와 있는 것처럼 항상 AR이다.

그림 5-22. 구글 ARCore는 심도 카메라 하드웨어가 없는 탱고의 진화 버전이다.

이제 ARCore로 개발해야 하는가?

안드로이드를 선호하고 S8이나 픽셀^{Pixel}이 있다면 대답은 '예스'다. 그렇게 하면 된
다. 아이폰을 선호한다면 굳이 바꿀 필요 없다. 개발자라면 사람들이 관심을 기울
이는 AR 앱을 개발하는 일이 정말로 어렵다는 점에 집중해야 한다. ARKit나
ARCore로 개발하는 법을 배우는 데 들어가는 노력은 무엇을 개발할지 배우는 데
들어가는 노력보다 훨씬 적다. 또한 ARKit나 ARCore SDK는 버전 1.0임을 기억하
라. 정말 기본적인 기능(VIO, 평면 감지, 기본 라이팅 등)만 탑재했으며 앞으로 몇 년
에 걸쳐 모든 기능(3D 장면 이해, 오클루전, 멀티플레이어, 콘텐츠 유지 등)이 추가될 것
이다. 이는 개발자와 소비자 모두에게 지속적인 학습 곡선을 요할 것이다. 일단 지
금은 어려운 쪽(어떤 앱을 개발해야 하는지)을 배우는 데 집중하고, 기저에 깔린 테크
놀로지 중 이미 알고 있는 부분을 고수하는 게 낫다(어떻게 개발해야 하는지, 안드로
이드, IOS Xcode 등). 무엇이 좋은 앱을 만드는지 감을 잡은 후에 시장 도달 범위, AR
기능 지원, 수익 창출 등과 관련해 가장 적합한 플랫폼이 무엇인지 결정하면 된다.

탱고, 홀로렌즈, 부포리아 외의 다른 AR은 어떤가?

솔직히 탱고는 제품이라기보다는 (구글이 죽여버린) 브랜드였다. 탱고는 하드웨어 레퍼런스 디자인(RGB, 어안, 심도 카메라, 일부 CPU/GPU 사양)과 VIO(모션 추적), 스파스 매핑(영역 학습), 고밀도 3D 재구성(심도 인식)을 제공하는 소프트웨어 스택으로 구성돼 있다.

홀로렌즈(와 매직 립)은 정확히 동일한 소프트웨어 스택을 갖지만, 홀로그래픽 처리 장치^{Holographic Processing Units}라고 불리는 기본적인 디지털 신호 처리^{DSP, Digital Signal Processing} 칩을 비롯해 CPU/GPU에서 처리 부담을 줄이고 전력을 절약한다. 퀄컴의 최신 칩 설계에는 이 기능이 내장돼 있을 것이어서 맞춤형 DSP 프로그래밍이 필요하지 않을 뿐더러 향후 하드웨어 비용도 절감될 것이다.

부포리아도 거의 동일하지만 하드웨어 자체는 독립적이다.

이들 AR은 동일한 유형의 VIO 시스템을 사용한다. 홀로렌즈, 매직 립, 탱고 모두 추적할 때 심도 카메라를 쓰지 않는다(일부 코너 케이스를 해결하기 위해 심도 카메라를 포함하기 시작했다고 생각하지만).

그렇다면 ARKit는 왜 그렇게 쓸 만한가? ARKit가 실제로 홀로렌즈보다 낫지는 않지만, 홀로렌즈 하드웨어를 널리 사용할 순 없다는 것이 대답이다. 궁극적으로 ARKit가 더 나은 이유는 애플이 VIO 알고리즘을 센서에 가깝게 연동하고 포즈 계산에서 오류와 불확실성을 줄이고자 많은 시간을 보정에 할애할 수 있게 했기 때문이다.

대규모 OEM 시스템의 대안이 많다는 점엔 주목할 가치가 있다. 많은 추적기가 학계에서 개발되고 있는데(예, ORB Slam은 좋은 추적기며, OpenCV 역시 몇 가지 선택지가 있다), 거의 전부가 광학 기반이다(단색 RGB, 양안이나 심도 카메라 기반 등이 있다. 일부 추적기는 스파스 맵, 밀도, 심도 맵을, 또 다르게는 센서에서 받은 반직접^{semi-direct} 데이터를 사용한다. 답에 이르는 데는 정말 여러 가지 방법이 있다). 수많은 스타트업도 추적 시스템을 개발하고 있다. 증강 픽셀^{Augmented Pixels}은 성능 좋은 시스템을 보유하고 있지만, 종국에는 어떤 VIO 시스템이든 경쟁력을 갖추려면 하드웨어 모델링과 보정이 필요하다.

개발 시에 고려해야 할 기타 사항

개발할 때는 라이팅, 멀티플레이어 기능, 사용자와 실제 세계 간 연결을 염두에 둬야 한다.

라이팅

그림 5-23에 표시된 것처럼 ARKit와 ARCore는 장면 속의 자연 조명에 대한 간단한 추정치를 제공한다. 이는 장면과 관련된 하나의 추정치일 뿐이며, 현실 세계가 주변에 가득한 빛으로 자연스럽게 라이팅되는지, 혹은 선명한 스포트라이트로 가득 차 있는지와는 큰 관계가 없다. ARCore는 강도와 색채 온도를 제어할 권한을 개발자에게 넘기는 대신, 단일 픽셀의 강도 값(안드로이드 스튜디오 API) 혹은 셰이더(유니티 API)를 제공한다. 초기 데모로 봤을 때는 두 방법 모두 비슷한 결과를 내놓는 듯하다. 주관적인 입장에서는 구글의 데모가 좀 더 나아 보이지만, 그건 탱고 개발자들이 ARKit가 출시되기 전부터 훨씬 오랫동안 작업해 왔기 때문일 수도 있다. 구글은 이미 출시 예정인 제품(이 비디오에서는 17:11)을 선보였는데, 이는 실제 라이팅의 움직임에 따라 가상 그림자와 반사광을 다이내믹하게 조절할 수 있다. 이는 프레전스[presence], 즉 무의식적인 수준에서 AR 콘텐츠가 "실제로 존재한다."는 느낌을 엄청나게 향상시킬 것이다.

그림 5-23. ARCore와 ARKit는 장면에서 빛의 (간단한) 실시간 추정 값을 제공하므로, 개발자는 시뮬레이션된 라이팅을 현실의 빛과 일치하도록 즉각적으로 조정할 수 있을 뿐 아니라 동시에 애니메이션을 일으킬 수도 있다.

멀티플레이어 AR? 왜 이렇게 어려운가?

이번 장의 앞부분에서는 무엇이 훌륭한 스마트폰 AR 앱을 만드는지, 왜 ARKit와 ARCore가 엄청나게 난이도 높은 기술 문제(견고한 6DOF 인사이드-아웃 추적)를 해결하고 마침내 주류 시장에 내놓을 만한 AR 플랫폼을 개발했는지 알아봤다(아 직 광범위하게 쓰이기까지는 몇 년이 남았지만, 오늘날의 IMO로 볼 때 앱을 위한 니치 시 장은 크기도 클 뿐더러 그 수도 많다). 개발자들은 (학습 곡선을 타고 오르며) 방귀 앱에 서 점차 유용한 앱으로 넘어가고 있다(내 9살짜리 아들은 방귀 앱이 매우 유용하다고 생각하긴 하지만). 그 어떤 기능보다도 더 많은 사람이 궁금해 하는 기능은 멀티플 레이어다.

'멀티플레이어'라는 용어는 실제로는 잘못된 이름인데, 여기서 말하려는 건 한 사람의 AR 경험을 다른 하나 혹은 여러 사람과 실시간으로 공유할 수 있는 기능이기 때문이다. 따라서 '다중 사용자', '공유 AR', '사회적 AR', 'AR 커뮤니케이션' 등의 용어도 그에 못지않은 명칭이었지만, 결국 '멀티플레이어'로 굳어진 이유는 아마도 대부분의 3D AR 도구가 게임에서 비롯됐기 때문이며 이 역시 게이머에게 익숙한 용어였기 때문이라 본다. 멀티플레이어를 비동기적으로 수행할 수도 있겠지만, 그건 마치 펜팔 친구와 체스를 두는 것이나 다름없다. 여담이지만 나는 전통적인 디자인 분야(건축가, 제품 디자이너, UX 디자이너 등)의 워크플로와 일치하는 새로운 도구가 AR에 등장하는 날을 바라마지 않는데, 분명 AR 앱의 사용성을 놀랍게 신장시킬 것이기 때문이다. 그러나 그 이야기는 다른 책에서 다루고자 한다.

나는 개인적으로 AR이 이전에 불가능했던 새롭고 매력적인 방법으로 소통하고 공유할 수 있는 길이 발견될 때까지는 실제로 일상생활에 영향을 미치지 않을 것이라 믿는다. 이런 유형의 커뮤니케이션은 실시간 멀티플레이어를 필요로 한다. 개인적으로 게임 중심적 용어인 '멀티플레이어'는 이런 종류의 기능이 실제로 얼마나 중요한지 충분히 생각을 기울이지 못하게 한다고 본다.

멀티플레이어 AR은 몇 년 전부터 가능했지만(2011년 데코에서 이미 멀티플레이어 AR 앱을 개발했다) UX를 리로컬라이징하는 일은 늘 커다란 장애물이었다.

멀티플레이어가 사람들이 바라는 주요 기능이라면 왜 아직도 출시되지 않았는가? 여타 AR 기능과 마찬가지로 AR을 가능케 하는 컴퓨터 비전 기술을 파고들어야 답이 나온다(로우 레이턴시low-latency 네트워킹, 일관적인 월드 모델에 대한 유지와 관리, 오디오와 비디오 공유, 협업 상호작용에 대한 은유 역시 이에 못지않게 필요하지만, 일단 해결되지 않은 컴퓨터 비전에서의 도전 과제에 중점을 두기로 한다). 오늘날의 멀티플레이어 AR은 몇 년 전의 6DOF 위치 추적과 다소 비슷하다. 대충 만드는 것은 크게 어렵지 않지만, 결과적으로 소비자가 뛰어넘기엔 UX 장벽이 너무 높다. 소비자급 멀티플레이어 UX를 실현하는 건 기술적으로 어려운 문제다. 멀티플레이어를 가능케 하는 기술은 다양하게 나와 있지만, 주의를 기울여야 할 고질적인 문제는 바로 리로컬라이징이다. 다소 직관에서 동떨어진 부분이긴 하지만, 멀티플레이어가 제대로 작동하려면 클라우드에도 일부 인프라가 필요하다.

AR은 어떻게 사람들을 연결하는가?

경험을 공유하는 다수의 사용자를 어떻게 지원할 것인가? 같은 장소에 있든 없든, 장치를 손에 쥐든 머리에 쓰든 관계없이 어떻게 동일한 가상의 물체를 보게끔 할 수 있는가? 이미 아는 바에 따라 이런 기능을 설명하는 여러 친숙한 용어가 있는데, 게이머를 위한 '멀티플레이어' 앱, '사회적' 앱, '커뮤니케이션' 앱 등이 있다. 하지만 까보면 인프라스트럭처는 모두 동일할 뿐더러 똑같은 활성화 기술을 그 바탕에 둔다. 매우 강력한 로컬라이징, 6DOF 포즈와 시스템 상태 스트리밍, 3D 메시 스티칭과 크라우드소스 메시 업데이트 등이 이 수준에서 해결해야 할 기술적 문제다. (지금으로선 공학적인 수준의 문제가 대부분이지만) 액세스 권한이나 인증 등 애플리케이션 수준에서의 도전 과제 역시 잊지 말길 바란다.

그림 5-24. 애플이 키노트에서 시연한 '기계들(The Machines)' 게임은 자체 개발한 멀티플레이어 시스템을 사용했다(AR 클라우드는 아니지만 좋은 데모였다).

AR 앱은 어떻게 세상과 연결되며, 어떻게 자기 위치를 알 수 있는가?

GPS는 충분히 좋은 솔루션이 아니며, 앞으로 등장할 GPS의 정확도 역시 한 걸음 정도의 진전을 보였을 뿐이다. 야외의 넓은 공간에서 어떻게 AR이 작동하게 할 것인가? 절대 좌표(위도와 경도)와 서브픽셀 정밀도에 바탕을 둔 기존의 상대적인 구조물을 어떻게 둘 다 고려해 위치를 결정할 것인가? 이를 실내외 양측에서 어떻게 달성할 것인가? 며칠 또는 몇 년이 지나더라도 저장된 콘텐츠가 그대로일 것이라 확신할 수 있는가? 다량의 데이터를 어떻게 관리할 것인가? 절대 좌표를 로컬라이징하는 일은 여기서 해결하기 정말로 어려운 기술적 문제다.

그림 5-25. AR 클라우드 없이 이런 일은 불가능하다.

어떻게 AR 앱이 현실 세계의 사물을 이해하고 연결하게끔 할 수 있는가?

앱은 어떻게 3D 구조물과 세상의 기하학(사물의 형태)을 함께 파악할 수 있는가? 예를 들어 내 포켓몬은 스마트폰 화면상에 나타나는 거대 육면체를 닮은 구조물 뒤로 숨거나 맞부딪쳐 튕겨 나올 수 있다는 것을 어떻게 아는가?(그림 5-26) 가상의 고양이는 어떻게 저 '얼룩'이 소파라는 것을 알고, 멀리 떨어져 있어야 할지도 아는가? 실시간 장치 밀도가 높은 3D 재구성, 실시간 3D 장면 분할, 3D 오브젝트 분류, 클라우드 훈련 모델로 로컬 프로세싱을 채우는 것이 여기서의 도전 과제다.

그림 5-26. 스마트폰이 3D 데이터 구조를 캡처하고 관리하는 동안 지나간 사건을 거슬러 올라가며 파악하려면 AR 클라우드가 필요하다.

일반 AR에서처럼 좋은 데모를 만드는 일은 어렵지 않지만, 실제 상황에서도 잘 작동하는 것을 만드는 일은 매우 어렵다.

앞으로 몇 달 안에 AR 클라우드에 대해 여러 얘기가 무성할 것이다. 무슨 소리인지 모르겠다면 당신이 아니라 그쪽 문제다.

AR, VR, MR의 차이점을 잘 이해하고 있다고 생각하는 순간 모든 것이 한 차원 더 깊어진다. 공급업체는 다음과 같이 동일하되 서로 완전히 다른 대상을 의미하는 용어를 사용한다.

멀티플레이어 AR

이는 컴퓨터 비전이나 공간 인식 없이 게임 자체에서 각 플레이어의 활동을 추적하는 순수한 게임 수준의 방법을 뜻할 수 있다. 또는 매우 어려운 컴퓨터 비전 로컬라이징 문제를 해결하는 방법을 가리킬 수도 있다. 또는 둘 다를 의미할 수도, 그도 아니면 완전히 다른 것을 의미할 수도 있다.

야외 AR

이는 실외에서 가장 근사해 보이는 콘텐츠 애셋을 보유한 ARKit 앱이나 글로벌 자율 차량 3D 매핑 시스템에 영향을 미치는 뭔가를 뜻할 수 있다.

인지

이는 앱에서 인식할 수 있는 단일 마커나 이미지를 수동으로 구성하는 것을 뜻할 수 있다. 또는 머신러닝에 기반을 두고 실시간으로 돌아가는 범용의 글로벌 3D 오브젝트 분류 엔진을 의미할 수도 있다.

AR 클라우드

클라우드가 포함할 앱의 온갖 요소를 생각한다면 나는 저 '구름'을 수평으로 갈라 위쪽 절반은 '있으면 좋은' 서비스로, 아래쪽 절반은 '필수적인' 서비스로 채울 것이다(그림 5-27). '있으면 좋은' 서비스는 일반적으로 앱이나 콘텐츠와 관련돼 있으며, 쉽게 앱을 구축하고 사용자를 관리할 수 있게 해준다.

AR 클라우드를 생각할 때 내가 전망하는 것

AR 클라우드에 연결되지 않은 오늘날의 AR 앱은 뱀 게임밖에 플레이할 수 없는 휴대폰과도 같다.

구름의 아래쪽 절반이 (내가 보기엔) 흥미로운 부분이다. AR 시스템은 본질적으로 장치에 비해 너무 크다. '세상'은 우겨넣기에 지나치게 크며, 그렇게 하더라도 구글 맵 전체와 나머지 웹 부분을 스마트폰(또는 HMD)에 구겨 넣으려 하는 것과 다를 바 없다. 여기서의 중요한 통찰은 AR 앱이 어느 위치에서든 (즉, 장치가 실제 돌아가는 3D 세계에 대한 인식을 바탕으로) 경험을 공유하며 잘 작동할 수 있게 하려면 이런 클라우드 서비스에 접속하지 않고는 아예 불가능하다는 것이다. 클라우드 서비스는 앱이 네트워크 드라이버, 터치스크린, 디스크 액세스, 통신할 수 있도록 돕는 운영체제 API만큼이나 중요하다. AR 시스템에 필요한 운영체제 중 일부는 기기에 상주하고 일부는 클라우드에 상주해야 한다. 네트워크가 휴대폰 통화에 그러했듯 네트워크와 클라우드 데이터 서비스는 AR 앱에 매우 중요하다. 스마트폰 이전을 생각해보라. 네트워크 없는 노키아 휴대폰은 계산기에 불과했으며 뱀 게임은 플레이할 수 있을지언정 그 유용성은 상당히 제한적이었다. 네트워크와 AR 클라우드는 AR 앱에 필수가 될 예정이다. 머지않아 현재의 ARKit/ARCore 앱은 오프라인의 '노키아 뱀 게임' 대 네트워크에 연결된 전화기를 사용하는 사례에 견주어질 것이다.

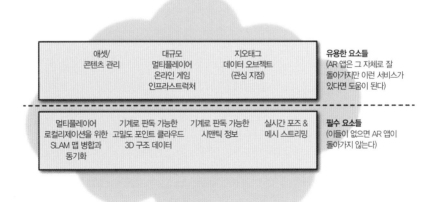

그림 5-27. AR 클라우드는 앱을 돕는 '있으면 좋은' 흐릿한 요소들과 없으면 앱 자체가 돌아가지 않는 필수적 요소들, 이 두 겹으로 나눠질 것이다.

AR 클라우드가 그다지도 중요한가?

오늘날 기술 업계에서 가장 귀중한 단 하나의 자산이 무엇인지 묻는다면 아마도 구글의 검색 인덱스, 페이스북의 소셜 그래프 또는 아마존의 공급망 시스템이라 대답할 것이다. 적어도 15년 안에 오늘날엔 존재하지 않지만 지금의 저들만큼 가치 있는 자산이 등장할 것이라 나는 믿는다. (1990년대 최고로 가치 있던 기술적 자산이었던) 마이크로소프트 윈도우 운영체제가 2017년에 지니는 가치를 1997년과 대비해본다면 더욱 가치가 크게 느껴질 것이다.

회사 하나가 자산을 궁극적으로 소유하거나, 혹은 가장 큰 지분을 차지하게 될 것인가? 역사를 돌이켜보면 아마도 그건 새로운 회사일까? 1997년에는 마이크로소프트가 당시의 위상을 잃어버릴 거라 상상하기 어려웠듯이 2019년의 구글이나 페이스북이 그 위상을 잃어버리는 건 불가능해 보인다. 그러나 보장된 건 아무것도 없다. 이번 장의 마지막 부분에서 이 주제에서 한몫하는 세 가지 측면(현재의 기업, 스타트업, 오픈 웹)을 뒷받침하는 논의를 펼치고자 한다.

앞부분에서 ARKit와 ARCore의 작동 방식을 살펴봤다. 오늘날 사용 가능한 부분은 무엇이며 어떻게 여기까지 발전해 왔는지를 살펴봤다. 다음부터는 ARKit와 ARCore에서 빠져 있는 지점과 그 지점들이 어떻게 작동할지 살펴보자.

AR 클라우드란 게 대체 무엇인가?

ARKit와 ARCore를 넘어서려면 우리 자신을 넘어서서 생각해야 한다. 다른 유형의 AR 장치를 사용하는 사람들과 어떻게 동일한 AR 공간에서 소통이 가능할까? 거실보다 넓은 공간에서는 앱이 어떻게 작동할까? 앱이 세상을 어떻게 이해하고 상호작용하는가? 다른 사람이 나중에 찾아 사용할 수 있도록 어떻게 콘텐츠를 남겨둘 수 있는가? 이런 기능들을 제공하려면 AR용 클라우드 기반 소프트웨어 인프라스트럭처가 필요하다.

AR 클라우드는 기계가 읽어낼 수 있는 실제 세계의 일대일 스케일 모델이라고 생각하면 된다. AR 장치는 실제 세계에 완벽히 겹쳐진 병렬의 가상 세계를 보여주는 실시간 인터페이스다. 신나는 일이지만 기억하라. 이것은 버전 1.0 출시일 뿐이다.

ARKit와 ARCore에 대한 언론의 반응은 왜 그렇게 시원찮은가?

ARKit가 올해 WWDC에서 발표됐을 때 애플의 CEO인 팀 쿡은 증강 현실을 선전하며 분석가들에게 다음과 같이 말했다. "이는 우리가 훗날 돌이켜보고 그 시작을 경이롭게 여길 만한 중대한 사건 중 하나입니다."

몇 달이 지났다. 개발자들은 '넥스트 빅 씽'에 부지런히 매달렸지만, 아이폰 키노트에 등장한 ARKit에 대한 반응은 '별로…'였다. 왜 그랬을까?

그건 ARKit와 ARCore가 현재 버전 1.0이기 때문이다. 이들은 개발자에게 매우 간단한 세 가지 AR 도구만 제공했다.

- 각 세션마다 새롭게 좌표를 제공하는 6DOF 포즈

- 부분적이고 작은 크기의 지면

- 장면 내 라이팅의 단순한 평균값

지금까지 가장 어려웠던 기술적 문제 중 하나가 해결되고 (강력한 VIO 시스템에 의지하는 안정적인 6DOF 포즈) 무대에 선 팀 쿡이 '증강'과 '현실'을 한데 묶어 발표하는 것을 보며 느낀 흥분 때문에 우리는 세 가지 도구만으로는 정말 인상적인 그 무엇도 만들어낼 수 없다는 사실을 간과했다. 가장 큰 문제는 앱을 개발하기 위한 도구가 전부 갖춰지기도 전에 놀라운 앱부터 기대하는 사람들이다. 그러나 지금의 실수는 기정사실이다.

훌륭한 AR 앱을 만들기 위해 무엇이 빠져 있는가?

간단히 말하면 AR이 우선이고, 모바일은 그다음이다. 클레이 베이어^{Clay Bavor}는 AR 생태계에서 빠져 있는 조각을 결합 조직^{connective tissue}[6]으로 언급했는데, 정말 좋은 은유라 생각한다. AR 제품 디자인에 대해 쓴 내 블로그 게시물에서 (일반 스마트폰 앱과 달리) AR 앱이 존재하는 유일한 이유는 실제 세계, 즉 실제의 사람, 장소 또는 사물과 상호작용하거나 연결돼 있을 때라고 강조한 바 있다.

AR 앱이 세상과 진정으로 연결되려면 위 세 가지를 반드시 할 수 있어야 한다. 연결점 없이 AR은 결코 네이티브가 될 수 없으며, 이런 기능은 오직 AR 클라우드의 지원을 통해서만 가능하다.

오늘날의 모바일 클라우드는 분야에 따라 달라지는가?

통신 인프라스트럭처 분야에서 일할 때 거의 선^{zen}에 가까운 불문율이 있었는데, 그것은 "클라우드란 존재하지 않으며, 그건 단지 누군가의 컴퓨터일 뿐이다"였다. 우리는 항상 구리선이나 광섬유 가닥(또는 무선 스펙트럼)으로 작업했는데, 이들은 전 세계를 가로지르며 한 컴퓨터를 다른 컴퓨터에 물리적으로 연결했다. 마술까진 아니어도 어려운 일이었다. AR 클라우드 인프라스트럭처가 오늘날 클라우드와 차별화될 뿐더러 웹과 모바일 앱을 강력하게 만들어줄 수 있는 이유는 AR(자율 주행 자동차, 드론, 로봇 등)이 실시간 시스템이라는 점이다. 통신 분야(또는 빠른 전환이 이뤄지는 MMO 게임 인프라)에서 일해 본 사람은 실시간 인프라와 비동기 인프라가 완전히 별개의 공략 대상이라는 점을 아주 잘 알고 있다.

따라서 오늘날의 클라우드와 마찬가지로 AR 클라우드의 많은 부분은 빅데이터 호스팅, 웹 API 제공, 머신러닝 모델 트레이닝과 관련될 것이다. 실시간 애플리케이

---

6. 섬유로 구성된 세포로 이뤄진 조직이며, 세포나 조직, 기관 등의 사이에서 그들을 연결해준다 - 옮긴이

션과 AR 상호작용을 지원하는 방법에 대해 큰 폭으로 생각을 전환할 필요가 있을 것이다. 우리가 'AR로 스카이프^{Skype}'를 하는 동안 회의실을 라이브 3D 모델로 스트리밍하거나, 대중교통을 이용할 때처럼 사물에 연결된 데이터와 앱을 업데이트하거나, 내 시선이 향하는 곳이나 근처를 걷는 사람에 따라 바뀌는 (풍부한 그래픽) 데이터를 스트리밍하거나, 콘서트에 몰린 군중의 개별 앱 상태를 실시간으로 유지하고 업데이트하는 등 기본적인 AR 사용 사례가 있다.

앞에 설명한 UX 없이는 AR을 개발할 이유도 없다. 그냥 스마트폰 앱을 쓰면 된다. 수십억의 사람을 위해 이를 지원하는 일은 큰 기회일 것이다. 여기에 막대한 역할을 할 5G 네트워크는 위와 같은 사용 사례를 위해 설계됐다. 역사가 뭐라도 지침을 남긴다면 오늘날 클라우드 인프라스트럭처에 대규모 투자를 하고 있는 현재 기업 중 다수는 아니라도 일부는 이 새로운 세계에 적응하고자 지금까지 해온 투자를 잠식하지는 않을 것이다.

AR 클라우드 없이 ARKit(또는 ARCore)를 사용할 수는 없는가?

궁극적으로 이를 결정하는 것은 AR 앱 사용자에게 달렸다. '무용지물'은 도발적인 단어 선택이었다. 지금까지 한 달 동안 측정한 바에 따르면 사용자의 평은 "거의 쓸모가 없다."는 쪽으로 기울고 있다. 공유하면서 웃음이 지어질 만한 발견 아닌가. 소파를 사기로 하면 구입 전에 미리 앉아볼 수라도 있을 것이다. 그러나 저들은 새로운 플랫폼을 정의할 만큼 필수적으로 매일 사용하는 앱이 아니다. 그렇게 만들려면 결국 AR 네이티브 앱이 필요하다. 실제 세계와 진정으로 연결된 앱 말이다. AR 앱을 앱끼리, 그리고 실제 세계에 연결하려면 이를 위한 인프라가 필요하다. AR 클라우드가 필요하다.

AR 클라우드의 서막

2017년 애플의 WWDC 콘퍼런스에서 ARKit를 출시하며 소비자 전용 AR을 위한 신호탄을 날린 후로 모든 큰 플랫폼이 AR 전략을 발표하고 있다. 구글의 ARCore, 페이스북의 카메라 플랫폼, 아마존의 수메리안^{Sumerian}이 있으며 마이크로소프트 역시 혼합 현실^{mixed reality} 생태계를 지속적으로 구축하고 있다. 또한 수천 명의 개발자가 실험적으로 AR 앱을 내놓고 있지만, 거의 대부분이 사용되지 않는다. 2017년 9월, 나는 AR 클라우드 없는 AR 앱이 소비자의 흥미를 끄는 데 어려움을 겪을 것으로 예상했으며, 이는 현재 기정사실이 됐다. 그러나 이제 우리는 AR 개발자에게 강력하고 매력적인 기능을 제공하는 클라우드 서비스의 시작을 목도한다. 단 클라우드 제공 업체의 UX가 제대로일 경우에 한해서다. 중요한 건 시장에 가장 먼저 진출하는 것이 아니라 가장 먼저 소비자 수준의 UX를 달성하는 것이다.

ARKit와 ARCore 이전의 AR을 기억하는 사람이 있을까? 기술적으로는 작동했지만 UX는 어색했다. 작동을 시키려면 인쇄된 마커가 필요하거나 전화기를 조심스럽게 잡고 움직여야 했다. 최종 작업된 결과를 보여주는 멋진 데모 비디오에 사람들은 탄성을 질렀다. 결과: 사용량 제로. (굉장히 어려운 작업이더라도) 기술적인 문제를 해결하는 일은 소비자가 사용할 수 있는 UX를 완성하는 일과는 매우 다르다는 게 판명됐다. ARKit가 출시되기 전까지 '저절로 되는' UX를 갖춘 간단한 AR이란 존재하지 않았다(이는 6D.ai의 공동 창립자이자 리더인 빅터 프리사카리우가 옥스퍼드 액티브 비전 랩에서 모바일 SLAM을 발명한 지도 10년이 지난 후였다).

AR 클라우드도 그와 비슷한 시기에 접어들고 있다. 'AR 클라우드'란 용어는 2017년 9월 오리 인바와^{Ori Inbar}의 대화에서 AR 앱이 경쟁력을 갖추려면 해결해야 하는 일련의 컴퓨터 비전 인프라 문제를 묘사하는 수단으로 사용됐다. 많은 초기 스타트업이 이 용어(및 관련된 문제 해결)의 가치를 파악한 후 가장 큰 규모의 AR 플랫폼이 문제의 중요성을 인식해 이 용어를 받아들이기 시작했다. 2018년 AR 클라우드라는 '언어'를 집어든 몇 십억 달러 규모의 회사는 구글이 마지막이 아닐 거라는 상당히 확실한 소문이 나돌고 있다.

멀티플레이어 AR(및 일반적인 AR 클라우드 기능)은 기본 6DOF AR과 동일한 도전 과제를 갖고 있다. 열정적인 초기 개발자는 앱을 만들고 데모 비디오를 제작하는 게 재미있겠지만, UX가 확정되지 않는 한 사용자는 (앱을 사용하는 데) 일부러 수고를 기울이지 않을 것이다. 나는 지난 10년 동안 멀티플레이어 AR 시스템을 구축하는 과정에서 팀의 UX 디자이너들과 협력해 UX의 SLAM적 측면에 사용자 테스트를 폭넓게 실시했다. UX가 무엇을 제공해야 하는지 파악하는 건 그리 어렵지 않았다.

- 사람들이 서커스 묘기를 부리지 않으리란 점을 인식하라. 앱은 플레이어 2, 3, 4 등에게 "선착순으로 내 옆에 서라"든지 '일부 정보를 입력'하도록 요구하면 안 된다. SLAM 시스템 동기화는 언제든 사용자가 사용하고 싶을 때 위치하는 그 지점에서 이뤄져야 한다. 플레이어 간의 그 어떤 상대적인 각도와 거리에서도 말이다.

- '사전 스캔pre-scan'을 제거하든지 최소화하라. 특히 사용자가 그게 왜 필요한지 이해하지 못하거나 앱을 '맞게' 사용하고 있는지에 대한 피드백을 받는 경우다.

- 시스템이 동기화된 후(즉, 공유된 일련의 월드 좌표로 리로컬라이징한 후) 콘텐츠는 정확하게 정렬돼야 한다. 이는 공통의 가상 x, y, z 지점이 실제 세계에서도 정확히 동일한 지점과 일치한다는 데 두 시스템이 동의한다는 사실을 뜻한다. 일반적인 사용자의 지각에서는 장치 간 몇 센티미터의 오차 정도는 허용된다. 그러나 (궁극적으로) 오클루전 메시가 공유되면 실제 물리적 사물을 지나치기 직전에 콘텐츠가 '잘려 보이기' 때문에 어떤 정렬 오류든 매우 두드러진다. ARCore와 ARKit 추적기는 기본적으로 약 3~5센티미터의 정확도가 최대치이므로, 현재 멀티플레이어 리로컬라이징 시스템에서는 그보다 더 나은 수준의 정렬은 불가능하다.

- 사용자를 기다리게 하면 안 된다. 좌표계 동기화는 즉각적이며, 클릭할 필요조차 없어야 한다. 이상적으로 '즉각적'이란 몇 분의 1초를 뜻하지만 모바일 앱 디자이너들이 흔히 말하듯 사용자는 시스템이 너무 느리다고 느끼기 전까지 최대 2~3초 정도는 기다려줄 수 있다.

- 멀티플레이어 환경은 다양한 플랫폼에서 작동해야 하며, UX는 장치를 통틀어 일관적이어야 한다.

- '데이터 스튜어드십$^{\text{data stewardship}}$'이 필요하다. 스튜어드십이란 '자신이 관리해야 할 대상을 신중하고 책임감 있게 관리하는 것'을 의미하며, 이는 6D.ai가 AR 클라우드 데이터를 생각할 때 사용하는 단어다. 사용자는 우리의 관리를 믿고 맡긴다. 저장된 개인 데이터가 미리 설명되지 않은 목적으로 쓰이거나 심지어 해킹을 당해 범죄에 악용될 수 있다는 사실을 사람들이 이해하기 시작함에 따라 이는 점점 늘어나는 이슈다. 그러나 일반적으로 사람들은 "이익이 대가로 돌아온다면 일부 데이터를 공유할 수 있다"는 거래에 수용적인 편이다. 회사가 투명성을 유지하는 대신 이런 거래에 유능하지 못하거나 (거래 내용을) 오도하는 경우 문제가 발생하는 것이다.

따라서 멀티플레이어 UI의 애플리케이션 수준 측면(예, 로비로 나가는 버튼이나 게임에 참여할 수 있는 선택기 목록 등)은 잠시 덮어두고 SLAM 동기화야말로 단순한 체크박스를 넘어서는 UX 자체다. UX가 '저절로 되지' 않으면 사용자는 두 번 다시 앱을 켜는 수고조차 들이지 않을 것이다. 심심풀이로 한 번 더 시도할 수는 있겠지만, 이는 시장을 관찰하는 입장에선 AR 앱 다운로드나 사용자 등록보다는 반복적인 사용 여부에 주의를 기울여야 한다는 뜻이다.

AR 네이티브이자 AR이 최우선인 앱을 개발하는 데 걸림돌이 되는 기술적 문제를 해결함으로써 개발자가 매력적인 AR 앱을 개발할 수 있게 하는 것이야말로 AR 클라우드 회사가 집중해야 할 부분이다. 이는 (내가 고통스럽게 여러 번 배운 것처럼) UX가 최우선이어야 한다는 뜻이다. 우리는 심층 기술 컴퓨터 비전 회사지만, 중요한 건 컴퓨터 비전 시스템이 작동하는지 여부가 아니라 "어떤 UX를 통해 작동하는지" 여부다.

더 큰 그림: 개인 정보와 AR 클라우드 데이터

구글 클라우드 앵커의 경우 시각적 이미지 데이터가 구글 서버로 전송된다. 이 데이터가 개인 식별이 가능한 이미지로 리버스 엔지니어링reverse engineering될 수 있다는 건 합리적으로 믿을 만한 가정이다(구글의 설명은 신경 쓴 듯 모호한데, 때문에 나는 데이터가 실제로 익명이라면 명확히 그 사실을 언급했을 것이라고 짐작한다).

이것은 스마트폰 밖으로 유출돼서는 안 되는 소스 이미지 데이터로, 스마트폰이나 메모리에 저장돼서도 절대 안 된다(그림 5-28). 이는 개인 식별이 가능한 시각적 이미지 데이터로, AR 클라우드 제공업체가 저장하거나 복구하도록 내버려두고 싶지 않은 유형이다. 구글은 (자사의 클라우드가) 비디오 프레임을 업로드하지 않는다고 주장하지만, 시각적 특징의 디스크립터descriptor는 이미지로 리버스 엔지니어링이 가능하다(그림 5-29 참고).

그림 5-28. 사람이 볼 수 있는 이미지 데이터는 절대 스마트폰을 떠나면 안 된다.

AR 클라우드의 지속성과 리로컬라이징 기능을 제공하는 미래를 위해 시각적 이미지 데이터는 절대 스마트폰 밖으로 유출되면 안 되며 저장돼서도 안 된다. 필요한 처리는 전부 장치 내에서 실시간으로 실행돼야 한다는 게 내 입장이다. 사용자의 허락하에 업로드 가능한 것은 후처리가 이뤄진 스파스 포인트 맵과 특징 디스크립터며, 이들을 리버스 엔지니어링할 수 없어야 한다.

우리와 다른 사람들이 맞닥뜨린 흥미로운 도전이라면 밀집된 포인트 클라우드, 메시와 사실적인 텍스처를 캡처, 집계, 저장하는 기능이 장치에서 가능해짐에 따라 캡처된 데이터의 '인식'이 쉬워질수록 제품의 가치도 점점 더 늘어난다는 것이다. 이 때문에 적절한 수준으로 데이터를 제어할 권한을 사용자에게 부여하고자 3D 데이터 분할segmentation과 공간 식별에 관한 새로운 시맨틱 접근이 필요하다고 생각한다. 이는 옥스퍼드 연구 그룹이 탐색 중인 영역이다.

그림 5-29는 그림 5-28에 대한 스파스 포인트 클라우드를 나타낸다(우리 시스템은 인식 가능한 기하학적 공간으로 변환될 수 없는 모퉁이나 모서리 대신 반임의semi-random로 스파스 포인트를 선택한다).

그림 5-29. 이 포인트 클라우드는 그림 5-28에 표시된 사무실의 이미지 데이터를 기반으로 한다.

'퍼즐'의 두 번째 부분은 '특징 디스크립터'로서 우리뿐 아니라 구글과 클라우드에 각각 저장된다. 구글은 ARCore에 기반을 둔 탱고 ADF 파일이 딥러닝을 통해 시각적인 특징 디스크립터를 인간이 인식할 수 있는 이미지(그림 5-30)로 다시 구성할 수 있다고 말했다(탱고의 ADF 문서에서 발췌: "볼 수 있는 이미지로 재구성할 수 있는 알고리즘 작성이 원칙적으로 가능하다"). 이 부분이 달라질 정도로 탱고의 ADF에 나온 앵커의 사양이 ARCore에서 변경됐는지 여부까진 알 수 없지만, 구글은 ARCore가 탱고를 기반으로 하고 있으며 특징 디스크립터의 데이터 구조를 변경하는 것이 알고리즘에서의 근본적인 변화라는 점 또한 분명히 알고 있다.

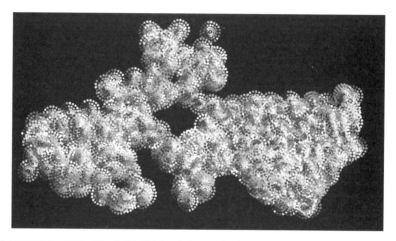

그림 5-30. 포인트 클라우드의 각 포인트에 대해 생성된 특징 디스크립터(이는 리버스 엔지니어링이 가능한 현재까지의 6D.ai의 클라우드 호스팅 데이터로, 현재로서 가능한 최신 과학을 대규모 컴퓨팅 리소스와 함께 적용한 결과다)

이는 중요한 주제인데, AR 콘텐츠가 진정으로 유지되려면 실제 세계에서 지속적으로 유지되는 클라우드 호스팅 데이터 모델이 필요하기 때문이다. 이것을 상업적으로 달성하는 유일한 방법은 최종 사용자에게 실제 세계에 대한 정보가 사적인 동시에 익명이라는 점을 알려주는 것이다. 또한 애플리케이션에 맵을 적용하기 전에 데이터가 수학적으로 묘사되는 위치에 사용자가 물리적으로 서 있어야 하므로 클라우드 데이터에 대한 액세스는 사용자의 요청에 의해 제한될 수 있어야 한다.

AR 클라우드 데이터가 처한 현실은 오늘날의 모든 주요 AR 플랫폼 회사에 구조적인 시장 문제를 야기하는데, 구글과 페이스북의 (그리고 기타) 비즈니스 모델이 광고를 좀 더 효과적으로 제공하기 위한 목적으로 수집한 데이터를 적용하는 데 기반을 둔다는 점에서 그렇다. 애플과 마이크로소프트 같은 플랫폼은 사일로^{silo}이므로 크로스 플랫폼 솔루션을 제공하지 않는다. 또한 독점적인 온디바이스 P2P 솔루션이 가능한 클라우드 솔루션을 우선시하지도 않는다.

내가 과소평가한 한 가지가 있다면 대규모 개발자와 파트너는 앱에서 생성된 데이터의 가치를 아주 잘 파악하고 있으며, 해당 데이터를 큰 플랫폼에 넘겨 다른 조직이 수익을 창출하게 내버려두고 싶어 하지 않는다는 것이다. 그들은 (나이안틱^{Niantic}처럼) 모든 것을 사내로 가져오거나, 큰 플랫폼과 더불어 기술 패리티를 제공할 수 있고 개인 정보 보호를 보장하며 비즈니스 모델을 일관화할 수 있는 소규모 파트너와 협력하고 싶어 한다. AR은 기반이 되는 데이터를 내어주기에는 너무 중요하다. 이는 AR 클라우드 스타트업이 갖고 있는 구조적인 시장에서의 이점이며, 가까운 미래를 생각할 때 고무적인 신호다.

ARKit가 2017년 AR의 서막을 알린 것처럼 구글 클라우드 앵커가 AR 클라우드의 서막을 열고 있다고 믿는다. AR 앱은 훨씬 더 매력적이 되겠지만, AR 클라우드 제공업체가 '저절로 되는' 컴퓨터 비전 UX를 선보일 뿐 아니라 고유하면서도 도전적인 개인 정보 보호 문제를 해결하는 경우에만 비로소 그럴 것이다.

용어 사전

이 절의 설명은 해당 용어에 대한 정확한 기술적 설명은 아니다. 필요한 경우 위키피디아와 수많은 온라인 기술 문서에서 (해당 용어를) 찾아볼 수 있다. 오히려 이것은 일반 사용자도 쉽게 이해할 수 있도록 용어를 단순화하려는 시도에 가깝다.

SLAM(동시적인 위치와 매핑)

이 용어는 AR 장치와 로봇이 세계 어디쯤에 있는지 판단하는 데 도움이 되는 한 무리의 기술 시스템을 폭넓게 가리킨다. 여기에는 위치별 프레임 추적(VIO는 그런 추적 중 한 가지 유형일 뿐이다) 못지않게 장기적으로 어디에 위치하는지(추적을 잃어버린 경우 리로컬라이징 포함) 기억할 수 있게끔 특화된 기계 판독이 가능한 공간 맵을 작성하는 것 등이 포함된다. SLAM은 일반적으로 시각적이며 카메라와 기타 센서를 기반으로 하지만, 와이파이와 같은 라디오 신호를 사용해 카메라 없이도 SLAM 시스템을 구축할 수 있다.

VIO(시각적 관성 주행거리 측정)

카메라와 관성 센서에서 입력을 받아 해당 장치의 위치를 실시간으로 추적하는 한 형태다.

6DOF(6자유도)

장치의 위치(x, y, z 좌표)와 방향(피치, 요, 롤)을 한데 일컬어 '포즈'라고 한다. 이것은 상대 좌표(시작한 위치 기준으로 상대적인 현재 위치) 또는 절대 좌표(예, 위도, 경도, 고도 등)일 수 있다.

그라운드 트루쓰

절대적으로 '올바른' 포즈다. 일반적으로 매우 정확한 시스템을 사용해 측량과 측정된 데이터를 대상으로 측정된다. 모든 측정 시스템은 실제와 늘 약간의 오차가 있으므로 이론적인 개념이라 할 수 있다(예, 레이저 기반 측정조차도 미크론 수준의 오차가 있다). AR 시스템의 목표는 인간이 알아차리기 어려운 수준의 그라운드 트루쓰에 근접하는 것이다. 우리 대부분은 GPS를 그라운드 트루쓰로 취급하지만, GPS가 얼마나 부정확할 수 있는지 이미 경험했고 AR 시스템은 그보다도 훨씬 더 정확해야 한다.

IMU(관성 측정 장치)

스마트폰의 가속도계와 자이로스코프의 조합을 나타내는 용어로, 추적에 도움이 되도록 카메라 출력과 융합될 수 있는 측정값을 제공한다.

SIFT

SLAM 시스템이 공간의 특정 지점을 인식할 수 있도록 도와주는 정확하고 강력한 특징 디스크립터다. 시스템이 다음 프레임에서도 다시 인식할 수 있도록 3D 좌표와 해당 좌표 주위의 픽셀 설명(예, 색상 및 라이팅)을 결합한 것이다.

포인트 클라우드

공간상에서의 3D 포인트 집합이다. 리로컬라이징과 SLAM 시스템에 필요한 특징 디스크립터를 포함하지 않는다. 많은 사람이 포인트 클라우드야말로 SLAM 시스템에 필요한 전부라고 잘못 생각하곤 한다. 그보다 필요한 건 포인트 클라우드와 특징 디스크립터(일부 메타데이터)가 결합된 맵이다.

캘먼 필터

신뢰할 수 없는 입력을 기반으로 일련의 다음 숫자를 예측하는 수학적 알고리즘이다. IMU와 카메라의 입력을 포즈에 융합한 후 처리 시간을 고려해 앞선 몇 프레임을 예측하는 방식이다. 단 하나의 '캘먼 필터' 같은 건 없다. 다양한 복잡성을 띠는 다양한 유형의 필터가 있으며, 모든 AR 시스템은 사내에서 설계한 자체적인 버전을 사용한다.

4부

크로스 플랫폼 증강 현실과 가상 현실 창조

페이스북이 2014년 오큘러스 리프트를 20억 달러에 인수했을 때 이 새로운 컴퓨팅 시대의 서막을 여는 가상 현실^{VR}은 투자 산업에 불을 댕겼다. 사람들의 얼굴 앞 공간을 차지하기 위한 전쟁에 참여하는 오큘러스의 경쟁자들로 시장은 천천히 차오르기 시작했다. 그때까지만 해도 증강 현실^{AR}은 이미지에 기반을 둔 추적 솔루션인 부포리아가 실질적으로 지배하고 있었다. 그러나 오큘러스 인수로 인해 몰입형 공간(즉 VR)에 주력하던 여러 회사와 제품(AR을 위한 메타 앤 매직 립, 삼성 기어VR, 구글 카드보드, 홀로렌즈, 데이드림 등)이 빠르게 인지도를 얻기 시작했다.

퀄컴 벤처스의 투자자인 스티브 루카스$^{Steve\ Lukas}$는 VR/AR 분야에서 어떤 회사가 '승리'할 것인지를 모색했다. 당시는 엄청난 문제가 드러나던 시기였다. 소프트웨어 생태계는 제약이 많았고 출시되는 헤드셋마다 제각기 달랐다. 모든 플랫폼이 일반에 공개되기 시작한 2016년까지도 이런 지점이 명확하지 않았다. 새로운 산업에서 흔히 그렇듯 가장 목소리를 높였던 지지자들의 기대치는 과도하게 높았고, VR은 원래 예상했던 것보다 적은 수의 판매량을 기록했다.

이는 헤드셋이 출시될 때마다 일관되게 나타난 경향인데, 강력한 기능을 지닌 HTC 바이브^{Vive}든, 새로운 휴대폰과 함께 무료로 제공된 삼성 기어VR든, 저렴한 비용 덕에 접근성 높은 구글 데이드림이든, 대규모 설치 기반 덕분에 플레이스테이션 VR을 선두 주자로 만들어줄 플레이스테이션 4^{PlayStation 4}든, 각 플랫폼이 등장할 때마다 마치 시장의 주류를 차지할 단 '하나'인 것처럼 보였다. 2017년 모바일 AR이 출시되고 애플의 ARKit와 구글의 ARCore가 무대에 오르면서 또다시 이처럼 흥분에 가득 찬 순환주기를 목도하고 있다. 마치 업계의 구원자인 양 등장하지만 결국 분석가들의 기대에 못 미칠 뿐이고, 이것이 반복된다. '영수증을 확인하길' 바란다.

VR/AR 분야에서 어떤 회사가 이길 것인가? 결론은 수용 문제를 해결하지 않는 한 누구도 이길 수 없다. 공간 컴퓨팅의 성장에 제약을 가하는 많은 요인이 있긴 하지만, 그게 지금 전부 해결됐다 하더라도 콘텐츠 문제는 개선되기는커녕 계속 나빠지기만 했다. 초창기 VR/AR 산업은 여전히 틈새시장에 호소했다. 경험하고 즐기기 위한 콘텐츠가 몇 가지밖에 없는 장치에다 1,000에서 3,000달러 가까이 되는 가처분 소득을 쓰는 이들 말이다. 미래에 대한 약속은 여전히 현재에 가로막혀 있다. 결과적으로 휴대폰, 컴퓨터, 최신 게임 시스템과 비교할 때 엔터테인먼트와 유틸리티 측면에서 얻는 것도 거의 없이 엄청난 지출을 하고자 하는 이들의 수는 전체 인구에서 매우 소수에 불과했다.

늘 그래왔듯 규모가 작았던 이들 고객은 대중이 뛰어들기 전까지는 성장하지 않을 것이다. 얼리어댑터들은 이미 구매를 마쳤고 그들의 숫자도 충분하지 않다. 2016년에 7개의 서로 다른 플랫폼이 출시되면서 소규모의 얼리어댑터 그룹은 일곱으로 쪼개졌으며, 각각 고유한 콘텐츠 생태계를 갖게 됐다.

유니티의 가장 쓸 만한 개발 엔진조차도 대상이 되는 장치마다 SDK 통합을 요했을 뿐 아니라 각각의 폼 팩터에 고유하게 딸려오는 설계 문제 때문에 VR/AR 개발에 대한 표준은 존재하지 않았다. 단 한 종류의 '확장 현실^{XR, eXtended Reality}' 장치에서만 개발한다는 것은 대상이 되는 고객을 소규모 신흥 시장의 일부로 제한하는 것이나 다름없었다. 선택한 하나의 장치가 경쟁업체의 장치에 밀리지 않는다면 후속 출시로 대체될 가능성이 높았다. 두 상황 모두, 당신이 개발한 제품을 크든 작든 시장에 뒤처지게 하는 결과를 빚는다.

따라서 초기 XR 개발자에게는 다목적성이 강력히 권장된다. 개발자는 일반적인 공간 컴퓨팅 개발과 실제 장치 개발 간의 차이점을 이해해야 한다. (두 개발 방식이) 어디서부터 갈라지는지를 알아야 할 뿐 아니라 새 플랫폼 못지않게 반복적인 하드웨어 개선이 밀려들어오고 빠지는 때를 알아야 한다. 이런 접근은 미래에 버틸 수 있는 기술을 확보하기 위한 장치-애그노스틱device-agnostic[1] 개발 전략인데, 어쨌든 향후 수십 년 동안 몇 개월마다 새롭게 출시되는 헤드셋을 보게 될 것이기 때문이다.

그 시작으로 6장에서 스티브 루카스Steve Lukas는 퀄컴 벤처스Qualcomm Ventures에서 근무한 후 어크로스 리얼리티Across Realities를 창업한 경험을 바탕으로 크로스 플랫폼 개발 이론의 역사와 철학을 제시한다. 그는 개념적 접근 방식을 다룰 뿐 아니라 XR을 개발할 때 사용하는 추상화 기술abstraction techniques의 몇 가지 예를 보여준다.

그런 다음 7장에서는 퓨즈드VRFusedVR의 바산스 모한Vasanth Mohan이 크로스 플랫폼 개발의 전술과 전략을 하나하나 자세히 돌아본다. 8장에서는 하비 볼Harvey Ball과 클로라마 도빌리아스Clorama Dorvilias가 크로스 플랫폼 개발에 박차를 가하는 오픈소스 프로젝트인 VRTK의 역사를 간단히 설명하고 구체적인 측면을 소개함으로써 4부에서의 탐색을 마무리 짓는다.

개발하며 뒤따르는 변화와 관계없이 모든 사항을 플랫폼-애그노스틱으로 유지하고자 이 장들에서는 의사코드를 사용한 코딩과 스크린샷을 보여줄 예정이다. 각 프로젝트의 작업 코드를 더 자세히 알아보려면 깃허브GitHub의 리포지토리를 참조하면 된다. 링크는 각 장의 끝에 제공된다.

이것은 단지 시작일 뿐이며, XR 라이프 사이클의 이 단계에서는 모든 플랫폼을 개발하고자 튼튼한 기반을 갖추는 것이 중요하다.

---

1. 어떠한 장치인지에 대한 아무런 지식이 없더라도 상관없이 기능을 수행할 수 있는 소프트웨어 기술 – 옮긴이

6장

가상 현실과 증강 현실: 크로스 플랫폼 이론

스티브 루카스 Steve Lukas

가상 현실 VR, Virtual Reality 체험을 개발하는 일에 바로 뛰어드는 건 매우 어렵다. 증강 현실 AR, Augmented Reality 도 마찬가지여서 VR이나 AR에서 어떤 체험을 꼭 실현해야 하는지 간단히 브레인스토밍해 보는 건 좋은 연습이다. 단순하게 접근해 6장에서는 VR과 AR 체험을 뭉뚱그려 '몰입형'이라 부를 텐데, 대부분의 몰입형 콘텐츠 개발이 동일한 원칙을 사용하기 때문이다. 두 체험 사이에 미묘한 차이가 있는 경우 이를 명시적으로 언급할 것이다.

몰입형 개발을 배우는 첫 번째 단계는 어떤 관점에서 무엇을 목표로 하느냐의 여부다. 다음 중 하나 혹은 그 이상이 해당될 것이다.

- 개발 경험이 없다.

- 3D 그래픽 개발 경험이 있다.

- VR에 대한 앱 아이디어가 있다.

- 앱에 대한 아이디어를 생각하기 전에 VR을 개발하는 법을 배우고 싶다.

개발하고자 하는 프로젝트에 대한 아이디어가 있다면 마일스톤을 세워 따라가는 것과 동시에 완성된 제품을 목표로 각 부분을 쌓아올려 갈 수 있다는 게 장점이다. 혹은 어떤 도구가 있는지 먼저 배우고자 한다면 실현 불가능한 아이디어에 전념하기 전 VR의 기능과 제약을 파악함으로써 첫 번째 앱 아이디어를 구조화하는 데 도움이 될 것이다. 어쨌든 자신에게 가장 잘 맞는 체계를 사용하는 것 외에 더 낫거나 모자란 방법은 따로 없다.

6장에서는 계획된 최종 단계를 염두에 둔 상태에서 몰입형 체험을 개발하는 데 필요한 각 부분을 세분화할 것이다. 특히 고차원적인 사고에 중점을 둔다. 크로스 플랫폼이 중요한 이유를 살펴보고, 게임 엔진에 대한 입문서를 제공하고, 크로스 플랫폼 프레임워크를 구축하기 위한 전략을 제시할 것이다.

왜 크로스 플랫폼인가?

크로스 플랫폼 문제를 해결하는 일은 심화된 주제로 보일지 모르지만, 실제로는 몰입형 체험을 제공하는 모든 제품의 전반적인 아키텍처에 영향을 끼치는 기본적인 디자인 솔루션이다.

VR과 AR의 초창기인지 헤드셋 디자인, 컨트롤러 디자인, 액세서리 회로도 등등 모든 것이 아직 실험적이다. VR 및 AR 헤드셋과 컨트롤러의 조합은 파악된 것만 16가지가 넘고, 몇 개월마다 계속 등장할 것이다. (하드웨어 차원에서) 어느 정도 일관성을 확보할 때까지 콘텐츠는 생태계 전체에 분산된 채 남을 것이다. VR과 AR은 호환성 스펙트럼의 끄트머리에 놓여 있다. 호환성 스펙트럼의 이쪽 끝에는 전통적인 TV 세트와 모바일 미디어 장치가 있고, 이들은 제조업체와 상관없이 모든 콘텐츠를 화면에 재생할 수 있다. 중간쯤엔 비디오 게임 콘솔이 있는데, 각 장치는 일부 콘텐츠(예, 포트나이트^Fortnite, 마인크래프트^Minecraft)를 공유하는 동시에 일부 독점 콘텐츠(예, 플레이차트^{Playchart}의 언차티드^{Uncharted}, 닌텐도의 마리오^{Mario}, 엑스박스의 헤일로^{Halo})를 포함한다. 멀리 끝에는 VR과 AR이 있고, 초창기엔 플랫폼 중심의 콘텐츠 위주였다(예, 오큘러스 리프트의 로보 리콜$^{Robo\ Recall}$, 플레이스테이션 VR의 파포인트^{FarPoint}, 데이드림의 레고 브릭헤즈$^{Lego\ Brickheadz}$).

여기엔 여러 가지 이유가 있다. 다른 여러 유형의 VR과 AR 헤드셋이 있는데, 이들의 설정과 함께 제공되는 다양한 제어 패러다임이 아직 합의된 표준에 이르지 못했기 때문이다. 따라서 사용자 경험은 각 하드웨어의 기능과 입력 수단이 지닌 장점에 기대어 개발된다. 이들은 다음과 같이 분류된다.

- 하나 이상의 컨트롤러가 있는 테더 헤드셋

- 하나의 컨트롤러가 있는 모바일 헤드셋

- 컨트롤러가 없는 드롭인 VR 컨테이너

이들 하드웨어가 전체 스펙트럼을 커버하지는 않는다. 오큘러스 리프트의 경우 게임패드 및 리모컨과 함께 출시된 후 뒤이어 같은 해에 터치 컨트롤러를 내놓으면서 기존 마우스와 키보드를 넘어서는(최소한) 세 가지의 제어 방식을 제공했다. 오큘러스 고$^{Oculus\ Go}$는 컨트롤러를 기본으로 제공하는 반면, 삼성 기어VR 플랫폼의 경우 1년 후 추적 컨트롤러를 내놓기 전까지 게임패드를 지원하는 드롭인 헤드셋으로만 제공됐다. 결과적으로 플랫폼을 사용하는 사람이 원래 플랫폼에 딸려오지 않은 종류의 입력 장치를 갖고 있으리란 보장이 없다. 광범위한 고객층에 도달하려면 모든 소비자가 사용할 수 있는 핵심 입력 장치가 있어야 한다. 적응형 입력 장치를 개발할 때 이는 가장 보편적인 컨트롤에서부터 가장 강력한 컨트롤에 이르기까지 제품을 확장하는 데 도움이 될 것이다.

VR과 AR이 호환성 측면에서 중간값에 가까워질 때까지는 주류 소비자들에게 보낼 수 있는 메시지라곤 "VR이 준비됐습니다" 수준에 불과할 것이며, 해당 소비자들은 개인 헤드셋 하나도 구입하지 못하면서 가능한 콘텐츠 대부분을 접하게 된다. 이는 마케팅에도 마찬가지다. VR 헤드셋에 대한 투자 수익은 개인 헤드셋을 지닌 고객의 제한된 숫자와 무관하지 않은, 높은 콘텐츠 개발 비용에 제약을 받는다.

주류로 채택되는 것이 업계에서의 목표긴 하지만, 이는 특정 개발자의 목표가 아니며 책임 역시 아니다. 그 결과 개발자가 단지 취미로 최고 수준의 풍부한 경험을 만들고자 하거나, 소규모 청중만을 대상으로 높은 가치의 애플리케이션을 개발하고자 하는 대안적 사고방식이 나타났다. 이런 방식은 엔터프라이즈 시장이나 VR 아케이드 혹은 설치installation처럼 고도로 통제된 환경을 위해 개발할 때 성공을 거둘 수 있다. 지금 예로 든 경우에서는 한 종류의 플랫폼에만 집중해도 좋을 것이므로 이 장에서는 큰 비중을 차지하지 않는다.

여전히 이식성portability을 위시한 디자인은 (플랫폼이) 공급업체에 귀속되거나 제약을 받는 상황을 피할 수 있다는 장점이 있다. 플랫폼에 구애받지 않는 디자인을 유지함으로써 애플리케이션은 더 낮은 개발 비용과 더불어 대안적인 하드웨어 플랫폼에 매우 빠르게 적응할 수 있다. 이는 더 적합한 플랫폼이 출시될 때뿐만 아니라, VR과 AR 회사들이 경쟁하는 와중에 더 나은 비즈니스 기회가 발생할 때 역시 유리할 수 있다. 현재로서는 끊임없이 변화하는 VR과 AR 산업의 조류에서 어떤 하드웨어 플랫폼이 살아남을지 불확실하므로 이러한 접근 방식은 미래에 최소의 시장 점유율을 차지할지도 모르는 단일 플랫폼에 예속될 위험을 줄여준다.

요약하면 크로스 플랫폼 개발을 목표로 할 때의 이점으로 유연성, 더 많은 수의 잠재 고객, 새로운 플랫폼으로의 포팅porting 단순화를 통한 장래 보장future-proofing 등이 있다. 이 모든 것에 더해 지금까지 한 작업이 단시간 내에 여러 새로운 플랫폼에서 표시되는 모습을 보며 대단한 보람을 느낄 수 있다.

크로스 플랫폼 VR과 AR 개발에 대해 현재 정의된 업계 표준이 없다는 사실을 염두에 두기 바란다. 이는 (크로스 플랫폼 자체의) 본질 때문에 꽤 오랫동안 바뀌지 않을 것이다. 그럼에도 서로 다른 기술과 이점을 가진 다양한 도구가 있다. 즉, 크로스 플랫폼 개발을 다루는 데는 여러 접근 방법이 있으며, 그 어떤 솔루션도 유일하게 '올바른 방법'이 될 수 없다. 6장에서는 확인된 여러 솔루션을 제시하고자 한다. 그렇기에 6장의 내용은 진화하는 업계 속의 다양한 기술을 이해하기 위한 지침이나 참고 자료 정도로 여기기 바란다. 궁극적으로는 자신의 필요에 가장 잘 들어맞는 예를 채택해야 한다.

게임 엔진의 역할

C++를 사용해 VR 애플리케이션을 개발할 수 있긴 하지만 요즘엔 게임 엔진이 모든 면에서, 즉 몇 시간 만에 게임의 콘셉트를 빠르게 프로토타이핑하는 것에서부터 완벽하게 출시된 트리플 A급의 제품을 만드는 데 이르기까지 매우 폭넓게 쓰인다. 게임 엔진이란 무엇인가? 이는 (마우스, 키보드, 터치스크린 등을 통해) 일련의 입력을 받아 로직(예, 캐릭터 이동, 점프, 무기 발사)을 적용한 후 주로 시각과 청각적 피드백 (예, 점수 업데이트, 음향 효과)의 형태로 응답을 생성하는 소프트웨어를 일컫는 업계 용어다. '게임 엔진'이라는 이름은 게임 프로그램을 중점적으로 다루던 본래의 디자인에서 유래했으며, 복잡한 수학과 낮은 차원에서의 코드 로직이 시스템에 사전 프로그래밍돼 있다는 장점을 갖추고 있다. 또한 게임 엔진은 결국 멀티플랫폼과 호환될 것이며, 여러 다양한 플랫폼에 배포되는 동시에 공통의 코드 디자인을 확립할 것이다.

이런 게임 엔진의 주요 장점이라면 다수의 프로그래밍 언어나 플랫폼에 종속적인 API를 습득할 필요 없이 모든 종류의 시스템 아키텍처를 대상으로 삼는다는 점이었다. 게임 개발자는 선택한 게임 엔진으로 자유롭게 작업해 새로운 시스템을 시장에 배포할 수 있었다. 모바일 애플리케이션, 특히 가상 현실과 증강 현실이 등장하면서 3D 게임 엔진의 필요성은 더욱 커졌는데, 가상의 3D 세상을 개발하는 네

뒤따르던 수많은 도전 과제가 게임 엔진 덕분에 이미 해결됐기 때문이다. 결과적으로 유니티Unity와 언리얼Unreal 엔진은 VR 콘텐츠 프로토타이핑과 제작을 이끄는 게임 엔진으로 빠르게 올라섰다.

언리얼 엔진 역시 그 자체로 장점이 있지만, 6장에서는 유니티에 초점을 맞추고자한다. 2005년에 처음 출시된 유니티는 전 세계 수많은 개발자가 모바일, 콘솔, 데스크톱에 이르기까지 모든 플랫폼에서 3차원 게임을 개발하는 것을 도왔다. 새로운 VR과 AR 기능에 대한 끊임없는 필요를 충족하고자 제품을 개발하는 과정에서 유니티는 수년간 놀라운 커뮤니티를 육성하고 수많은 개발자에게 3D 개발의 중추 역할을 해왔다.

유연성과 편의성 외에도 유니티는 모든 주요 컴퓨팅 플랫폼과의 강력한 통합 파트너십을 통한 혜택을 누리며, 때에 따라서는 어떤 게임 엔진이든 사용해야 한다면 그 하나가 유니티여야만 하는 경우도 있다. 그 예로 이 글을 쓰는 시점에서 다른 상용 게임 엔진과 호환되지 않는 마이크로소프트 홀로렌즈가 있다. VR과 AR에서 가장 대중적인 유비쿼터스 크로스 플랫폼 개발에서는 현재 유니티가 가장 광범위하게 쓰이고 있다.

게임 엔진 애플리케이션은 통합 개발 환경IDE, Integrated Development Environment을 사용해 지어졌는데, 이 근사한 용어는 (기실 당신도 잘 아는) 데스크톱에서 돌아가는 애플리케이션을 가리킨다. 예제를 따라가려면 유니티 IDE를 다운로드하길 권장한다. 현재 출시된 유니티의 모든 공개 버전이 가능하지만, 여기서는 호환성을 위해 유니티 2018.1f1을 사용한다.

유니티는 강력하면서도 유연하다. 기본 제공 도구와 외부 플러그인은 강력한 커뮤니티를 유지하고자 개발자들의 피드백에 응답하는 과정에서 크게 개선돼 왔다. 표면상 유니티는 크로스 플랫폼 개발과 배포를 담당하지만, 각 플랫폼의 기능을 십분 활용하려면 기본 제어 재매핑 이상의 기교가 필요하다. 어렵고도 핵심적인 부분을 손대야 할 때 유니티는 개발자에게 좋은 의지처가 돼 주지만, 여전히 개발자가 해결해야 할 몫은 남아 있다. 다음 절에서 더 깊이 들어가고자 한다.

유니티를 처음부터 가르치는 일은 이 책의 범위를 벗어나지만, 유니티 웹 사이트에서부터 유튜브, 유데미^{Udemy}, 플루럴사이트^{PluralSight}에서 이용할 수 있는 방대한 리소스에 이르기까지 수많은 자습서가 온라인에 있다.

3D 그래픽 이해

유니티에서 3D 게임을 개발한 적이 있다면 VR은 그걸 아주 약간만 수정했다고 보면 된다. 앱에서 VR이 지원된다고 공언하는 데 필요한 최소한의 요구 사항이 VR을 켜는 것으로, 실질적인 첫걸음이다. 가상 카메라가 3D 그래픽에서 어떻게 작동하는지 알고 있다면 다음 절은 건너뛰어도 된다.

가상 카메라

가상 카메라는 VR의 핵심 토대를 차지한다. 전통적으로 현실 세계에서는 카메라를 사진과 비디오를 찍는 기계와 전자 장치로 알고 있다. 두 휴대폰 간의 화상 채팅에서 각자는 실제 3D 세계에서 휴대폰을 쥐고 있으며, 이 휴대폰에 비치는 상은 실시간으로 상대방의 장치에 전송된다. 유니티 게임 엔진 내부에 장착된 가상 카메라도 같은 방식이라 생각할 수 있지만, 여기서의 카메라는 실제 장치처럼 현실의 3D 세계에 배치되는 게 아니라 가상 3D 환경에 배치된다. 따라서 실시간 영상 역시 평면 TV나 모니터로 제공된다. 3D 세계에서 카메라는 전통적으로 게임패드나 키보드에 마우스를 조합해 움직일 수 있으며, TV나 모니터는 업데이트된 캐릭터의 시점을 실시간으로 보여준다.

VR에서는 몇 가지가 달라진다. 첫째, 카메라가 사용자의 머리에 부착되므로 손을 사용해 시점을 변경하는 대신 머리를 움직이면 된다. 둘째, 뷰가 두 번 렌더링된다. 각 눈마다 하나씩의 고유한 화면이 주어지고, 각 눈의 가상 카메라 위치가 중앙에서 살짝 어긋나며 시청자가 입체 시차 효과^{stereoscopic parallax effect}를 경험할 수 있게 한다. 모두 유니티 뷰어에서 간단한 토글로 조작할 수 있지만, 이걸 보면 VR 개발은 결국 3D 개발이라는 것을 깨닫게 된다. VR은 나중에 추가할 수 있으므로, 이는 하드웨어 구매 전략을 세우는 데 압도적으로 중요하다. 시작하려면 실제로 필요한 건 노트북 PC(오피스를 휴대하고 다니는 워커홀릭이 아닌 경우 데스크톱 PC) 정도다. 유니티의 기본 메커니즘을 익힌 후 키보드 입력으로 카메라를 움직일 수 있도록 3D 세계를 제작한 다음 맨 마지막에 VR을 연결해 체험 단계로 바로 뛰어들 수 있다. 여기서부터는 내키는 대로 적응하면 된다.

AR의 경우도 대개 비슷하지만 일부 차이점이 눈에 띈다. 예를 들어 휴대폰을 사용하는 모바일 AR의 경우 휴대폰 카메라는 머리에 장착되는 대신 손에 쥐어진다. 여전히 가상 카메라의 영상은 거의 동일한 방식으로 (VR을 위한 광학 분할 없이) 휴대폰의 평면 스크린에 제공된다.

카메라를 이해하는 건 굉장히 중요한데, 비디오 게임에서는 상대적으로 고정된 위치에 있던 카메라가 VR 내에서 완전히 움직일 수 있도록 바뀐다는 것은 게임 디자인과 최적화 방법에 영향을 미치는 주요한 변경 사항이기 때문이다. 첫째, 그래픽 프레임 속도는 뇌에 끼치는 악영향을 줄이고자 성능이 뛰어나야 한다. 둘째, 사용자가 VR 영역을 전적으로 자유롭게 탐험할 수 있는 경우 성능을 올리는 몇 가지 수법과 기술(사용자가 절대 볼 수 없을 것 같은 영역은 미완성으로 남겨두는 등)은 사용할 수 없다.

모든 VR 하드웨어가 (심지어 헤드셋 레벨에서도) 동일하지는 않으므로, 다음으로 중요한 주제는 가상 카메라 제어가 각 플랫폼마다 다르게 처리되는 방식이다. 그걸 위해서는 3DOF와 6DOF라는 VR 용어를 알아야 한다.

자유도

자유도^{DOF, Degrees Of Freedom}는 그 어떤 것이든 추적된 물체에 사용할 수 있는 다양한 이동을 나타낸다. 추적된 물체는 물리적 공간에서 움직이며 위치와 회전 정보를 게임 엔진에 보고한다. 이는 센서 데이터의 조합을 통해 이뤄지지만, 가장 중요한 것은 실제 세계에서 추적된 물체의 위치와 회전 방향이 가상 세계에서 재현되며 두 세계를 동기화할 수 있다는 것이다.

가상 현실 헤드셋은 3DOF와 6DOF의 두 가지 방식으로 제공된다. VR을 사용해 본 적이 있다면 어떤 헤드셋을 사용했는지, 왜 특정 헤드셋이 다른 헤드셋보다 불편하게 느껴지는지 알지 못할 수도 있다. 테더링 없이 폰으로 전원이 공급되는 모바일 VR 헤드셋을 사용했다면 3DOF 헤드셋이었을 가능성이 크다. VR 내에서 몸을 돌려 뒤를 돌아볼 수는 있어도 멀리 떨어진 물체를 향해 걸어가지 못하는 경우에도 3DOF 헤드셋을 사용했을 수 있다. 몸을 구부렸을 때 시야가 변경되지 않았던 경우 역시 마찬가지다. 3DOF 추적의 경우 추적하는 오브젝트의 회전이 소프트웨어에 전달되지만 위치는 그렇지 않기 때문이다. 회전 추적을 사용하면 게임 엔진은 헤드셋의 요, 피치, 롤(대개 x, y, z축을 따르지만 꼭 그렇지 않아도 되는 회전)에 대한 정보를 얻게 된다. 이를 일반적으로 3DOF 추적이라 한다. 구글 카드보드, 삼성 기어VR, 구글 데이드림 뷰, 오큘러스 고가 이러한 범주에 속하며, 대부분의 휴대폰 칩셋에 딸린 내부 가속도계, 자이로스코프, 자력계 센서를 사용해 3DOF 추적이 가능하다.

6DOF 헤드셋의 나머지 3DOF는 (각각) x, y, z축을 따라가는 x, y, z 위치다. 3DOF 환경에서는 머리만 돌려 카메라를 이동할 수 없으므로 가상 카메라를 (롤러코스터 체험에서처럼) 자동으로 움직이든지 제어 입력을 써서 어떤 형태로든 움직임을 구현한다. 이를 로코모션^{locomotion}이라 하며, 곧 자세히 설명할 예정이다. 뇌와 신체가 느끼는 불편함 때문에 로코모션에는 텔레포트^{teleportation}나 카메라 블러^{camera blur} 등 멀미 부작용을 완화시키는 여러 해결책이 있다.

6DOF 경험은 어떤 방향으로든 머리를 움직일 때 시각적 경험이 그에 대응하는 완벽한 1:1 연결 덕분에 더욱 자연스럽게 느껴진다. 이를 체험하는 동안 무언가를 집어 들고자 몸을 숙일 수도 있고, 좀 더 유리한 지점에 서고자 발끝으로 걸을 수도 있고, 축구공을 잡고자 옆걸음을 할 수도 있다. 그러나 위치 추적은 실제 공간 내에서의 위치에 대비해 추적하는 오브젝트를 파악해야 하는 복잡한 문제다. 시각 센서는 추적하는 오브젝트 위에 놓이든지, 해당 오브젝트를 향하는 위치에 고정시켜야 한다. 전체적인 추적엔 분명 장점이 있지만 이동할 자유를 대가로 내놓아야 한다. 현재 대부분의 6DOF 솔루션은 컴퓨터에 테더링돼 있으며, 마치 목줄처럼 뒤에 매달린 케이블은 올바르게 관리하지 않을 경우 사용자가 잘못 밟고 넘어지거나, 흠집이 나거나, 기계에서 쑥 뽑힐 수도 있다. 바이브 포커스^{Vive Focus}, 구글 스탠드얼론 데이드림^{Google Standalone Daydream}, 오큘러스 산타 크루즈^{Oculus Santa Cruz} 헤드셋처럼 고도로 발전된 기술은 완전한 6DOF 기능을 통해 우리가 무선으로 자유를 누릴 수 있도록 도와주지만, 현재 배포된 헤드셋의 대부분은 여전히 3DOF 체험에 머물러 있다.

컨트롤러는 가상 현실의 또 다른 요소다. 컨트롤러에도 추적을 걸거나 해제할 수 있으며, 헤드셋처럼 3DOF와 6DOF가 둘 다 제공된다. 표 6-1에 2018년 중반 현재, 사용 가능한 주요 VR 플랫폼을 정리했다.

표 6-1. 사용 가능한 VR 플랫폼

3DOF VR 플랫폼	입력 방법
모바일 VR: 카드보드/폰 드롭인	시선과 고정된 위치
모바일 VR: 카드보드/폰 드롭인	추적 없음
헤드 터치패드가 장착된 오큘러스 모바일(Oculus Mobile)	추적 없는 헤드셋 터치패드. 클릭 가능한 터치패드 + 1 버튼
게임패드가 장착된 오큘러스 모바일	추적 없는 게임패드. 디지털 방향 패드, 아날로그 컨트롤러, 6면 + 4 버튼

(이어짐)

3DOF VR 플랫폼	입력 방법
컨트롤러가 장착된 오큘러스 모바일	클릭 가능한 터치패드가 달린 3DOF 핸드 컨트롤러 1개 + 2 버튼
구글 데이드림 뷰	클릭 가능한 터치패드가 달린 3DOF 핸드 컨트롤러 1개 + 1 버튼

6DOF VR 플랫폼	입력 방법
구글 데이드림: 미라지 솔로	클릭 가능한 터치패드가 달린 3DOF 핸드 컨트롤러 1개 + 1 버튼
HTC 바이브 포커스	클릭 가능한 터치패드가 달린 3DOF 핸드 컨트롤러 1개 + 2 버튼
엑스박스(Xbox) 컨트롤러가 장착된 오큘러스 리프트	추적 없는 게임패드. 디지털 방향 패드, 아날로그 컨트롤러, 6면 + 4 트리거 버튼
리모트 컨트롤이 장착된 오큘러스 리프트	추적 없는 리모트 컨트롤. 방향 패드 + 1 버튼
터치 컨트롤러가 장착된 오큘러스 리프트	6DOF 컨트롤러 2개. 클릭 가능한 조이스틱, 각각 2면 + 가변 트리거 + 그립
HTC 바이브	6DOF 컨트롤러 2개. 각각 클릭 가능한 터치패드 + 2 버튼 + 가변 트리거
마이크로소프트 혼합 현실 헤드셋	6DOF 컨트롤러 2개. 각각 클릭 가능한 터치패드 + 2 버튼 + 가변 트리거
마이크로소프트 홀로렌즈	손에 따른 3DOF 위치 2개, 손 탐지 + 손 탭 한정
마이크로소프트 홀로렌즈	1 버튼이 달린 클리커 1개
모바일 AR: 아이폰과 안드로이드	터치스크린

표 6-1에는 페이스북, 구글, 마이크로소프트, HTC, 애플의 다섯 가지 주요 상용 VR
과 AR 제조업체에서 현재 출시한 제품만 포함돼 있다(소니의 플레이스테이션 VR 플
랫폼도 있긴 하지만, 개발자 생태계가 폐쇄적이라 뚫고 들어가기 힘들 뿐더러 표 6-1의 모
든 플랫폼의 경우 하루 이틀이 아니라면 몇 주 만에 일반인도 구매한 후 개발할 수 있다).
앞서 크로스 플랫폼이 기술적인 노선 과제라 상술했는데, 디자인 노선 과제는 훨
씬 더 어렵다. 거의 모든 플랫폼에 일관적으로 360도 비디오 콘텐츠가 포함되는 이

유는 '앉아서 쳐다보고 둘러보기' 식의 상호작용 시스템이 앞서 언급한 플랫폼 전부에서 가능하기 때문이다.

표 6-1을 보면 16개의 서로 다른 헤드셋과 VR 및 AR에 대한 입력 조합을 지원하는 게 만만찮다는 생각이 절로 들기 쉽다. 그러나 이는 실제 세상에서 공간 계획을 수행하는 사람이 아이들, 유모차, 휠체어, 덩치와 키가 크거나 작거나 제각각인 사람들, 청각 장애인, 시각 장애인 등을 수용하고자 매일같이 해결하는 과제다. 현실 세계에서는 휠체어 경사로, 점자, 자막 등을 통해 최대한 많은 사용자를 수용할 수 있도록 끊임없는 설계가 이뤄지고 있다. 이처럼 필요한 영역에서 명백한 제약이 발견되는 경우("이걸 타려면 키가 이 정도는 돼야 합니다.")를 가리키는 업계 표준 용어가 이미 있는데, 이것을 접근성^{accessibility}이라 한다. 접근성에 대한 디자인 원칙은 VR에도 아름답게 적용할 수 있다.

이는 곧 전달하고자 하는 전반적인 경험을 고려하는 일로 이어진다. 이 가상 환경에서 당신의 플레이어가 무엇을 했으면 하는가? 수동적인 경험인가 능동적인 경험인가? 무엇이 그들을 만족시킬까? 디자인하려는 경험이 순전히 손 추적이나 새로운 컨트롤러 인터페이스처럼 하드웨어의 기능을 선보이려는 것이라면 플랫폼 자체에 중심을 두어 강조해야 할 테고, 따라서 (해당 경험은) 다른 시스템으로 옮겨지기 힘들 수도 있다. 인터랙션[1] 기반보다 차원 높고 실험적인 콘셉트를 유지함으로써 경험 디자인에서 최대한의 자유를 확보할 수 있고, 그다음으로는 세계를 짓는 일이 해결되는 즉시 컨트롤러 기능을 적용할 수 있어야 한다.

---

1. 여기서 '상호작용'은 일반적인 의미로, '인터랙션'은 특정한 플랫폼상에서 의도와 목적을 지니고 디자인된 구체적 상호작용을 가리키는 의미로 구분했다. - 옮긴이

비디오 게임 디자인으로 보는 이식성

한 가지 제품 전략이라면 애플리케이션을 고사양 하드웨어 전용으로 모든 기능을 갖춰 설계한 다음 저사양 플랫폼에서 돌리고자 점차적으로 크기를 줄여나가는 것이다. 이 과정을 잘 거치지 못한 제품의 경우 본래의 제품 디자인이 저사양을 위해 설계되지 않았기 때문에 어려움을 겪는 경향이 있다. 그래픽 문제를 제쳐두면 제어 회로도는 고급 버전에서의 입력 경험을 시뮬레이션하고자 가능하다. 수많은 비디오 게임이 원래 출시됐던 가정용 콘솔 형식에서 휴대용 게임 형식으로 옮겨졌다. 예를 들면 본래 아케이드에 6개의 버튼이 배치됐던 <스트리트 파이터 2^{Street Fighter II}>가 있다(그림 6-1 참조). 다양한 펀치를 쓰고자 상단에 3개의 버튼이 있고, 킥을 날리고자 하단에 3개의 버튼이 있으며, 각각 왼쪽에서 오른쪽으로 약-중-강 순서로 이어진다.

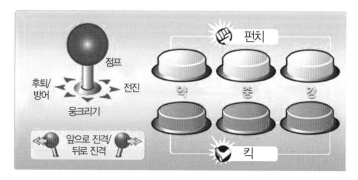

그림 6-1. 스트리트 파이터 2의 6 버튼 아케이드 입력 경험

플레이스테이션의 가정용 버전 출시 때 게임패드의 4 버튼 레이아웃은 그림 6-2에 표시된 것처럼 2개의 숄더 버튼을 사용해 나머지 2개의 페이스 버튼을 대체했다.

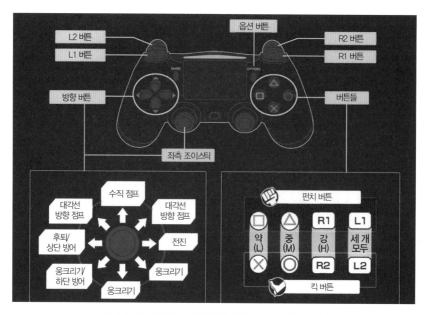

그림 6-2. 소니 플레이스테이션 전용 게임패드의 4 버튼 레이아웃

왼쪽에서 오른쪽으로 강도가 점차 세지는 직관적 방식은 매끄럽게 변환되진 못했는데, 특히 무거운 버튼이 오른쪽 숄더 영역으로 이동하고 오른쪽 엄지로 약하거나 중간 공격을 하고, 오른쪽 검지로 강한 공격을 하게 되면서부터였다.

이런 조작 문제는 <마블 대 캡콤 2^{Marvel vs. Capcom 2}>의 경우처럼 해당 시리즈가 계속 업데이트되며 해결됐다. 이 게임은 좀 더 쉽게 이식할 수 있도록^{port-friendly} 바뀌었으며, 중간 공격을 제거한 후 주요 공격 버튼을 약-강으로 줄였다. 본래 6개의 버튼 모두에 걸쳐 있던 선형적 강도 모델은 뒤로 하고 다른 두 개의 버튼에 이동을 돕는 보조 역할을 배정해 새로운 보조 버튼이 이런 모델을 깨지 않으면서도 다른 두 버튼과 독립적으로 작동할 수 있게끔 만들었다. 이 보조 버튼은 이제 그림 6-3에서처럼 6 버튼 컨트롤의 오른쪽 두 버튼으로 배치되거나, 플레이스테이션 컨트롤러의 숄더 버튼에 매핑된다.

그림 6-3. 마블 대 캡콤 2에 장착된 확장 가능한 형태의 4 + 2 버튼 구성. 3 x 2와 4 x 4 + 2 컨트롤러 레이아웃에 모두 적용할 수 있다.

요점 정리: 사용 가능한 일부 다른 선택지를 고려할 때는 사용자의 경험이 어떨지 생각해보라. 그 경험 내에서 무슨 일이 일어나야 하며, 그걸 위해서는 제어 시스템에 제공하기 위한 최대 크기의 입력 회로도를 어떻게 수용할까? 확장 가능한 입력 디자인의 첫 삽을 뜨기 전에 이런 질문에 먼저 대답해보자.

컨트롤러 입력 단순화

가장 초반에 출시됐던 VR 타이틀 중 하나인 아울케미 랩스^{Owlchemy Labs}의 잡 시뮬레이터^{Job Simulator}는 가장 간단한 입력, 즉 버튼 하나로 거의 대부분의 인터랙션을 망라한 덕분에 가장 접근성이 높은 VR 게임이 됐다. 이 게임의 목표는 VR 내에서 수행되는 일련의 친숙한 작업에 경쾌함과 즐거움이란 요소를 더해 기발하고 재미있는 방식으로 접근하게끔 함으로써 VR의 경이를 탐구하는 것이었다.

아울케미 랩스의 개발자는 콘퍼런스와 온라인상의 발표에서 다양한 통찰력과 교훈을 전했다. 그중 한 가지 요점이 VR에서는 전통적으로 쓰이던 여러 컨트롤러 입력을 제거할 수 있다는 것인데, 이는 현실 세계에서 우리의 실제 몸을 사용하는 방식으로 대체할 수 있기 때문이다. 전통적인 비디오 게임에서는 하나 또는 두 개의 방향 조이스틱을 사용해 주인공의 움직임과 동작을 제어하지만, 이 모든 움직임은 이제 머리를 돌리거나 실제 걷는 것으로 대체할 수 있다. 웅크리기나 점프 역시 컨트롤러의 버튼을 사용하는 대신 몸을 써서 직접 할 수 있다. 이런 방식은 전통적으로 콘솔 게임에서 취했던 복잡한 제어 체계를 해소함으로써 핸드 컨트롤러로는 오직 아이템 조작에만 집중할 수 있게끔 한다.

아이템을 잡고, 던지고, 조작하는 데 단 하나의 트리거 버튼을 할당한 덕분에 잡 시뮬레이터는 별도의 온보딩^{onboarding} 없이도 바로 켜서 플레이하는 과정이 가장 빠른 게임 중 하나다. 더 중요한 것은 이런 방식이 4세에서 80세 혹은 그 이상에 이르기까지 폭넓은 연령대에 적용된다는 점이다. 이는 하나의 대단히 천재적인 접근 방식 덕분이었다. 즉, 상호작용 자체를 세상에 포함시켜 거기서 오는 입력을 플레이어의 손으로 조작할 수 있게 한 것이다. 버튼을 누르고, 손잡이를 돌리고, 열린 캐비닛 손잡이를 당기고, 물건을 던지는 등등 사람들의 자연스런 본능이 VR 내의 체험을 인도할 수 있게끔 실제 세계를 시뮬레이션했던 것이다. 핸드 컨트롤러에 복잡한 컨트롤 세트를 할당하는 대신 이들은 플레이어 자신의 손(닿는 영역)을 확장했으며, 사용자 인터페이스는 모두 VR 세계 안에 있었다.

전자레인지, 믹서기, 싱크대, 냉장고, 계산대, 심지어 자동차 엔진 같은 다양한 인터페이스와 관계된 한 세트의 제어 인터페이스를 갖는 데 있어 이와 같은 **분리**는 좀 더 신중한 오브젝트 디자인과 유연성을 제공한다. 장기적으로 이런 접근 방식은 훨씬 확장성이 뛰어나다.

이제 크로스 플랫폼 개발이 어떻게 장기적으로 여러 플랫폼을 더 쉽게 오갈 수 있게 하는지에 대한 사례를 보여주지 위해 고차원적 솔루션으로 돌입하고자 한다.

개발 1단계: 기본 인터페이스 디자인

현실에서 사물이 어떻게 작동하는지 고려함으로써 VR에서 오브젝트를 디자인할 수 있다. 리모컨처럼 버튼이 부착돼 있는가? 상자처럼 열리고 닫히는가? 물리적인 실체가 있는가? 아니면 상징적인 표시(예, 빛의 구)인가? 집어 올릴 수 있는가? 다른 물체에 부착돼 있는가?

사람이 물체와 상호작용하는 모든 방법을 고려하라. 전등 스위치를 예로 들어 보자. 버튼을 누르면 조명 스위치의 위치가 바뀌고 동작이 일어나며, 조명이 켜지거나 꺼진다. 이 전등 스위치는 여러 가지 방법으로 조작할 수 있다. 손이 전등 스위치 근처에 있다면 직접 켜고 끄거나 막대기를 가져와 마치 연장된 손처럼 반원격^{semi-remotly}으로 스위치를 밀 수 있다. 또는 스마트 홈 시스템으로 전구의 전력을 제어할 수도 있으니, 모바일 터치스크린 장치의 앱과 같은 외부에서의 힘을 이용해 조명의 켜짐/꺼짐 상태를 조작할 수도 있다.

이제 이 모든 걸 VR에서 사용할 수 있는 다양한 유형의 컨트롤로 변환시켜보자. 6DOF 핸드 컨트롤러를 사용하면 스위치 바로 옆에 손을 가져가 버튼을 눌러 켜고 끌 수 있다. 제어기가 3DOF이므로 공간상에서 위치를 바꿀 순 없지만 회전은 가능하다고 가정해보자. 컨트롤러에 부착된 레이저 포인터는 마치 손을 대신하는 실제의 막대기처럼 작동할 수 있다. 레이저가 스위치를 가리키면 마치 버튼을 클릭하듯이 토글이 활성화된다. (구글의) 카드보드^{Cardboard} 장치에서처럼 3DOF 헤드트랙 플랫폼과 같은 컨트롤러가 없다면 레이저 자체를 머리에 부착해서 스위치를 정면으로 응시함으로써 버튼을 건드려 스위치를 켤 수도 있다. 카드보드 장치에 버튼이 없다면 스위치를 응시함으로써 응시 시간을 측정하는 짧은 타이머를 시작할 수 있고, 타이머가 미리 정해진 길이에 도달하면 스위치가 알아서 켜지거나 꺼진다. 마지막으로 모바일 장치에서는 터치스크린에서 직접 토글을 탭하거나 온스크린 메뉴를 펼쳐 스마트 홈 앱에서처럼 원격 제어를 할 수도 있다.

이 사례에서 모든 VR과 AR 플랫폼은 자체적인 인터페이스로 전등 스위치를 조작하며, 전등 스위치는 '켜기', '끄기', '토글'과 같은 간단한 명령에 응답한다.

여기서 한발 더 나아갈 수 있다. 전등 스위치에는 켜짐과 꺼짐, 두 가지 상태가 있다. 여기에 더 많은 상태가 있다면? 예를 들어 0에서 100까지 빛의 강도가 나뉘어져 있다면? 이제 변수 입력을 제어하는 방법이 필요하다. 실제로는 조광기 스위치로 이를 처리한다. 껐다 켰다 할 수 있는 토글 대신 조광기는 종종 패널에서의 슬라이딩 바^{sliding bar}로 구현된다. 따라서 전등 스위치에는 버튼 컨트롤을 추가해야 하지만, 이런 종류의 스위치에는 집어 들고 움직일 수 있는 추가 기능이 필요하다. 그런 다음 버튼을 클릭하면 전구의 켜기/끄기 상태를 전환하는 스위치 대신 조광기가 컨트롤에 연결돼 있거나 끊어진 상태를 토글할 것이다. 연결된 상태에서 컨트롤러(핸드 컨트롤러, 레이저 포인터, 또는 시선이 부착된 '머리' 등)의 움직임은 연결이 끊길 때까지는 슬라이더를 움직여 전구의 빛 세기를 실시간으로 변경할 것이다. 버튼이나 터치스크린을 사용하면 '내려간/눌린' 동작이 (연결이 끊겨 있는) '올라온/풀린' 상태의 물체를 연결할 수 있다. 시선과 응시 방식에서는 각각의 시선과 응시 동작이 연결을 위해 완전히 한 번, 연결 해제를 위해 또 한 번 실행돼야 한다.

컨트롤러가 없다면 머리를 써서 스위치를 보면서 조준할 수 있고, 길게 응시함으로써 활성화할 수도 있다. (이러한 방법을 통해) 궁극적으로 전등 스위치는 '버튼 누름' 유형의 인터페이스를 갖게 되며, 수많은 제어 방식을 통해 활성화될 수 있다.

지금까지 선택을 위한 인터페이스와 (물체를) 잡기 위한 인터페이스, 이 두 가지를 정의한 다음 이러한 인터페이스가 모든 플랫폼 입력 유형에서 작동하는 방식을 보여줬다. 이를 다음과 같은 좀 더 복잡한 개념으로 확장할 수 있다.

- 유니티에서 물체를 부착하는 방법: 직접적인 변환, 고정된 연결점과 물리력

- 이동과 측정을 위해 오브젝트를 양손으로 조작

- 무기 재장전이나 병의 코르크 제거와 같이 물체를 2차 조작

- 문손잡이를 돌릴 때처럼 이미 장착된 물체의 움직임 제약

아쉽게도 여기에 대해 깊이 파고드는 것은 이 장의 범위를 벗어난다. 그러나 인터페이스 문제를 해결하는 방법은 무척이나 다양하다는 걸 봤을 것이다.

이 두 가지 기본 인터페이스 속성을 사용하면 플랫폼에 관계없이 상호작용할 수 있는 탐색적인 물체들로 VR 속의 세계라는 환경을 채울 수 있다. 가장 좋은 점은 컴퓨터를 떠나 헤드셋을 착용하지 않고도 모든 작업이 가능하다는 것이다. 여기까지 왔으니 이제 플랫폼 통합을 어떻게 처리할지 설정해보자.

개발 2단계: 플랫폼 통합

플랫폼 통합은 하드웨어를 애플리케이션에 연결하는 작업을 포함한다. 이 작업은 직접 수행할 수 있지만, 크로스 플랫폼 디자인을 하려면 확실한 추상화 레이어를 먼저 준비하고자 잠시 시간을 들여야 한다. VR 플랫폼에 맞서 프로토타입을 이리저리 만져보고 있다면 이 부분은 괜찮은 2단계다. VR 플랫폼에 쓰려고 코드를 짜본 적이 없다면 여기에서 설정하고자 하는 추상화 레이어를 이해하면서 따라 하면 된다.

플랫폼과 통합하기 위한 두 가지 주요 부분이 있다.

- 머리 부분 연동

- 컨트롤 입력 연결

머리 부분(을 연동하는 일)은 간단한데, 때에 따라서는 기본 카메라를 머리 쪽 입력으로 사용해 게임 엔진에서 자동으로 처리한다. 플랫폼 SDK^{Software Development Kits} 같은 경우 (모바일 AR에서 카메라의 렌더링 프레임처럼) 일부 기본 기능을 머리 쪽에 여

결하고자 자체적인 스크립트나 유니티에서 미리 조립된 오브젝트를 제공하기도 한다.

컨트롤 입력을 부착하는 것은 다양한 상호작용 시스템에 따라 훨씬 더 복잡할 수 있다. 예를 들어 HTC 바이브 시스템은 오픈VR이나 밸브^{Valve}의 스팀VR 플러그인을 사용할 수 있지만 오큘러스 터치^{Touch} 컨트롤러는 오큘러스의 OVR 플러그인을 사용한다. 구글은 데이드림 컨트롤러 전용 코드를 갖고 있으며, 오큘러스 컨트롤러와 유사한 구성을 갖고 있긴 하지만 다른 입력 관리자 스크립트를 사용한다. 이들은 각 플랫폼마다 컨트롤러 기능에 연동돼 있는 자체적 SDK 코드에 직접 작동한다. 그냥 배우기엔 큰 문제없지만, 여기서는 나름의 목적을 위해 다른 수준에서의 플랫폼 통합을 하고자 한다.

명확히 하자면 컨트롤러 기능은 두 부분으로 나뉜다. 물체의 위치나 방향을 추적하거나, 버튼 또는 터치 입력을 모니터링하는 부분이 그것이다. 유니티에서 물체의 위치/회전 추적은 간단하며, 코드 역시 실제 물체에 일대일로 매핑되는 가상 물체에 연동된다. 우리가 관심이 있는 부분은 버튼/터치 입력이다.

먼저 VR과 AR 플랫폼 SDK의 사례에서 일반적인 '메뉴 버튼을 눌러 메뉴 열기'의 코드 경로가 어떻게 보이는지 살펴보자.

```
[ Frame Entrypoint: controller default ]
    For each frame:
        Did the user click down on a controller's menu button?
            If so:
                If the menu is not visible, open the menu
                    (make it visible)
                Otherwise, close the menu
```

```
[ 프레임 진입 지점: 컨트롤러 기본값 ]
    각 프레임마다:
        사용자가 컨트롤러의 메뉴 버튼을 클릭했는가?
```

그렇다면:
　　메뉴가 보이지 않으면 메뉴를 연다.
　　　　(메뉴가 보이게 한다)
　　그렇지 않으면 메뉴를 닫는다.

이런 방식은 매우 간단하고 직설적이다. 왜 그냥 이렇게 하지 않는가? "사용자가 컨트롤러의 메뉴 버튼을 클릭했는가?"에서 실제 코드가 구현되는 부분은 플랫폼에 따라 다르며, 스팀VR이나 오큘러스의 컨트롤러 API를 기반으로 한다. 즉, 코드의 특정 버튼에 미리 정의된 컨트롤을 할당하는데, 이런 방식은 사용자화^{customizability}를 막을 뿐더러(개별 사용자가 메뉴를 열기 위해 트리거 버튼을 사용하려는 경우) 이식성 ^{portability} 역시 없다(데이드림 컨트롤러가 API 호출을 이해하지 못한다). 더하면 이 코드는 메뉴를 여는 단일 기능을 수행하고자 특별히 작성된 것이다. 새로운 기능을 추가하려면 여기서처럼 동일한 코드 블록 시퀀스로 하드코딩해야 한다.

그렇게 하는 대신 이 부분을 한번 추상화시켜보자.

```
[ Frame Entrypoint: controller menu behavior ]
    For each frame:
        Is there a control input scheme to monitor?(such as 'open menu')
            If so, is there a mapped control in a state we should care about?
                If so, respond
```

```
[ 프레임 진입점: 컨트롤러 메뉴 동작 ]
    각 프레임마다:
        모니터링할 컨트롤 입력 체계가 있는가?(예를 들어 '메뉴 열기')
            그렇다면 매핑된 컨트롤이 우리가 신경 써야 할 상태에 놓여 있는가?
                그렇다면 응답하라
```

여기까지 컨트롤 입력 체계의 개념을 소개했다. 먼저 오브젝트나 물체가 있고, 거기서 컨트롤러와 연동된 일련의 기능을 정의한다. 가령 '메뉴 열기' 기능 같은 경우 설정, 설정 해제, 또는 토글이 가능하다. 그런 다음 하나 혹은 그 이상의 컨트롤을 해당 오브젝트나 물체에 매핑하는데, 그 코드는 스팀VR 컨트롤러의 button_menu 를 open_ menu 기능에 매핑하는 것처럼 플랫폼에 의존하는 코드여야 한다. 그런 다음 플로 라인$^{flow\ line}$에서 매핑된 컨트롤이 (말하자면) SteamVR 컨트롤러의 button_ menu 오브젝트를 찾아 지금 상태에서 그 기능이 작동해야 하는지 확인한다. 그런 상태는 '버튼 다운', '버튼 업', 또는 '버튼 클릭' 같은 것이다. 해당 버튼의 상태가 '성 공' 메시지를 보내면 그때 컨트롤을 해제해 메뉴를 열거나 닫는다.

여기서는 4개의 스크립트가 관여한다. 첫 번째는 각 프레임에서 상호작용을 확인 하는 컨트롤러 매핑이다. 이것을 ControllerModule이라 부르자. 이 스크립트는 간단한데, 프레임 루프$^{frame\ loop}$를 처리하는 로직을 제공하며 플랫폼에 독립적이다. 두 번째는 컨트롤 체계 클래스다. 이를 ControlScheme이라 하자. 이것은 사용 가능 한 애플리케이션별 기능을 정의하며, 필요에 따라서는 각 애플리케이션별로 작성 된다. 세 번째는 컨트롤 매핑 체계(예를 들어 MappingMenuButtonToViveController)이 며 각 플랫폼 포트$^{platform\ port}$마다 한 번 생성되는데, 이는 두 번째 스크립트인 ControlScheme과 마지막이자 네 번째 스크립트인 컨트롤러 구현을 연동하기 위해 서다. 이와 같은 클래스를 ViveController라 불러보자. 이는 컨트롤러의 각 버튼 상태를 확인하는 일을 담당하고, 애플리케이션 자체의 기능엔 일절 관여하지 않으 면서 컨트롤러 자체의 인터페이스 역할만 한다. 함께 정리하면 다음과 같다.

```
[ ControllerModule ] - 한 번만 작성
[ ControlScheme ] - 애플리케이션당 한 번 작성
[ ControllerMapping ] - 플랫폼 포트와 애플리케이션당 한 번 작성
[ ControllerImplementation ] - 플랫폼 컨트롤러당 한 번 작성
```

이런 설정을 통해 ControllerModule은 프레임워크 코드로서 한 번 작성하면 된다. 나머지 클래스엔 기본적인 기능을 맡는 루트 클래스$^{root\ class}$가 있고, 하위 클래스는 필요에 따라 구현된다.

ControlScheme은 애플리케이션의 상호작용 체계당 한 번 작성되는 구체적인 구현이다. 몇 가지 사례는 잡거나, 그리거나, 선택하는 것이다. 이들 모두 컨트롤러에 대해 다른 방식의 응답 모드를 가질 수 있다. 그랩으로 물체를 집어올리고, 그리기로 '세상'에 아트를 부여하고, 선택하기로 조작할 물체를 지정할 수 있다.

ControllerMapping을 구현함으로써 컨트롤 체계와(각 컨트롤러의 어떤 버튼이 어떤 기능에 연결되는지 정의하는) 컨트롤러 구현 간의 연결고리를 만들 수 있다. 여기서의 설정으로 사용자가 직접 정의할 수 있는 컨트롤러 매핑을 만들어 런타임 시 사용자가 특정 기능에 원하는 버튼을 지정하게끔 할 수 있다.

마지막으로 컨트롤러 구현은 각 플랫폼에서 컨트롤러 유형별로 한 번씩 작성된다. 여기서는 플랫폼별 코드를 처리해 버튼 트리거, 아날로그 입력 등을 모니터링한다.

그렇다면 이 모든 추가적인 작업이 어떤 도움을 주는가? 이제 컨트롤러에 '상호작용' 기능을 연결해보자. 다음은 새로운 순서도다.

```
[ Frame Entrypoint: controller that can interact ]
    For each frame:
        If there is a nearest hovered object:
            Is there a control input scheme to monitor? (such as 'interact')
                If so, is it in a state the object should respond to?
                    If so, respond
        Otherwise:
            Is there a control input scheme to monitor? (such as 'open menu')
                If so, is it in a state we should care about?
                    If so, respond
```

```
[ 프레임 진입점: 상호작용할 수 있는 컨트롤러 ]
    각 프레임마다:
        가장 가까운 지점에 떠 있는 물체가 있는 경우:
            모니터링할 컨트롤 입력 체계가 있는가?(예를 들어 '상호작용')
```

그렇다면 물체가 응답해야 하는 상태인가?

그렇다면 응답한다.

그렇지 않다면:

모니터링할 컨트롤 입력 체계가 있는가?(예를 들어 '메뉴 열기')

그렇다면 물체는 우리가 신경 써야 할 상태에 놓여 있는가?

그렇다면 응답한다.

이제 프레임 스크립트가 근처에 떠 있는 물체에 첨부된 기능을 모니터링한다는 점을 빼면 크게 달라진 점은 없다. 이 스크립트는 이제 적절한 버튼이 선택되면 전등 스위치를 토글하거나, 메뉴를 토글할 수 있다. 여기서 '메뉴 열기'가 여전히 메뉴 버튼에 연결된 상태에서 컨트롤 매핑이 '상호작용'을 트리거로 할당할 수 있다는 걸 염두에 두자.

여기서 더 나아가 물체를 잡는 기능을 추가해보자. 물체가 잡히면 던지기나 돌리기 등 해당 물체로 뭔가 하고 싶을 수 있으므로 그에 관한 로직이 먼저 온다.

```
[ Frame Entrypoint: controller that can pick up an object ]
    For each frame:
        If there is a connected object:
            Is there a control input scheme to monitor? (such as 'shoot' or 'drop')
                If so, is it in a state the object should respond to?
                    If so, respond
        Otherwise if there is a nearest hovered object:
            Is there a control input scheme to monitor? (such as 'interact')
                If so, is it in a state the object should respond to?
    If so, respond
        Otherwise:
            Is there a control input scheme to monitor? (such as 'open menu')
                If so, is it in a state we should care about?
                    If so, respond
```

[프레임 진입점: 물체를 집을 수 있는 컨트롤러]
각 프레임마다:
　　연결된 물체가 있는 경우:
　　　　모니터링할 컨트롤 입력 체계가 있는가?(예를 들어 '쏜다' 또는 '떨어뜨린다')
　　　　　　그렇다면 물체가 응답해야 하는 상태인가?
　　　　　　　　그렇다면 응답
　　　　그렇지 않고 가장 가까이 떠 있는 물체가 있는 경우:
　　　　　　모니터링할 제어 입력 체계가 있습니까?(예를 들어 '상호작용')
　　　　　　　　그렇다면 물체가 응답해야 하는 상태인가?
　　그렇다면 응답
　　그렇지 않으면:
　　　　모니터링할 컨트롤 입력 체계가 있는가?(예를 들어 '메뉴 열기')
　　　　　　그렇다면 우리가 신경 써야 할 상태인가?
　　　　　　　　그렇다면 응답

패턴이 보이는가? 위와 같은 컨트롤 체계를 반복해 수정하면서 기본적인 컨트롤 기능이 있다면 그걸 사용할 수도 있다. 이것 역시 컨트롤러 기능을 제작하고자 확장할 수 있다.

여기에 더해 다른 컨트롤러를 이에 맞게 조정하는 방법을 살펴보고자 한다. 이 앱을 데이드림으로 이식하려면 컨트롤러 구현을 처리하기 위한 DaydreamController 스크립트와 매핑을 대체할 MappingMenuButtonToDaydream 스크립트가 필요하다. 그 외에는 충분하다.

실제 사례

데이드림에서 오큘러스 고$^{Oculus\ Go}$로 프로토타입을 포트하는 것은 흥미로웠는데, 두 컨트롤러 유형의 유일한 차이점이 트리거 버튼이었기 때문이다. 따라서 하나의 프로토타입에는 두 가지의 사용자 정의 버튼이 필요했다. 하나는 기본 기능을 수행하고, 다른 하나는 기본 기능 모드를 토글해 전환하는 보조 기능을 수행한다. 그런 다음 기본 버튼을 사용해 페인팅을 하거나 뭔가 선택하는 동안 다른 하나의 버튼으로 페인트 모드에서 선택 모드로 전환할 수 있다. 오큘러스 고 컨트롤러상에서 트리거는 기본 기능을 처리하는 데 가장 적합한 버튼으로, 보조 모드로 전환하는 기능은 터치패드를 클릭하게끔 남겨졌다. 그러나 데이드림 컨트롤러에는 트리거가 없었으므로 여기서의 기본 입력은 (오큘러스 고 컨트롤러에서의 보조 입력인) 터치패드 클릭이었다. 보조 입력용으로 오큘러스 고 컨트롤러를 사용하는 것은 말이 안 되므로 대신 데이드림 컨트롤러는 보조 입력에 앱 버튼을 사용해 기본 입력 모드를 전환하게끔 했다. 이 때문에 플랫폼이 달라지긴 했지만, 다른 선택지로 오가기 위해 매핑 파일을 편집하는 것 자체는 그리 어렵지 않았다.

이 책의 깃허브 저장소에서 예제 코드를 제공한다.

요약

지금까지의 이론적 설명은 VR과 AR 디자인에서 고차원적인 사고를 촉발하고 그에 뒤따르는 기술적 정보를 최대한 활용하는 데 도움을 주기 위함이었다. 6장에서는 게임 엔진과 3D 카메라의 기본 사항, 3DOF와 6DOF를 설명했을 뿐 아니라 목표로 하는 사용자 경험에 맞춰 전체적으로 높은 수준에서 디자인 방식을 고려해야 하는 이유 역시 기술했다. 크로스 플랫폼에서의 추상화된 개념은 한 코드가 다른 플랫폼에 매우 쉽게 적용될 수 있게 도와주는데, 이는 곧 실시간으로 일어나는 소셜 경험 못지않게 멀티플레이어의 핵심적인 기본 요소이기도 하다. 이는 비대칭적인 컨트롤 입력 때문에 생기는 문제와는 상관없이 VR 세계의 콘텐츠는 플랫폼 전체에서 일관적이기 때문이다.

다음 장들의 정보 외에도 도움이 될 만한 크로스 플랫폼 개발 리소스는 다음과 같다.

- **토치3d**^{Torch3d}: 협업 VR과 AR 개발 도구

- **BridgeXR**: 유니티의 크로스 플랫폼 툴킷

- **Unity AR 프레임워크**: 유니티의 크로스 플랫폼 AR 프레임워크

- **Wikitude**: 유니티 전용 크로스 플랫폼 AR 프레임워크

7장에서 바산스^{Vasanth}는 사용할 수 있는 컨트롤 유형에 대한 더 많은 정보와 더불어 로코모션을 포함해 좀 더 구체적인 VR과 AR 디자인 사례를 보여준다.

이 업계에서 벤처 캐피탈리스트로 일했던 입장에서 스스로에게 종종 VR과 AR이 단지 한때의 유행일지 묻곤 했다. 내 대답은 변치 않았다. VR과 AR은 컴퓨팅의 불가피한 미래다. 다만 얼마나 걸릴지, 그게 2년일지 20년일지 아직 알지 못할 뿐이다. 그럼에도 우리가 성장을 가속화하려고 할 수 있는 모든 노력은 VR과 AR이 가져다주는 경이를 더 많은 친구 및 가족과 자연스럽게 공유하는 미래에 이르게끔 도울 것이다. 그게 내가 기대하는 미래다. 우리 모두 함께 다다를 수 있길 바란다.

가상 현실 툴킷: 커뮤니티를 위한 오픈소스 프레임워크

하비 볼^{Harvey Ball}, 클로라마 도빌리아스^{Clorama Dorvilias}

가상 현실 툴킷^{VRTK, Virtual Reality Toolkit}은 일반적인 문제에 적용하기 쉬운 솔루션을 제공함으로써 VR 체험을 빠르게 구축할 수 있는 오픈소스와 크로스 플랫폼을 겸하는 툴킷이다. VRTK는 개발자를 위한 두 가지 주요 영역, 즉 상호작용과 로코모션 ^{locomotion} 기술에 중점을 두어 그러한 문제를 해결하는 다양한 방법을 제공한다.

VRTK란 무엇이며 사람들이 왜 사용하는가?

VRTK는 사용자에게 '끌어다 놓기', 즉 드래그 앤 드롭 기능을 제공하는 오픈소스 코드베이스^{codebase}다. 간단한 구성을 통해 유니티 3D에 애셋을 끌어다 놓을 수 있으므로 사용자는 로코모션이나 내브메시^{navmeshes}, 다양한 사용자 인터페이스 및 주변과의 물리적 상호작용 등 이미 완벽하게 준비된 필수 게임 플레이 메커니즘을 갖춘 예제를 열어 즉시 게임 제작을 시작할 수 있다.

오픈소스라는 장점 덕분에 누구나 빠른 프로토타이핑을 위해 셋업 시간을 단축하고 애셋과 소스코드를 커스터마이징해 유니티에서 아이디어를 구현할 수 있다.

오큘러스 + 터치 컨트롤러, HTC 바이브, MR(혼합 현실) 헤드셋, 모바일 VR 헤드셋 등 개발하려는 모든 하드웨어에 정말 쉽게 적용할 수 있는 유일한 툴킷이라는 점이야말로 VRTK의 가장 큰 장점이다. 하드웨어 접근성은 의욕 넘치는 초보 VR 제작자가 넘어야 할 장벽이 될 수 있으므로, 기본적으로는 VR 시뮬레이터가 사용된다. VR 시뮬레이터를 사용함으로써 (VR을 체험할 때 필요한) 키보드 입력을 컨트롤러로 대체 가능한 미리보기와 더불어 완전히 기능적인 몰입형 게임을 유니티에서 제작할 수 있다.

VRTK의 목표는 새로운 VR 매체에 뒤따르는 일반적인 문제를 해결하고자 가능한 한 다양한 배경을 지닌 창의적인 사람들을 최대한 많이 데려오는 것이다. 문제를 해결하는 더 빠른 솔루션을 구축하고 시도하며 테스트할 수 있다면 무엇이 가능하고 불가능한지 파악하는 진화 과정에 가속을 붙일 수 있다. 결국 '진화'란 가능한 한 가지 방법을 찾아내기까지 거쳐야 하는 수십만 번의 시행착오나 다름없기 때문이다.

VRTK가 이처럼 대규모로 이뤄지는 참여에 힘을 실어주는 방법은 VR 개발의 정석을 따르든 아니든 최신 VR 게임을 만들거나 심지어 시뮬레이션 솔루션을 제작하는 기업체든 상관없이 그 어떤 이유로든 VRTK를 사용하려는 모든 이에게 툴킷을 (MIT 라이선스 하에서) 오픈소스와 무료로 제공하는 것이다.

사용자나 개발자에게 VRTK를 완전히 무료로 제공함으로써 VR 개발의 진입 장벽이 크게 낮아졌고, 그 덕분에 창의적이고 새로운 아이디어를 현실로 바꾸려는 사람들이 기회를 얻을 수 있다.

VRTK의 역사

2016년 4월의 어느 주말, 하비는 스팀VR 플러그인 스크립트에서 그러모은 지식을 바탕으로 다른 사람들이 R로 쉽게 뭔가를 제작할 수 있게끔 하고자 했다. 작성하는 데 두세 시간 남짓밖에 걸리지 않은 그 스크립트는 유니티 3D 전용의 단일한 스크립트로, 스팀VR 카메라 장비로 드래그 앤 드롭이 일어나는 즉시 장면 내에서 레이저 포인터를 켜서 그 끝이 가리키는 어디로든 이동할 수 있게 했다. 이 스크립트는 또한 고정 조인트에 기반을 둔 '집어 들기' 시스템을 사용해 물체를 집어 올릴 수 있게끔 했다. 그건 굉장했다. 장면을 만들 수도 있고, 단 한 번의 드래그 앤 드롭으로 장면 주위를 이동할 수도 있고, 물건을 집어 들어 던질 수도 있었다. 전 세계에 널리 공유하는 게 그다음 단계였다. 구독자 수가 100명도 안 되는 무명의 유튜브 채널에 이 VR 스크립트를 어떻게 쓰는지 알려주는 비디오 하나가 올라왔다.

며칠 지나지 않아 동영상의 조회수는 수천 회로 늘어났다. 비슷한 상황에 처한 수많은 사람이 VR 콘텐츠를 제작하는 방법에 대한 자습서를 찾아 헤매고 있었다. 이들이 보내는 열화와 같은 성원 앞에 그처럼 초보적이고 미미한 수준의 스크립트는 그들을 돕는 최선의 방법이 아니라는 사실을 즉시 깨달았다. 너무 제약도 크고 단일하게 묶인 탓에(한 스크립트가 모든 작업을 수행했기 때문에 커스터마이징은 그 자체로 고역이었다) 사람들이 커뮤니티를 이뤄 함께 작업할 수 있는 종류의 스크립트가 전혀 아니었다.

스팀VR 유니티 툴킷에 온 것을 환영한다

이 독창적인 단일 스크립트가 성공한 직후 스팀VR 유니티 툴킷이 탄생했다. 이는 재사용할 수 있고 확장 가능한 스크립트 모음을 구축하려는 노력의 일환으로, 숙련된 개발자뿐 아니라 (뭐라도 시도하고 싶지만 가능할지 몰라 망설이는) 순전한 초보자들 역시 HTC 바이브를 기반으로 좀 더 쉽고 빠르게 개발할 수 있도록 돕고자 했다. 스팀VR 유니티 툴킷은 기본적으로 유니티 3D에 내장된 스크립트 툴킷으로, 스팀VR 플러그인을 지원할 뿐 아니라 텔레포팅, 포인터, 집어 들기, 터치패드 로코모션과 같은 솔루션 모음을 제공하기 때문에 기능에 매우 걸맞은 이름이었다. 전적으로 무료이자 오픈소스였기 때문에 VR에서 흥미를 끄는 콘텐츠를 제작하려는 사람에게 인기를 얻기 시작했다. 그런 콘텐츠 중 일부는 장차 VR에서 가장 널리 알려진 게임이 될 것이었다.

당시는 VR 개발의 서부 개척시대나 다름없었다. 누구도 (VR이라는) 매체가 무슨 문제에 맞닥뜨리게 될지는 알지 못했고 솔루션의 답을 가진 사람 역시 아무도 없었다. 스팀VR 유니티 툴킷은 사람들이 코드베이스에 기여할 뿐 아니라 다른 사람들이 자신의 VR 체험과 게임을 쉽게 구축할 수 있도록 아이디어를 제공하게 해서 솔루션에 대한 아이디어를 공유할 수 있는 깃허브 리포지터리로 거듭났다. 실제로 퀴VR^{QuiVR}의 개발자는 VRTK에 여러 가지 멋진 기능, 특히 활과 화살이 있는 예제를 제공했고, 신진 개발자들은 이에 영감을 얻어 재미있는 활과 화살 게임을 여럿 만들어냈다.

스팀VR 유니티 툴킷을 사용하는 개발자의 수가 늘어나면서 개개인이 겪는 개별적인 문제를 해결하는 일은 점점 어려워졌다. 사용자가 몇 안 됐을 때는 바로 스카이프^{Skype} 콜을 걸어 문제를 해결할 수 있었지만, 이제 사용자가 수천 명이면 절대 그런 방식으로 잘 될 수가 없었다.

툴킷을 사용하는 커뮤니티는 단시간 내 빠르게 성장했으며, 아이디어를 자유롭게 소통하고 품어 키울 수 있는 곳이 필요했다. 솔루션은 슬랙 채널이었다. 누구나 참여하고 기여하고 도움을 구하고, 장차 다른 사람들이 사용하는 툴킷의 기능이 될 아이디어에 대해 대화를 나눌 수 있었다.

슬랙 채널은 오늘날 커뮤니티의 핵심이며, 전 세계 4,500명 이상의 사람들이 그곳에서 문제를 해결하고 사용자가 VR을 더 흥미롭게 체험할 수 있게 만드는 방법의 아이디어를 공유한다. 슬랙 채널은 진정한 커뮤니티로서의 유대감, 온라인 우정과 파트너십을 쌓아 정말 근사한 VR 게임을 만들어가는 새로운 벤처로 자리 잡았다.

커뮤니티의 사람들은 아이디어를 열정적으로 공유하고자 했고, 이는 스팀VR 유니티 툴킷을 한 사람의 작업이 아닌 커뮤니티 전체가 노력을 기울이는 수단으로 만들었다. 이는 커뮤니티가 점점 더 많은 VR 체험을 더하며 놀라운 속도로 성장하는 데 기여했다.

현재 커뮤니티는 오큘러스 헤드셋 담당자를 둔 경험 많은 VR 회사들도 관심을 가질 만한 수준으로 성장했다. 오큘러스는 하비가 바이브 외의 헤드셋에서 툴킷을 작동시킬 수 있도록 리프트와 터치 컨트롤러 팩을 무료로 제공할 만큼 친절했다. 며칠 만에 툴킷은 멀티헤드셋이 가능하게 변모했다. 바이브에서 작동하도록 뭔가를 구축하기만 하면 이제 오큘러스 리프트에서도 흠 없이 매끄럽게 돌아갈 것이었다. 툴킷은 이제 유니티 3D 제품에서는 빠져 있었던 SDK의 추상화 레이어 역할을 하게 됐다.

그러나 툴킷이 오큘러스에서 작동하게 되면서 작은 문제가 하나 생겼다. 이름 말이다. 스팀VR 유니티 툴킷은 이제 스팀VR에만 국한된 것이 아니었으므로 커뮤니티는 툴킷의 이름을 가상 현실 툴킷Virtual Reality Toolkit, 줄여서 VRTK로 다시 명명했다.

커뮤니티는 계속 발전을 거듭해 이제는 클라이밍, 팔 스윙 로코모션, 물리 법칙을 사용해 물체를 옮기는 것에서부터 물체를 컨트롤러의 차일드child 계층으로 만드는 것과 같은 간단한 기술에 이르는 다양한 유형의 그랩 메커니즘처럼 점점 더 멋진 기능을 갖춰왔다.

그러나 또 다른 문제가 불거졌다. 툴킷 자체는 스팀VR의 설정 방법과 작동 방식을 중심으로 개발됐다. 오큘러스 SDK 통합은 실제로는 스팀VR의 내부 작동 구조 맨 위에 얹어놓은 추상화 레이어일 뿐이었다. 하비는 또 다른 헤드셋과 기술이 출시될 때 이 문제가 장차 더 큰 문제를 불러올 것을 깨달았다. 스팀VR의 토대에만 전적으로 의지할 수는 없었다. 향후 다른 헤드셋의 작동 방식과 근본적으로 다를 수 있기 때문이었다.

이 시점까지 VRTK는 이미 많은 일을 해왔고 많은 사람이 행복하게 온갖 훌륭한 작업물을 내놓고 있었지만, 하나 분명한 건 근본적인 차원에서 어떤 특정 기술에도 의존하지 않는 방향으로 다시 생각하고 재구성하고 재건해야 한다는 사실이었다.

VRTK의 인기가 폭발적으로 증가했기 때문에 감지 확인 결정sense-checking decision이나 아키텍처 파운데이션에 들인 시간은 많지 않았다. 애초에 스팀VR을 지원하는 레거시를 기반으로 삼았기 때문에 코드베이스 역시 그 콘셉트 위주로 계속 커져갔다. 커뮤니티에 기여하는 사람들이 늘어나면서 추가되는 코드도 늘어나고, 유지 관리와 확장 역시 그만큼 어려워졌다. 이 시점에 VRTK는 기본적인 설계 사양 수준에서 다시 작성돼야 한다는 게 명백해졌다.

VRTK v4

VRTK v4는 툴킷이 주는 경험에 완전히 새롭게 접근했다. 이는 특정 작업만을 수행하는 사전 빌드 스크립트가 아니라 VR(또는 관련된 다른 사용 사례)에 유용한 기능을 제공하고자 다양한 방식으로 재구성될 수 있는 근본적인 설계 패턴일 것이었다. 이는 앞으로 테크놀로지가 어떻게 변화하더라도 툴킷이 즉시 지원 가능할 수 있으리란 점에서 매우 중요했다. 개발자는 시장에서 성공을 거두고자 하는 어떤 초창기 하드웨어로든 쉽게 개발을 할 수 있고, 이는 더욱더 많은 게임과 VR 체험을 뜻하며, 오직 성공적인 진화 과정을 도울 뿐이었다.

2018년 4월 말, 개발자가 어떻게 툴킷을 사용할 것인지에 대해 완전히 새로운 접근을 시도하는 데서부터 VRTK v4 작업이 시작됐다. 또한 유니티 3D의 핵심적인 기능에 의존하지 않았기 때문에 툴킷의 미래는 자연히 언리얼 엔진, 웹VR, 고도^{Godot}와 같은 다른 플랫폼으로 확장될 수 있었으며, 또한 그것을 지향했다. 이러한 전제는 VRTK가 지닌 잠재력을 더욱 흥미롭게 만들었다. 개발자가 VRTK의 기본적인 사항뿐 아니라 유니티 3D에서 VRTK를 사용해 솔루션을 제작하는 방법까지 파악할 수 있다면 그렇게 얻은 지식을 다른 플랫폼으로 이전하는 것을 막을 일은 거의 없다. 유일한 장애물이라면 다른 플랫폼의 인터페이스를 어떻게 사용하는지 배우는 정도겠지만, HMD와 작업할 엔진을 선택할 수 있는 기능은 모든 개발자에게 비슷하게 매우 유익할 것이다.

VRTK 팀과 커뮤니티의 큰 열망 중 하나는 VRTK와 VR 개발에 최대한 많은 사람이 접근할 수 있게 하는 것이었다. 이미 수많은 해커톤, 워크숍, 고등학교와 대학교 같은 교육 기관에서 미래의 크리에이터에게 VR 개발을 가르치고자 VRTK를 사용하고 있다. 어떻게 VRTK v4는 이미 숙련된 개발자뿐 아니라 배우길 원하는 무경험자에게까지 새로운 툴킷의 성능을 교육할 수 있었을까? 여기서부터 VRTK 커리큘럼의 콘셉트가 나왔다. 그러나 먼저 대답해야 할 질문이 있었다. VRTK가 지닌 성능을 가르치는 데 도움이 되는 가이드, 자습서, 비디오, 학습 자료의 모음집뿐 아니라, 이들을 일관성 있는 방식으로 (사용자의 전문 지식 역시 염두에 둔) 다양한 수준에 맞춰 구현 가능하면서도 이해하기 쉬운 진입점을 제공할 수 있을까?

새로운 크리에이터들의 세상으로 완전히 새로운 매체를 가져올 수 있는 기술은 특별한 기회를 열어준다. 80년대 홈 컴퓨팅의 출현은 침실 프로그래머들이 비디오 게임 산업을 일구는 데 일조했다. VRTK가 그와 같은 흐름을 VR에서 재현하는 데 기여할 수 있을까? 이를 위한 열망은 분명히 존재하며, 교육 역시 그걸 위한 도구를 개발하는 것 못지않게 강조된다. 좀 더 중요한 것은 다양한 교육 콘텐츠를 무료 오픈소스로 확보해 배우고자 하는 모든 사람이 쉽게 사용하고 기여할 수 있게 하는 것이다.

VRTK의 미래

VRTK의 미래는 단지 초보자가 개발이라는 여정을 시작할 수 있는 플랫폼을 제공하는 데서 그치지 않고, 인디에서 AAA 스튜디오에 이르기까지 노련한 개발자를 위한 개발 프로세스 역시 지원하며, 신속하게 개선하는 것이다. 신뢰할 수 있는 검증된 도구를 제공해 '바퀴를 다시 발명하는 일' 같은 건 할 필요가 없도록 새로운 아이디어를 빠르게 프로토타이핑해 잘 돌아가는지 아닌지를 확인하게끔 하는 것이다. 메커닉이 아니라 콘텐츠에 집중하게끔 하는 기능은 개발자가 새로운 시장의 입맛을 돋우는 고도로 세련된 콘텐츠를 제작하는 데 더 많은 노력을 기울일 수 있게 하며, 한발 더 나아가 VRTK v4의 성능을 바탕으로 개발자가 기본으로 주어진 솔루션을 추가로 커스터마이즈하고 확장해 좀 더 독특한 경험을 제공할 수 있음을 뜻한다.

기업에 VR 접근성을 제공하는 기능은 VRTK의 중요한 사명이다. 업계에서 일상적인 문제를 해결하고자 VR 솔루션을 빠르고 저렴하게 시험할 수 있다는 것은 VR의 상업적 활용을 앞당길 것이며, 더 많은 투자가 이뤄짐으로써 이 새로운 매체를 번창시키고 번영케 할 것이다.

VRTK가 (매체로서) VR의 지속적인 개발뿐 아니라 증강 현실[AR]과 같은 다른 공간 컴퓨팅 분야를 지원하는 것이야말로 VRTK 커뮤니티의 희망이자 사랑이다. 미래의 전망은 밝아 보이며, VRTK가 더 밝게 만들 수 있기를 바란다.

VRTK v3의 콘셉트는 특정 기능에 집중하는 단일한 스크립트를 제공하는 것이었다. 스크립트를 끌어다 놓기만 하면 쉽게 작업을 수행할 수 있는 방법이긴 하지만, 기능적인 구성 요소를 커스터마이즈하려면 스크립트를 확장하고 (잠재적으로) 많은 양의 코드를 짜야만 했다. VRTK v4는 사용하려는 기능들을 공통 구성 요소로 세분화해 놨는데, 이들은 보통 단일한 특정 작업을 수행하게 돼 있다. 이렇게 쪼개진 구성 요소를 한데 묶어 단일 스크립트와 동일한 기능을 수행하는 프리팹[prefab]을 만드는 것이다. 이들 프리팹에 포함된 구성 요소는 보통 이벤트를 통해 서로 연결돼 있어서 실행 경로의 일부를 변경하거나 수정해야 하는 경우 이벤트에 필요한 요소만 골라 다시 연결해주면 보통은 굳이 코딩을 할 필요가 없다.

이렇게 하위 구성 요소를 둔 VRTK v4의 이점은 여러 번 재사용되는 기능들이 (물체를 옮기거나 충돌을 감지하는 등) 다양한 사용 사례에 폭넓게 쓰일 수 있다는 것이다. 또한 VRTK v4의 기본 핵심 코드는 VR과 전혀 관련이 없으므로 VR, AR, 심지어 데스크톱이나 모바일 체험까지 그 어떤 목적으로든 사용할 수 있다. 핵심 코드상의 프리팹이 제공하는 특정한 기능이 있는데, 일반적인 구성 요소라면 어떤 것이든 목적에 맞게 조합해냄으로써 새롭게 주어지는 요구 사항을 언제든 어렵지 않게 충족할 수 있게 하는 것이다.

VRTK v3의 또 다른 이슈는 스팀VR의 내부 기능을 기반으로 구축됐다는 점이었다. 즉, 어떤 것이든 다른 SDK를 지원하려면 결국 모든 걸 스팀VR의 설정 위에 레이어 형태로 얹어야 했다. 즉, 스팀VR과 확실하게 유사하지 않다면 지원 자체가 매우 어려웠다. VRTK v4는 특정 SDK에 기반을 두지 않으므로 완전히 보편적이고, 비교적 쉽게 여러 다양한 장치를 지원할 수 있었다. 한 가지 좋은 예는 장면 안에서 플레이어를 이리저리 이동시키는 것이다. V3에서는 이걸 터치패드 보행이라 불렀으며, 바이브 터치패드(또는 오큘러스 터치 썸스틱)에서 축^{axis} 데이터를 가져와 방향 데이터로 전환했다. 이 방식은 잘 작동되긴 했지만, 방향 정보는 언제나 터치패드 또는 그 비슷한 걸 통해 SDK에서 나오는 것으로 돼 있었다. 즉, 방향 정보를 플레이어 이동 스크립트에 삽입하는 정도의 간단한 작업이라 해도 늘 SDK의 전체 파이프라인을 거쳐야만 했다. VRTK v4에서는 그런 식으로 내장된 지식에 의존하지 않기 때문에 방향 데이터가 포함된 '벡터2'를 내보내는 '액션'을 만드는 작업이 매우 쉽다. 벡터2에서 계속 작업해 다양하게 변형을 꾀할 수 있는데, 가령 y 방향으로 반전시키거나, 여러 요소를 곱하거나, 심지어 데이터 자체를 float이나 Boolean(혹은 bool)과 같은 다른 데이터 형식으로 변환할 수도 있다.

하위 구성 요소 간에 메시지를 전달하고자 이벤트를 사용하는 VRTK v4의 새로운 접근 방식 덕분에 따로 코드를 작성할 필요 없이 특정 기능을 훨씬 쉽게 커스터마이즈할 수 있었다. 시각화된 스크립팅 도구를 사용해 간단한 드래그 앤 드롭으로 기능을 제작할 수 있는 것도 장점이다. 기본적인 코딩을 배우지 않아도 된다는 건 코딩 경력이 없더라도 여전히 독특한 경험을 만들고자 하는 사람을 위한 큰 발전이다.

VRTK의 성공

VRTK가 등장한 이래 툴킷은 3만 회 이상 다운로드됐으며, 솔로 인디 개발자에서 AAA 게임 스튜디오에 이르기까지 광범위한 프로젝트에 사용됐다. 그림 7-1은 VRTK 덕분에 개발 시간을 신속하게 단축시켜 오큘러스 스토어와 스팀을 비롯해 모든 주요 플랫폼에 오르는 데 성공한 제품의 타이틀 중 일부만을 보여줄 뿐이다.

Made With VRTK

Many games and experiences have already been made with VRTK.

그림 7-1. VRTK를 사용해 성공한 프로젝트

VRTK 온라인(http://bit.ly/2CdDopG)에서 위 게임의 전체 목록을 찾을 수 있다.

VRTK 4 시작

VRTK는 VR 솔루션을 빠르고 쉽게 개발할 수 있도록 도와주는 유용한 스크립트와 콘셉트의 모음이다. 초보자와 노련한 개발자 모두가 유니티 3D에서 VR 솔루션을 빠르고 쉽게 개발하도록 돕는 게 목표다.

VRTK는 다음과 같은 여러 가지 일반적인 솔루션을 다룬다.

- 가상 공간 내에서의 로코모션

- 물체를 만지고 잡거나 사용하는 것과 같은 상호작용

- 포인터나 터치를 통해 유니티 3D UI 요소와 상호작용

- 가상 공간 내에서의 신체 물리

- 버튼, 레버, 문, 서랍 등과 같은 2D와 3D 컨트롤

프로젝트 설정

프로젝트를 설정하기 위한 순서는 다음과 같다.

1. 3D 템플릿을 사용해 유니티 3D 2018.1 혹은 그 이상에서 새 프로젝트를 만든다.

2. Virtual Reality Supported 체크박스를 선택했는지 확인한다.

   a. 유니티 3D 메인 메뉴에서 Edit ❭ Project Settings ❭ Player를 차례대로 클릭한다.

   b. PlayerSettings inspector 패널에서 기타 설정을 연다.

   c. 스크립트 런타임 버전을 .NET 4.x 혹은 그와 동일한 버전으로 변경한다.

d. Virtual Reality Supported 옵션을 선택한다.

3. 지원되는 스크립팅 런타임 버전으로 프로젝트를 업데이트한다.

    a. 유니티 3D 메인 메뉴에서 Edit ❯ Project Settings ❯ Player를 차례대로 클릭한다.

    b. PlayerSettings inspector 패널에서 기타 설정을 연다.

    c. 스크립트 런타임 버전을 .NET 4.x 혹은 그와 동일한 버전으로 변경한다.

    d. 지원되는 스크립팅 런타임에서 유니티가 재시작할 것이다.

리포지터리 복제

깃허브에 있는 VRTK 리포지터리를 개인 프로젝트에 복제^{clone}하는 방법은 다음과 같다.

1. 프로젝트 Asset/ 디렉터리로 이동한다.

2. 필요한 하위 모듈을 Asset/ 디렉터리에 복제한다.

```
git clone --recurse-submodules https://github.com/thestonefox/VRTK.git
git submodule init && git submodule update
```

테스트 실행

VRTK/Scenes/Internal/TestRunner scene으로 이동한다.

1. 유니티 3D 메인 메뉴에서 Window를 클릭한 다음 다시 Test Runner를 클릭한다.

2. EditMode 탭에서 Run All을 클릭한다.

3. 모든 테스트를 통과하면 설치가 완료된 것이다.

환경설정

1. www.vrtk.io(또는 www.github.com/thestonefox/VRTK)의 깃허브 리포지터리(표 7-1 참조)에서 최신 버전의 VRTK를 다운로드한다.

표 7-1. 현재 지원되는 SDK

지원되는 SDK	다운로드 링크
VR 시뮬레이터	Included
스팀VR	https://assetstore.unity.com/packages/tools/integration/steamvr-plugin-32647
오큘러스	https://developer.oculus.com/downloads/package/oculus-utilities-for-unity-5/
엑시머스(Ximmerse)*	https://github.com/Ximmerse/SDK-legacy/tree/master/Unity
데이드림*	https://developers.google.com/vr/unity/download

 VR 헤드셋에 접근할 수 없거나 프로토타이핑을 위해 (불가지론적으로) 개발하려 한다면 유니티 3D에서 게임 개발 미리보기를 실행하는 데 SDK는 필요 없다.

a. VRTK는 현재 커맨드라인을 통해서만 접속할 수 있다. PC를 사용하는 경우 커맨드 프롬프트를 연다. 맥에서는 터미널을 연다.

b. 에디터에서 다음 명령을 복사해 붙여 넣는다.

```
git clone --recurse-submodules
```

c. 계속 진행하기 전에 먼저 엔터를 누르고 명령이 실행될 때까지 기다린다.

d. 에디터에서 다음 명령을 입력한다.

```
git submodule init && git submodule update
```

e. 엔터를 누르고 명령이 실행될 때까지 기다린다.

f. 옵션: 원하는 하드웨어에 맞는 SDK를 다운로드한다.

g. VRTK 4 애셋 폴더를 유니티 3D 프로젝트로 가져온다.

h. Assets/VRTK/Examples로 이동한 다음, Example Scenes를 열고 Play를 눌러 게임 장면에서 인터랙션이 어떻게 보이는지 확인한다.

예제 장면

이는 VRTK의 다양한 측면을 이해하는 데 도움을 주는 예제 장면의 모음집이다. VRTK를 처음 접하든, 또는 이번이 5천만 번째든 빠른 프로토타이핑을 하거나 기초적인 프로젝트에 바로 뛰어드는 데 훌륭한 출발점이기 때문에 여기서부터 시작하는 게 좋다.

예제 장면은 각자의 SDK에서 즉시 쓸 수 있는 기능을 위해 설정된 환경이다. 이 장면들 각각은 기능의 유형에 따라 제목이 붙여져 있다. 예제 장면은 쉽게 복사하고 커스터마이즈해서 프로젝트에 사용할 수 있으며, VRTK가 지원하는 모든 VR SDK를 지원한다.

Examples/README.md에서 예제의 전체 목록을 볼 수 있고 여기엔 VRTK의 기능을 보여주는 최신 예제도 포함돼 있다. (이미 포함된 VR 시뮬레이터 외에) VR 장치를 사용하고 싶다면 필요한 타사 VR SDK를 프로젝트로 가져오면 된다.

VRTK v4 예제 리포지터리를 확인하는 방법

VRTK v4 예제 리포지터리를 확인하는 데 필요한 단계는 다음과 같다.

1. VRTK는 현재 커맨드라인을 통해서만 접속할 수 있다. PC를 사용하는 경우 커맨드 프롬프트를 연다. 맥에서는 터미널을 연다.

2. 에디터에서 다음 명령을 복사해 붙여 넣는다.

```
git clone --recurse-submodules https://github.com/thestonefox/VRTK.git
```

3. 엔터를 누르고 완료될 때까지 기다린다.

4. 새 줄에 다음 명령을 입력한다.

```
git submodule init && git submodule update
```

5. 엔터를 누르고 완료될 때까지 기다린다.

6. 옵션: 원하는 하드웨어에 맞는 SDK를 다운로드한다.

7. Assets/VRTK/Examples로 이동해 Example Scenes를 연 다음, Play를 눌러 게임 장면에서 인터랙션이 어떻게 보이는지 확인한다.

다음은 현재의 예제 장면과 인터랙션 기능 목록이다.

입력 장면

컨트롤러나 키보드 입력에서 게임에 주어지는 정보를 표시한다.

오브젝트 포인터 장면

컨트롤러에서 방출되는 녹색 레이저를 사용해 레이캐스트raycast를 표시한다. 장면 내의 다양한 사물을 레이저로 가리켜 특정 사물마다 달라지는 반응을 볼 수 있다.

직선 포인터

포인터는 기본적인 직선 레이저 방출이다. UI 선택이나 오브젝트와의 상호작용에 가장 적합하다.

베지어^{Bezier} 포인터

지면을 가리키는 곡선 방출이다. 논란의 여지는 있지만 텔레포트를 위한 최고의 사용자 경험을 선사한다.

포인트-클릭 텔레포트

포인터를 사용해 이동하려는 영역을 선택할 수 있으며, '깜박'하는 순간 해당 위치로 재배치될 것이다.

즉석 텔레포트

이것은 깜박임과 유사한 '검은색 프레임'을 사용하는 것으로, 시야가 돌아왔을 때 사용자는 새로운 위치에 있게 된다.

대시 텔레포트

텔레포트를 하려는 지역을 가리키면 거기에 도착하기 위한 이동 프레임의 속도를 높일 수 있다. 이 움직임은 연속적이며 즉석 텔레포트보다 더 자연스럽다.

텔레포트 장면

텔레포트를 활성화하고자 썸스틱^{Thumbstick}을 클릭해 장면 내에서 텔레포트할 수 있는 여러 영역과 영역 유형을 표시하고, 다시 트리거 버튼을 클릭해 이동하려는 방향이나 지점을 가리킬 수 있다.

상호작용이 가능한 물체

다양한 물체가 있는 장면 주변으로 텔레포트한다. 컨트롤러의 그랩 버튼을 사용해 각 물체에 딸린 다양한 그랩 방식을 확인한다. 출시 당시 VRTK 애셋 폴더 안에 들어 있던 상호작용 유형의 몇 가지 사례는 다음과 같다.

정밀한 그랩

주어진 물체의 정확한 지점을 잡는다. 총을 예로 들면 손이 해당 물체의 어디쯤 위치하든 상관없이 사용하기 쉽게끔 자동으로 특정 위치를 잡게 할 수 있다.

총 그랩

총 모양의 물체를 잡으면 어떤 각도로 집어 들든 항상 사격이 준비된 상태로 쥐어진다.

토글 그랩

물체를 잡을 때 버튼에서 손을 떼고 버튼을 다시 누를 때까지 잡고 있는 상태를 유지할 수 있다.

양손 그랩

양손으로 물체를 잡고 사용하던 그대로 고정시킨다.

펌프

펌핑하는 동작을 물체에 사용해 지정된 효과를 생성할 수 있다.

경첩

예를 들어 문이 열리고 문이 닫힐 때 특정 축에서만 움직인다.

다른 상호작용으로는 스케일링 그랩, 양손을 써서 정밀하게 그랩, 기본 조인트, 커스터마이즈 가능한 조인트, 캐릭터 조인트, 집어 들어 잡기(그랩) 등이 포함된다. 출시돼 있는 애셋의 자세한 내용은 웹 사이트를 확인하라.

장면 전환기

'플레이' 모드에서는 카메라리그^{CameraRig} 전환기를 써서 여러 다른 유형의 SDK를 오가거나 시뮬레이터를 선택할 수 있다. VRTK에 주력해 사용하지 않는 경우에 특히 유용한데, 여러 헤드셋을 위해 동시에 개발할 때 버튼 하나만 클릭하면 각 헤드셋의 개발 단계에서 실시간으로 어떻게 보이는지 미리 확인할 수 있기 때문이다.

VRTK 코어 프로젝트를 맨 처음부터 설정하는 방법

1. 유니티 3D 2018.1+ 프로젝트에서 새 장면을 연다.

2. Virtual Reality Supported 체크박스를 선택한다.

3. Project Settings ❯ Player ❯ Other Settings로 이동한다. 구성에서 스크립팅 런타임 버전을 .Net 4x 혹은 그 이상으로 변경한다.

4. 진행이 완료되면 Restart를 누른다.

5. 깃허브에서 VRTK.Unity.Core 패키지를 다운로드한 다음 애셋 폴더를 유니티 3D 프로젝트로 끌어다 놓는다.

유니티 카메라 리그를 설정하는 방법

1. 현재 장면에서 Hierarchy 탭으로 이동한 다음 기본 카메라를 삭제한다.

2. VRTK 카메라 리그를 장면 내로 끌어다 놓는다.

   a. Assets ❯ VRTK Unity.Core ❯ CameraRig ❯ [UnityXRCameraRig]로 이동한다. [UnityXRCameraRig] 프리팹을 Hierarchy 탭[1]으로 끌어다 놓는다.

3. 장면에서 Play를 눌러 카메라 미리보기를 실행한다.

헤드 앵커

헤드셋 전체의 위치를 참조하는 페어런트parents 게임 오브젝트

---

1. 이 글을 쓰는 시점에서 VRTK v4는 아직 개발 중이다. 작업을 시작하기 위한 설명서와 튜토리얼의 최신 업데이트는 vrtk.io (https://www.vrtk.io)를 참조하기 바란다.

왼쪽 앵커

헤드셋의 왼쪽 눈 렌즈를 참조하는 차일드[child] 게임 오브젝트

오른쪽 앵커

헤드셋의 오른쪽 눈 렌즈를 참조하는 차일드 게임 오브젝트

추적된 앨리어스를 설정하는 방법

1. Tracked Alias 프리팹을 Hierarchy 내로 끌어다 놓는다.

2. Assets ❯ VRTK.Unity.Core ❯ CameraRig ❯ Tracked Alias로 이동한다.

3. 추적된 앨리어스 게임 오브젝트는 차일드 게임 오브젝트로, 하드웨어 유형에 따라 달라지는 센서에 맞춤형으로 체화된 사용자 상호작용을 위해 커스터마이즈가 가능하다.

플레이 영역 앨리어스

사용자 경험을 위해 하드웨어 센서가 추적할 물리적 공간을 참조한다.

헤드셋 앨리어스

헤드셋 위치를 참조한다.

왼쪽 컨트롤러 앨리어스

왼쪽 컨트롤러를 참조한다.

오른쪽 컨트롤러 앨리어스

오른손 컨트롤러를 참조한다.

장면 카메라

이 게임 오브젝트는 경험 내에 배치될 다양한 카메라를 참조한다(1인칭 또는 3인칭 시점).

출시된 시점에 웹 사이트에서 사용 가능한 다른 자습서는 다음과 같다.

- 시뮬레이터를 설정하는 방법: How to set up the Simulator

- VRTK 액션 소개: Introduction to VRTK Actions

- 포인터를 설정하는 방법: How to set up a pointer

- 포인터로 텔레포트를 설정하는 방법: How to set up teleporting with a pointer

- 상호작용이 가능한 오브젝트 설정 방법(인터랙터/인터랙터블): How to set up interactable objects (interactor/interactables)

8장

가상 현실과 증강 현실을 개발하는 세 가지 좋은 방법

바산스 모한^{Vasanth Mohan}

가상 현실과 증강 현실을 개발하는 일은 어렵다

이게 아마도 이 책을 읽는 가장 첫 번째 이유일 것이다. 그러니 개발에 뛰어들기 전에 먼저 그 복잡성을 파악하는 게 중요하다. 먼저 다른 대다수 분야에 비해 가상 현실을 개발하기 훨씬 더 복잡하게 만드는 요소부터 살펴보자.

도구부터 시작하자. 8장에서는 유니티 게임 엔진을 예시로 사용한다. 2005년 출시된 이래 유니티는 전 세계 수많은 개발자가 모바일, 콘솔, 데스크톱에 이르는 모든 것으로 3차원 게임을 개발하는 데 도움을 줬다. 그처럼 유니티는 많은 사람에게 3D 개발의 중추 역할을 해 왔고 수년에 걸쳐 놀라운 커뮤니티를 육성했지만, 결코 완벽하다고는 말할 수 없다. 가상 현실^{VR}과 증강 현실^{AR}에 대한 디자인 패러다임은 지속적으로 발전하고 있기 때문이다. 2013년에 최신 VR 개발 키트가 출시되면서 유니티의 내장^{built-in} 도구와 외부 플러그인이 크게 개선되긴 했지만, 크로스 플랫폼 개발과 멀티플레이어 같은 특정 작업은 여전히 버튼을 활성화하는 것처럼 간단하지는 않다. 이런 점을 염두에 두고 계속 읽어 나가기 바란다.

다음은 하드웨어다. 도구뿐 아니라 다양한 종류의 하드웨어가 개발을 대단히 복잡하게 만들 수 있다. 오큘러스 리프트에서 플레이스테이션 VR, ARKit를 실행하는 아이폰에 이르기까지 각 장치별로 고유한 요구 조건을 충족시키고자 사례마다 최적화가 필요하다는 제한 사항이 있다. 그래픽이나 게임 개발 쪽에서 넘어오는 경우 딱히 새로운 일은 아니겠지만, 각 장치에는 특정한 앱을 개발할 때마다 통합을 필요로 하는 버튼과 추적 조건이 저마다 다 다르다.

그리고 마지막으로 유지 보수가 있다. 앞서 언급했듯 VR과 AR은 진화하는 분야다. 따라서 도구와 하드웨어 모두 놀라운 속도로 끊임없이 변화한다. 유니티는 약 3개월마다 주요한 변동 사항을 내놓으며, 기존 헤드셋용 도구나 새로운 헤드셋은 그보다도 훨씬 빠르게 변할 수 있다. 심지어 때로는 VR 체험을 공개하기 직전까지 끊임없이 코드를 최신 상태로 유지해야 한다. 시간이 더 들겠지만 모든 사람에게 확실히 만족스러운 체험을 제공하려면 필요한 작업이다.

이 분야엔 온갖 어려운 문제가 수도 없이 널렸지만, 터널 끝에는 빛이 있다. 내 생각에 VR과 AR은 우리가 할 수 있는 가장 보람 있는 개발이다. 쉽지 않을 수도 있고 분명 실망스러울 때도 있겠지만, 헤드셋을 쓰고 웃음 짓는 사람을 볼 때마다 나는 엄청난 보람을 느낀다.

8장을 이렇게 긴 소개말로 시작하는 이유는 개발에 따르는 한계점을 명확히 하는 동시에 실제 작업하면서 맞닥뜨릴 제약 조건을 강조하기 위함이다. 신중한 계획을 세우고 디자인 팀과 협력해 설득력 있는 경험을 제공할 수 있는 스코프를 지정함으로써 앞에서 얘기한 대부분의 문제를 해결하거나 없앨 수 있다.

VR과 AR 개발은 어렵다. 그러니 8장에서는 개발을 쉽게 만들어주는 여러 팁과 요령을 활용하는 방법을 알아볼 것이다. 앞에서 말한 대로 VR과 AR에서 사용할 수 있는 세 가지 개발 방법을 살펴보고자 한다.

로코모션 다루기

먼저 VR과 AR 모두를 위해 몇 가지 다른 유형의 로코모션^{locomotion} 메커니즘을 구축하는 방법을 살펴보자. 로코모션 자체는 매우 간단하지만 모든 종류의 경험을 만들 때 매우 중요한 메커니즘이다. 이는 개발자가 무한한 세상을 만들어 유한한 공간, 예를 들면 당신의 방 위에 겹쳐놓을 수 있게 해준다. 로코모션 문제를 해결하는 방법에는 여러 가지가 있으며, 어떤 종류를 고를지 여부는 보통 사용자가 얼마나 몰입하는지에 따라 결정될 것이다. 이 장에서는 선형 이동, 텔레포트, 스케일 이동의 세 가지 다른 유형의 로코모션을 다룬다.

 개발을 시작하기 전에 여기서 직접 다루지는 않겠지만 향후 배울 만한 가치가 있고 눈여겨볼만한 몇 가지 로코모션 시스템을 언급해 두고자 한다.

걷기 리디렉션

헤드셋으로 렌더링되는 이미지를 약간 왜곡시켜 실제로는 구부러진 방향으로 걷고 있더라도 막상 사용자는 직선 방향으로 걷고 있다고 믿게 만드는 그래픽 기술이다. 뇌를 속이려면 큰 영역이 필요하다.

질주하기

짧은 간격, 예를 들어 0.5초 정도의 시간을 두고 사용자를 목적지로 빠르게 이동시킨다. 장점은 시뮬레이션 멀미가 일어날 가능성을 줄여 주면서도 더 나은 몰입감을 줄 수 있다는 것이다.

클라이밍

사용자는 손을 사용해 가상 물체를 잡고 원하는 방향으로 몸을 당길 수 있다.

현장에서 컨트롤러 보조하기(CAOTS)

가상 현실 공간으로 이동하면서 위치 추적 컨트롤러를 사용한다. 이 추적은 스팀에서 무료로 올라와 있는 자유 로코모션(Freedom Locomotion) VR 애플리케이션에서 사용된다.

일대일

플레이어의 손이 닿는 범위 내에서 VR 체험에 필요한 모든 것을 충족시킬 수 있다면 '잡 시뮬레이터'에서와 같이 로코모션이 전혀 필요하지 않을 수도 있다. 심지어 한 발 더 나아가 가상 공간 자체를 플레이어가 처한 공간의 넓이에 맞춰 경험은 한층 더 실제에 근접하게 만들 수 있다.

VR에서의 로코모션

들어가기 전에 애플리케이션에 통합된 로코모션의 종류는 애플리케이션 자체에 크게 좌우된다고 말하고 싶다. 앞으로 소개할 구현은 VR 게임을 통틀어 가장 일반적으로 쓰이지만, 여러분이 개발하려는 것에 꼭 들어맞지 않을 수도 있다. 그럼에도 불구하고 이러한 구현을 알아두면 유용한데, 특히 뭐가 돌아가고 아닌지를 파악하고자 프로토타이핑을 할 때 그렇다.

직선 운동(일명 트랙패드 운동)

구글 카드보드 외의 모든 최신 VR 시스템에는 그림 8-1과 같이 일종의 컨트롤러가 제공되며, 모든 컨트롤러에는 조이스틱이나 트랙패드가 딸려온다.

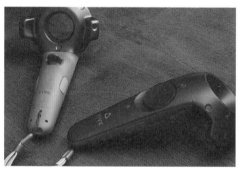

그림 8-1. 오큘러스 리프트 컨트롤러(왼쪽)와 HTC 바이브 컨트롤러(오른쪽)

이처럼 조이스틱이나 터치패드를 입력으로 사용해 간단한 2D 이동 시스템을 만들 수 있다. 1인칭 슈팅 게임에 익숙하다면 그런 게임과 매우 비슷한 이동 메커니즘일 것이다.

시작하려면 먼저 플레이어를 설정해야 한다. 이를 위해 유니티에 내장된 물리 시뮬레이션, 즉 리지드바디^{Rigidbody} 컴포넌트(그림 8-2 참고)를 플레이어에 연결해야
한다. 리지드바디를 사용하는 장점 중 일부는 물체에 힘과 속도 기능을 쉽게 추가
할 수 있을 뿐 아니라 두 물체 간의 물리적 충돌을 시뮬레이션할 수 있다는 것이다.
특히 속도를 사용해 플레이어를 선형으로 움직일 뿐 아니라 지면과 충돌하는 시점
을 감지하려 할 때 이 기능은 매우 유용하다.

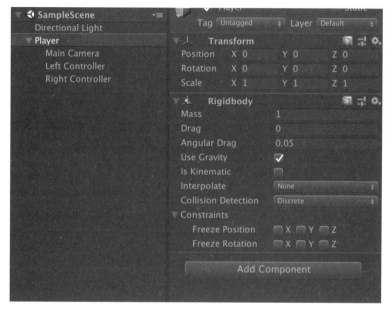

그림 8-2. VR 플레이어의 리지드바디

다음으로 플레이어를 경계 짓는 범위를 지정하고자 콜라이더^{collider}를 추가해야 한
다. 좋은 소식과 나쁜 소식이 있는데, 좋은 소식은 범위가 완벽하게 딱 떨어질 필요
는 없다는 것이다. 보통 간단한 캡슐 형태의 콜라이더만으로 충분한데, 이 기능은
그림 8-3과 같이 유니티에 내장된 콜라이더로서 성능에 최적화돼 있다.

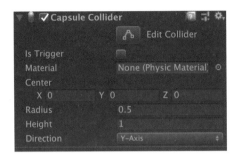

그림 8-3. 유니티에 내장된 캡슐 콜라이더(플레이어에 추가됨)

나쁜 소식은 전통적인 비디오 게임에서 플레이어가 충돌하는 범위를 지정할 때와
달리 VR(및 AR)의 경우 게임을 하는 모든 사람에게 같은 높이가 일괄적으로 적용되
기 어렵다는 것이다. 이 문제를 고칠 만한 몇 가지 방법은 다음과 같다.

- 세션이 진행되는 동안 측정이 가능하도록 시작하기 전에 플레이어가 가만
  히 서 있도록 요청한다.

- 플레이어의 현재 높이가 최대 높이라고 가정한다.

어느 쪽도 최적은 아니지만, 사용되는 사례에 따라 한 솔루션이 다른 솔루션보다
더 유리할 수 있다. 다만 대부분의 VR 툴킷(스팀VR, VRTK 등)에서 기본값으로 구현
되는 건 두 번째 솔루션이다. 어떻게 구현됐는지 알아보려면 아래의 의사코드를
보면 된다(실제 구현은 깃허브에서 확인할 수 있다).

```
public Collider capsule;  // set from the Unity Interface
public Transform player;  // set from the Unity Interface
void AdjustCapsuleHeight() {
    var playerHeightOffset = player.localPosition;  //player's height from ground
    capsule.height = playerHeightOffset;     //set the height
    capsule.localPosition.y = -playerHeightOffset / 2;
//because capsule pivot is in the center
}
```

물리 시스템을 설정하면 선형적인 움직임을 만들어볼 수 있다. 캡슐 콜라이더와 마찬가지로 의사코드는 다음과 같다(역시 깃허브에서 작동하는 솔루션을 찾아볼 수 있다).

```
public Rigidbody rigidbody;    // set from the Unity Interface
public float speed;            // set from the Unity Interface
void LinearMovement() {
    Vector2 trackpad = null;
    if (Input.GetTouch( LeftTrackPad )) { //check if left trackpad is touched
        trackpad = Input.GetLeftPad();    //set left trackpad 2D position
    }
    else if (Input.GetTouch( RightTrackPad )) { //check if right trackpad is touched
        trackpad = Input.GetRightPad();         //set right trackpad 2D position
    }
    if (trackpad != null) {
        rigidbody.velocity =
                new Vector3(trackpad.x, 0, trackpad.y) * speed;
    //set XZ velocity, so we don't start flying
    }
    else {
        rigidbody.velocity = Vector3.zero; //when not pressed, set to 0;
    }
}
```

이게 간단한 선형 운동을 설정하는 데 필요한 전부다. 설정하기 매우 간단한 이동 메커니즘이지만, 모든 사용자에게 적합한 것은 아니다. 추천하는 것은 이 로코모션 시스템을 (VR 사용자의 상당수를 구성하는) 좀 더 모험적인 사용자를 위한 옵션으로 둔 다음, 시뮬레이션 멀미에 좀 더 민감한 이들을 위해 다음에 소개할 로코모션 시스템인 텔레포트를 포함하는 것이다.

텔레포트 로코모션

최초의 오큘러스 개발이 출시된 이래 텔레포트는 대규모 가상 공간을 가로지르기 위한 가장 단순하고 효과적이면서도 논쟁의 여지를 남기는 솔루션 중 하나였다. 한편 다른 운동 시스템과 달리 시뮬레이션 멀미와 관련해 발생하는 많은 문제를 피할 수 있게 해주므로 접근하기 가장 쉽다. 그러나 제작하고자 하는 경험의 종류에 따라서는 몰입감^{immersion}을 급속도로 무디게 만들어 버릴 수도 있다. 즉, 웬만한 경우엔 경험에 포함시키고 싶을 테니 작업 벨트에 찔러 넣어 두면 좋을 만한 놀라운 도구란 뜻이다. 이제 개발해보자.

몇 가지 다른 종류의 텔레포트가 있지만, 우리가 만들고자 하는 것에 집중하고자 가장 일반적인 형태 중 하나인 베지어(또는 곡선) 텔레포트(그림 8-4)에서 시작해보자. 곡선 경로가 자주 사용되는 두 가지 이유는 다음과 같다.

- 플레이어가 움직일 수 있는 거리를 제한하는데, 또한 이는 플레이어가 레벨을 통째로 가로질러 움직이는 일을 제한한다.
- 플레이어가 도달하고자 하는 위치의 정밀도를 떨어뜨린다.

그림 8-4. 곡선 텔레포트

시작하기 전에 먼저 몇 가지 설정을 할 필요가 있다. 텔레포트를 렌더링하는 방법 못지않게 커스터마이징을 위해서도 몇 가지 변수가 필요하다. 다행히도 유니티에는 원하는 모양과 느낌을 얻을 수 있도록 고도의 커스터마이징을 할 수 있는 내장된 라인 렌더러 컴포넌트^{Line Renderer Component}가 있다.

이와 같이 설정해 두고 텔레포트를 시작하려면 입력을 확인하자. 개발 중인 플랫폼에 따라 코드가 달라질 수 있는데, 특히 0, 1 또는 2개의 컨트롤러가 있는 경우 코드 역시 다양하겠지만 기본 개념은 결국(바이브 컨트롤러의 트랙패드나 오큘러스 리프트의 트리거처럼) 플레이어가 자주 누르기 편한 버튼을 선택하는 것이다.

더 큰 편안함을 위해 텔레포트를 하는 순간 플레이어의 시야를 아주 잠깐 검게 만들 수도 있다(깃허브 리포지터리에서 가능한 솔루션을 확인할 수 있다).

```
public Vector3 gravity;    //set in inspector as (0, -9.8, 0)
public LineRenderer path; //the component that will render our path
private Vector3 teleportLocation; //save the location of where we want to teleport
private Player player; //the player we will be teleporting
void Update() { //called every fame
    if (!CheckTeleport(LeftHand)) { //check the left hand
        CheckTeleport(RightHand); //if not teleporting with left hand try right hand
    }
}
bool CheckTeleport(Hand hand) { //check a hand to see the status of teleporting
    List<Vector3> curvedPoints; //the points on the teleport curve
    if (hand.GetPressed(TrackPad)) {
        //check if track pad ( button for teleport) is pressed
        if (CalcuateCurvedPath(hand.position, hand.forward, gravity,
                        out curvedPoints)) { //calculate teleport
            RenderPath(curvedPoints); //if calculate, render the path
            teleportLocation = curvedPoints[curvedPoints.Count - 1];
            //set teleport point
            return true;
        }
    } else if (hand.GetPressedUp(TrackPad)) { //time to actually teleport
        player.position = teleportLocation;   //move the player instantly
    }
    return false; //we are not using this hand currently for teleporting
}
```

이제 실제의 텔레포트용 코드를 살펴보자. 핵심 방법은 CalculateCurvedPath로 시작점, 방향, 중력 효과를 취한 다음 곡선 경로를 출력하는 것이다. 이들 입력값을 써서 간단한 물리 시뮬레이션을 실행한 후 곡선 경로를 따라 지상에 도달하는 데 얼마나 걸리는지 계산할 수 있다. 간단하게 하고자 속도는 정규화된 방향으로 정의하지만, 이 값을 변경하면 또 다른 효과를 얻을 수 있다.

```
bool CalculateCurvedPath(Vector3 position, Vector3 direction,
        //calcuates the teleportation path
        Vector3 gravity, out Vector3 points) {
    int maxDistance = 500; //sets the max distance the path can travel
    Vector3 currPos = origin, hypoPos = origin, hypoVel = direction.normalized;
    //initialize variable to keep track off
    List<Vector3> v = new List<Vector3>(); //list of points
    RaycastHit hit; //gets raycast info at each step
    float curveCastLength = 0; //current distance traveled
    do { //loop
        v.Add(hypoPos); //add start
        currPos = hypoPos; //set start position as previous end postion
        hypoPos = currPos + hypoVel + (gravityDirection * Time.fixedDeltaTime);
        // calculate next point on curve
        hypoVel = hypoPos - currPos; //calulate the delta for the velocity
        curveCastLength += hypoVel.magnitude; // add velocity to distance
    }
    while (Raycast(currPos, hypoVel, out hit, hypoVel.magnitude) == false
            //check physics to see if we hit the ground
            && curveCastLength < maxDistance);
    points = v; //return points
    return Raycast(currPos, hypoVel, out hit, hypoVel.magnitude); //check if landed
}
void RenderPath(List<Vector3> points) {
    path.pointCount = points.Count;
    for ( int i = 0; i < points.Count ; i++) {
        path.points[i] = points[i]; //set all points in Line Renderer
    }
}
```

경로를 계산한 다음, 모든 점을 선 렌더러에 지정해 자동으로 렌더링할 수 있다. 한 가지 조심할 점이라면 버튼을 눌렀다가 떼는 동작마다 입력 코드로 돌아가 라인 렌더러를 활성화하거나 비활성화하라는 것이다. 그렇지 않으면 경로상의 첫 번째 지점이 항상 그대로 유지된다. 재미있는 버그지만 의도한 건 아니다.

이 모든 코드 덕분에 선형 이동보다 좀 더 복잡한 텔레포트를 갖게 됐지만, 다방면에서 확실한 가치가 있다.

AR에서의 로코모션

방금 VR에 엄청나게 중요한 로코모션 시스템 중 하나를 다뤘다. 이번 로코모션 시스템은 VR과 AR 모두에서 잘 작동하지만 특히 AR에 큰 영향을 끼치는데, 이는 로코모션용 도구 자체가 별로 없기 때문이다. 로코모션 때문에 가상 물체의 위치가 바뀌면(늘 고정된 현실 세계와는 달리) 조금 어색하게 보인다. AR로 이 문제를 해결하는 한 가지 방법은 규모를 달리 인식하게끔 시각적 트릭을 사용하는 것이다. 이는 실제로 달성하기 매우 쉽다.

자이언트(또는 앤트) 모드

VR과 AR의 가장 큰 셀링 포인트 중 하나는 새로운 체험이며, 이는 전에 없이 유리한 지점에서 사물의 크기를 조정할 수 있다는 것 역시 포함한다. 즉, 엄청나게 커지거나 작아질 수 있다.

이를 가능케 하는 한 가지 방법은 장면 내에서 각 사물의 크기를 늘리거나 줄이는 것이다. 단 문제가 있는데, 플레이어는 여전히 인간 크기이기 때문에 결과적으로 플레이어가 이동한 거리 역시 인간 기준으로 계산된다.

이 방법 대신 더 많은(또는 더 적은) 지면을 커버하면서 이동 거리(의 규모)를 조정하려면 플레이어 쪽을 조정하는 편이 종종 더 좋을 때가 있다. 이런 식의 스케일이 유니티와 거의 모든 게임 엔진에서 작동하는 방식은 페어런트 오브젝트 아래 중첩된 오브젝트의 위치와 규모 값을 곱하는 것이다. 이를 설명하기 위한 그림 8-5와 8-6을 살펴보라.

그림 8-5. 페어런트 오브젝트의 변형 매개변수

그림 8-6. 차일드 오브젝트의 변형 매개변수

차일드 오브젝트를 변형하는 방법은 다음과 같다.

위치

차일드의 (0, 1, 0)에 페어런트의 (1, 2, 1)을 곱한 내적$^{dot\ product}$ = (0, 2, 0)

규모

차일드의 (1, 1, 1)에 페어런트의 (1, 2, 1)을 곱한 내적 = (0, 2, 0)

이 지식을 그대로 AR 플레이어에 적용할 수 있다. 그림 8-7에서 볼 수 있듯 (1, 1, 1) 보다 큰 규모로 페어런트 오브젝트를 생성하기만 하면 된다.

그림 8-7. VR 플레이어 스케일링하기

그렇게 스케일이 (1, 1, 1)보다 크면 자이언트(거인) 플레이어를 만들고, 스케일이 (1, 1, 1)보다 작으면 앤트(개미)를 만들 수 있다. 명심해야 할 중요한 점이 하나 있는데, 각 축마다 스케일을 다른 값으로 설정할 수 있지만 이는 매우 혼란스러운 체험이 될 것이다. 이상하게 동작하는 걸 막으려면 모든 스케일을 정확히 동일하게 유지하고 가능하면 양수 값으로 유지하는 것이 좋다.

로코모션은 이게 전부다. VR과 AR 하드웨어가 변화함에 따라 다양한 유형의 로코모션을 실험할 수 있을 테고, 지금 일반적으로 사용되는 시스템 중 일부는 구식이 될지 모른다. 그럼에도 이러한 시스템을 전부나 일부 구축할 수 있다면 VR 공간에서의 개발을 다룰 수 있는 새로운 방법을 브레인스토밍하는 데 분명 도움이 될 것이다.

효과적인 오디오 사용

'VR'이나 'AR'이라는 용어를 들을 때 오감 중에 가장 먼저 떠오르는 건 무엇인가? 대부분의 사람은 시각이라 대답할 것이다. 세상을 보고 반응할 수 있으니까. 청각은 거의 항상 두 번째 또는 세 번째(터치 다음)에 걸린다. 그러나 현실(및 가상 현실)에서 오디오는 장소의 분위기를 형성하는 비주얼 못지않게 혹은 그 이상으로 중요하다. 다음의 세 가지 시나리오를 상상해보라. 그림 8-8에 표시된 것처럼 가상의 바다에서 항해하고 있는데 갑자기 다음 중 한 가지가 들려온다.

- 앰비언트^{ambient} 디스코 음악
- 뒤에서 들려오는 심장 소리
- (개발자가 귀찮아서) 안 넣음

그림 8-8. 광대한 바다

각각의 시나리오에서, 당신 옆에서 일어나는 일은 비주얼과는 독립적일지라도 무얼 듣고 듣지 않는지에 따라 크게 달라진다. 요컨대 오디오는 잊어버리거나 무시할 게 못 된다. 오디오를 최대한 활용하려면 어떻게 구현할지를 살펴보자.

VR에서의 오디오

이 부분에서는 유니티가 어떻게 오디오를 애플리케이션에 구현할 수 있게 했는지 자세히 알아보고자 한다. 현재 사용되는 방법은 전통적으로 2D 게임 개발자들이 사용해 왔던 것이다. 때문에 VR 개발자는 VR 환경 속에서의 오디오를 좀 더 실감나게 만들고자 몇 가지 단계를 더 거쳐야 한다.

앰비언트 대 3D 대 공간 오디오

유니티에는 다음과 같은 세 가지 오디오 유형이 있다.

앰비언트

플레이어의 위치와 무관한 2D 오디오. 저 멀리 숲에서 들려오는 새소리를 생각하면 된다.

3D 오디오

오디오가 3D 위치에 묶여 있어 (오디오를 듣는) 플레이어가 해당 위치에서 멀어질수록 볼륨도 낮아진다.

공간(바이노럴) 오디오

3D 오디오와 비슷하지만 주요한 차이라면 마치 실제 생활에서처럼 물체가 양쪽 귀에서 얼마나 떨어져 있는지에 따라 오디오의 좌우 채널 강도가 달라진다.

그림 8-9. 유니티의 오디오 설정 경로

각 오디오 유형은 VR 개발 내에 자리 잡고 있지만, 여기서는 가장 현실적인 체험을 위해 공간 오디오 설정으로 오디오를 시뮬레이션함으로써 실제와 매우 유사한 효과를 얻고자 한다.

현재 무료로 제공되는 여러 SDK가 있으며, 이들 대부분이 유니티를 사용하는 크로스 플랫폼에서 작동한다. 더 간단히 하고자 여기서는 현재 유니티에 내장된 오큘러스 공간 오디오 플러그인을 사용한다. 유니티 2108.2부터는 편집 탭(그림 8-9)에서 이 설정을 찾은 다음 Project Settings ❯ Audio ❯ Spatializer Plugin(그림 8-10)을 클릭하면 된다.

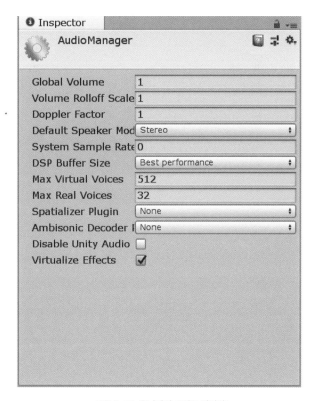

그림 8-10. 유니티의 오디오 관리자

공간화 플러그인을 오큘러스로 설정한 후 오디오 소스를 장면(이상적으로는 카메라 근처)에 추가할 수 있다. 이렇게 하면 그림 8-11과 같이 공간화 옵션이 활성화된다.

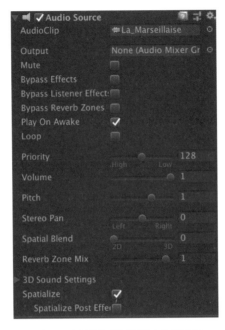

그림 8-11. 유니티의 기본 오디오 소스 컴포넌트

오디오 소스에서 공간화^{Spatialize}를 클릭한 다음 테스트해야 할 오디오 클립을 불러올 수 있다. 사용해보려면 장면을 실행한 다음 오디오 소스를 카메라 근처까지 끌어 오면 된다. 헤드폰이 있는 경우 왼쪽 귀에서 오른쪽 귀로 소리가 옮겨가는 것을 들을 수 있을 것이다. 이제 VR을 활성화하면 머리를 돌리는 것만으로 테스트가 가능하다. 꽤나 깔끔하지 않은가?

AR에서의 오디오

대부분의 경우 AR 헤드셋 개발은 모바일 AR과 매우 유사하다. 그러나 오디오의 경우라면 두 가지가 서로 매우 다른 접근 방식을 취한다. AR 헤드셋의 경우 VR 헤드셋과 유사한 스타일로 오디오를 개발할 것을 추천한다. 그러나 모바일 AR의 경우 공간화되지 않은 모노 오디오를 사용하는 것처럼 완전히 다른 접근법을 권장한다.

292

모노 대 스테레오

온라인에 있는 대부분의 오디오 파일은 스테레오 형식으로 돼 있다. 즉, 오디오가 왼쪽과 오른쪽 귀에 각각 하나씩 두 개의 채널로 녹음되기 때문에 헤드폰 사용자에게 유리하다. 그러나 모바일 AR의 경우 프로젝트에서 스테레오 파일을 가져와 모노로 변환하는 것이 가장 좋다. 즉, 하나의 채널만 있으면 되는데, 여기에 대한 이유는 세 가지다.

- 대부분의 모바일 사용자는 앱을 사용할 때 헤드폰을 사용하지 않는다.

- 헤드폰을 사용하더라도 스테레오 오디오, 특히 공간화된 오디오는 플레이어가 장치를 회전할 경우 머리가 좌우로 돌아가지 않더라도 오디오가 변경되기 때문에 혼란을 줄 수 있다.

- 또 다른 이점이라면 모노 오디오는 공간을 덜 차지한다. 이는 모든 모바일 장치에서 중요하게 여겨지며, AR 스튜디오나 렌즈 스튜디오로 개발할 때는 특히 중요하다.

최상의 경험을 제공하려면 3D 오디오 소스와 모노 오디오를 함께 사용해 플레이어가 물체에 더 가까이 이동할 때만 오디오가 변경되도록 하는 게 좋다.

모노 오디오 클립을 만들려면 오다시티^{Audacity}와 같은 프로그램을 사용해 왼쪽과 오른쪽 오디오 채널을 단일한 평균 채널로 결합할 수 있다. 이는 오다시티 내에서 쉽게 사용할 수 있는 옵션이다. (오다시티로 변환한) 클립을 내보낸 후 유니티 오디오 소스나 선택한 AR 프로그램으로 불러들여 사용할 수 있다.

공통적인 상호작용 패러다임

뉴턴의 제 3법칙: 모든 행동에는 그와 상응하는 반작용이 존재한다.

이를 VR과 AR에 적용한다면 사용자가 수행하는 모든 작업에서는 사용자의 기대와 일치하는 반응이 주어져야 한다. 물체를 던져 날아가는 걸 보든, 레버를 당겨 비밀의 문을 열든, 단순히 고개를 돌리며 세상이 달라져가는 걸 보든 말이다. 이러한 모든 작업은 훌륭한 게임 디자인의 범주에 속하기도 하지만, 그보다 사용자가 완전한 몰입감을 느끼고 시뮬레이터 멀미에 걸릴 가능성을 피하게끔 한다는 점에서 중요하다.

게임 디자인이 주는 또 다른 교훈은 지나치게 많은 입력 옵션으로 사용자를 압도하지 않아야 한다는 것이다. 이와 비슷한 결론으로 사용자에게 입력 옵션을 배우도록 안내할 때는 반드시 새로운 도구를 발견하는 것처럼 느끼게끔 해야 한다. 요컨대 사용자가 방금 앱을 다운로드했든, 이미 100시간을 썼든, 늘 다음에 무엇을 해야 하는지 알 수 있게끔 해야 한다.

다음에 개발할 것은 VR과 AR 에서 볼 수 있는 몇 가지 일반적인 입력 상호작용이다. 즉, VR 인벤토리 시스템^{inventory system}과 모바일 AR을 위한 터치스크린 레이캐스트^{raycast}다.

VR에서의 인벤토리

인벤토리 시스템은 플레이어가 이고지고 다녀야 하는 (상호작용할 수 있는) 물체에 대한 경험을 제작할 때 종종 필수적인 도구가 된다. 운 좋게도 우리가 짓는 게 가상 세계이므로 물체를 둘 수 있는 '무한'의 공간이 존재한다. 컨트롤러 앞에 물체를 놓을 공간을 확보해보자. 이를 설정하고자 인벤토리 슬롯(그림 8-12에 표시된 기본 구)을 생성한 후 컨트롤러(그림 8-13) 아래에 차일드로 두어 늘 컨트롤러를 따라오게 하자.

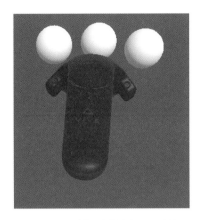

그림 8-12. 인벤토리 슬롯의 프로토타입

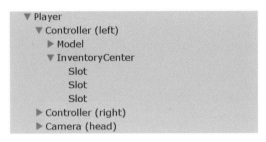

그림 8-13. 컨트롤러를 페어런트로 둔 인벤토리 설정하기

이렇게 설정했으니 이제 스크립트에 집중할 수 있다. 필요한 스크립트는 총 세 개로 InventoryManager, InvetorySlot, InventoryItem이다. 각각에 대해 좀 더 자세히 살펴보자.

InventoryManager

이 스크립트는 사용자가 왼쪽이나 오른쪽 컨트롤러에서 애플리케이션 메뉴 버튼을 눌러 해당 컨트롤러에 대한 모든 인벤토리 슬롯을 숨기거나 표시할 수 있게 한다.

InventoryItem

이 스크립트는 인벤토리에서 추가하거나 제거할 수 있는 모든 항목에 첨부된다.

InventorySlot

이 스크립트는 각 슬롯에 첨부돼 상태를 지속하게끔 한다.

먼저 InventoryManager부터 시작해보자. 이 클래스의 경우 애플리케이션 메뉴 버튼이 작동해서 컨트롤러의 인벤토리 슬롯을 표시하거나 숨기는지만 확인하면 된다. 좀 더 부드러운 효과를 위해서는 깃허브 리포지터리에 표시된 슬롯에 애니메이션을 적용할 수 있다. 설정을 마치면 이 클래스를 각 컨트롤러마다 컴포넌트로서 추가할 수 있다.

```
public class InventoryManager : MonoBehaviour {
    public Controller controller;
    //which controller
    public GameObject inventoryParent;
    //parent of slots for this controller void Update() {
    //check every frame
        if (controller.PressDown(ApplicationMenu)) {
            // the first frame the button is pressed
            ShowInventorySlots(true);
        } else if (controller.PressUp(ApplicationMenu)) {
            ShowInventorySlots(false);
        }
    }
    void ShowInventorySlots(bool show) {
        inventoryParent.SetActive(show);
        //toggle whether shown or not based on bool parameter
    }
}
```

다음은 InventoryItem이다. 이 스크립트를 작성하기 전에 필요한 모든 구성 요소, 즉 리지드바디나 콜라이더 등을 테스트하는 물체에 추가하자. 이 작업을 하려면 오브젝트를 가져올 수 있도록 VRTK 같은 SDK를 포함해야 하며, 이는 깃허브 리포지터리에 이미 포함돼 있을 것이다.

설정을 완료했으니 코드를 작성할 때다. 코드가 돌아갈 때 트리거로 사용할 주된 방법은 앞서 추가한 리지드바디에서부터 트리거되는 OnTriggerEnter다. 이 리지드바디는 물체에 붙어 있는 콜라이더가 다른 콜라이더와 충돌할 때를 확인한다. 이런 일이 일어나면 슬롯인지 여부를 확인하고자 해당 물체를 참조할 수 있다. 이 예시에서는 이름으로 확인하지만 태그나 레이어를 사용하는 방법도 있다. 슬롯인 경우 인벤토리 슬롯에 항목을 할당할 수 있다. 이때 인벤토리 슬롯은 InventorySlot 스크립트에서 처리한다.

```
public class InventoryItem : MonoBehaviour {
    private void OnTriggerEnter(Collider other) {
        if (other.name == "Slot") {
            other.gameObject.GetComponent<InventorySlot>().SetItem(this,
                ItemReleased);
            //call the slot method
            SetSize(.01f); //set size to fit in slot
        }
    }

    void ItemReleased() {
        //callback for when item leaves slot
        SetSize(1f);
        //when item is released set size to normal
    }

    void SetSize(float size) {
        transform.localScale = Vector3.one * size;
        //set a uniform size i.e (1,1,1)
```

```
        }
    }
```

마지막이되 그에 못지않게 중요한 것은 각 인벤토리 슬롯과 관련된 코드다. 겉보기엔 길어 보여도 실제로는 대부분이 (InventoryItem에서 호출하는) **SetItem**과 (손으로 아이템을 슬롯에서 꺼낼 때 쓰는) **OnTriggerExit**라는 두 가지 방법으로 변수를 가져오고 설정하는 내용이다. 이 클래스에서도 **OnTriggerExit**를 사용하기 때문에 유니티 장면 내에서 생성하는 각 슬롯마다 콜라이더와 리지드바디를 포함시켜야 한다. 그리고 이 스크립트들 각각이 알맞은 게임 오브젝트^{Game Object}에 할당되면 그걸로 인벤토리 시스템 설정은 끝이다.

```
public class InventorySlot : MonoBehaviour { public MeshRenderer renderer;
    //the renderer to show the slot
    public delegate void ItemReleasedAction();
    //method signature for callback function
    private InventoryItem currentItem;
    //stores Current Item
    private ItemReleasedAction currentReleasedCallback;
    //callback for item
    void SetItem(InventoryItem item, ItemReleasedAction releasedCallback ) {
        //called from inventory item
        item.transform.parent = this.transform; //set the parent
        item.transform.position = this.transform.position;
        //center
        currentItem = item;
        currentReleasedCallback = releasedCallback;
        renderer.enabled = false;
    }
    private void OnTriggerExit(Collider other) {
        if (other.GetComponent<InventoryItem> == currentItem) {
            currentReleasedCallback();
```

```
        //hand is grabbing item out of inventory
        currentItem = null;
        currentReleasedCallback = null;
        renderer.enabled = true;
    }
  }
}
```

그리고 여기 인벤토리 시스템의 밑바탕이 되는 구조가 있다. 확실히 개선할 수 있는 많은 사항이 있겠지만(일부는 깃허브에서 이뤄지겠지만), 이것은 제작하는 경험 내에서 맞춤형 인벤토리를 도입하는 시작점이라 생각하자.

증강 현실 레이캐스트

이것은 AR 개발에 대단히 중요한 콘셉트다. 실제로 구현하는 데는 단 몇 줄의 코드만 필요하더라도 잘못될 경우 증강 기능을 완전히 바꿔버릴 수 있는 몇 줄일 수도 있다.

컴퓨터 그래픽과 유니티 내에서 광선^{ray}은 시작점과 방향으로 정의되며, 이는 광선이 맞닥뜨리는 첫 번째 물리적 콜라이더(있다면)를 찾기 위한 레이캐스트 연산의 일부로 사용된다.

AR 콘텍스트에서는 약간 헷갈릴 수 있는데, 이는 AR 레이캐스트가 앞서 내린 정의와는 비슷해도 가상 물체를 감지하지는 않기 때문이다. SDK가 얼마나 고도화됐느냐에 따라 물체를 인식하고 출력할 수도 있겠지만, 보통의 경우 실제 세계의 지점에 매핑한 가상 세계의 한 지점을 출력할 가능성이 높다. 예를 들면 다음과 같다.

1. 사용자가 화면을 탭해 바닥에 가상 의자를 놓는다.

```
// FixedUpdate is called everytime the Physics engine updates
void FixedUpdate () {
    TrackableHit hit;
    //stores all raycast information if there is a hit
    // Does the ray intersect any objects excluding the player layer
    Ray ray = Camera.main.ScreenPointToRay(Input.touchPosition);
    //get location of touch
    if (Frame.Raycast(ray.origin, ray.direction, //ARCore example
            out hit, Mathf.Infinity)) {
        //Raycast was Successful - now do something!
    }
}
```

2. 사용자가 화면을 탭해 가상 의자에 대한 좀 더 자세한 정보를 얻는다.

```
// FixedUpdate is called everytime the Physics engine updates
void FixedUpdate () {
    RaycastHit hit;
    //stores all raycast information if there is a hit
    // Does the ray intersect any objects excluding the player layer
    Ray ray = Camera.main.ScreenPointToRay(Input.touchPosition);
    //get location of touch
    if (Physics.Raycast(transform.position, transform.forward,
            out hit, Mathf.Infinity)) {
        //Raycast was Successful - now do something!
    }
}
```

3. 사용자가 방을 가로질러 가상 의자를 끌고자 한다.

그리고 이 마지막 항목에서부터 상황이 까다로워진다. 끌기를 위해서는 유니티에
내장된 물리 레이캐스트와 AR 레이캐스트를 결합해야 하기 때문이다. 구체적으로
실행 순서는 다음과 같다.

300

1. 사용자가 화면을 탭한다.

2. 유니티 물리 레이캐스트를 사용해 끌어올 물체를 사용자가 탭했는지 확인한다.

3. 끌어올 수 있는 물체인 경우 각 업데이트 호출마다 AR 레이캐스트를 실행해 물체를 사용자가 원하는 새 위치로 드래그한다.

이는 사용자가 애플리케이션에서 기대하는 상당히 일반적인 AR 상호작용이므로, 디버깅할 때 왜 레이캐스트가 원하는 대로 작동하지 않는지를 염두에 두면 매우 도움이 된다.

결론

지금까지 VR 개발에 중요한 여러 팁의 일부를 다뤘다. 8장을 마치기 전에 VR과 AR 개발의 여정에 돌입하기 직전에 필요할 마지막 팁을 남기고자 한다.

막히거나 좌절하는 그 어떤 경우라도 PRE를 기억하길 바란다.

열정 Passion

누구를 위해, 무엇을 할 것이며, 왜 이 놀라운 프로젝트를 만들고 있는지.

자원 Resources

페이스북과 슬랙의 온라인 커뮤니티에서부터 구글에 올라온 답변에 이르기까지 셀 수 없이 많은 리소스가 온라인에 존재한다. 누군가는 벌써 비슷한 상황을 맞닥뜨렸을 수 있다.

경험 Experience

당신은 사람들이 이전에 결코 가질 수 없었던 경험을 선사하는 뭔가를 만들고 있다. 그 점을 소중히 여기길!

다소 유치하게 들리는 약어이긴 하지만, 당신의 프로젝트를 완성하는 데 도움이 된다면 그것으로 모두에게 가치가 있으리라 믿는다. 그렇다. VR과 AR 개발은 어렵다. 그럼에도 저자로서 우리는 여러분 모두가 이 멋진 커뮤니티를 구축하고 기여하는 모습을 보게 되길 바라마지 않는다.

데이터로 더 잘 표현하기: 공간 컴퓨팅에서의 데이터 시각화와 인공지능

인공지능[AI, Artificial Intelligence] 모델을 생산하기 위한 대규모 투자와 더불어 '빅데이터' 회사가 등장하는 시기다. 가상 현실[VR], 증강 현실[AR], 혼합 현실[MR], 확장 현실[eXtended Reality] 혹은 X 리얼리티[Reality] 분야에 새로이 진입하거나 이미 경험이 있는 소프트웨어 엔지니어, 디자이너, 기술 비즈니스 전문가에게는 실제의 데이터와 사용자가 생성한 데이터뿐 아니라 체화 현실에서 구성된 데이터를 어떻게 사용하고 시각화할지 이해하는 게 필수적이다.

5부의 장들에서는 앤솔로지 편집자이자 샌프란시스코 대학교의 딥러닝 다이버시티 펠로우[Deep Learning Diversity Fellow]인 에린 팡길리넌[Erin Pangilinan], AI 연구부서의 유니티 책임자인 니콜라스 믈로[Nicolas Meuleau], 유니티 선임 소프트웨어 엔지니어인 아서 줄리아니[Arthur Juliani]가 데이터 중심 원칙[Data-driven principle]이라는 렌즈를 통해 몰입형 애플리케이션과 체험의 다양한 측면을 설명한다. 5부에서 알아볼 내용은 다음과 같다.

- 공간 컴퓨팅 내에서 생성된 '사용자', 추상화, 혹은 3차원[3D]으로 재구성된 실제 데이터 중 어떤 것이든 인체와 관련된 실제 업계에서의 사용 사례를

통해 데이터 시각화, AI, 머신러닝, 강화학습 패러다임과 기술을 정의한다.

- 오픈소스 데이터와 프레임워크로 개발하는 이들을 위한 리소스와 팁 못지 않게 공간 컴퓨팅 및 머신러닝 발전과 같은 추가적인 탐색의 기회를 제공한다.

- 공간 컴퓨팅용 디자인과 개발에 뒤따르는 도전을 개괄한다. 여기에는 (현실 세계에서의 오버레이 및 VR과의 차이점을 고려해) AR 디자인 과제 특유의 뉘앙스를 강조하는 것도 포함된다.

9장에서 에린 팡길리넌은 데이터와 머신러닝에 관련된 시각화와 몰입형 기술이 지닌 고유한 디자인 기회를 정의한다. 공간 컴퓨팅 덕분에 이전의 데스크톱과 모바일 플랫폼 디자인으로는 상상하기 어려웠던 새로운 디자인 패러다임이 가능해졌다. 에린은 AR과 VR이 현재 마주한 인체 공학적 문제와 관련된 도전을 알려줄 것이며, XR에서 데이터와 머신러닝을 시각화하기 위한 실제 자습서와 리소스, 예시를 제공한다. 9장에서 (EaseVR, CognitiveVR, Retinad처럼 유니티 XR 애플리케이션 내에서 단순한 히트맵보다 더 복잡한 분석을 수행하는) 2D 대시보드로 사용자 데이터를 분석하는 시각화 스타트업을 전부 다루고 설명하긴 어렵다. 그러나 적어도 여러 사용 사례를 통해 체화 현실의 여러 다른 측면을 참조할 수는 있다. 특히 인체의 데이터를 시각화하는 다양한 (헬스 테크놀로지, 특히 11장에서 딜런 샤$^{Dilan\ Shah}$가 설명하지 않은 바이오테크를 포함한) B2B 산업을 얘기할 텐데, 그중 일부는 '빅데이터'로 간주되며 상당한 규모의 실시간 렌더링을 자랑한다.

10장에서 유니티의 직원인 니콜라스 플로와 아서 줄리아니는 반응형 AI, 심상형 AI, 강화학습을 비롯한 기존 AI 패러다임과 더불어 이들 패러다임에 어떻게 XR이 도전장을 내미는지, 그리고 답변은 무엇인지 설명한다. 이들 애플리케이션엔 애니메이션, NPC$^{Non-Player\ Character}$ 활동, 스토리텔링(세상의 움직임)과 같은 동작이 포함된다. 플로는 유니티가 제공하는 기능의 일부인 행동 계획과 자동화된 애니메이션

304

에 중점을 둔다. XR에서의 머신러닝 기반 접근 방식, 특히 강화학습과 게임 플레이어 데이터에 관련된 모방학습 방법을 배울 수 있을 것이다. 10장의 끝부분에서는 행동 데모 세트를 디자인하는 방법을 배울 텐데, 여기엔 인간이 제공하거나 만들어낸 여러 다른 방법이 포함된다. 즉, 게임 플레이어라든가, 인체의 움직임이나 제스처를 고려할 때 AR과 VR 환경에서도 중요하고, 시뮬레이션에서 자율 에이전트의 동작을 지정하고자 데이터를 사용할 수도 있다.

AI는 게임 개발 파이프라인에서 3D 기술 아티스트를 게임 개발 파이프라인에 한데 모아 콘텐츠를 생성하는 데도 사용될 수 있다. 2017년 GDC^{Game Developer Conference}에서의 엔비디아^{Nvidia} 강연이었던 '줌하고, 향상하고, 합성하자^{Zoom, Enhance, Synthesize}. 딥러닝을 사용한 매직 업스케일링과 머티리얼 합성하기'에서 보여준 것처럼 스타일 전송과 같은 딥러닝 알고리즘은 트라이베카 필름 페스티벌^{Tribeca Film Festival} 2017에서 상영된 것처럼 페이스북에서 360도 영화를 제작하는 데 사용되기도 했다. 10장에서 다룰 범위를 다소 벗어나긴 하지만, 소프트웨어 엔지니어와 디자이너는 최신 AI 알고리즘과 더불어 새로운 매체에서 데이터(사용자와 실제 데이터)를 표현하고 시각화하는 새로운 방법을 통해 XR 애플리케이션과 경험을 향상시키는 방법을 지속적으로 선보인다. 5부에서 다루는 것 외의 AI는 6D.ai의 공동 창립자인 매트 미에스닉스^{Matt Miesnieks}와 빅터 프리사카리우^{Victor Presacariu} 교수가 공저한 SLAM과 AR 클라우드에 대한 장에 자세히 나와 있다. 이 뿐만 아니라 디터 슈말스타이그^{Dieter Schmalsteig}의 작업은 XR과 시각화가 어떤 지점에서 겹쳐지는지, 공간 모델, 오브젝트 감지, 3D 추적 및 렌더링과 관련된 VR과 AR에서의 데이터 파이프라인을 바탕에 깔고 구체적으로 설명한다.

공간 컴퓨팅에서의 데이터와 머신러닝 시각화 디자인 및 개발

에린 제리 말론조 팡길리넌 Erin Jerri Malonzo Pangilinan

서론

데이터와 머신러닝 시각화가 직장의 미래를 바꾸고 있다. (이에 대한) 디자인 원칙을 짜는 일은 중요하다. 칼텍 Caltech 의 박사들이 설립한 버추얼리틱스 Virtualitics 와 같은 VR 스타트업은 훌륭한 디자인 원칙 덕분에 대규모 자금을 조달하고 있다. 또한 거의 모든 공간 컴퓨팅 플랫폼에 걸쳐 독자적인 데이터 시각화 컨설팅이 등장하고 있다.

그중 대다수는 핀테크(금융기술), 헬스 테크놀로지, 생명 공학 계통의 B2B 업종이며, 상당히 큰 데이터 세트를 지닌 비즈니스 서비스 영역 내에 자리 잡고 있다.

9장의 도입부에서는 데이터와 머신러닝 시각화 애플리케이션을 경험하는 사용자와 이 주제가 어떻게 관련되는지 논의한다. 그런 다음 다른 플랫폼과 공간 컴퓨팅을 비교할 때 특히 이 주제를 돋보이게 할 만한 유용한 목적을 파악할 수 있도록 프레임워크를 제공한다. 체화 현실에 대한 데이터와 머신러닝 시각화 디자인 및 개발 원칙을 어떻게 이해하고 정의하여 실장할지에 대한 목표 역시 깊이른다.

그런 다음 오픈소스 데이터와 프레임워크를 기반으로 구축된 데이터와 머신러닝 시각화에 대한 사용 사례의 여러 예시를 들어가며 XR에서의 데이터와 머신러닝 시각화에 관련된 다양한 문제도 살펴본다(일부 흥미로운 작업은 오픈소스 프레임워크에 더해 독점적 데이터를 사용하긴 했지만). 9장을 마치며 데이터와 머신러닝 시각화 제작자용 자습서 예시들을 강조한다. 이는 C#이나 유니티 같은 네이티브 개발 혹은 (쉽게 사용할 수 있는 자바스크립트의 A 프레임이나 다른 프레임워크처럼) 웹 플랫폼을 쓰는 데 이미 익숙한 디자이너뿐 아니라, 초보나 노련한 소프트웨어 엔지니어 모두를 대상으로 한다. C++와 언리얼 엔진을 사용해 생성된 몇 가지 예제를 그림으로 보여준다.

데이터 시각화 이해

IEEE에서 출판한 「Cost-benefit Analysis of Visualization in Virtual Environments(가상 환경^{VE}에서의 시각화에 대한 비용-이익 분석)」과 같은 백서는 XR 내 시각화의 적절성과 목적에 대해 질문을 던진다. "정말로 3D 데이터를 위한 3D 시각화가 필요합니까?" 물론 당연히도 9장의 바탕에는 적합한 상황, 신중한 디자인과 개발에 더해 VE를 사용한다면 3D 데이터를 더 잘 이해할 수 있다는 가정이 깔려 있다.

먼저 XR에서의 데이터 시각화가 무엇인지 설명하고 정의하며, 이전의 다른 매체들과 차별화되는 요소를 설명할 것이다. 이를 위해 인터랙티브 빅데이터 시각화와 순수한 인포그래픽 간 차이점을 살펴본다.

데이터 시각화의 대부^{godfather}나 다름없는 통계학자 에드워드 터프티$^{Edward\ Tufte}$에 따르면 화가, 애니메이터, 건축가는 수세기 동안 원근감과 움직임을 사용해 다양한 디스플레이(주로 2D 공간)에서 데이터(2D와 3D)를 표현하려고 시도해 왔다. 대다수의 정적인 인포그래픽은 움직임이 없거나 원근감에 대한 일반적인 이해가 부족하기 때문에 공간 컴퓨팅에서는 '좋은 데이터 시각화'로 인정되지 않는다. 이때의 경험은 대부분 수동적이며, 이번 장의 뒷부분에서 설명하는 회전이라든가 여타 원칙도 적용할 수 없다. 데이터와 머신러닝 시각화는 사용자가 데이터를 보고 탐색하고 더 잘 이해할 수 있게 해준다. 뉴럴IPS^{NeuralIPS} 2018의 페르난다 비에가스^{Fernanda Viegas}와 매트 와튼버그^{Matt Wattenberg}(구글의 '사람과 AI' 소속으로 데이터 시각화에 중점을 둔 연구자들)가 말했듯 데이터 시각화는 사용자가 가르치고, 소통하고, 통찰을 얻고, 더 잘 탐색할 수 있도록 데이터를 시각적 인코딩으로 변환해준다. 시각화가 빠진 데이터는 죽은 숫자일 뿐이다.

터프티는 명저인 『The Visual Display of Quantitative Information』(Graphics Press, 2001)에서 데이터 시각화를 통해 대규모 데이터 세트를 좀 더 일관성 있게 이해할 수 있다고 썼다. 시각화의 목적은 명확하다. 예를 들어 (원형 차트나 막대 차트와 같은) 추상화라든가, 3D 공간의 물체처럼 3D로 재구성된 데이터를 일컫는 용어(뇌 데이터처럼 3D로 재구성된 해부학적 구조, 증강과 가상 환경 내의 자기 공명 영상^{MRI} 자료의 한 조각) 등 다양한 형태로 표현된 데이터를 설명하는 것이다. 데이터 자체는 비교형, 관계형, 다변량으로, 특정 질문에 대한 답을 구하거나 데이터의 가치를 파악하고자 일반적인 데이터 탐색을 하게끔 한다. XR에서의 인터랙티브 데이터 시각화가 지닌 주요 특징은 다음과 같다.

- (정성적인 데이터든 일부 통계적 특성을 띤 정량적 데이터든) 범주화된 데이터를 구분하고자 설명을 통합함으로써 관계형 데이터를 플로팅하고 정렬한다.

- 동적^{dynamic}이면서도 사용자에게 인터랙티브 기능을 제공하는 정보 아키텍처를 포함한다.

- 비단 아름답게 보이기 위해서만이 아니라 실제로 훌륭한 디자인을 통해 사용자가 데이터를 이해하게 돕는다는 미학을 강조한다.

시각화 없이는 데이터를 이해하기가 훨씬 어렵다. 딥러닝 연구자들에 따르면 "데이터 시각화와 시각적 분석은 인코딩을 사용해 추상적 데이터를 의미 있는 표현 방식으로 변환함으로써 지식 커뮤니케이션과 새로운 인사이트의 발견을 탁월한 수준으로 끌어올릴 수 있다."[6]

모든 플랫폼, 데스크톱, 모바일, 공간 컴퓨팅에서의 인터랙티브 작업과 애니메이션을 통해 사용자는 다양한 입력과 컨트롤 세트를 직접 사용하고 조작함으로써 데이터에 좀 더 쉽게 접근할 수 있다.

공간 컴퓨팅에서의 데이터와 머신러닝 시각화 원칙

딥러닝 연구자들의 프레임워크를 참조할 때 데이터와 머신러닝 시각화 제작자는 다섯 가지 W를 탐색해야 한다. 이들은 공간 컴퓨팅에서 성공적인 애플리케이션 경험을 창출할 수 있게끔 기반을 제공해줄 것이다.

제작자는 사용자 경험 디자인을 위해 다음의 내용을 고려해야 한다. 대상이 되는 사용자는 누구인지(Who), 데이터 시각화를 언제 사용할지(When), 생성된 데이터 시각화 유형은 무엇인지(What), 공간 컴퓨팅 내에서 무엇이 최적이며 '왜(Why)' 그것이 머신러닝을 포함하거나 포함하지 않는 방법론이나 시각화 유형을 결정하기 전에 이뤄져야 하는지, '어떻게(How)'(즉, 어떤 플랫폼에 어떤 언어를 사용할 것인지)를 결정하기 전 '어디(Where)'에 이 데이터를 저장하고 처리하고 시각화할 것인지 여부다.

이번 장의 마지막 부분에서 방법론에 대한 접근과 실제로 시각화를 제작하는 방식을 자세히 살펴볼 것이다. 특히 전체적인 차원에서 데이터 시각화 엔지니어링과 디자인 파이프라인 과정을 고려하고자 한다.

다음은 위 원칙을 실제로 적용한 사례들이다. 좀 더 구체적으로 얘기하면 제작자는 시각화 생성 과정에서 의도적으로 이러한 요소를 염두에 둬야 한다.

왜[why]

목적을 분명히 하고, 이 데이터와 머신러닝 시각화가 다른 컴퓨팅에 비해 왜 공간 컴퓨팅에 적합한지 스스로 물어보라. (다른 매체에서는 불가능한) 효과적인 데이터 시각화 경험을 위해서는 사용자가 직접 조작하면서 다양한 인사이트를 얻을 수 있는 상호작용을 고려해야 한다.

누구[Who]

데이터와 머신러닝 시각화가 이뤄진 공간 컴퓨팅 경험/애플리케이션의 최종 사용자를 지정하라. 그리고 이들이 공간 컴퓨팅 경험을 통해 얻을 수 있는 이점을 분명히 하라(예, 뇌 데이터와 기타 해부학적 구조에 관련된 정보를 모니터링하는 외과 의사). 데이터의 범주뿐 아니라 플랫폼에 따른 상호작용의 종류가 (그림 9-4에서 볼 수 있는 다양한 시각화를 위해) 시간이 지남에 따라 어떻게 진화했는지를 설명하는 과정에서 더 구체적으로 얘기하고자 한다.

무엇[What]

데이터 유형의 범위와 크기, 얼마나 큰지, 어디까지 시각화하고자 하는지 선택하라. 구체적인 예를 들면 암성 종양 환자의 특정 MRI 데이터를 보라. 모든 뇌 데이터가 동일한 것은 아니다. 뇌 영상과 관련된 큰 데이터 세트의 경우 스페인의 연구원들은 뇌 매핑과 커넥토믹스[connectomics]의 영역 내에서 서브세트 다차원 데이터를 (유니티를 활용한) 공간 컴퓨팅으로 시각화했다.[11]

어디[Where]

HMD나 모바일 디스플레이를 대상으로 가장 적합한 공간 컴퓨팅 플랫폼을 선택하라. 가능하면 비공간 컴퓨팅(즉 데스크톱 및 모바일) 플랫폼에서 다양한 2D 프로토타이핑 도구(이 장 끝의 '리소스' 절 참고)를 고려해보라. 제작자는 데이터의 복잡성을 파악하고 있어야 한다. 전처리가 반드시 필요한지 여부뿐 아니라 데이터가 저장되고 보관되는 위치(AWS를 사용한 클라우드에 JSON 형태로 저장)를 알아야 한다. 이는 XR 내에서 데이터를 불러와 시각화하기 전으로, (때로 2l) 노구에서 3D를 사용하는 일과도 관련된) 프로토타이핑을 포함하거나 포함하지 않을 수도 있다.

어떻게^{How}

데이터와 머신러닝 시각화를 만들 때 사용할 방법을 선택하라. 기본적인 시각화는 대단한 전처리가 필요하지 않지만, 그를 요하는 시각화일 경우(보통 파이썬을 사용한다) 전체적인 파이프라인을 고려해야 한다. 데이터를 시각화하고자 선택한 플랫폼(예, C#, C++, 자바스크립트)과 사용할 IDE 프로그램(유니티, 언리얼, 기타 게임 엔진, 개인적으로 사용하는 독자적 엔진)을 선택하라. 이 책에서는 첫 번째 IDE(즉 유니티)에서 주로 예제를 제공한다.

일부 데이터 시각화는 마케팅 전문가, 비즈니스 분석가, 경영진을 돕기 위한 실용적 용도로 만들어진다. 직접 데이터를 띄우고 상호작용하며 좀 더 상세한 비즈니스 의사 결정을 내릴 수 있게끔 하는 것이다. (데이터 시각화를 활용하는) 다른 사람들은 머신러닝 엔지니어, 데이터 과학자, 소프트웨어 엔지니어로서 최적화 기술을 찾고, 모델 해석을 탐색하며, 또한 공간 컴퓨팅 시각화를 탐색함으로써 앞서의 발견들을 해낼 수 있다. 한층 복잡한 다차원 데이터의 바탕에 깔려 있는 레이어라면 다른 매체보다 공간 컴퓨팅 내에서 더 잘 들여다볼 수 있다. 이때 시각화는 다차원 데이터를 좀 더 이해하기 쉬운 형식으로 압축하는 과정을 뜻하는 '차원의 저주'를 해결해준다.

스펙트럼의 반대쪽 끝에서 일부 시각화는 종종 데이터 시각화로 잘못 분류되지만 실제로는 프레젠테이션과 인포그래픽 디자인의 스펙트럼에 속하며, '아름다운' 예술적 실험 작품으로 간주된다. 이들은 순전히 장식적인 목적으로, 즉 실제 사용보다는 미적 가치와 감상을 위해 만들어졌다고 인식된다. 이 장 뒷부분의 그림 9-4에서 데이터 범주를 설명할 때 이에 대해 더 구체적으로 얘기하고자 한다.

공간 컴퓨팅에서 데이터와 신러닝 시각화가 작동하는 이유

이 대목에서는 데이터 시각화 디자인이 어떻게 진화했는지, 어떻게 목적이 공간 컴퓨팅의 도입으로 향상되고 발전했는지, 다양한 데이터 분류와 효과적인 상호작용 디자인은 어떤 것인지 설명하면서 해당 주제를 더 깊이 알아보고자 한다.

XR의 출현에 따른 데이터 시각화 디자인의 진화 과정

터프티는 이후 저서인 『Beautiful Evidence』에서 생산자와 소비자가 데이터 시각화를 사용해 근거를 표시할 수 있다고 말한다. 또한 시각화 디자인의 기반은 분석적인 디자인의 기본 원칙에서 비롯된 것이며 '언어나 문화, 세기century, 정보를 표시하는 기술'에 중립적이라 설명한다. 터프티는 다음과 같이 상술한다.

> 파워포인트는 초기 이집트인의 평면적인 만화 스타일에서 벗어나지 못한 채 르네상스 시대의 시각적 표현에 쓰였던 효과적인 도구를 포기한 듯하다. 현지의 관습, 지적인 유행, 소비자의 편의성, 마케팅, 또는 디스플레이 기술이 제공할 수 있는 것과는 상관없는 '분석적 사고의 원칙' 말이다.[13]

이게 사실이라 하더라도 (주로 서면이나 데스크톱, 또는 모바일 매체용으로 설계된) 일부 데이터 시각화 디자인에서의 모범 사례는 때로 구식으로 여겨질 수 있으며 모든 XR 관련 매체에 직접 적용되는 것도 아닌데, 이들이 (설령 3D 데이터 기반이라 하더라도) 평면 사용자 인터페이스UI가 있는 2D 공간이나 단일한 창 또는 화면에서 디자인하는 데 주로 사용되기 때문이다. 이런 디자인은 사용자를 제약할 뿐더러 사용자와 생산자가 신기술의 잠재력이 가져다주는 데이터상의 발견을 사용자와 생산자가 충분히 이해하게 돕지 못한다. 새로운 기술을 통해 좀 더 쉽게 탐색이 가능한 다차원 데이터를 표시해주는 계산 검색과 인공지능AI의 출현 덕분에 기술은 얼마든지 분석적 사고를 향상시킬 수 있다.

다른 많은 데이터 과학자와 학사처럼 터프티는 3D 원형 차트와 같은 '니쁜' 3D 데이터 시각화를 비판했으며, 대신 2D인 종이 위에 그려진 3D 지리 공간 데이터를 언급하며 데이터 시각화에 대한 더 간단한 접근 방식을 제시한다. 이들은 어떤 3D 시각화의 사용도 용납하지 않지만, 이는 잘못된 방향일 뿐더러 퇴보적이기까지 하다. AR과 VR이 도입되면서 3D 지리 공간 지도 UI는 터프티가 종이 3D 지도를 제작한 이래 현격한 진화를 이뤄왔다. 새로운 데이터 개념은 이제 실제 애플리케이션 환경으로 인코딩돼 사용자와 데이터 간 상호작용을 향상시킨다. 한 예로 웹VR^{WebVR}에서의 맵은 그림 9-1에 표시된 것처럼 사용자가 z 평면상에서 이동할 수 있는 게임처럼 보인다. 이처럼 데이터 시각화는 ARKit와 맵박스^{MapBox}상의 모바일 VR 플랫폼(그림 9-2 참고)에서처럼 '게이미피케이션^{gamification}'될 수 있다.

그림 9-1. 사람들이 영국 텔레비전의 호스트인 피어스 모건(Piers Morgan)을 싫어한다고 응답한 횟수. VR 헤드셋에서 찾아볼 수 있는 웹XR 프레임워크인 A 프레임으로 제작됐다.[1]

이는 이전 버전의 A 프레임(0.2.0)을 사용한다. 일부 코드는 원하는 결과를 얻지 못할 수 있으니 가능하면 최신 버전의 A 프레임(이 글을 쓰는 시점에는 0.9.0)으로 업그레이드하라. 모든 주요 브라우저는 2019년 웹XR 사양을 지원할 것이며, 이전 버전의 VR API는 더 이상 사용되지 않을 것이다.

그림 9-2. 기술자 아론 능(Aaron Ng)이 ARKit와 맵박스를 사용해 포스퀘어(FourSquare) 체크인을 매핑한 데이터 시각화

또한 AR과 VR에서의 입력은 2D 공간에서는 불가능했던 새로운 상호작용 패러다임을 가능하게 한다. 컨트롤러를 통한 사용자 인터페이스로서 인간-컴퓨터 상호작용HCI, Human-Computer Interaction을 재정의하고, 직접 데이터를 불러올 뿐 아니라(자연어처리NLP, Natural Language Processing 진화 덕분인) 한층 자연스러운 음성과 (역시 발전 중에 있는 햅틱 덕분인) 터치 컨트롤로 데이터를 조작한다.

2D 평면이나 2D 매체에 갇힌 3D 데이터로 제한된 데이터 시각화에 대해 수많은 많은 글이 있다(이는 생명 공학이나 건강 기술 분야에서 일하는 이들이 의료 영상 현미경, DNA 분자 시각화와 단백질 시각화 등 다양한 영역에 걸친 인체 구조에 관해 더 깊이 있는 인사이트를 얻기엔 매우 제약이 큰 환경이다).

텍사스 대학 교수이자 훈련된 생물학자인 클라우스 윌크[Claus O. Wilke]는 그의 저서인 『Fundamentals of Data Visualization』(O'Reilly, 2018)에서 데이터 시각화에 대한 논의의 일부로 XR을 강조한다. 그는 다양한 요소(색이나 선 등)의 중요성을 이야기한다. 이 장에서 중점을 두는 건 위치성[positionality]으로, z축 회전상에서 데이터를 오브젝트처럼 배치할 수 있는 XR의 기능을 고려한 것이다.

XR로 표현된 2D와 3D 데이터

데스크톱, 모바일과 공간 컴퓨팅 플랫폼 내에서 시각화할 수 있는 다양한 유형의 데이터가 있다. 그림 9-4에 나타난 범주형 데이터는 정적에서 동적에 이르기까지 여러 플랫폼에서 다양하게 표현된다. XR에서 자주 표현되는 데이터 유형은 다음과 같다.

- XR 내에서 3D로 표현되는 2D 데이터의 추상화(종종 막대형 차트나 선형 차트로 그려진다)

- 2D 데이터에서 추출한 3D 데이터(해부학적 구조 – 예를 들어 3D를 보고 2D 공간에 적합하게 여러 번 재구성한 뇌 fMRI 이미지)

- XR 내에서 3D 공간에 표현된 3D 데이터(XR에서 볼 수 있는 DNA 분자 시각화)

작업 중인 데이터의 유형을 선택한 다음에야 해당 데이터를 시각화할 수 있다. 일부 데이터는 다른 데이터에 비해 시각화에 적합하지 않다. 예를 들어 터프티는 3D 원형 차트가 시대에 뒤진다고 언급한다. 윌크는 여기에 이어서, 특히 콘텍스트에 지대한 영향을 받는 XR에서의 효과적인 데이터 시각화를 논한다. 그의 말에 따르면 "… 실제 3D 오브젝트나 그 위에 매핑된 데이터를 보여주고 싶을 때는 3D 시각화를 사용하는 것이 좋다."

공간 컴퓨팅에서의 2D 데이터 시각화와 3D 데이터 시각화

터프티의 주장은 잘못 사용된 3D 데이터 시각화(말하자면 3D 원형 차트처럼 콘텍스트에서 벗어난 추상적인 데이터인데, 터프티는 이를 2D 시각화와 비교할 때 어떤 의미 있는 차이도 만들어내지 못한다고 생각한다)와 화려한 애니메이션을 꼬집는 데 널리 인용됐지만, 윌크와 같은 다른 학자들은 3D 데이터 시각화와 공간 컴퓨팅이 나름의 가치가 있다고 생각하는데, 2D 화면에서의 제약 없이 사용자가 데이터를 활용할 수 있게끔 하는 기능을 높이 사기 때문이다. 콘텐츠의 유형과 표현하고자 하는 방식의 적절한 고려 없이 3D 데이터 시각화 자체만으로는 충분하지 않은 것이다. 단지 상호작용을 위한 상호작용은 일종의 아트 작품을 만들어낼지 몰라도 그게 반드시 데이터에 관련되거나 데이터 시각화 경험일 필요는 없다. XR에서는 디자인 선택을 신중하게 고려해야 한다. 그러나 이들을 아예 피하라는 조언 역시 짧은 생각이다. 우리가 2D와 3D 공간에서 3D 데이터 시각화를 사용하는 일 자체를 꺼렸다면 distill.pub과 같은 훌륭한 시각화는 만들어지지도 않았을 것이다. distill.pub는 분명한 목적을 보여줄 뿐 아니라 구글 브레인^{Google Brain} 팀의 데이터 이해를 향상시킨다. 또한 점차 늘어나는 시각화 예제(중 일부는 이 장에서 다뤄지지만, 그 밖에도 이름 모를 무수한 예제가 있다)도 무시해 버렸을 것이다. 구글 브레인의 인기 있는 머신러닝 시각화 중 하나인 t-SNE는 사용자가 '차원 축소^{dimensionality reduction}'를 통해 복잡한 데이터를 더 잘 이해할 수 있게 하며, 주성분 분석^{PCA, Principal Component Analysis} 역시 대중화됐다.

이들은 응용 머신러닝 엔지니어와 데이터 과학자들의 도움으로 엔지니어가 데이터에 대한 이해를 깊게 할 수 있는 방법을 보여준다. 단지 잘못 디자인된 시각화 때문에 차원과 매체를 통째로 부정하고 멀리하는 것은 도전 정신의 부재나 다름없다. 이러한 사고방식은 우리의 정신을 뒤처진 기술에 묶어놓아 인간과 기술 간 거리를 벌려놓고 인류를 도울 수 있는 데이터로부터도 멀리 떼어놓는다. 그렇게 하는 대신 데이터에 더 친숙해지고 인류의 문제를 해결하고자 기술을 활용해야 한다. 따라서 공간 컴퓨팅에서의 3D 데이터 시각화는 권장돼야 하며, 이를 위해 늘 적절한 디자인 원칙을 염두에 둬야 한다. 터프티가 말했듯이 "우리는 무결성[integrity]을 통해 데이터를 보존해야 한다." 이는 새로운 매체에서도 가능하다. 데이터 무결성을 보존하기 위한 디자인, 사용성, 표준을 업데이트함으로써 우리 마음이 지닌 상상력의 경계를 넓히고 현실과 연결 짓기만 하면 된다.

공간 컴퓨팅 내 데이터 시각화의 상호작용성

데이터 시각화의 또 다른 특징은 미학에 대한 강조다. 터프티가 말했듯이 "그래픽적인 우수성은 가치가 있다." 데이터 시각화는 예술을 위한 예술은 아니며, 이 때문에 많은 인포그래픽 디자인에서 역동적인 상호작용을 찾아볼 수 없는 일이 일반적이다. 데이터를 이해하기 쉽게 색상 이론 같은 예술적 사고는 어떤 것이든 데이터를 이해하기 쉽게 적용돼야 한다(다양한 키, 지도, 범주를 체계화하고자 색맹과 색상 선택을 고려해야 한다는 비에가스[Viegas]의 강연이 그 예다).[15] 공간 컴퓨팅의 행동 유도성[Affordance]은 2D 데스크톱 및 모바일 체험과 달리 공간 컴퓨팅 사용자가 3D 환경에서 더 많은 일을 할 수 있게 한다. 데스크톱과 모바일에서는 3D 데이터를 사용한다 하더라도 미세한 상호작용[microinteractions]은 화면에서의 싱글 뷰로 제한된다.

터프티는 데이터 시각화가 "보는 이가 그래픽 디자인 방법론이나 그래픽 제작 기술이나 그 밖의 기술보다도 그 실체를 생각하게 유도해야 한다."고 적었다. 터프티가 이 인용문을 썼을 무렵 공간 컴퓨팅은 지금처럼 데이터 시각화용 기술로 사용 가능하지 않았으며, 딱히 그가 고려했던 대상에 들어가지도 않았다.

3D 공간에서 디자이너와 소프트웨어 엔지니어는 자신이 만들고 있는 대상의 실체뿐 아니라 새로운 매체를 통해 그것을 만들어내는 방법에도 생각을 기울여야 한다. 데이터 시각화가 형성되는 방식을 이해함으로써 인간의 지각과 디자인이 작동

하는 이유를 좀 더 잘 파악하고, 완전히 새로운 매체에서 한층 효과적인 데이터 시각화 제품을 만들어낼 수 있다. 또한 데이터를 좀 더 직관적으로 제어할 수 있는 방법, 디자인 미학(그래픽 디자인) 방법, 그래픽 제작 기술(공간 컴퓨팅 내에서의 창작 방식)이 어떻게 실체에 대한 이해를 심화시키는지도 평가할 수 있게 됐다. 이처럼 공간 컴퓨팅에서만 가능한 새로운 상호작용은 이전의 디자인 패러다임과 달리 3D 공간에서 데이터를 보면서 조작할 수 있기 때문에 전에 없는 인사이트를 이끌어낸다. 예를 들어 2D 화면에서의 3D 콘텐츠 생성은 보통 반쯤 뒤처진 기술인데, 실제 세계에서 3D 데이터를 화면에 쏴서 회전시키는 데 들어가는 지연시간을 고려하면 직접 3D 물체(이 경우엔 종이 프로토타이핑이나 조각 재료)를 제작해 더 빠르게 피드백을 주고받는 편이 종종 더 낫기 때문이며, 이는 공간 컴퓨팅에서의 데이터와 머신러닝 시각화도 예외가 아니다.

공간 컴퓨팅은 데이터를 직접 조작할 수 있게 하고, 공간 컴퓨팅 제작자에게 HCI의 새로운 디자인 패러다임을 연구할 수 있는 기능을 제공해 인간의 인지에 대한 심층적 이해를 가능하게 할 뿐 아니라, 사용자나 감상자에게는 데이터를 보며 새로운 통찰을 찾아내는 능력을 기르게끔 하는 메커니즘을 제시한다.

신경 과학, 생명 공학, 건강 기술 분야에 종사하는 많은 연구원은 3D 데이터를 재구성하고 조작하며 상호작용함으로써 인간의 뇌와 신경 퇴행성 질환의 이해를 향상시킬 수 있다고 밝힌다. 이런 데이터가 2D 화면에 갇혀 있어야 한다면 직접적으로 조작할 수 있는 수단은 거의 없다. 이는 키보드, 마우스, 또는 기타 도구를 사용한 추상화로 (사용자와 데이터 간) 또 다른 '장벽'을 세우는 것보다는 여전히 선호되는 상호작용 방식이다. 공간 컴퓨팅은 사용자 생산성을 높일 뿐더러 데스크톱이나 모바일 등 2D 방식으로 데이터와 상호작용할 경우 얻을 수 없을 새로운 통찰력의 베일을 벗긴다.

애니메이션

사용자로부터 입력이 들어갈 때의 인터랙티브 경험에 애니메이션이 반드시 필요한 건 아니다. 그러나 사용자 입력에 대한 응답이 없다는 점은 데이터 시각화와 인포그래픽을 가르는 한 경계가 된다. 터프티가 '역정량화dequantification'13라 칭하는 애니메이션만을 단독으로 사용하거나 데이터와 양적 데이터를 제거한다면, 이는 데이터 시각화와 인포그래픽의 방향과 일치하지 않을 뿐더러 도리어 눈을 즐겁게 하는 영역에서의 아트 작품에 가까워질 테지만, 여전히 (그 결과물은) 데이터 시각화와 한데 묶일 때가 잦으며 이는 정확하거나 적절한 분류가 아니게 된다. 단순한 3D 재구성만으로는 데이터 시각화로 분류되기 어렵다. 그 결과물은 지나치게 단순할 것이며 인포그래픽의 갈래 안에서도 좀 더 낮은 차원에 속할 것이다. 설명을 제공하는 데이터 레이블이 없는 시각화는 데이터 시각화라 할 수 없다. 한편 반응적인 UX 디자인이나 애니메이션이 없는 데이터 시각화는 정적인 결과물로 남을 것이며, 공간 컴퓨팅이라는 매체를 활용하지 않을 것이고, 시각화보다는 아트 작품으로 여겨질 수도 있다. 공간 컴퓨팅의 주식 데이터 선형 차트는 종종 터프티가 멸시하는 3D 원형 차트 못지않게 비판을 받는다. 이러한 유형의 시각화는 공간 컴퓨팅에 아주 미미한 발전만을 가져다주는 것으로 보이는데, 불필요한 군더더기 장식을 더할 뿐이라고 여겨지기 때문이다. 그러나 시각화가 얼마나 성공적인지 측정하는 수단은 꺾은 선형 차트를 어떻게 디자인하고 표현하며 시각화하는지 여부지, (언젠가) 완전히 사라질 매체라든가 독자적으로 고려돼야 할 시각화의 결과물 자체가 아니다. 또한 반드시 사용자가 체험과 상호작용하는 방식을 평가해서 데이터가 좀 더 나은 인사이트를 가져오는 데 도움이 되는지 살펴야 한다.

데이터 시각화와 관련된 소프트웨어 디자인 및 엔지니어링에 대한 모범 사례가 부족했기 때문에 공간 컴퓨팅에서의 데이터와 머신러닝 시각화 역시 쉽사리 간과되곤 한다. 우리는 반드시 공간 컴퓨팅의 장점, 즉 모든 각도에서의 사용자 뷰가 가능하며 실제 세계의 3D 물체가 그러하듯 한층 자연스럽게 데이터를 회전시킬 수 있는 기능에 초점을 맞춰야 한다. 이미 최종 사용자를 위한 합리적인 상호작용이 가능한 2D 화면과 달리 집약적인 워크플로가 일어나는 3D 공간에서의 최종 사용자를 배려한 목적에 합당한 기능성이 무엇일지 고심할 때 비로소 성공적인 데이터 시각화가 가능할 것이다.

버추얼리틱스와 10K 시스템(그림 9-3)에는 공간 컴퓨팅이 아닌 다른 3D(deck.GL 등)와 매우 유사한 콘텍스트에서 XR 데이터 시각화를 잘 보여주는 잘 설계된 맵이 있다.

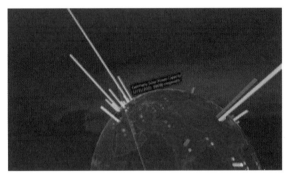

그림 9-3. 10K 시스템은 태양 데이터를 시각화하는 훌륭한 지도를 갖고 있는데, 이는 VR 데이터 시각화가 어떻게 특정 콘텍스트에서 단순한 추상적 개념보다 훨씬 더 효과적으로 작동하는지를 잘 보여준다.

데이터 시각화 디자인에서의 실패

이 분야의 신참인 일부 소프트웨어 엔지니어와 디자이너가 만들어낸 불량한 데이터 시각화는 기존 사용자들을 몰아내는 데 일조했다. 매체를 어떻게 디자인할지 단순하고 기본적인 원칙조차 제대로 이해하거나 적용하는 데 전혀 신경을 기울이지 않은 건 덤이다. 터프티는 다음과 같이 말한 바 있다. "데이터를 나타내는 올바른 방법과 잘못된 방법이 있다. 진실을 드러내는 디스플레이가 있는가 하면 그렇지 못한 디스플레이도 있다."(『Visual and Statistical Thinking』, p.45)

다음은 잘못된 XR 데이터 시각화가 지니는 몇 가지 일반적인 특성이다.

- 일관성 있고 이해하기 쉬운 방식으로 데이터를 불러오지 않는다.

- 기본적으로 XR이 아닌 2D 공간에나 표시될 법한 평면적 UI를 사용하며, 인터랙티브 기능을 제공하지 않는다.

- 노이즈가 너무 많아 데이터를 이해하기 어렵다. 이는 데이터 시각화가 의도한 목적에 완전히 반대된다.

여러 XR 데이터 시각화가 실패하는 이유는 실제 3D 공간과 매체를 사용하지 않기 때문이다. 이 공간은 (예를 들어 실제 세상의 단일 화면이나 종이 시트로 제한되는) 2D UI에서는 사용할 수 없는 기능을 사용자에게 제공한다. 공간 컴퓨팅에서의 잘못된 데이터 시각화는 이 데이터가 공간 컴퓨팅에서 왜 더 잘 표현되는지에 대한 명확한 목적을 제시하지 못하며, 사용자가 데이터와 효율적으로 상호작용할 수 있는 기능 역시 제대로 제공하지 못한다.

스펙트럼의 한쪽 끝에 놓인 일부 데이터 시각화는 미학적으로 정적인 반면 반대쪽 끝의 일부는 3D 공간을 어지럽히는 정보가 지나치게 많아 명확한 초점이 잡히지 않는 바람에 터치 컨트롤러와 같은 간단한 상호작용으로는 제어하기 어렵다(음성은 아직 상당히 초기 단계이긴 하지만 XR 못지않게 발전하는 NLP와 AI를 지켜보며 미래를 기대해본다).

우수한 데이터 시각화 디자인은 3D 공간을 최적화한다

XR에서의 여러 데이터 시각화 애플리케이션은 3D 공간을 사용하지 않을 뿐 아니라 종종 평면적인 UI를 갖는다. 애플의 휴먼 인터페이스 가이드라인[HIG, Human Interface Guidelines]에서는 공간을 최대한 사용하는 동시에 지나치게 복잡한 UI 컨트롤을 피하라고 조언한다.

디스플레이 전체를 사용하라. 물리적 세계와 앱에서의 가상 물체를 보고 탐색하는 데 화면을 최대한으로 사용하라. 몰입적인 체험을 방해하는 컨트롤과 정보 때문에 화면을 어지럽히지 마라.

데이터 시각화는 직관적으로 디자인돼야 하며, 데이터를 어떻게 사용할지(데이터에서 뭐가 x이고 y이며 등등) 파악하는 데 수동적이고 번거로운 UI는 사용자에게 필요치 않다. 불행히도 수많은 핀테크 데이터 시각화 애플리케이션이 이런 디자인 개념 앞에 무너지고 뒤에 남겨지는 건 혼란에 빠진 사용자다. 몰입형 데이터를 파악하는 사용자의 시간을 절약해주기는커녕 전혀 낯선 매체에다가 지나치게 복잡한 메뉴를 달아놓고, 사용자가 데이터를 제어하는 기상천외한 방법을 찾아내느라 어려움을 겪게 내버려두는 것이다. 많은 사람이 세 단계의 간단한 상호작용으로도 불러올 수 있었던 데이터를 찾느라 거의 10개에서 15개의 메뉴를 클릭하며 더 많은 시간을 쓰고 있다.

궁극적으로 이런 열악한 디자인은 새롭게 발전하는 몰입형 기술에 데이터 애플리케이션을 들여놓는 것 자체를 방해한다. 존 마에다John Maeda의 저서인 『단순함의 법칙(Laws of Simplicity)』(유엑스리뷰, 2020)[8]에서는 단순한 UI로 사용자의 시간을 궁극적으로 절약하는 디자인을 논한다.

시간 절약은 단순성과도 같다

이 보편적인 디자인 원칙은 종이, 데스크톱, 모바일, 공간 컴퓨팅이라는 스펙트럼 전체에 적용된다. 단순한 디자인이 지니는 우아함은 새롭게 등장하는 매체에서도 여전히 가치가 있으며, 우수한 데이터 시각화는 접근성, 사용 편의성, 사용자가 데이터를 좀 더 잘 이해할 수 있게 돕는 기능 전체에 걸친 긍정적인 사용자 경험UX을 통해 신중하게 고려한 디자인을 드러낼 수 있다.

데이터 표현, 인포그래픽, 상호작용

앞서 공간 컴퓨팅 내의 데이터 유형을 간단히 언급했다. 여기서는 다양한 플랫폼에 놓인 데이터의 하위 범주와 특성을 명확하게 구분 짓고, 어떻게 만들어지는지도 설명한다.

그림 9-4는 다양한 플랫폼에 걸쳐 정적과 동적으로 시각화된 데이터 간의 접점을 보여준다. 인쇄물과 모바일 형태의 2D와 3D 데이터가 있고, 모바일이나 데스크톱과 공간 컴퓨팅에서의 동적인 인터랙티브 시각화가 있다.

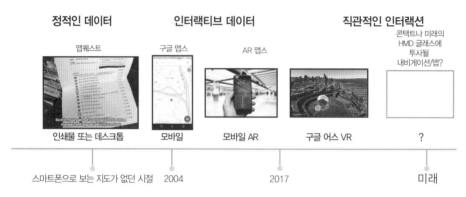

그림 9-4. 인쇄물, 모바일, 데스크톱, 공간 컴퓨팅 내에 표현되는 2D와 3D 데이터 시각화의 유형과 범주

데이터 시각화의 자격

데이터 시각화는 크게 두 진영으로 나눠진다. 하나는 좀 더 추상적이고, 다른 하나는 3D 재구성을 통해 데이터를 있는 그대로 표현하는 것인데, 보통 상당한 전처리 단계가 필요하며 특히 의료 이미징에서는 더욱 그렇다.

데이터 시각화의 유형

앞에서 언급했듯 시각화에 적합한 데이터에는 다양한 유형이 있으며, 다음과 같은 영역으로 분류할 수 있다.

- 추상화된 데이터, 즉 선형 차트, 원형 차트, 그래프처럼 실제 데이터를 z 평면에 옮겨놓은 기본 데이터(x, y)

- 애니메이션과 인터랙티브 기능이 있는 실제 데이터를 기반으로 한 3D 재구성(예를 들어 생명 공학이나 생체 공학에서의 건강 기술 재구성)

AR 공간에서의 여러 다른 애플리케이션, 특히 마이크로소프트 홀로렌즈의 HMD는 인간의 뇌 MRI와 같은 대상을 3D로 재구성하며, 이를 데이터 시각화라고 선언한다. 이는 원형 차트, 선형 차트, 그래프처럼 한번 추상화된 데이터와 달리 AR이나 VR 내의 실제 데이터를 바탕으로 한 표현이지만, 종종 터보스퀴드^{TurboSquid}나 스케치팹^{Sketchfab} 등에서 쉽게 다운로드할 수 있는 3D 오브젝트와 혼동되곤 한다. 그러나 이런 사례가 늘 데이터 시각화로서의 자격을 갖추는 건 아닌데, 실제 데이터에 연동돼 있지 않거나 사용자 상호작용 없이 인체 해부학에 대한 간단한 해석이나 그림일 뿐인 경우도 있기 때문이다. 이러한 3D 애셋 중 일부는 단순한 3D 재구성이므로(종종 잘못 분류되기 때문에 더더욱) 데이터 시각화로 분류되면 안 된다. 이들 대부분은 아티스트가 육안으로 해석한 결과물일 뿐이며 반드시 실제 데이터를 기반으로 하지는 않는다. 이러한 차이점은 디자인과 아트를 엔지니어링에서 분리하려는 기술자와 그래픽적 우수성 사이에 선을 그어준다. 데이터 시각화는 종종 공간 컴퓨팅에서 멋진 경험을 만들어내는 두 가지 분야의 결과물이지만, 반드시 '예술을 위한 예술'처럼 예쁘게 보이는 대상과 실제 데이터의 콘텐츠 및 그 본질에 영향을 받기에 진짜 '데이터 시각화'라 불릴 자격이 있는 대상을 구분해야 한다.

지나치게 자수 데이터 시각화에 대한 '예쁜' 실험은 _에 설맞은 사격을 갖추시 못한 채 단시 좀 녀 예술적인 정도의 표현으로 남는다.

데이터 시각화와 빅데이터/머신러닝 시각화 간 차이 정의

데이터 시각화는 구조화된 데이터와 비구조화된 데이터 모두를 이해하기 위한 인사이트를 보여준다. 우버Uber의 오픈소스 Deck.GL 팀이 실리콘 밸리 가상 현실SVVR, Silicon Valley Virtual Reality 밋업이나 페이스북의 앳 스케일At Scale 콘퍼런스에서 웹XR 발표를 통해 설명한 바와 같이 많은 빅데이터 회사는 종종 테라바이트에서 페타바이트에 이르는 대규모 데이터 세트를 처리한다. 실시간 빅데이터와 정보 아키텍처의 복잡성 못지않은 계산량을 포함하는 애플리케이션과 경험은 빅데이터 시각화를 단순한 인포그래픽과 막대 차트, 즉 HMD의 실시간 렌더링에 따른 제약 없이 쉽게 생성할 수 있는 간단한 데이터 시각화 또는 표현 방식과 구별 짓는다. (머신러닝의 한 갈래인) 딥러닝 공간에서의 3D 데이터 시각화는 XR 공간의 시각화와 유사하지만 또 다른데, 대량의 데이터를 시각화할 수 있고 사실상 3D이며 XR에서의 모든 데이터 시각화가 이런 대규모 데이터나 범주를 시각화한 건 아니기 때문이다.

또한 용어 자체로서의 '빅데이터'는 종종 수백만 명의 사용자가 만들어낸 정량적 데이터라 크기가 큰 경우를 정의할 때도 사용되지만, 항상 그런 건 아니다. 대부분의 건강 기술 데이터가 빅데이터로 간주되며 기계와 데이터 시각화에도 사용되지만, 이는 자체적인 크기로 측정되기 때문이지 반드시 사용자 수가 많아 그런 건 아니다.

데이터 시각화를 제작하는 방법: 데이터 시각화를 생성하는 파이프라인

네이티브 개발과 웹 개발에서의 데이터 시각화를 생성하는 파이프라인에는 전처리 데이터가 포함된다(이는 데이터 엔지니어들이 수행하는 지루한 작업으로, 특히 의료 분야의 이미지 처리가 그렇다). 이를 추출, 변환, 불러오기ETL, Extract, Transform, Load라고 하며, 데이터를 수집하고 변환해 HMD에서 시각화하기 위한 적절한 형식으로 변환하는 과정을 일컫는다. 그림 9-5는 이에 관한 워크플로의 두 가지 사례를 보여준다.

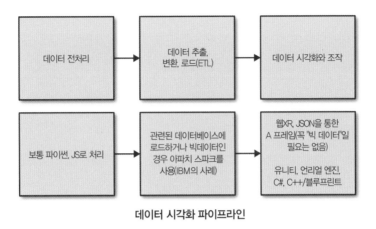

데이터 시각화 파이프라인

그림 9-5. 원천 데이터가 어떻게 불려오며 변환되고 시각화되는지를 보여주는 데이터 시각화 파이프라인

웹XR: 웹용 데이터 시각화 구축

웹XR은 지난 몇 년에 걸쳐 여러 웹 프레임워크를 도입했는데, (이전엔 리액트VR로 알려졌으며 리액트JS 프론트엔드 프레임워크를 기반으로 삼고 있는) 페이스북의 리액트 360^{React360}이라든가 좀 더 잘 알려진 A 프레임에 이르기까지 가상 현실 경험을 구축하고자 한다. 디에고 마르코스$^{Diego\ Marcos}$와 케빈 응고$^{Kevin\ Ngo}$가 모질라^{Mozilla}의 지원을 받아 만든 A 프레임은 오픈코스 커뮤니티에서 인기 있는 프레임워크가 됐다. 웹 개발자는 리액트JS나 d3.JS(마이크 보스톡$^{Mike\ Bostock}$이 만든 즉석 데이터 시각화 라이브러리)를 사용해 데이터 시각화를 제작해 왔다. VR에 대한 경험이 거의 없다시피 한 프론트엔드 소프트웨어 엔지니어라도 오픈소스 데이터로 시각화를 시작할 수 있다. 그림 9-6에서 JSON$^{JavaScript\ Object\ Notation}$ 형식의 데이터는 웹 페이지에 불러온 A 프레임 장면에 포함돼 있다. 반드시 '빅데이터 시각화'로 간주되는 것은 아니더라도 어쨌든 사용자가 VR 헤드셋을 끼고 브라우저 내에서 볼 수 있는 데이터 시각화다.

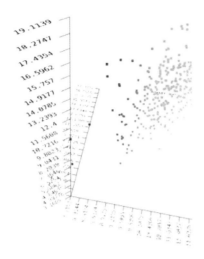

그림 9–6. 잭 캔터(Zac Canter)가 A 프레임을 사용해 웹XR에서 해수면 온도 데이터를 표시하고 있다.

XR에서의 데이터 시각화 문제

공간 컴퓨팅 스펙트럼에서의 입력에 대한 개념은 가장 흥미롭고 독창적이며 최첨단에 놓인 디자인 문제 중 하나다. 지금 당장은 시리^{Siri}와 코타나^{Cortana}가 지닌 정교한 NLP에 실시간으로 빅데이터 세트를 가져올 수 있을 만큼 성숙하지 못한 탓에 음성 쪽은 그다지 주목받지 못하지만, 많은 사람이 앞으로 일어날 변화를 기대하고 있다. 컨트롤러, 햅틱, 음성이 지닌 (그럼에도 계속 진화할 것으로 예상되는) 현재의 한계를 해결하고자 소프트웨어 엔지니어와 디자이너는 새로운 실험과 솔루션을 찾아내고자 한다. 이 장에서는 음성이나 VR의 컨트롤러와 AR의 햅틱을 개선하기 위한 컴퓨터 비전 기술의 발전에는 크게 중점을 두지 않지만, 그럼에도 이제 이들은 지난 수십 년 동안 VR과 지난 몇 년 동안 AR에서 불가능했던 행동 유도성을 사용자에게 제공하고 있다. 이러한 HCI의 진화는 XR의 스펙트럼에 속한 AR, VR, MR의 다양한 사용 사례와 더불어 새롭게 등장하는 몰입형 기술을 설계하는 디자이너와 소프트웨어 엔지니어에게 새로운 과제를 던져준다.

328

다음은 매체의 전반적인 발전에 따라 향후 변화가 있으리라 예상되는 한계와 상호 작용을 고려해 공간 컴퓨팅 스펙트럼에서 각 유형의 플랫폼에 뒤따르는 몇 가지 도전 과제다.

AR

여기서 고려해야 할 두 가지 유형이 있는데, (상호작용이 거의 없다시피 하므로 많이 다룰 이유는 없는) 모바일AR과 (여전히 인체 공학적으로 불편한데다 대다수 HMD를 위해 상업적으로 준비돼 있지 않은) PCAR이 그것이다.

VR

VR은 실세계의 사용자에게 제약을 가하며 HMD를 쓰고 있는 동안 폐쇄된 환경에 가둔다. 이 때문에 많은 UX 디자이너와 소비자는 HMD를 사용하거나 접근하기 어렵다고 느낀다. 설령 상업적으로 준비됐다고 주장하더라도 여전히 이는 (부분적으로) 광학에서의 기술적 한계 때문이다. 인체 공학에서의 접근성 문제 때문에 많은 애플리케이션이 시각적 피로를 지우지 않고자 경험의 길이를 줄인다.

업계에서의 데이터 시각화 사용 사례

여기서는 AR과 VR에서 큰 데이터 세트를 실시간으로 불러오면서도 자체적인 제약이 없는 잘 디자인된 데이터 시각화의 몇 가지 사례를 참조한다.

그림 9-7은 IBM의 데이터 시각화로, 오픈소스 데이터 프레임워크인 아파치 스파크Apache Spark를 사용해 (특히 트위터 감정 분석 같은 오픈소스 데이터를 포함하는) 데이터를 실시간으로 불러온다.

그림 9-7. 오픈소스 데이터 프레임워크를 사용하는 마이크로소프트 홀로렌즈의 IBM 데이터 시각화

GDC 2017에서 전 IBM 소속의 로스틴 머피^{Rosstin Murphy}는 「Immersive Data Visualization: AR in the Workplace(몰입형 데이터 시각화: 직장에서의 AR)」라는 제목으로 직장에서 AR을 사용해 빅데이터를 시각화, 분석, 조작하는 방법에 대한 연구를 발표한다. 그가 이루고자 하는 목표는 다음과 같다.

데이터 과학자의 도구상자를 보강하고 분석 속도와 깊이를 향상시키고자 AR을 사용한다. 비즈니스 상황에서의 VR 상호작용을 탐색하는 일은 유망해보였지만, 직장이라는 환경에서 VR이 지닌 객관적인 문제도 함께 드러냈다. 이런 문제는 VR 기기와 마우스/키보드 간 전환에 소요되는 시간이라든가, 기존 2D 데스크톱 인터페이스에 맞춰 3D 가상 환경을 굴린다든가, 알맞은 하드웨어 컨트롤러 모델과 3D 상호작용 알고리즘 선택하는 일 등을 전부 포함한다. 한편 AR 테크놀로지는 초창기임에도 불구하고 많은 문제를 우아하게 해결한다.

좀 더 구체적으로 머피가 인체 공학과 쉬운 사용성에 관련해 겪는 문제 중 하나로 PC 데스크톱의 주피터 노트북^{Jupyter Notebook}에서 머리에 홀로렌즈 헤드셋을 착용한 채 키보드로 입력하는 데이터 값을 변경하려 하는 것이 있다. 홀로렌즈의 무거운 무게는 많은 사람이 HMD를 사용할 수 있을지 여부를 고심하게 하는 진입 장벽이다. 데이터 조정을 위한 코타나(음성)와 기타 시각적 메뉴(AR의 UD)와 통합된 UI가 없기 때문에 생기는 직접적 조작이라든가, 앞에서처럼 머피가 데스크톱에서 여러 가지를 변경할 때 데이터 조작에 뒤따르는 한계는 여전히 간접적이라든가 하는 문제가 있다. (미래엔 좀 더 나아질 거라 기대하는) 현재의 AR이 사용자 채택에 어려움을 겪는 이유다.

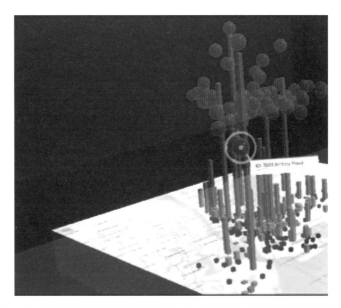

그림 9-8. 로스틴 머피가 IBM에 있을 때 제작한 데이터 시각화 예제. 맵에 데이터를 오버레이한다.

실제 데이터의 3D 재구성과 직접적인 조작: XR에서 보는 해부학적 구조

많은 데이터 시각화는 3D 재구성으로, 실시간으로 데이터를 불러온 후 공간 컴퓨팅 내에서 직접 조작하고 편집할 수 있는 해부학적 구조의 형태로 제공된다. 이 고유한 공간 컴퓨팅 상호작용은 다양한 B2B 업종에서 워크플로의 전체적인 효율성을 증진시킨다.

캘리포니아 대학교 샌프란시스코[UCSF, University of California San Francisco]의 리더이자 신경 과학자인 아담 개잘리[Adam Gazzaley]와 팀 뮬런[Tim Mullen]은 개잘리의 실험실인 뉴로스케이프[Neuroscape]에서 '글래스 브레인[Glass Brain]'이라는 시각화를 만들었는데, 이는 메타 2 AR HMD 내에서 다양한 모듈을 시연하는 데 자주 사용된다.

글래스 브레인 자세히 살펴보기

유니티 3D를 사용한 글래스 브레인의 데이터 시각화는 고해상도(MRI와 확산 텐서 이미징[MRI-DTI, MRI and Diffusion Tensor Imaging]) 뇌 스캔으로 얻은 조직과 섬유관 구조로 구성된다. 네트워크 간의 실시간 뇌 활동과 기능적 상호작용은 고밀도 뇌파 검사[EEG, electroencephalography]를 사용해 뇌 구조에 겹쳐진다. 이는 실시간으로 불러오는 데이터 시각화의 좋은 예다. 그림 9-9에서 볼 수 있는 뇌 시각화는 퍼커셔니스트[percussionist]인 미키 하트[Mickey Hart]의 것이다.

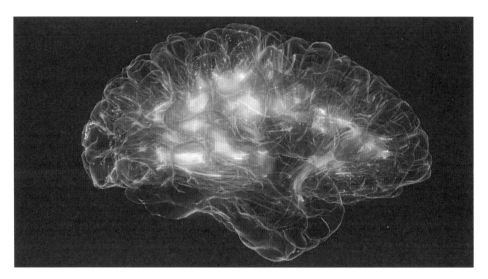

그림 9-9. 설립자이자 CEO인 신경 과학자 메론 그리베츠(Meron Gribetz)의 메타 2 시연에 자주 등장하는 글래스 브레인(자세한 정보는 캘리포니아 대학교 샌프란시스코의 뉴로스케이프 홈페이지에 있다)

TVA 서그의 의료 영상 VR 모듈

토론토 대학은 또한 인간의 뇌 MRI 스캔과 다른 해부학적 구조에 관련한 의료 이미지에서 재구성된 실제 DICOM^{Digital Imaging and Communications in Medicine}의 무채색 이미지를 지니고 있다.

메디컬 홀로덱: DICOM

스위스 방사선 전문의가 설립한 메디컬 홀로덱^{Medical Holodeck}은 방사선 전문의와 기타 의료 전문가가 DICOM 이미지를 VR로 가져와 (종종 기본적인 머신러닝 알고리즘을 써서 수동으로 작업하는) 이미지 분할^{image segmentation}에 소요되는 시간을 줄인다. 이는 매트랩^{MATLAB}에서 데이터를 파싱^{parsing}하고 다양한 MRI 이미지 슬라이스를 회전하는 등 데이터 엔지니어링의 전체 파이프라인에 걸친 지루한 작업이다. 3D 데스크톱 도구의 무수하게 조각나고 흩어진 '생태계'에서 요구하는 온갖 미세한 변경을 조정하고 다듬는 작업에 비견할 수 있다. 메디컬 홀로덱은 방사선 전문의, 의료 전문가, 연구원이 (위의 지루한 작업에 치이는) 대신 실질적인 의료 문제와 관련된 작업의 핵심에 초점을 맞출 수 있게 한다. 즉, 종양의 위치를 찾거나, 수술할 때 좀 더 정확한 절개를 시도하거나, 다양한 병리 간 상관관계를 찾아내거나, 좀 더 직접적인 공간 컴퓨팅으로 몇 가지 디자인 상호작용을 가능케 함으로써 신약 발견을 목표로 하는 전체적인 연구 파이프라인의 효율성을 향상시키는 등이다. 이 책의 11장에서 딜런 샤^{Dilan Shah}가 설득력 있게 문서화한 것처럼 스탠포드의 방사선 전문의들도 다양한 사례 연구를 통해 비슷한 접근 방식을 찾아냈다.

모든 사람을 위한 데이터 시각화: XR의 오픈소스 기반 데이터 시각화

누구나 오픈소스 데이터를 활용해 첫 번째 데이터 시각화를 만들 수 있다. 벌써 데이터 시각화를 시작했다면 압도를 당할 이유가 전혀 없다. (지금은 구글이 소유하고 있는) 캐글Kaggle과 각기 다른 기술 분야의 여러 영역에서 수많은 개발자가 의미 있는 데이터 시각화를 제작할 수 있게끔 도와주는 무수한 데이터 세트를 찾을 수 있다. 티모시 클랜시Timothy Clancy 역시 자신만의 데이터 시각화를 제작했다. 인터넷에서 다양한 페이지의 조각조각을 인덱싱하려는 시도 끝에 언리얼 엔진을 사용해 훌륭한 데이터 시각화를 만들어냈는데, 이는 그림 9-10에서 볼 수 있다.

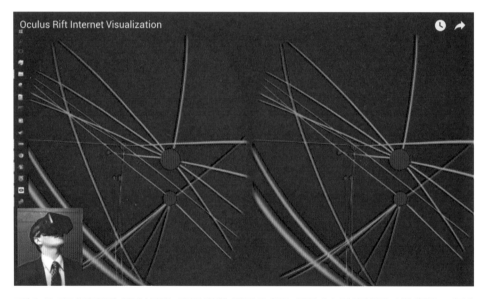

그림 9-10. 티모시 클랜시의 데이터 시각화는 언리얼 엔진을 사용해 인터넷의 다양한 페이지를 인덱싱하는 하위 샘플을 보여준다.

2016년에 언리얼 엔진은 영국의 웰컴 트러스트Wellcome Trust 데이터(바이오테크 데이터)로 해커톤hackathon을 주최했다. 여기서 1등을 한 해머헤드 VRHammerHead VR은 그림 9-11과 9-12에 나타난 것처럼 과일파리의 게놈 유전자를 분석하는 VR 브라우저를 만들었다 .

334

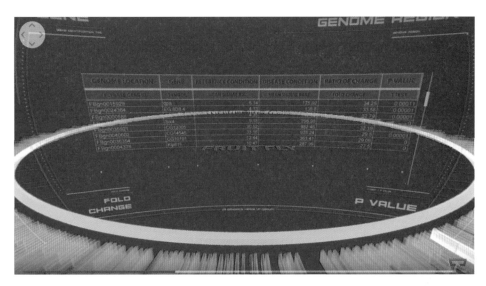

그림 9-11. 언리얼 빅데이터 해커톤(Unreal Big Data hackathon)의 프로젝트를 통해 만들어진 이 데이터 시각화는 과일 파리의 게놈 유전자에서 파생된 데이터를 표시하는 테이블과 평면 UI를 보여준다.

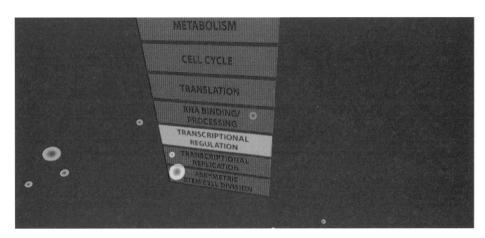

그림 9-12. 해머헤드 VR이 같은 프로젝트에서 제작한 이 데이터 시각화는 사용자가 VR 컨트롤러를 통해 메뉴와 상호작용할 때 흡사 웹에서처럼 (커서를) '호버링'하면 녹색 불빛이 켜지는 구를 사용한다.

단백질 데이터 시각화

다이나모이드[Dynamoid]의 10K 플랫폼(그림 9-13 참고)은 VR 애플리케이션 내에서 다양한 DNA 단백질을 참조할 수 있도록 오픈소스인 단백질 데이터뱅크[PDB, Protein Data Bank]를 볼 수 있는 동적 UI를 만들었다. 이 애플리케이션 내에서 사용자는 실시간으로 돌아가는 몇 가지 크기 조정 기능과 더불어 단백질을 검색하거나 삭제하거나 볼 수 있다. 여러 건강 기술과 생명 공학 애플리케이션에서 사용하는 3D 데이터 재구성은 상호작용이 전무하거나 간단한 기술로 만들어진 3D 아트(MRI 스캔이나 DNA 단백질을 보여주고자 고안된 OBJ나 FBX 파일) 위주지만, 이 10K 시스템은 현업의 실무자가 사용하는 실제 데이터를 동적인 형태로 끌어온다.

그림 9-13. 다이나모이드의 로라 린 곤잘레스(Laura Lynn Gonzalez)가 만든 10K 플랫폼으로, 특정 상황에서 VR로 데이터를 효과적으로 시각화하는 방법을 시연한다.

실습용 자습서: 공간 컴퓨팅에서 데이터 시각화 만들기

이제 데이터 유형, 플랫폼, HMD에 걸쳐 우수한 데이터 시각화 디자인용 프레임워크가 있으니 공간 컴퓨팅에서 동적인 데이터 시각화를 만드는 방법을 배워보자.

이번 장의 나머지 부분에서는 경험이 많고 적은 소프트웨어 엔지니어가 웹과 기본 플랫폼, 즉 A 프레임, 리액트JS, D3.JS(웹XR) 등에서 자바스크립트[JS]와 C# 기반의 유니티 등 다양한 접근 방식을 사용해 공간 컴퓨팅에서 데이터 시각화를 제작하는 방법을 폭넓게 참조한다.

빅데이터를 사용한 데이터 시각화를 더 잘 이해하고자 데이터 과학자와 주요 엔지니어는 그림 9-14에 나타난 것처럼 말하자면 주성분 분석[PCA, Principal Component Analysis]과 t-SNE 시각화와 같은 '차원의 저주' 덕분에 3D 데이터를 잘 보여주는 일부 최고의 사례를 찾아냈다. 매체로서 공간 컴퓨팅에 속하지 않는다 할지라도 이들은 다차원적이고 복잡하며, 때로는 대단히 큰 데이터 세트에 바탕을 둔 시각화를 이해하는 데 필수적인 견고한 기반을 제공함으로써 새롭게 진입하는 이들이 공간 컴퓨팅에서 새로운 시각화를 제작하는 데 적용할 수 있는 몇 가지 기본 원칙을 제시한다.

그림 9-14. 머신러닝 저널인 distill.pub에는 연구자들이 데이터를 더 잘 이해할 수 있도록 도와주는 인터랙티브 머신러닝 시각화가 다수 올라와 있다

머신러닝 커뮤니티에서 일반적으로 사용되는 이 두 종류의 시각화를 이해하고 싶다면 구글의 프로젝트 텐서플로와 와이컴비네이터[YCombinator]가 지원하는 머신러닝 저널의 distill.pub이나 이안[Ian]이 구글의 머신러닝 리더인 크리스 올라[Chris Olah]와 함께 작업한 결과물을 참조하라.

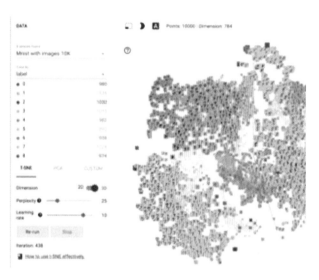

그림 9-15. PCA와 기타 시각화가 가능한 페르난다 비에가스(Fernanda Viegas)와 매트 와텐버그(Matt Wattenberg)의 도구. 구글의 머신러닝 프레임워크인 텐서플로를 활용했다.

보통 윈도우 계열에서는 C#이 주요 언어로, 다양한 B2B에 일반적으로 쓰이는 마이크로소프트 홀로렌즈 AR HMD에 데이터 시각화를 포팅한다. AR이 앞의 HMD에만 국한되는 건 아니라고 말해두고 싶다. 독립적인 개발자가 iOS에서는 ARKit, 안드로이드에서는 ARCore를 사용해 모바일AR에서 만들어낸 콘텐츠는 5장에서 6D.ai의 공동 설립자인 매트 미에스닉스와 빅터 프리사카리우 교수가 자세히 설명했다.

모바일AR에서는 데이터와 머신러닝 시각화가 그다지 두드러지지 않지만, 향후 HMD 및 글래스 등과 통합될 수 있는 일부 프로젝트가 시작되고 있다는 건 알고 있다. 마이크로소프트 홀로렌즈, 매직 립, 애플, 중국과 이스라엘에서 내놓는 새로운 개발자 키트 버전뿐 아니라, 우리는 잘 모르지만 2020년이나 그 후(이 책이 최초로 출시된 날짜 그 이후) 출시될 파이프라인에 들어갈 다른 개발자 키트까지 포함해 향후 더 많은 AR HMD와 글래스가 출시되리라 예상한다.

데이터 시각화를 만드는 방법: 리소스

9장의 시작 부분에서 얘기했던 원칙으로 돌아가면 제작자는 공간 컴퓨팅 내에서 데이터 시각화가 효과적으로 작동하게끔 하고자 가장 좋은 접근 방식이 무엇인지 구체적으로 알려줄 여러 단계를 반드시 고려해야 한다.

웹XR을 시작할 때의 좋은 사례 중 하나는 무스타피 사이피^{Mustafee Saifee}가 제작한 것이다. 그는 A 프레임, 리액트(DOM 조작 용도), D3(데이터 시각화 용도)을 결합해 VR에서 시각화를 생성하는 프레임워크를 만들었는데, 그중 하나를 그림 9-16에서 볼 수 있다.

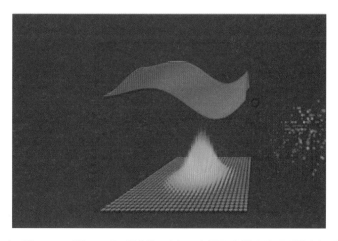

그림 9-16. VR-Viz는 리액트JS, A 프레임, D3.JS를 사용해 웹VR에서 3D 시각화를 생성할 수 있도록 상위 레벨 구성 요소를 제공한다.

이는 블록빌더(Bl.ockbuilder)와 기타 웹XR 리소스에서 찾을 수 있는 많은 사례 중하나로, 공간 컴퓨팅에서의 데이터 시각화를 성공적으로 구축하기 위한 견고한 디자인 원칙을 잘 보여준다.

결론

이 장에서 다룬 내용이 XR에서의 데이터에 대한 환상을 깨고, 아름답고 기능적이면서도 매체에 최적화된 데이터 시각화를 제작하는 기술, 모범 사례, 실용적인 도구의 예시를 제공했으면 하는 바람이 있다.

이 장에서는 주로 데이터 시각화에 중점을 뒀으며, 이 책의 분량 제한으로 인해 머신러닝 시각화에 대해서만 개략적으로 다뤘을 뿐이지만, 우리가 제공하는 깃허브 리포지터리와 자습서를 참조해 공간 컴퓨팅에서의 데이터와 머신러닝 시각화를 돕는 실습 자료로 배움을 지속하길 강력하게 추천한다.

다양한 유형의 데이터와 머신러닝 시각화는 아래 리소스 목록을 참조하라.

대부분 공간 컴퓨팅에서의 표준과 마찬가지로 웹XR은 계속 발전하고 있지만, 소프트웨어 엔지니어와 디자이너는 이미 기존 오픈소스 프레임워크를 사용해 그들의 첫 번째 데이터와 머신러닝 시각화를 만들어낼 수 있을 것이다.

참고 자료

1.   Almossawi, Ali. "Where is Piers Morgan Disliked the Most?" Almossawi. *http://bit.ly/2TdGB34*.

2.   Clancy, Timothy. "Oculus Rift Internet Visualization." YouTube, September 7, 2015. Video. *https://youtu.be/GpFVWFUHLcI*.

3. Chen, Min, K. Gaither, N. W. John, and B. McCann. "Cost Benefit Analysis of Virtual Environments." EuroVis, 2017. *https://arxiv.org/pdf/1802.09012.pdf*.

4. Gonzales, Laura Lynn. "10KS." STEAM. Video. *http://bit.ly/2XCi2LW*.

5. Hinton, Geoff. "Visualizing Data using t-SNE." Journal of Machine Learning, 2008. *http://bit.ly/2SHKnws*.

6. Hohman, Fred, Minsuk Kahng, Robert Pienta, and Duen Horng Chau. "Visual Analytics in Deep Learning: An Interrogative Survey for the Next Frontiers." Institute of Electrical and Electronics Engineers(IEEE). Transactions on Visualization and Computer Graphics, 2018.

7. Johnson Ian. "How to Use t-SNE Effectively." Distill.pub, October 13, 2016. *https://distill.pub/2016/misread-tsne/*.

8. Maeda, John. *Law of Simplicity: Simplicity, Design, Technology, Business, Life*. Cambridge, MA: MIT Press, 2006.

9. Murphy, Rosstin. "Immersive Data Visualization: AR in the Workplace." Game Developer Conference. November 2, 2016. *http://bit.ly/2NET0a8*

10. Ng, Aaron. "Downtown LA. My July 4th weekend FourSquare checkins visualized in AR. (ARKit + Unity + Mapbox + Swarm)." Twitter, July 13, 2017. *http://bit.ly/2SImGnC*.

11. Papachristodoulou, Panagiota. "Sonification of Large Datasets in a 3D Immersive Environment: A Neuroscience Case Study." The Seventh International Conference in Advances in Computer-Human Interactions (ACHI), 2014.

12. Schmalsteig, Dieter, "When Visualization Met Augmented Reality." Keynote, IEEE Vis Conference, 2018, October 23 Berlin, Germany. *https://www.youtube.com/watch?v=qtar1Q2ZPYM*.

13. Tufte, Edward. *Beautiful Evidence*. Cheshire, CT: Graphics Press, 2006.

14. Tufte, Edward. Visualizing Display of Quantitative Information. Cheshire, CT: Graphics Press, 2001. *http://bit.ly/2TjKDap*.

15. Viegas, Fernanda and Wattenberg, Martin. "Visualization for Machine Learning." Neural

Information Processing Systems (NeuralIPS), 2018. *http://bit.ly/2TncTYT*.

리소스

이 장에서 다뤘던 주제에 관련해 좀 더 자세한 정보는 다음에서 찾을 수 있다.

데이터 시각화 도구

A 프레임

디에고 마르코스[Diego Marcos]와 케빈 능고[Kevin Ngo]가 모질라의 지원을 받아 제작한 웹 프레임워크로, 시각화뿐 아니라 기타 XR 애플리케이션과 경험을 만드는 데 쓰인다.

블록빌더

이안 존슨[Ian Johnson]이 만든 시각화 프로토타입 도구

D3.js

마이클 보스톡[Michael Bostock]이 만든 라이브러리

옵저버블[Observable]

역시 마이클 보스톡이 만든 도구

VR-Viz

VR과 AR 데이터 시각화에서 쓰이는 A 프레임 기반 리액트 구성 요소로, 무스타피 사이피[Mustafa Saifee]가 제작

머신러닝 시각화 도구

- **구글**: 임베딩 프로젝터

- Distill.pub: 머신러닝 관련한 논문 모음

데이터 저널리즘 시각화

- 푸딩[Pudding]: Pudding.cool

- 뉴욕 타임즈[New York Times] 데이터 시각화

- 이 책의 깃허브 리포지토리에서 추가적인 자습서를 찾을 수 있다.

용어 사전

인간–컴퓨터 상호작용[HCI, Human Computer Interaction]

인간 사용자와 컴퓨팅 간의 상호작용을 설명하는 데 쓰이는 용어

사용자 인터페이스[UI, User Interface]

애플리케이션에서의 시각적 표현을 설명하는 데 쓰이는 용어

어포던스[Affordances]

사용자가 (대상을) 직관적으로 사용하는 방법을 알려주는 지침 매뉴얼 따위 필요치 않은 뛰어난 디자인의 결과

t–SNE

선도적인 AI 연구자인 제프 힌튼[Geoff Hinton]이 제작한 기계 시각화의 한 유형인 SNE[Stochastic Neighbor Embedding]

10장

캐릭터 AI와 행동 양식

니콜라스 믈라우^{Nicolas Meuleau}, 아서 줄리아니^{Arthur Juliani}

서론

가상 현실^{VR}은 종래의 디지털 엔터테인먼트 매체가 (영화, 비디오 게임, 쌍방향 소설 등) 제공하는 것보다 더 몰입감 있는 감각적 체험을 제공한다. 여기서 좀 더 몰입감 있는 체험이란 좀 더 감정적이면서도 한층 강렬한 경험을 뜻한다. VR을 처음 맛봤을 때의 감정을 떠올려보자. 처음 가상의 세계에 뛰어들었을 때의 놀라움, 경이로움, 그리고 열정이 다른 이에게도 느껴질 수 있으리란 것을 생생히 목격했을 것이다. 이론의 여지는 있겠지만, 단 몇 초 만에 이런 정도의 감정을 불러일으키는 매체는 없다. 이 점을 깨달은 커뮤니티는 이제 개인별 트레이닝이나 치료와 같은 민감한 영역에 감정적인 위력을 발휘할 VR 애플리케이션의 장점을 활용하고 있다.[22, 40]

지오로케이션^{geolocation}을 활용해 현실의 요소를 가상적인 요소와 한데 합침으로써 증강 현실^{AR}과 혼합 현실^{MR}은 아티스트, 스토리텔러, 게임 개발자가 탐험할 수 있는 새로운 장을 정의했다. 포켓몬 고^{Pocketmon Go}R과 같은 초보적 AR 경험의 열풍만으로도 전인미답의 이 매체가 게임으로서 얼마나 재미있는 잠재력을 갖고 있는지 엿볼 수 있다. 여러분이 사는 도시 안에서 보물찾기(포켓몬 고 R이 초보적으로 구현한 것이

바로 이것이다)라든가, 혹은 자기 집 지붕에 방공 포대를 배치해 다른 팀으로부터 우리 동네 방어하기 등은 분명 많은 게이머와 비게이머 양쪽에서 인기를 끌 것이다. 데스크톱 대용 솔루션에서부터 현장 운용과 현장형$^{in\,situ}$ 시각화 도구에 이르기까지 전문가용 AR 애플리케이션 역시 다수 등장할 것이다. 아직 대규모 소비자층을 확보한 AR 기기는 없지만, AR을 둘러싼 열기가 어느 정도인지는 현재 AR 앱을 개발 중인 스타트업과 기존 기업의 수만 봐도 알 수 있다.

('XR'이라는 용어 아래 묶이는) VR, AR, MR은 장래가 아주 유망한 매체며, 10장에서는 이런 기술을 여러분의 첫 애플리케이션에 활용하는 데 도움을 주려 한다.

지난 5년간 인공지능^{AI}은 단연 유행어로 등극했다. 이는 머신러닝 전반과 그 하위 분야인 딥러닝$^{deep\,learning}$의 인상적인 성공에 힘입은 것으로, 특히[11, 26, 37] 데이터 마이닝$^{data\,mining}$과 로보틱 지각$^{robotic\,perception}$(컴퓨터 비전, 자연 언어 처리^{NLP}, 동작 인지 등)과 함께 콘텐츠 생성(예, 이미지, 사운드, 애니메이션)의 영역에 힘입은 것이다. 덕분에 이 분야에 대한 관심이 오랫동안 이 분야에 종사해 온 전문가의 가장 극단적인 상상마저 제치고 급부상했다. XR에서 AI와 머신러닝을 적용할 수 있는 범위는 매우 넓으며, 앞 장들에서 이미 몇 가지를 다뤘다(매트 미에스닉스와 빅터 프리사카리우 교수가 시각과 인지에 대해 살펴보는 5장). 10장은 XR 애플리케이션 개발에 적용 가능한 AI와 머신러닝의 잠재력을 모두 다루지는 않는다. 대신 가상과 준가상$^{semi-virtual}$ 환경에서 행동 양식을 생성하는 문제에서 출발해 현재 선택할 수 있는 기술적 접근법을 리뷰하는 정반대의 접근법을 택했다.

지금까지 XR 분야에서의 연구 개발은 주로 게임 커뮤니티의 관심을 끌어 왔다. 이 점은 현재 전 세계에서 제작되는 XR 앱의 대다수에 유니티와 언리얼 같은 비디오 게임 엔진이 사용된다는 데서 바로 알 수 있다. 두 엔진이 활용되는 데에는 기술적이고 문화적인 이유가 분명 존재하는데, 그중에서도 비디오 게임과 XR 개발에서 마주하게 되는 이슈 간 유사성이 중요하다. 즉, 제한된 리소스로 실시간 구현이 가능해야 한다는 제약, 문제 해결보다는 경험 제작에 대한 강조, 그저 현실을 흉내 낼 뿐이더라도 사용자에게는 진짜처럼 느껴지는 환상을 만들어낼 수 있는 역량이 그것이다. 때문에 XR 커뮤니티는 비디오 게임 업계의 AI 솔루션을 가져옴으로써 제품에 생명력을 불어넣으려 하는 것이다. 마찬가지로 게임 AI 기술을 살펴보고 XR이 지닌 난관을 어떻게 돌파할 수 있을지 살펴보는 것부터 10장을 시작한다. 먼저 한계를 집중적으로 살펴본 다음 현존하는 대안과 함께 게임 AI를 더 높은 수준으로 끌어올리려는 최근의 연구를 논의하고자 한다. 이 과정에서 가장 유망한 접근법뿐 아니라 어떤 방향으로 연구가 진행돼야 할지에 대한 필자들의 의견을 피력할 수밖에 없다. 이런 의견은 다른 분야, 특히 자율 로봇autonomous robotics에서 의사 결정과 머신러닝 시스템을 적용해 온 다년간의 경험에서 우러나온 것이다. 그러나 의견은 의견일 뿐이므로 독자들은 동의하지 않을 수도 있다.

이 장은 비디오 게임과 XR에서 행동 양식을 생성하기 위한 기존의 기술적 접근법을 살펴본다. 이 주제의 핵심으로 들어가기 전에 행동 양식이라는('행동 양식' 절 참고) 개념을 짤막하게 알아보겠다. 행동 양식이란 시간과 공간에 따라 작은 범위의 감각 모니터링에서 넓은 범위의 활동 계획까지 다양한 범위에서 고려할 수 있다는 점을 강조하고자 한다. 또한 행동 양식은 하나의 NPC^{Non-Player Character}(즉 사용자가 조종할 수 없는 캐릭터)에도 해당되지만, NPC 그룹이나 스토리텔링과 상호작용성 내레이션을 고려할 때는 게임 세계 속의 다양한 개체에 적용할 수 있다. 개체 자체의 행동 양식보다는 직면하는 문제의 성질과 적용해야 할 기술적 접근법에 따라 행동 양식의 범위를 달리 다룬다는 것을 이 장에서 확인할 수 있을 것이다.

이 장의 두 번째 절인 '현재의 적용법: 반응형 AI' 절에서는 현재 대부분의 게임 AI 구동에 쓰이는 첨단 기술을 살펴본다. 현재의 방식은 단순하다. 컨트롤되는 개체의 모든 행동 양식이 런타임으로 보이도록 게임 개발자들이 '손으로' 코드를 작성하는 것이다. 복잡도가 가장 낮은 수준에서는 런타임으로 어떤 일이 벌어지든 변하지 않는 액션 시퀀스를 스크립트만 써서 작성한다. 좀 더 발전한 애플리케이션에서는 에이전트기 관찰한 바에 따라 어떤 액션을 수행할지 판단하는 반응형 아키텍처를 사용해 서로 다른 게임 이벤트가 다른 행동을 유발하게 한다. 어쨌든 개발자는 관찰에서부터 액션까지의 관계 디자인과 적용을 온전히 손으로 적어 내려가야 한다. 앞선 사례(고정적인 액션 시퀀스)를 후자에 속하는 특정한 사례(관찰에 의한 액션)라 간주하면 유한 상태 기계$^{\text{FSM, Finite-State Machine}}$와 비헤비어 트리$^{\text{BT, Behavior Tree}}$라는 개념 아래 일반 코드보다 읽기 쉽고 유지 보수 가능한 형태로 정리할 수 있다. 이들은 그저 시각적 프로그래밍 언어에 불과하다.

이 패러다임이 게임 개발에서 지배적인 이유는 게임에서 나타나는 행동들을 개발자가 완전히 컨트롤할 수 있기 때문이다. 여러 곳에서 강조했듯 반응형 AI는 일을 처리하는 방식을 설명하는 데 아주 적합하다. 하지만 무엇을 해야 하는지 결정하는 데는 큰 도움을 주지 못한다. 우리는 여러 이유로 AR과 VR 모두가 이 모델에 도전하고 있다고 믿으며, 따라서 게임과 XR 개발자들이 선택할 수 있는 학술적 AI의 다른 대안을 검토해볼 필요가 있다고 판단했다. 이 패러다임하에서 액션은 환경의 상태에 따라 한 번에 하나씩 생성되며, 판단 규칙은 전적으로 개발자들이 디자인한다. AI는 여타의 문제 해결이나 의사 결정 능력을 보여주지 않으며, 그저 하도록 입력된 바를 따라할 뿐이다. 이를 전제로 보통의 코드를 써서(예, C#, C++, 자바) 반응형 AI를 작성할 수 있다. 하지만 행동의 경우라면 보통 애플리케이션을 개발하면서 테스트, 디버그, 개선, 증강이 필요하거나 권장되는 형태의 복잡한 구조일 때가 잦다. 평범한 코드 정도라 하더라도 암호처럼 보일 뿐더러 설상가상으로 AI 디자이너는 능숙한 코더가 아닐 수도 있다. 이런 이유로 디자이너가 행동 양식의 구조를 만드는 데 도움을 주는 도구가 개발됐다.

따라서 이 장의 세 번째 절인 '시스템을 더 지능적으로: 숙고형 AI' 절에서는 숙고형 AI와 자동 플래닝을 다룬다. 이 패러다임에서는 AI에게 실제로 문제를 해결하고 판단을 내리는 능력이 주어진다. 행동은 환경 모델을 이용해 틀이 짜인 잘 정의된 문제들을 해결함으로써 생성된다. 개발자들은 원하는 행동을 생성하되 행동의 모든 측면을 손으로 직접 수정하지 않는 방식으로 이와 같은 모델(우리는 플래닝 도메인^{planning domains}이라고 부른다)을 만들어야 한다. 이 접근법은 반응형 AI의 한계를 상당 부분 피할 수 있게 해준다. 특히 무엇을 할지 결정할 때 아주 좋다. 자율 로봇 분야에서는 흔하지만, 이런 접근법은 대개 게임 AI 커뮤니티에서는 무시를 당해 왔으며, 지금도 아주 소수의 상용 제품만이 이 기술을 활용하고 있다. 이런 접근법에서는 제어할 수 있는 권한이 줄어든다는 게 그 이유다. 그러나 우리는 숙고형 AI를 반응형 AI의 경쟁자라기보다는 보조적 역할로 봐야 한다고 믿는다. 자율 플래닝은 까다로운 선택 문제를 해결하는 데 사용하고, 반응형 AI는 판단을 실행하는 방법을 상세히 설명하는 데 사용해야 한다. 관심을 덜 받는 또 다른 이유라면 제대로 기능하는 반응형 AI 시스템을 만드는 데는 많은 작업이 필요하기 때문에 소규모 스튜디오에게는 경제적인 접근법이 아니라는 점을 꼽을 수 있다. 이런 측면에서 즉시 사용할 수 있는 숙고형 AI 도구를 제공하고자 유니티 테크놀로지가 기울이고 있는 노력은 시장에 결정적인 영향을 미칠 수 있다. 숙고형 AI는 문제 해결을 통해 작동하는데, 이는 곧 최적의 솔루션을 내려면 큰 솔루션 공간을 검색해야 한다는 뜻이 된다. 모든 검색 알고리즘이 풀 수 있는 문제의 크기엔 제한이 있으며, 너무 많은 시간이 소요돼 게임/XR의 흐름에 영향을 미치게 되면 처리가 더 이상 불가능해진다. 이런 제약을 완화하고자 세 번째 AI 패러다임인 머신러닝을 활용할 수 있다.

머신러닝은 요즘 AI 유행의 한복판에 있으며, 특히 딥러닝이라는 세부 분야가 주목을 끌고 있다. 데이터 마이닝과 (센서망에서 나온 출력을 이해하는) 로보틱 지각 분야에서 이 기술이 이룬 눈부신 성과 덕분에 AI가 미래의 기술과 사회에 미칠 영향에 대해 각종 추측이 성행하고 있다. 머신러닝에서 의사 결정과 행동 생성에 중점을 두는 분야를 강화학습^{reinforcement learning}이라고 한다. 이 패러다임에서 AI는 비디오 게임과 상호작용하면서 시행착오를 통해 올바른 행동을 수행하도록 배워나간다. 이 프로세스는 AI가 목표를 성취할 때마다 가상의 보상을 줌으로써 올바른 방향으로 인도한다. 이 직군과 비디오 게임은 역사적으로 긴밀한 관계를 유지하고 있다. 연구 커뮤니티에서는 비디오 게임이 강화학습 알고리즘에 있어 최적의 시험대라는 점을 깨닫고 있다. 단순한 아케이드형 비디오 게임이 이제 학계의 문헌에서 새로운 강화학습 알고리즘의 성과를 측정하는 데 흔히 활용되고 있다. 게임과 XR에서 행동을 생성하는 데에는 머신러닝 기술이 유망할 것으로 보인다.

이 장의 목표는 모든 게임 AI 기술을 총망라해 심도 있게 알아보는 게 아니다. 이런 작업은 이 정도의 분량으로 다루기엔 너무 방대하다. 이 장의 '참고 자료' 절에 게임 AI 분야의 서베이가 포함돼 있으며,[3, 27] 현재의 연구 동향도 깊이 있게 다루고 있다.[32, 33, 34] XR의 난제를 해결하기 위한 기존의 개략적인 연구를 파악하고 장점과 단점을 주로 알아보는 것이 이 장의 목표다. 더욱이 우리는 이 장에서의 탐구를 '공식적 게임 AI'로 제한하지 않고 AI의 학술적 개념 역시 가져왔다. 이런 비전을 통해 새롭게 뛰어드는 XR 개발자들이 행동을 설계할 때 올바른 디자인적 선택을 할 수 있기 바란다.

행동 양식

사전에서 '행동 양식'이란 단어를 찾아보면 다음과 같은 정의를 확인할 수 있다. '몸을 움직여 동작하거나 어떤 일을 하는 일정한 모양이나 형식'이다. 즉, 행동 양식이란 어떤 주체가 행하는 일련의 행동으로 구성된다. 여기서는 이 일련의 행동 저변에 바로 그렇게 '행동'하게 하는 일련의 선택이 존재한다는 점을 강조하고자 한다. 따라서 우리는 '행동 양식'을 한 개체가 (눈에 보이는) 행동에 이르기까지 내리게 되는 일련의 결정이라 본다.

행동 양식이란 여러 수준에서 이해할 수 있기 때문에 아주 넓은 의미로 여겨진다. 이해를 돕고자 자율 주행 로봇의 예제를 하나 살펴보자. 로봇을 제어하는 아키텍처는 보통 세 개의 큰 모듈로 이뤄진다. 로봇에 장착된 센서들에서 들어오는 입력을 이해하고 그로부터 통합된 세계를 구축하는 인지, 다음에 수행할 행동을 결정하는 판단, 그리고 결정된 판단을 가능한 한 충실하게 수행하려 하는 컨트롤이 그 것이다.

이 장에서는 판단 계층의 개발에 관한 이슈에 초점을 맞춘다. 판단 계층은 다시 다양한 시간과 규모로 결정을 내리는 모듈의 계층으로 나눠진다. 자율 주행 자동차의 예를 들자면 판단 계층은 주행 전체를 계획하는 내비게이션(여러분의 스마트폰이나 자동차에 있는 내비게이션 앱과 비슷하다), 차선 변경과 멈춤 신호에서 대기하는 등의 조치를 취하는 행동 양식(여기서는 다른 장과는 달리 좀 더 제한된 맥락으로 이해해야 한다), 도로 위에서 운전하며 움푹 팬 구덩이 같은 장애물을 피하는 모션 플래닝과 같은 세 개의 모듈로 주로 구성된다. 비디오 게임 NPC에도 비슷한 아키텍처를 활용할 수 있으며, 또한 그래야 한다. 예컨대 퀘스트와 장기 목표, 활동 계획, 내비게이션, 애니메이션에 대한 결정은 네 계층으로 구성할 수 있다. 그림 10-1은 하나의 NPC를 위한 계층적 판단 결정의 예다. 다양한 규모와 빈도에서 작용하는 여러 모듈에 결정이 분산돼 있음을 알 수 있다.

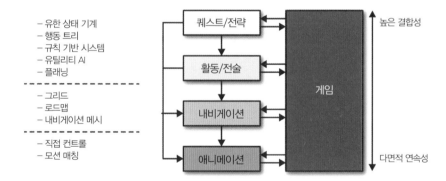

그림 10-1. 비디오 게임이나 XR 애플리케이션용 NPC의 계층적 컨트롤 아키텍처(왼쪽: 다양한 수준의 판단을 내리는 데 흔히 활용되는 기법. 오른쪽: 계층의 위로 갈수록 지속적에서 조합적 최적화로 이행되는 문제 공간의 특성)

이런 기술에 대한 소개는 '참고 자료' 절에서 찾을 수 있다.[27]

그림 10-1의 모듈에서 이뤄진 판단들은 시간과 공간에 따른 규모로 작용한다(퀘스트에서 애니메이션으로 갈수록 그 규모는 작아진다). 이런 아키텍처에서 가장 중요하고 유용한 점은 서로 다른 모듈이 동일한 빈도로 작동할 필요가 없다는 것이다. 일반적으로 아키텍처의 상위에 있을수록 해당 판단이 내려지고 수정되는 빈도수가 낮아진다. 비디오 게임이나 XR에서는 매 프레임마다 캐릭터의 다른 포즈를 렌더링해야 하기 때문에 애니메이션만 초당 60프레임으로 정해지면 된다. 이견은 있을 수 있지만, 내비게이션 시스템은 초당 10프레임보다 빠르게 구동될 필요가 별로 없다. NPC가 목표 지점으로 루트 계산을 변경하는 과정은 초당 60프레임이 아니라 10프레임으로 하더라도 사용자가 눈치 챌 수 없기 때문이다. 마찬가지로 아키텍처의 위로 올라갈수록 상위에 놓인 판단 모듈은 빈도수를 줄여 작동해도 된다.

이는 우리 모두가 따르는 자연스러운 현상이다. 우리 역시 추론의 범위에 따라 판단을 수정하고 새로운 계획을 세우는 빈도수가 줄어든다. 분 단위로 커리어 플랜을 바꾸는 사람은 없지만, 출근 전에 가방을 챙길 때는 일 분에도 몇 번씩 계획을 바꾸고 다른 행동을 취하기도 한다. AI 프로그래머의 관점에서 본다면 낮은 수준을 제외한 작업에 대해서는 압박감도 줄일 수 있고 리소스 활용도 원활해지므로 좋은 일이다. 이 원칙은 자율 로봇 커뮤니티에서도 널리 알려져 흔히 활용되는데, 일련의 하위 프로세스를 다양한 빈도로 병렬 처리하는 개념과도 유사하다. 하지만 게임/XR 개발자들은 종종 이 원칙을 무시하고 모든 판단을 게임이 렌더링되는 것과 같은 빈도수로 처리하려고 분투한다.

그림 10-1에서 보여주는 의사 결정 계층에서 또 한 가지 중요한 점은 우리가 아키텍처를 거쳐 가면서 좋은 행동 변화를 생성하는 문제점에 직면할 수밖에 없다는

것이다. 감각 운동 능력에 가까운 낮은 수준의 과제는 보통 다차원적 연속 공간에 의해 규정된다. 로봇 공학의 모션 플래닝과 비디오 게임 및 XR의 애니메이션 생성에는 연속되는 변수의 수가 엄청나며, 이는 고차원에서의 연속 최적화 문제로 볼 수 있다. 반대로 높은 수준에서 지속되는 활동은 거의 모두 여러 가지로 조합 가능한 별개의 (비연속성) 공간을 찾아내는 작업이다. 대개 별개의 오브젝트, 장소, 개념의 조합이 서로 관련되며, 조합이 가능한 경우의 수가 지나치게 많은 것이 주된 난관이다. 예컨대 오브젝트를 배경에서 빼서 나중에 활용할 위치에 저장하기로 한다면 (가방 안에 공간이 필요하기 때문에) 고려해야 하는 오브젝트와 저장 위치 간 조합의 개수가 늘어나게 된다. 시간대가 저장 능력에 영향을 준다거나, 가방 안에 추가되는 오브젝트가 판단상에서 인수가 돼야 한다면 문제는 더 심각해진다. 추가된 변수 하나마다 해당 변수에서 가능한 옵션의 수에 승수 효과를 발휘해 기하급수적으로 커지는 것이다. 이 현상을 흔히 조합적 폭발combinatorial explosion이라고 한다. 규모가 커지면서 다차원의 연속적인 공간이 다수의 조합이 가능한 비연속적 공간으로 변모하는 것은 다방면의 인간 활동에서도 관찰이 가능한 현상이다.

도입부를 마치기 전에 행동의 주체(즉, 행동을 보이는 개체) 역시 많은 형태를 취할 수 있다는 점을 강조하고자 한다. 롤 플레잉 게임RPG, Role-Playing Game의 NPC가 바로 그런 경우다. 하지만 일인칭 슈팅 게임FPS, First-Person-Shooter의 적 NPC 분대나 실시간 전략 게임RTS, Real-Time Strategy의 적군 전체 또한 행동의 주체로 고려할 수 있다. 더 나아가 스토리텔링은 게임 세계 전체(혹은 게임 세계에서 전체적인 규모로 작용하는 시나리오 관리 모듈)에서 수행되는 액션의 집합으로도 볼 수 있다. 사실 쌍방향 내레이션에서 사용 가능한 도구와 기술적 접근 대부분은 각 NPC에 활용되는 것과 흡사하기 때문이다.[20, 35, 46] 마지막으로 액션을 취하는 요소가 있다면 그 역시 행동을 만들어낸다. 그러므로 보통은 움직일 수 없는 현실의 물체를 본뜬 게임상의 오브젝트라도 액션을 취할 수 있다면 이 장에서의 설명 역시 적용돼야 한다.

현재의 적용법: 반응형 AI

게임 AI에 대한 책을 펼치거나 게임 개발자 콘퍼런스[GDC, Game Developer Conference]의 AI 서밋[Summit]에 참석하면 FSM, BT, 그리고 룰 기반 시스템에 대해 많은 내용을 읽고 듣게 될 것이다. 이 세 가지 기술과 이들 간의 다양한 조합이 현재 비디오 게임 제작 대부분의 배후에서 AI를 담당한다. 세 가지 모두 앞서 언급했고 이 절에서 상세히 살펴볼 반응형[reactive] AI라는 동일한 AI 패러다임에 속한다.

반응형 AI 도구에 대한 설문 조사 결과는 이 장의 말미에서 찾아볼 수 있다.[3, 27, 6] 그림 10-2와 10-3은 가장 인기 있는 두 기술 FSM과 BT로, 적을 발견했을 때 순찰-추격-발사[wander-chase-shoot]로 이어지는 간단한 행동 양식을 어떻게 적용하는지 보여준다. 이런 기술의 요체는 바로 이런 도구를 활용해 행동 양식을 적용한다는 마지막 문장으로 요약할 수 있다. 즉, AI가 보일 행동 양식의 모든 측면은 개발자가 어떻게 설계하느냐에 달려 있다. 도구가 지닌 역할은 어느 정도 선에서 지식을 그래픽으로 정리하고, 의사 결정 규칙을 일반적인 코드를 볼 때보다 더 잘 파악할 수 있게 도와주는 것이다. 그렇다고 해서 도구가 문제를 직접 해결하거나 디자인적 결정을 도울 수 있는 건 아니다. 그런 관점에서 이들 도구는 그저 시각적 프로그래밍 언어에 불과하다. 도구의 장점은 복잡한 액션을 알아보기 쉽게 적용할 방법을 제공하는 데 있다.

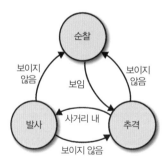

그림 10-2. 순찰-추적-발사 행동 양식을 적용하는 유한 상태 기계

그림 10-2의 시스템은 순찰 상태로 시작하는데, 적을 찾아 무작위로 환경 안을 탐험하는 상태라고 할 수 있다. 플레이어가 시야에 잡히면 AI가 추격 상태로 변환돼가능한 한 플레이어에게 가까이 다가가려고 시도한다. 플레이어가 사거리 안에 들어오면 AI는 발사 상태가 돼 플레이어를 공격한다. 플레이어가 시야에 잡히는 것과 플레이어가 사거리에 들어오는 두 조건 중 하나라도 거짓이 되면 AI는 이에 따라 알맞은 상태로 (각각 순찰과 추격으로) 되돌아간다.

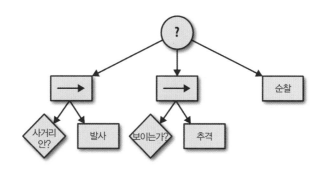

그림 10-3. 순찰-추격-발사 행동 양식을 적용하는 비헤비어 트리

그림 10-3의 시스템은 트리의 루트 노드에서 시작한다(맨 위 둥근 노드). 이 노드가 선택 노드다. 따라서 성공이 출력될 때까지 왼쪽에서 오른쪽으로 차일드 노드 모두를 차례로 실행한다. 차일드 노드 중 성공하는 것이 하나도 없으면 실패를 출력한다. 아니라면 성공을 출력한다(다시 말해 논리적 OR와 우선권 노드를 적용한다). 짙은 색의 화살표가 들어 있는 직사각형 노드가 시퀀스 노드다. 이 노드 역시 차일드 노드를 왼쪽에서 오른쪽으로 모두 실행하지만, 차일드 노드에서 실패하지 않고 시퀀스 끝까지 진행할 수 있을 때만 성공한다(그러므로 논리적 AND와 시퀀스 규칙을 적용한다). 마름모꼴 노드는 조건 노드다. 이 노드는 조건이 있어 조건이 참이 될 때만 성공을 반환한다. 마지막으로 회색 직사각형 노드는 순찰-추적-발사 행동 양식을 위한 기초 액션들이다.

게임 업계에서 이 패러다임을 그토록 중시하는 것은 AI에 완전한 통제성을 부여하기 때문이다. 필자들을 포함해 많은 사람이 게임 디자인을 아트라 간주한다. 여느 아티스트나 마찬가지로 게임 개발자 역시 자신의 창조물에 대한 통제력을 원한다. 반응형 AI는 완전히 통제할 수 있기 때문에 대개 디폴트 솔루션으로 적용된다. 하지만 완전한 통제에는 여러 단점도 있는데, 이는 다음에서 살펴보고자 한다.

적용성

첫 번째로 짚고 넘어갈 점은 반응형 행동 양식의 경우 손으로 일일이 설계해 온 탓에 종종 특정한 상황에 특화돼 있어 중요한 변경 사항에 쉽게 적용할 수 없다는 것이다. 비디오 게임에서 NPC의 행동 양식에 영향을 미칠 수 있거나 미쳐야만 하는 확장판에서는 고도의 AI 재작성이 요구될 수 있다. 유틸리티 AI란 이런 점을 부분적으로 보완하기 위해 도입된 기술이다.[12, 27] 이는 고정된 규칙 대신 수치 계산을 기반으로 기본 결정을 적용하도록 구성돼 있다. 예컨대 BT에서의 선택 노드를 고려해보자(그림 10-3). 여기서는 엄격하게 가능한 옵션 가운데 언제나 존중되는 선호 사항을 인코딩한다(왼쪽의 차일드 노드가 오른쪽 차일드 노드보다 항상 선호된다). 유틸리티 AI는 이 엄격한 순서적 선택을 수치 계산으로 대체한다. 가능한 대안마다 일부 수치적 요인에 의존한 유틸리티 점수를 연산하는 것이다. 예를 들어 전략 슈팅 게임에서 이런 요인으로는 장면 내의 적 숫자, 가장 가까운 적까지의 거리, 사용할 수 있는 탄약 수, 숨을 수 있는 엄폐물의 존재 여부 등이 있다.

요점은 이런 요인이 연속적이기 때문에 통제하거나 관찰하기 어렵다는 것이다. 결과적으로 AI는 더 적응적이면서 덜 예측적으로 변모하게 된다. 그렇다 하더라도 핵심적 판단 규칙인 효용 연산은 디자이너가 직접 구현해야 한다. 우리는 아직 반응형 AI의 영역에 있지만, 판단 자체는 현재 상황에 적응하되 사람이 전적으로 설계하는 메타적인 결정 규칙에 지배된다. 이런 접근법에서 효용 연산은 가능한 각 액션의 기회를 평가하는 추정 방식이며, 정확한 추정은 개발자에 달려 있다. 「Simulating behavior trees: A behavior tree/planner hybrid approach(비헤비어 트리 시뮬레이션: 비헤비어 트리/플래너의 하이브리드 접근법)」[13]에서 다니엘 힐번Daniel hilburn은 사용자가 정의한 연산 대신 시뮬레이션을 활용함으로써 가능한 대안을 어떻게 평가할 수 있는지 보여준다.

복잡성과 보편성

사람의 두뇌가 처리할 수 있는 복잡성에는 한계가 있다. 만족스러울 만큼 복잡한 행동 양식을 만들려면 AI에 입력해야 할 지식의 양이 말도 안 되는 수준으로 커질 수 있다. 반응형 AI 디자인에서 가장 어려운 부분이 시스템에서 런타임으로 맞닥뜨릴 수 있는 모든 상황을 적절한 행동 규칙 안에 포괄하게 하는 것이다. 예를 들어 사거리에서 차를 운행하는 AI를 작성하는 경우를 생각해보자(자율 로봇 시스템에서 이런 문제를 다룬다). 기본적인 규칙 설계는 쉽다. 주행 신호를 기다렸다가 사거리에 다른 차가 없으면 진행하는 것이다. 이제 특별한 경우를 처리해야 한다. 어떤 운전자가 공격적인 행동 양식을 보이며 정지 신호를 어기려 하면 안전을 위해 해당 차량이 지나갈 때까지 기다려야 한다. 소방차가 후방에서 사이렌을 울리며 전속력으로 다가오면 조심스럽게 사거리를 통과하면서 길을 터줘야 하는 것이다. 그러다 보면 정지 신호를 어기는 차량과 소방차가 동시에 등장하면 어쩌나 하는 의문이 떠오를 것이다. 이런 질문에 대답하려면 다른 요인을 고려해야 한다. 즉, 특별한 규칙이 필요한 예외적 상황을 추가로 정의하는 것이다. 반응형 AI를 현실에 적용할 때 조합적 폭발이 일어나는 전형적인 예라 하겠다.

실효성

반응형 AI 접근법에서 가장 큰 한계가 드러나는 부분이다. 손으로 직접 행동 양식의 모든 측면을 설계하려면 AI가 해결해야 할 모든 문제에 대한 해결책을 알아야 한다. 어떤 경우 행동 규칙의 제공만으로는 문제에 최적의(혹은 충분히 괜찮은) 해결책을 내놓을 수 없기 때문에 문제를 해결하는 데 상당한 노력이 필요하다. 내비게이션을 예로 들어 보자. 출발 지점에서 목적지까지 최단 거리를 찾아야 한다. 흔히 이럴 땐 A* 같은 최단 거리 알고리즘을 이용해 해결하는데, 이 방법은 바로 다음에서 다룰 플래닝 시스템의 한 가지 방법이다. 가능한 미래를 살펴본 후 이에 가능한 여러 액션 시퀀스의 결과를 예측해 최선의 방안을 선택함으로써 최단 거리를 구할 수 있다. 이런 추론은 그 순간의 환경 상태와 AI의 목표에 의존하며, 상당한 수준의 문제 해결 능력이 여기에 관여한다. 사전에 정의된 규칙 목록을 활용해 최단 경로 문제를 해결하려는 방식은 실효성이 없다고 봐도 된다. 실제로 게임 개발자들은 반응형 AI 도구를 활용해 대부분의 행동 양식을 디자인하지만, 내비게이션 과제는 다른 패러다임을 활용하는 특화된 모듈에 맡긴다. 이 점은 내비게이션을 넘어서서 다른 추론 측면에도 적용된다. 다음 절의 첫 부분에서 몇 가지 예를 들겠다. 이 모든 사례에서 반응형 AI는 쓸 수 있는 해결책이 못 된다.

이처럼 반응형 AI의 알려진 한계들은 비디오 게임보다 XR에서 더 결정적으로 작동한다. 여러 이유로 VR과 AR 모두 이런 패러다임은 게임에서보다 더 많은 난관을 안겨준다. AR에서 가장 큰 어려움은 예측 불허인 환경 탓이다. AR 장면은 현실 세계의 장면을 기반으로 그 위에 가상 요소들을 덧입히기 때문에 통제할 수도 예측할 수도 없다. AR이 흔해질 무렵이 되면 각 사용자 고유의 환경으로 인한 시련이 찾아오리라는 데는 각계 전문가 모두 이견이 없다. (절차적으로 생성되는 게임 레벨 같은 제한적 사례는 예외로 하고) 손으로만 디자인해서 완전히 통제하고 예측할 수 있는 비디오 게임 속 장면과는 뚜렷이 대조된다.[41]

분명 일부만이 아니라 완전히 통제할 수 있는 장면에 적용하는 AI는 손으로 직접 설계하는 편이 더 쉽다. 다시 말해 AR이 어려움을 겪는 이유는 적응성, 복잡도, 보편성이란 측면에서 반응형 AI가 비디오 게임에서보다 더 큰 한계를 지니기 때문이다. VR의 경우에는 이야기가 다르다. 비디오 게임에서와 마찬가지로 VR 장면은 디자이너가 완전히 통제한다. 여기에서 문제점은 사용자의 기대치다. 게임보다 VR에서 감각적 경험과 몰입도가 상당히 높기 때문에 대부분의 사용자는 경험의 모든 측면이 마찬가지로 더 고급스러워질 것을 기대한다. 사용자가 이해할 수 없는 AI의 행동인 'AI 버그'는 비디오 게임에서는 수용할 만하며 때론 재미를 주는 요소가 되기 때문에 일부러 활용하는 경우도 꽤 있다. 하지만 게임 개발자들은 VR 세계에서 비슷한 실수를 반복하길 꺼리는 듯하다. VR 게임에서 실제 마주치게 되는 NPC의 숫자가 적은 데서 느낄 수 있다(플레이어가 쏘아야 하는 과녁 노릇만 도맡는 적 NPC를 제하면 그렇다).

기존의 반응형 AI에 대한 대안을 살펴보기 전에 지금까지 행동 양식에서 가장 고차원적인 수준과 가장 큰 규모만을 다뤘다는 점을 밝혀두겠다('행동 양식' 절을 다시 살펴보자). 내비게이션 과제의 경우 (흔히 반응형 AI 패러다임에 속하지 않는) 내비게이션 전용의 최단 거리 알고리즘으로 해결된다는 점을 이미 강조한 바 있다. 그렇다면 그림 10-1에서 계층의 최하단에 놓인 애니메이션 생성은 어떨까? 사실 이런 상황은 큰 규모의 행동 양식과 별반 다르지 않다. 현재 이런 과제는 몇 초 분량의 애니메이션 클립을 제시하는 방식으로 처리한다. 이런 클립은 대규모 애니메이션 컨트롤러를 통해 정돈된 다음, FSM을 거쳐 각 상태마다 하나의 클립이 붙는다.[22] 사이클의 변화를 나타내는 클립 간 전환은 보통 플레이어 캐릭터[PC, Playable Character]라면 게이머의 입력에 따라, NPC라면 더 높은 수준의 행동 양식에 따라 발동된다. 하나의 애니메이션에서 다른 애니메이션으로의 변환은 애니메이션 블렌딩을 통해 관리하며, 여기에는 일부 수치로 지정된 매개변수가 개입한다. 가장 흔히 쓰이는 방식은 손으로 이런 매개변수를 설정하고 조정하는 것인데, 여기엔 굉장한 노동력이 들어간다.

이런 작업은 반응형 AI 패러다임에 속한다. 애니메이션 시스템은 한 프레임 앞만 예상할 뿐이며, 모든 판단 규칙은 사람인 개발자가 설계해야 한다. 최근엔 AI가 현재의 포즈와 목표를 기준으로 캐릭터의 다음 포즈를 결정하게 하는 목표 기반 접근법이 제안되기도 했다.[4] 다음 절에서는 이와 비슷한 일반적 목표 기반 접근법을 설명한다.

시스템을 더 지능적으로: 숙고형 AI

게임 AI에 대한 논의의 중심에는 통제력과 자율성 간의 균형이라는 문제가 놓여 있다. 일정한 수준의 판단 능력이 있는 AI는 (분명) 완전히 손으로 코딩한 AI보다 통제력이 떨어진다. 앞서 가장 흔히 쓰이는 방식은 반응형 AI 도구를 활용함으로써 통제력을 위해 자율성을 희생하는 것임을 알아봤다. 또한 마주칠 수 있는 모든 문제에 인공적 에이전트가 적용될 수는 없다는 점도 살펴봤다. 어떤 판단에는 예측과 기타 액션 시퀀스의 영향력을 예상하는 것도 필요하다. 최단 경로 알고리즘을 배제하고 내비게이션을 수행할 수 없는 상황이 바로 이런 경우다. 즉, 최단 경로 알고리즘 자체가 문제 해결책인 것이다. 그 외의 '까다로운' 문제들은 다음과 같다.

리소스 관리

특히 내비게이션과 결합되는 문제다. 예를 들어 에이전트가 목적지까지 내비게이션을 돌려야 할 때 모션 때문에 제한된 양으로 배정된 리소스를 전부 소모할 수 있다. 이 리소스는 환경 내의 다른 위치로 가야만 다시 충전된다. 그러면 에이전트는 목적지까지 가는 도중 리소스 재충전을 위해 몇 차례 멈췄다 가도록 조정돼야 한다. 이럴 때 목적지까지의 최단 경로는 리소스 재충전을 위한 최단 우회로를 포함하게 된다. 이와 같은 추론은 리소스 재충전 장소와 목적지를 포괄하는 환경의 구조와 통합적으로 이뤄져야 한다. 이런 문제를 처리하는 일반적 판단 규칙을 손으로 직접 설계하기란 가능하다 할지라도 매우 난이도가 높은 작업이다.

지능적 탐험

적 캐릭터를 정찰하려면 현 시점에서 무엇을 알고 모르는지에 대한 상태 지식과 관련된 추론뿐 아니라 탐험을 위한 이동이 현재 상태를 어떻게 바꿀지에 대한 계획이 이뤄져야 한다. 예를 들어 AI가 적 유닛의 현재 위치에 관한 정보를 얻은 다음 언덕 위로 우회하기로 결정을 내린다고 생각해보자. 이런 종류의 추론 역시 각 장소에서 어떤 위치를 관찰할 수 있는지를 포함하는, 환경 구조에 관련된 정보가 통합돼야 한다. 고정된 판단 규칙은 해결책이 되기에 미흡하다.

전략적 계획

NPC 분대가 플레이어를 가두려고 게임 장면에서 탈출 경로를 모두 막아버리도록 관리하는 사례가 있다. 이 또한 환경설정에 의존성이 크기 때문에 사전 정의된 규칙을 사용해 문제를 해결하기는 어렵다.

이런 과제를 해결하려면 어떤 형태로든 AI에 검색과 문제 해결 능력이 필요하다. 자동 플래닝 도구automated planning tool[9, 10]를 이용해 이 절에서 논의한 숙고형 AI 패러다임을 적용하면 해결할 수 있다.

숙고형 AI 패러다임에는 다음과 같은 두 가지 핵심 사항이 있다.

- 단일한 발사 결정보다는 일련의 액션 시퀀스 제작에 초점을 맞춘다. 앞에서 언급한 판단의 문제 유형에 적합한 해결책이다. 이런 문제에는 공히 한 액션은 그다음 따라올 액션에 대해서만 고려할 만하다는 특징이 있다. 반응형 AI와의 차이점을 이해하고자 목적지로의 내비게이션 문제를 생각해보자. 늘 목표물 방향으로 직진만 하려 들면 에지 모양의 장애물을 만났을 때 해결할 수 없다. 어떤 상황에서는 목표물에서 멀어지는 방향으로 움직여야만 장애물을 돌아서 목표에 도달할 수 있는 것이다. A* 같은 최단 경로 알고리즘[27]은 이런 문제를 이해하며, 목표물로부터 멀어져서 장애물을 돌아갈 수 있다. 또한 이런 이동은 우리를 목표 지점으로 이끌어가는 시퀀스

의 첫 스텝일 때만 주목을 받으며, 따로 떼어놓고 볼 땐 어떤 목표도 이뤄 주지 않는다. 알고리즘의 진짜 결과는 목표 지점까지 완전한 경로를 만들 어내는 것이다. 즉, 이 계획에서 실행되는 결정은 맨 첫 번째 스텝뿐이다.

- 판단은 개발자가 직접 코드로 작성하기보다는 잘 정의된 문제를 해결함으 로써 자동으로 내려진다. 다시 말해 AI에 문제 해결 능력이 있어 실제로 판 단을 내리는 것이다. 이런 점에서 숙고형 AI는 주어진 상황을 바탕으로 결 정을 돕기 때문에 반응형 AI의 보조 수단으로써 완벽하다. 또한 앞서 논의 한 보편성을 만족시키는 데 뒤따르는 복잡성의 문제도 일부 해결해준다. 자동 플래너$^{\text{Automated planner}}$는 당면한 문제에 의사 결정 모델을 활용한다. 이 번에도 내비게이션의 예를 들어 더 자세히 설명하자면 최단 경로 알고리즘 은 내비게이션 문제를 로드맵으로 모델링할 수 있다. 즉, 노드들이 웨이포 인트^{waypoint}가 되고 노드 간의 연결기는 가능한 모션이 되며, 각 연결기에 비 용이 결합돼 있는 별개의 네트워크(혹은 그래프)가 되는 것이다(이것은 예일 뿐이며, 내비게이션 시스템 중에는 이 문제 해결에 다른 모델링을 활용하는 것도 있다). 내비게이션 문제가 이런 식으로 풀릴 수만 있다면 플래너에서 해결 할 수 있다. 따라서 플래너는 도메인 모델의 (제한된) 범위 안에서 범용적으 로 활용된다.

이미 말했듯이 가장 흔한 플래너의 예는 게임 세계에서 두 지점 사이의 최단 경로 를 연산하는 내비게이션 시스템이다. 아무 게임 AI 개론서나 펼쳐 봐도 이런 알고 리즘에 대한 설명이 나와 있다.[3, 30] 기본 원칙은 검색^{search}이다. 시작 지점이 로드맵 에서 웨이포인트로 표시되고, 목표물을 향해 가는 여러 개의 가능한 향후 궤적으 로 늘어난 다음 그중 최고의 방식이 선택된다. 알고리즘적 트릭은 이런 검색을 효 율적으로 수행하며, 최적이 아닌 것으로 드러나게 될 액션 시퀀스를 고려하지 않 도록 돕는다. 하지만 기본 원칙은 매우 단순한데, (내적으로) 가능한 계획을 하나하 나 살펴본 후 최선의 선택지를 고르는 것이다.

검색은 최단 경로 문제에만 제한적으로 쓰이는 것이 아니다. 그림 10-4는 검색으로 일반적인 행동 양식을 어떻게 선택할 수 있는지 보여준다. 일반적인 계획 상태를 고려함으로써 장소 이외의 부분으로 확대하는 것이다. 계획하는 단계에서는 일정 시점에 판단해야 하는 문제에 관련된 모든 정보를 요약한다. 내비게이션 문제에서는 에이전트의 위치(x와 y 좌표)만을 고려하는데, 정해진 목적지까지의 최단 경로를 찾는 판단 문제에 관련된 정보가 그것뿐이기 때문이다. 문제에 피로도 같은 개념이 포함돼 에이전트가 길을 갈수록 지치게 되며 정해진 장소에서만 쉴 수 있다면 에이전트의 현재 피로도 역시 플래닝 상태에 포함돼야 한다. 마찬가지로 웨이포인트에서 웨이포인트로의 모션도 플래너 액션으로 일반화할 수 있다.

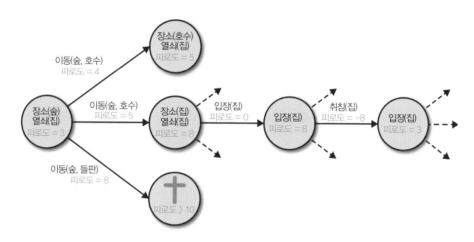

그림 10-4. 자동 플래닝 알고리즘의 검색 공간(일부)

그림 10-4는 주어진 시작 상태에서 확장되는 향후 궤적의 최초 스텝을 보여준다. AI는 제일 왼쪽 상태의 숲 속에 있는 에이전트로 시작하며 피로도는 3으로 설정돼 있고, 집 열쇠를 갖고 있다. 여기에서 각기 다른 피로도 값의 여러 이동 액션이 가능해진다. 에이전트가 들판으로 계속 나아가게 해서 지쳐 죽게 만드는 액션은 최종적 '죽음' 상태로 이끈다. 다른 이동 액션은 에이전트의 위치와 피로도 둘 다 변경한다. 에이전트가 집으로 가기로 결정하면 집에 들어가는 열쇠를 활용해 집 앞이 아

니라 집 안으로 이동할 수 있다. 비디오 게임이기 때문에 열쇠는 사용하면 소모된다. 따라서 집에 들어가면 에이전트에게서 열쇠가 삭제되는 결과도 생긴다. 집에 들어가고 나면 에이전트는 잠을 잘 수 있으며, 그러면 피로도가 0으로 리셋된다.

모션이 에이전트의 위치를 변경하는 것과 같은 방식으로, 액션은 에이전트의 상태를 변경한다. 하지만 의미론적으로 운동과는 아주 다른 활동을 표시하는 것일 수 있다. 우리의 예에서 잠자기 액션은 에이전트의 피로도를 0으로 리셋하면서도 위치는 변경하지 않는다. 이동 같은 다른 액션은 에이전트의 위치와 피로도를 둘 다 수정하게 된다. 형식적으로 플래너 액션에는 적용되기 전에 현재 상태가 참이어야 한다는 조건이 붙는다. 또한 상태에 여러 변경을 가져오는 영향도 준다. 우리의 예에서 잠자는 액션은 에이전트가 집에 있을 때만 실행할 수 있으며(장소(집)), 에이전트의 피로도를 다시 0으로 설정하면서 다른 상태적 요소는 변경하지 않는다. A 위치에서 B 위치로의 이동 액션은 A 위치에서 시작해야만 한다는 조건이 있으며, 더 이상 A 위치에 있지 않고 B 위치에 있게 된다는 영향을 준다. 자동 플래닝은 그림 10-4와 비슷하게 개발자가 명세한 현재 상태와 목표 상태 사이의 가장 짧은/가장 낮은 비용의 문제 해결을 나타내는 그래프를 검색함으로써 작동한다.

자동 플래닝은 행동을 생성해내는 시스템적 목표 기반 접근법이다. 자세한 사항은 '참고 자료' 절을 보자.[9, 10] 다음을 포함해 방금 설명한 기본 설계의 수많은 변형이 있다.

시간 플래닝temporal planning

액션의 지속 시간에 대한 섬세한 추론을 허용하며, 서로 충돌하지 않는 여러 액션을 동시에 수행하게 해준다.

불확실성하에서의 플래닝

액션의 영향이 불확실할 때의 모델링과 추론이다. 단일한 영향이 아니라 다양한 가능성이 설정된 여러 효과를 지닌 액션이 부착된다. 예를 들어 적을 공격하면 주어진 확률이 있는 여러 영향(성공이나 실패)이 파생될 수 있으며, 멀리 있는 관측 지점에서 한 위치로 정찰해 나가면 적 유닛을 발견하거나 아닐 수 있다. 불확실성 모델에서 액션 결과에 부착되는 확률은 어떤 영역에서는 결정적으로 작용한다. 전략 슈팅 게임의 예에서 불확실성을 처리할 수 없는 AI는 모든 공격이 늘 성공하거나 늘 실패하리라고 간주하게 된다. 그리고 두 경우 모두 나쁜 행동으로 이어진다(첫 번째 경우에는 지나치게 자신이 넘치고, 두 번째 경우에는 지나치게 보수적이 된다). 적절한 행동은 액션의 가능한 결과를 고려하고, 다양한 옵션에서 위험과 이득의 균형을 잘 잡을 때만 얻을 수 있다.

부분 순차 플래닝

이 방법은 액션이 완전히 시퀀스로 배열돼 있지 않은 계획을 만들어낸다. 예를 들어 기술의 브랜치branch 하나가 시퀀스 형태의 정해진 액션 계획들을 생성한다(액션 시퀀스와는 정반대).[2] 이 계획들은 다음과 같이 실행된다. 먼저 첫 번째 세트의 모든 액션이 편리한 순서대로 실행된 다음, 두 번째 세트의 모든 액션이 어떤 순서로든 실행되고 그다음이 실행되는 식이다. 플래너는 동일한 세트의 액션들이 결과에 영향을 미치지 않는 한 어떤 순서로든 실행될 수 있다.

계층적 플래닝hierarchical planning

이 방식에서는 여러 계층의 의사 결정이 이뤄지는 단일 도구에서 해결을 도모한다(그림 10-1 참고). 이 접근법에서 가장 많이 활용되는 것이 계층적 작업 네트워크HTN, Hierarchical Task Network다.[29] BT에서 관찰할 수 있듯 행동을 계층적으로 분해해주지만, 핵심 의사 결정은 플래닝을 통해 자동화된다.

이런 확장의 배후에 깔려 있는 기술은 여기에서 개요를 설명한 기본 상태 공간 검색과는 상당히 다르다는 점에 유의하자.

행동 계층의 최고 수준에 자동 플래닝을 활용한 최초의 게임은 피어$^{\text{F.E.A.R.}}$다. 이 플래너의 명칭은 목표 지향 액션 플래닝$^{\text{GOAP, Goal-Oriented Action Planning}}$이었는데,[30] 적 AI에 적용돼 게이머 커뮤니티에 강한 인상을 남겼다.[18] 그럼에도 불구하고 숙고형 AI의 완전 적용은 게임 업계에서 잘 채택되진 않았다.[5] 주로 까다로운 판단이 필요하고 해결책을 내고자 어떤 형태로든 고심해야 하는 문제를 최적화해야 하는 전략 게임에만 이런 접근법이 쓰이는 점은 그다지 놀라운 일이 아니다. HTN은 널리 인기 있는 BT와의 유사성 덕분에 커뮤니티에서 상당한 주목을 받았다.[19] 이런 시도에도 불구하고 숙고형 AI 패러다임은 아직도 상용 게임 AI에서는 아주 소수에만 쓰일 뿐이다. 그 이유는 여러 가지가 있다.

통제력

이 측면은 이미 대략 살펴봤다. 반응형 AI는 완전한 통제력을 주므로, (고된 작업을 요하긴 하지만) 게임과 XR을 만드는 데 제격이다. 플래너는 통제가 그만큼 쉽지 않은 대신 손으로 작성한 규칙의 범위 밖에 있는 까다로운 문제를 해결할 수 있다. 따라서 둘 중 하나의 접근법을 선택하기보다는 둘을 적절히 섞어 쓰기를 권한다. 우리는 개발자들이 깔끔한 모듈식 아키텍처를 디자인해 다양한 모듈에 서로 다른 기술과 접근법을 활용하기를 바란다.

해결해야 할 까다로운 판단이 없을 때는 반응형 AI로 우리가 원하는 행동을 아주 잘 생성할 수 있다. 해결하기 어려운 문제에는 (혹은 그 경우에만) 숙고형 AI를 사용해야 한다. 예를 들어 각 액션이 특정 BT로 적용된 플래너라면 많은 경우 잘 통용되는 아키텍처가 될 것이다. 마찬가지로 BT는 제한돼 있지만 판단하기는 어려운 하위 문제들을 해결하는 플래닝 노드를 포함하는 것도 좋다.

런타임 복잡성

앞서 설명한 상태 공간 검색 같은 문제 해결 기법의 가장 큰 문제는 바로 실행 시간이다. 문제의 규모가 커질수록(내비게이션 문제에 있어서는 맵의 크기, 전략 슈팅 게임에서는 컨트롤해야 하는 NPC의 수 등) 복잡도는 늘어난다. 그림 10-1에 있는 아키텍처에서의 위치에 따라 플래너에는 판단을 내려야 하는 빈도수에 맞춰 다양한 제약이 가해지며, 언제나 이 한계치를 넘어서는 문제가 있게 마련이다. 다시 말해 어떤 문제는 원하는 빈도로 해결하기에는 너무 방대하다. 실시간으로 활용하기에 너무 느릴 때는 플래너를 게임이나 XR 앱 개발 시 오프라인으로 활용해 미리 플랜을 제작해 두고 나중에 런타임 반응형 판단 규칙으로 전환하는 방법도 있다.[21] 다음 절에서는 오프라인으로 활용할 때 머신러닝을 활용해 어떻게 플래너의 문제 해결 능력을 더 향상시킬 수 있는지 알아보겠다.

구현 난이도

자동 플래닝은 훌륭한 AI 행동 양식을 약속하지만, 그에 따르는 비용도 만만치 않다. 플래닝 알고리즘은 복잡하며 개발에 리소스를 투입해야 하기 때문에 AI 전문 프로그래머가 없는 소규모 팀은 엄두를 내기 어렵다. 학계에서는 플래닝 분야에 쓰이는 서술적 언어를 개발함으로써 다양한 분야에서 동일한 플래너/ 문제 해결 프로그램을 재사용할 수 있게 됐다. 다양한 성격의 문제를 표현하는 (계획하는) 언어를 정의한 다음 해당 언어로 표현된 어떤 문제든 처리할 수 있는 문제 해결 프로그램을 만들어내는 것이다(최단 경로 알고리즘이 로드맵으로 표현된 어떤 문제든 처리할 수 있는 것과 마찬가지다). 이 접근법은 자율 로봇 커뮤니티, 특히 NASA에서 폭넓게 활용돼 아주 다른 성질과 규모의 자율 기기 컨트롤에 같은 플래너를 적용하고 있다. 이 개념은 비디오 게임과 XR에서 재사용 가능한 일반 숙고형 AI 도구를 만들 수 있는 열쇠며, 이 커뮤니티에서도 좀 더 많은 관심을 기울이기를 바란다.

적용 난이도

반응형에서 숙고형 AI로 이동하는 것은 AI 디자이너의 작업 흐름을 급격히 전환하는 일이다. 디자이너가 정해진 행동이 아니라 문제와 그 해결책을 디자인해 좋은 행동을 만들어내야 하기 때문이다. 행동을 직접 편집하는 것이 아니라

도메인 모델링 작업을 거쳐야 하기 때문에 많은 이가 작업에 복잡한 계층이 하나 더해지는 것처럼 느낀다. 하지만 이론적으로는 최소한 복잡도의 문제에 있어서는 선언형 AI$^{declarative\ AI}$가 실제로 반응형 AI보다 사용하기 쉬울 수 있다는 사실로 반박할 수 있다.

짧게 설명하면 이 논쟁은 다음과 같다. 사람의 눈으로 볼 때 세계는 하나의 구조체다. 문제를 설명하라는 부탁을 받으면 우리는 비교적 간단하고 구조적인 방식으로 설명할 수 있다. 특히 다양한 변수 간의 상관관계 없이 여러 가설을 추정할 수 있다. 예를 들어 하루 일정을 설계해야 하는 문제에 봉착한 복사기 수리 기사를 생각해보자. 기사는 고객 중 누구를 방문하고, 해당 고객의 복사기에 어떤 작업을 할지 결정해야 한다. 이 문제를 우리가 기술할 때는 변수와 액션 간의 수많은 독립적 관계를 가정할 수 있다. 분명 서비스 기사가 특정 복사기에 대해 수행하는 모든 수리와 진단 작업은 동일한, 혹은 다른 고객의 다른 기계에는 영향을 주지 않는다. 사실 우리는 이 문제를 서비스가 필요한 각 기계별 여러 개의 하위 문제로 쉽게 나눌 수 있다. 한 기계엔 연관된 여러 상태가 있지만(예, 다양한 부품의 현 상태, 수행한 테스트의 결과, 해당 기계의 수리 이력), 이런 변수는 기계마다 독립적이다.

따라서 이 문제는 자연히 두 층위의 아키텍처로 모델링된다.[26] 가장 높은 수준에서는 어떤 고객을 어떤 순서로 방문할지 결정하는 일반적 문제가 자리 잡는다(최단 경로 플래닝의 강력한 요소가 들어 있는 문제). 가장 낮은 수준은 수리가 필요한 각 복사기 단위의 여러 하위 프로세스로 구성된다. 낮은 수준의 로컬 하위 문제에는 이 하위 프로세스만의 것으로 고려할 수 있는 많은 변수와 액션이 있고, 이런 국소적 액션은 해당 프로세스의 국소적 변수에만 영향을 미친다.

하위 프로세스는 공용 리소스를 표시하는 공용 변수 세트, 즉 이날 기술자가 복사기를 수리하며 보내는 총 시간, 기사가 지닌 (제한된) 예비 부품 세트의 수, 에이전트의 위치(특정 공유 리소스에서 볼 수 있다)에 의해 높은 수준에서 통합된다. 그 결과 문제를 서술하는 것만 생각한다면 복사기/하위 문제의 추가, 제거, 수정으로 쉽게 처리할 수 있다. 한 가지 하위 프로세스의 수정은 다른 프로세스에 어떤 방식으로든 영향을 미치지 않는다. 새로운 복사기는 레고 조각처럼 일반 아키텍처에 꼽아 넣을 수 있는데, 공용 변수가 레고 블록의 튀어나온 부분처럼 구조체를 묶어주는 역할을 한다.

이 문제는 설명이 단순하고 수정이 쉬우며 점증하는 자연 구조를 띠고 있다. 안타깝게도 문제 서술에서 해결 공간으로 이동할 때 이런 구조는 사라진다. 해결 수준에서, 즉 최적의 행동에서 이런 구조가 있다면 복사기의 추가나 제거가 다른 복사기 작업에는 영향을 미치지 않는다고 기대할 수 있다. 하지만 이는 사실이 아니다.

맞는지 확인하려면 현재 특정 고객의 문제를 해결 중인데, 다음 고객에게 이동하기 전에 이 기계가 아무 문제없이 작동하게끔 하려고 계획한다고 상상해보자. 떠나기 전에 모든 작업을 여기에서 완료한다는 것이 현재 고객에게 적용해야 하는 원칙이다. 자, 지금 소지한 특정 예비 부품과 관련한 현재의 작업이 새로운 복사기 추가와 충돌을 빚는 상황이 온다. 이 부품을 최우선순위 고객의 새로운 복사기에 장착하기로 하고 지금 고객에게는 먼저 문제만 해결하기로 결정하면 지금 하는 작업을 다음으로 넘기고 예비 부품을 중요한 고객을 위해 남겨둔 후 즉시 최우선순위 고객에게로 이동해야 한다. 새로운 프로세스의 추가 때문에 다른 프로세스의 지엽적인 원칙이 변경되고, 점진적으로 충돌이 늘어나게 된다. 이 예만 보면 문제 영역이 설명을 도와주는 편리한 구조를 보인다 하더라도(실제 대다수의 현실적 문제가 그렇다), 문제를 해결하기 위한 최적의 행동은 구조 자체가 없어 보일 수도 있는 것이다. 따라서 원칙적으로는 일정 수준 이상으로 복잡도가 커지면 행동 공간이 아니라 문제 공간에서 작업하는 편이 나아진다.

앞서 봤듯이 이런 한계 중 다수는 비디오 게임과 XR 분야에서 가능한 해결책을 찾아보는 것이 좋다.

모든 플래너는 주어진 예산이나 합리적인 시간 내에 문제의 복잡도가 처리될 수 있는지에 대한 한계를 갖는다. 학문적 연구에서 숙고형 AI의 능력은 머신러닝에서 빌려온 아이디어를 융합함으로써 현재의 한계가 크게 개선됐다. 따라서 이 장의 마지막 절에서는 세 번째이자 마지막 패러다임을 알아보겠다.

머신러닝

지금까지 액션에 대해 정해진 원칙을 만들어내는 알고리즘과 방법론의 맥락에서 행동을 알아봤다. 이런 접근법은 행동에 대한 명시적 규칙을 직접 제공하든(앞에서 설명했다), 간접적으로 시뮬레이션의 역학을 모델링해 이 모델을 활용한 플래닝의 메커니즘을 제공하든 사람이 행동을 작성하는 데 의존한다. 이런 방법론과는 달리 이제 데이터에서 행동 양식을 학습하는 방법론을 살펴보자. 데이터에서의 학습은 AI 구축에 필요한 지식의 양이 대폭 줄어들기 때문에 매력적이다. 우리가 잘 이해하지 못하거나 잘 해결하지 못하는 문제에 대한 AI까지도 구축할 수 있다. 그러려면 연산 시간과 대규모 데이터 세트에서 균형점을 찾아야 한다. 또한 학습한 행동을 예측할 수 없는 환경에 일반화하고자 하는 상황에서도 매력적이다.

이런 접근법은 넓게 보면 머신러닝의 범주 안에 들어오는데, 세 가지 방식이 있다.

지도학습Supervised learning

이 방식은 예컨대 세트 X에서 세트 Y로의 매핑을 배우는 것이다. 보통의 머신러닝 애플리케이션의 경우는 이미지와 내용을 설명하는 레이블을 매핑하는데, 예를 들면 (고양이 사진 → '고양이')로 연결한다. 이를 위해서는 그림을 입력으로 받아들이고 '고양이', '개', '새' 등의 레이블을 출력하게 하는 학습 모델을 만든다. 그런 다음 의도된 결과와 모델에서 관찰된 출력 간의 차이에 수치 값을 부여하는 손실 함수를 정의한다. 간단히 말하자면 수치 값을 통해 얼마나 잘했는지 측정하는 것이다. 짝 형태로 된(그림, 레이블) 대규모 데이터 세트를 활용해 이제 모델을 개선하고 미래의 실수를 줄여 나가면 올바른 매핑의 빈도수가 늘어난다.

비지도학습 Unsupervised learning

이 접근법은 한 세트에서 다른 세트로의 뚜렷한 매핑을 목표로 주지 않은 채 데이터에서 구조를 학습하는 것이다. 데이터를 이해하거나 압축할 때 유용하다.

강화학습 Reinforcement learning

이 방식은 현실의 프로세스나 시뮬레이션과 상호작용하면서 행동을 학습하는 것이다. 에이전트는 보상 함수를 활용해 원하는 행동으로 인도된다. 손실 함수와 달리 보상 함수는 모델이 얼마나 잘하고 있는지 직접 설명하는 대신 에이전트가 특정 상태에 들어갈 때나 그런 상태가 됐을 듯할 때 보상이 제공된다. 다시 말해 보상 함수를 학습하는 것이 목표가 아니라(지도학습에서 이런 목표가 주어진다) 가장 바람직한 상태로 가장 자주 나아가게 인도하는 행동을 찾는 것이 목표다. 이는 단발성 결정보다는 액션 시퀀스를 만들어내고자 하는 자동화와 연관이 크다. 사실 강화학습 알고리즘을 가장 뒷받침하는 모델은 처음에는 매개변수가 알려지지 않았다가 시뮬레이션과 상호작용하면서 배워나가는 플래닝 모델이다.

이 장에서 다룬 문제와 강화학습 간 연관성은 뚜렷하다. 당연히 이 직군과 비디오 게임 간 연계도 점점 강해지고 있다. 연구 커뮤니티에서는 비디오 게임이 강화학습 알고리즘 최적의 시험대라는 점을 인식하고 있다. 단순한 아케이드형 비디오 게임이 이제 새로운 강화학습 알고리즘의 성과를 측정하는 실험 대상으로 즐겨 쓰이고 있다.

머신러닝 애플리케이션은 데이터와 알고리즘 두 가지의 큰 구성 요소가 있다. 이 둘은 시뮬레이션된 환경(비디오 게임과 XR) 속에 서술된 행동의 맥락에서 고려할 수 있다. 강화학습은 시뮬레이션 자체와의 상호작용에서 데이터를 취한다. 또 다른 적용으로는 사람의 시연^{demonstration}, 즉 (전문가의) 사용자 데이터에서 학습하는 것을 들 수 있다. 이 접근법은 모방학습$^{imitation\ learning}$이라고 하는데, 이 장의 후반에서 설명한다.

강화학습

강화학습은 머신러닝의 접근법 중 하나로, 정책^{policy}이라 부르는 바람직한 행동에 도달하게 하는 것이다. 머신러닝에서 우리가 관심 있는 매핑은 상태 s와 액션 a 간의 연결이다. 이 매핑은 확률적이며 $p(a \mid s)$의 형태를 취할 때도 있다. 많은 경우 에이전트가 시뮬레이션의 완벽한 상태 정의에 도달하지 못할 수 있다. 이럴 때는 에이전트가 진짜 상태에서 추론된 제한된 관찰에만 접근했다고 할 수 있다. 간단한 예로 대형 도시의 시뮬레이션을 생각해보자. 이 시뮬레이션에서 상태란 가상 도로 위에 있는 모든 자동차의 위치와 궤적 전부로 구성된다. 이런 가상 자동차 한 대 안에 있는 에이전트가 해당 차량에서 일인칭 시점으로 자기 앞의 다른 차량들에 접근하는 것을 상상해보자. 이렇게 제한된 정보 세트가 관찰에 대응하는 것이다. 그렇다면 강화학습의 문제는 $(o \mapsto\to a)$의 매핑, 혹은 시간이 갈수록 보상 함수가 극대화되는 확률 $p(a \mid o)$를 학습하는 것이다.

앞에서 다뤘던 플래너 기반 접근법과 비교해 보면 강화학습은 시뮬레이션의 역학에 대한 정방향 모델이 없이도 일어날 수 있다. 이런 방법론은 모델 프리$^{model\text{-}free}$라고 한다. 환경과의 상호작용이 굉장히 늘어나야 하지만, 환경에 대한 구체적 가정이나 요건이 없기 때문에 매우 일반적으로 쓰인다.

강화학습 문제를 해결하도록 디자인된 방법론에는 크게 두 가지 범주가 있다. 바로 수치 기반과 정책 기반 방법론이다. 수치 기반 방법론에서는 에이전트가 각 상태 $V(s)$의 추정 값이나 각각의 상태–액션 쌍 $Q(s, a)$ 값을 배우려고 시도한다.

이 값은 수식 10-1에서 보듯 미래에 예측되는 보상의 할인 합계$^{discounted\ sum}$를 나타낸다.

수식 10-1.

$$V(s) = \mathrm{E}\left[\Sigma_{t=0}^{\infty} \gamma^t r(t) \,\middle|\, s(0) = s\right],$$

$$Q(s, a) = \mathrm{E}\left[\Sigma_{t=0}^{\infty} \gamma^t r(t) \,\middle|\, s(0) = s \wedge a(0) = a\right]$$

$s(t)$는 t번째 시스템 상태이고, $a(t)$는 t번째에 수행된 액션, $r(t)$는 t번째에 에이전트가 받은 보상, $\gamma \in [0, 1)$은 할인 계수다. 할인된 보상 총량은 일반적으로 에이전트가 정해진 횟수만큼만 방침을 수행하도록 제한하는 데 활용된다. 단기간의 이득(더 작은 할인)과 장기적 이득(더 큰 할인)의 득실 균형을 허용하는 것도 편리하다. 이런 접근법에서 수치 함수는 환경 자체와의 상호작용을 통해 학습된다. 좋은 추정치를 학습한 후에는 에이전트가 수식 10-2처럼 단순히 방침에서 주어진 상태의 Q 값에 대한 argmax를 이용할 수 있다.

수식 10-2.

$$a^*(s) = \arg\max \left[Q(s, a)\right]$$

이것이 상태 s에서 최적의 액션이다. 이 클래스에 속하는 알고리즘의 예가 Q러닝, SARSA, TD러닝이며, 이런 방법론은 일반적으로 상태나 상태-액션 쌍이 명시적으로 열거돼 있는 표 형식에 적용된다.[43, 44]

수치 기반 방법론에 더해 정책 기반 방법론도 있다. 여기에서는 정해진 추정치를 학습하는 대신 직접 행동을 위한 방침을 학습한다. 이 정책은 $\pi(a \mid s)$라고 하며, 상태 s에 조건 지워진 액션 a의 확률을 제공한다. 이 정책은 정책 증감 알고리즘^{policy} $^{gradient\ algorithm}$을 이용해 향상될 수 있다. 이 접근법의 배후에 있는 직관은 평가 동안 정책에 의해 얻은 할인된 보상 관찰을 이용해 정책을 직접적으로 향상시키는 것이다. 결과가 기대보다 나은 경우에는 이 결과에 연관된 액션의 확률을 증가시킨다. 그리고 결과가 기대보다 나쁜 경우에는 이 결과에 연관된 액션의 확률을 감소시킨다. 정책 증감 알고리즘은 일차 함수 근사치의 경우를 위해 개발됐다.

심층 강화학습

방금 다룬 방법론들은 액션의 확률이나 모든 상태에 대한 추정 값이 열거될 수 있고, 메모리에서 부동소수점 값의 단순한 집합과 행렬로 대응될 수 있는 작은 상태 공간에는 잘 작동한다. 하지만 대부분의 유관 시뮬레이션에서는 이런 가정을 내릴 수 없다. 앞선 시뮬레이션 도시의 사례로 돌아가면 차량과 보행자 간 가능한 조합은 열거할 수 있는 범위를 한참 초과한다. 더욱이 가상 차량 안에 타고 있는 에이전트에 원시 픽셀raw pixel을 사용한다면 이런 관찰 공간조차도 다루기 힘들어진다. 여기에는 $V(s)$나 $Q(s, a)$, 혹은 액션 확률 $\pi(a \mid s)$의 수치 함수로 표현되는 복잡한 함수 추정을 허용할 필요가 있다. 많은 경우 선택되는 함수 근사기function approximator는 숨겨진 다중 레이어로 이뤄진 신경망으로, 심층 강화학습deep reinforcement learning이라고 알려져 있다. 여기에서 '심층'은 이런 신경망에서 수행되는 다층적 추론을 의미한다. 이런 여러 층위는 관찰과 액션 간에 단순한 선형적 매핑이 불가능할 때 종종 필요해진다. 미가공 이미지raw image가 입력되는 경우는 아주 단순한 이미지를 제외하고는 거의 언제나 이 경우에 해당한다.

강화학습에 함수 추정치를 적용하는 접근법은 최근 몇 년간 큰 성공을 거둬왔다. 2013년부터 딥마인드DeepMind에서 미가공 이미지로부터 Q 값을 추정하는 데 활용하는 심층 신경망인 심층 Q 네트워크Deep Q-Network가 아타리 게임을 사람보다 더 잘 플레이하는 정책을 학습할 수 있다는 것을 시연하면서,[28] 매년 이 분야는 더 큰 성공을 이루고 있다. 이제는 심층 강화학습을 통해 정책을 학습해 이동부터[31] 실시간 전략 게임에 이르기까지,[45] 단일 네트워크를 이용해 수십 가지 문제를 해결해내며 그야말로 모든 일에 만능이 됐다.[8] 심층 강화학습에서 이런 성공이 가능케 한 핵심 알고리즘 요소는 신경망을 함수 근사기로 활용하는 이득을 취하면서 이런 접근법의 단점을 완화하는 데 중점을 맞춰 왔다. 이는 복잡한 비선형 함수에 내재된 불안정성과 해석의 난해함에 빠지지 않고 모델링할 수 있는 능력을 활용한다는 뜻이다. 수치 추정 영역에서 이런 불안정성은 가장 최근의 것보다는 부트스트랩^{bootstrap}에 사용되는 오래된 모델의 복사인 타깃 네트워크$^{target\ network}$라는 것을 사용함으로써 극복할 수 있었다. 이것이 심층 Q 네트워크에서 차용한 접근법으로,[28] 대부분의 후속 수치 기반 딥러닝 접근법에 적용돼 왔다.[24] 정책 기반 방법론에서 이는 다양한 방법론을 활용해 종종 정책 내의 액션 공간에서 KL 다이버전스$^{KL-divergence}$를 기반으로 새로운 정책의 다양성을 제한한다는 뜻이다. 이런 접근법에서 가장 흔히 쓰이는 두 가지는 강력한 LK 제약을 강제하는 TRP$^{Trust\ Region\ Policy}$[38]와 엄격하지 않은 제약을 강제하는 PPO$^{Proximal\ Policy\ Optimization}$다.

모방학습

지금까지는 시뮬레이션/게임/XR과의 상호작용만을 이용해 처음부터 행동을 학습하는 것을 알아봤다. 하지만 학습은 시행착오를 통해 이뤄지기 때문에 이런 방법을 사용하면 대부분 샘플과 시간 부족이 문제가 된다. 바람직한 행동이 보상 함수를 통해 명세돼야 하는 것도 물론이다. 안타깝게도 이런 보상 함수는 바람직한 행동에 완전히 연결되는 방식으로 명세하기 어려울 때가 많다. 예를 들어 에이전트의 바람직한 행동이 뒤로 공중제비를 넘는 것이라면 시행착오 방식을 통해 이런 행동을 권장하려면 어떤 보상을 제공해야 할까? 많은 경우 단순히 바람직한 행동의 시연들을 제공하는 것이 훨씬 직관적이다. 그런 다음 행동 모델을 학습하는 데 이런 시연을 사용할 수 있다.

이렇게 하는 데에는 몇 가지 방법이 있다. 첫 번째는 시연이 데이터 세트 입력과 출력 역할을 해 관리적 방식으로 직접 매핑 함수를 학습하도록 사용되는 것이다. 이런 접근법은 행동 복제behavioral cloning라고 부르며, 가장 간단하지만 반드시 제일 효율적이라고 할 수는 없다. 가상 에이전트가 시뮬레이션 도시의 거리를 운전하는 예를 다시 생각해보자. 어떤 지점에서 도로에 갈림길이 나타난다. 갈림길에서 왼쪽으로 가는 사례와 오른쪽으로 가는 사례가 시연 데이터에 똑같은 비중으로 담겨 있다면 행동 복제 모델은 가운데로 통과하도록 학습해 버릴 수도 있다. 또한 행동 복제는 시간이 흐르면서 에이전트의 행동이 학습 과정 동안 제공되는 시연의 상태 공간으로부터 멀어지는 오류 누적을 겪을 수 있다.

시간의 경과에 따른 이런 난제를 극복하려는 접근법이 여럿 있는데, 주로 역강화 학습inverse reinforcement learning1 범주에 들어간다. 이 접근법에서 알고리즘은 시연자가 따라가는 보상 함수를 찾아내려 시도하고, 이 보상 함수를 이용해 학습한 모델을 이끌어간다. 이런 접근법은 에이전트가 상태 공간 전체를 포함하는 밀집 보상 함수를 통해 학습하는 세계만 아니라, 적절하게 명세된 보상 함수로 바람직한 행동을 권장하는 세계에도 다 좋다. 현재 특히 인기 있는 접근법은 GAILGenerative Adversarial Imitation Learning로, 학습한 판별기를 이용해 학습하는 에이전트에게 보상 신호를 제공한다.

자율 플래닝과 머신러닝 결합

앞 절에서는 AI가 당면한 세계/문제의 모델을 사용하는 방법론에 초점을 맞추고, 이런 모델이 행동 플래닝에 어떤 장점을 가져오는지 살펴봤다. 하지만 지금부터는 모델이 없는 강화학습에 중점을 둬 문제에 대한 명시적인 모델이 없는 대신 시뮬레이션과의 상호작용을 통해 최적의 행동을 만들어내는 데 초점을 맞추겠다. 이런 두 가지 접근법이 서로 반대라거나 별도의 것이어야 하는 것은 아니다. 사실 (논란의 여지는 있지만) 의사 결정 분야에서 가장 인상적인 결과물은 두 접근법을 지능적으로 합친 데에서 생겨났다. 가장 잘 알려진 최근의 예는 딥마인드가 알파고^{AlphaGo} 시스템으로 거둔 바둑에서의 성공이다.[42] 알파고는 바둑에서 사용되는 기보를 기반으로 다양한 판단의 후속 결과를 앞서 개요를 설명한 상태 공간 검색 메커니즘으로 예측해낸다. 하지만 알파고는 수치 추정기와 정책 양쪽 모두를 훈련하는 심층 신경망을 이용해 플래닝 시스템을 더욱 강화했다. 값 추정기가 값과 상태를 합치는 것이다. 그렇게 플래닝 검색 트리가 더욱 심도를 높이게 돼 미래의 과정에서 검색 가능한 경우의 수가 지닌 한계를 제거해 버렸다. 정책 네트워크는 확률을 상태-액션 쌍과 결합해 특정한 상태에서 최적인 액션의 확률을 추정해낸다. 검색 트리의 너비를 적절히 쳐내 검색 과정이 최적의 정책에서 더 보일 법한 노드에만 초점을 맞추게 하는 데 활용된다.

알고리즘은 다음 프로토콜을 따른다. 플래닝 과정의 결과는 신경망의 데이터 훈련에 활용돼 학습할 수치와 정책 매핑을 제공한다. 그러면 머신러닝 시스템이 활용돼 플래닝 과정의 속도를 높이고, 검색 공간의 깊이와 너비를 모두 쳐낸다. 그럼으로써 더 깊이 검색하고 더 나은 정책을 발견할 수 있다. 이렇게 개선된 정책은 다시 머신러닝으로 되먹임을 일으켜 학습한 값과 액션 분포의 정확도를 높인다. 이 과정이 여러 번 반복되며, 플래닝과 학습 시스템이 서로 더욱 정확한 데이터를 주고받는 선순환이 이뤄진다. 이런 식으로 두 시스템이 모두 프로세스를 거치면서 반복적으로 서로를 개선한다. 이 접근법이 바로 알파고가 바둑 세계 챔피언을 꺾을 수 있게 만든 비결이다.

초인적인 실력으로 보드 게임을 플레이하게끔 하는 것뿐 아니라, 두 방법론을 합칠 때 개발자는 (전통적인 플래닝이 제공하는) 실시간 정확도와 (신경망 함수 근사기가 제공하는) 의사 결정의 속도 사이에서 절충해 균형점을 찾게 해준다. 평가하기 전의 훈련 시간을 늘리는 대신 평가하는 동안엔 속도가 빨라지는 것이다. 그래도 많은 경우 수용할 만한 취사선택이며, 시뮬레이션 안에서의 어떤 행동이든 배포 전에 개발 시간을 투입해야 하는 전과 비슷하다. 이 두 방법론의 결합은 시뮬레이션 안에서 엄청난 개수의 판단이 이뤄져야 하는 상황에서도 역시 필수적인데, 다른 방법론보다 충실도도 훨씬 크다.

적용

강화학습과 모방학습은 게임과 XR에 많은 기대를 낳고 있다. 강화학습은 우리가 완전히 이해하지 못하는 문제들을 해결할 수 있는 에이전트를 만들어낼 방도를 열어준다. 앞서 언급했던 것처럼 문제를 완벽하게 기술해야 하거나(숙고형 AI와 자율 플래닝) 충분히 문제를 잘 해결하지 않으면 안 되는(반응형 AI) 방법론과는 대단히 상반된다. 머신러닝 역시 알파고처럼 문제 해결과 의사 결정의 문제를 예술적으로 풀어내는 혼합형 접근법을 통해 플래너의 능력을 향상시켜준다. 강화학습 연구 커뮤니티는 게임을 벤치마크로 애용함으로써 비디오 게임 문화와 강한 결속을 키워왔다. 극소수의 상용 게임만이 머신러닝의 개념을 활용하고 있는 요즘의 현실과는 대비를 이룬다. 하지만 강화학습 연구 커뮤니티가 게임에 심취해 있기에 빠른 시일 내에 게임 업계에서도 그런 관심을 되돌릴 것이라는 데엔 의심의 여지가 없다. 사실 머신러닝은 게임 AI 디자인 시 맞닥뜨리는 실용적 문제의 해결책이 되기도 한다. 그러니 이제 현재 가능한 것이 무엇인지, 가까운 미래에 가능할 것으로 여겨지는 것이 무엇인지 살펴볼 때다.

그림 10-1로 도입부에서 소개한 '행동 양식'의 논의로 돌아가 머신러닝이 자율 시스템의 인지 계층에 미친 가장 큰 영향, 즉 센서망에서 들어오는 복잡한 수치 데이터의 이해(데이터 마이닝을 통해 즉각적으로 볼 수 있다)를 강조하고 싶다. 딥러닝이 처음 성공을 거둔 분야는 컴퓨터 비전, 모션 인지, NLP였다. 의사 결정과 행동 생성에 대해서는 머신러닝이 그림 10-1과 같이 아키텍처의 가장 낮은 수준에 있는 과제를 해결하는 데 특히 큰 성과를 증명했다. 심층 강화학습은 아타리 아케이드 게임 해결에 뛰어난데, 이런 게임은 어려운 문제의 모델링과 해결보다는 반사 신경

과 조응 능력에 기반을 둔다. 경주, 결투, 스포츠 시뮬레이션은 강화학습을 적용하기에 좋은 분야다. 그리 놀랍지 않은 일이다. 앞서 낮은 수준의 감각 운동 과제가 대략 다차원적이고 지속적인 최적화(즉, 개별적이고 비연속적인 조합적 최적화와 반대되는) 문제에 해당한다는 것을 강조했다. 동시에 인지 문제 역시 지속적이고 다면적인 특성이 있다. 이는 머신러닝이 애니메이션 생성이라는 또 하나의 (아주) 연속적인 분야에서 인상적인 결과를 보인다는 점과 연결된다.[15, 16, 17] 실제로 강화학습은 최하위 감각 운동 수준에서 에이전트를 컨트롤할 가장 좋은 후보다.

학계 연구에서 현재 수준으로는 강화학습 기술이 그림 10-1에 나타난 계층에서 최상위 수준을 해결하기는 어렵다는 사실도 알 수 있다. 심층 강화학습에 있어 가장 어려운 아케이드 게임 중 하나가 바로 <몬테주마의 복수Montezuma's Revenge>다. 방 하나에서 다른 방문을 여는 열쇠를 찾는 식으로, 연속되는 일련의 액션을 순서대로 풀어나가야 하는 퍼즐 게임이다. 이런 문제를 차근차근 해결해 나가는 데는 실제로 몇 분 정도 걸리는데, 기껏해야 몇 초만 계획을 수행하면 되는 <스페이스 인베이더Space Invaders>나 <브레이크아웃Breakout>과는 뚜렷이 대조된다.

결론

AI는 행동 생성 문제를 풀기 위한 다양한 접근법을 풍부하게 제공하는 분야다. 이런 접근법들을 경쟁 관계라기보다는 상호 보완적으로 바라보길 권장한다. 비디오게임이나 XR 애플리케이션의 행동 AI 시스템 디자인은 일반적인 문제를 여러 하위 과제로 깔끔하게 분리한 후 각 하위 과제가 안고 있는 제약을 이해하는 데서부터 시작돼야 할 것이다. 그다음에야 각 모듈에 대해 가장 적합한 접근법을 선택해야 한다. 모든 경우에 범용적으로 쓰이는 절대적 규칙은 없지만, 일반적인 원칙이라면 다음과 같이 정리할 수 있다.

- 정확히 어떤 행동을 생성하고 싶은지 알고 있고, 이 행동이 최단 경로, 리소스 관리, 지능형 탐색 같은 까다로운 문제를 해결하는 것이 아닐 때는 반응형 AI가 좋은 후보다. 다만 AI 개발은 특정 행동 내에서 다루고자 하는 특별한 경우를 수많은 시행착오를 거치며 수정해 나가야 하는 지루한 작업이 될 수 있다는 점을 알아둬야 한다.

- 생성하고자 하는 행동이 어려운 문제를 해결하는 것이며, 이런 문제를 기술할 방법을 완벽하게 알고 있거나 반응형 AI를 케이스마다 일일이 수정할 리소스가 없다면 숙고형 AI가 더 낫다. 하지만 플래닝 엔진^{planning engine}을 적용하는 데에는 숙련된 기술이 필요하다.

- 풀어야 하는 문제가 지나치게 어렵거나 어떻게 기술해야 할지 정확히 모를 때는 머신러닝을 시도해볼 수 있다. 특히 공간과 시간 면에서 작은 규모의 행동에는 아주 좋다. 머신러닝은 아직까지 빠르게 발전해 나가는 연구 분야며, 디지털 엔터테인먼트와 XR에 대한 적용은 현재 매우 제한적으로 이뤄지고 있다. 따라서 연구에도 상당한 노력이 투입돼야 한다.

행동 AI의 세 가지 주된 패러다임의 강점을 합치는 것이 XR의 앞에 놓인 새로운 난관을 극복할 핵심 요건이다.

참고 자료

1. Abbeel, Pieter, Pieter Abbeel, and Andrew Y. Ng. "Apprenticeship Learning via Inverse Reinforcement Learning." *Proceedings of the Twenty-first International Conference on Machine Learning (ICML 04)*, New York (2004): 1-8. https://stanford.io/2C858vK.

2. Blum, Avrim L., and Merrick L. Furst. "Fast Planning Through Planning Graph Analysis." Artificial Intelligence, 90 (1997): 281–300. *https://www.cs.cmu.edu/~avrim/Papers/graphplan.pdf.*

3. Buckland, Matt. *Programming Game AI by Example.* Wordware Game Developers Library. Burlington, MA: Jones & Bartlett Learning, 2005.

4. Buttner, Michael. "Motion Matching – The Road to Next Gen Animation." In Nucl.ai Conference 2015, Vienna (2015). *http://bit.ly/2Hl6Rl7.*

5. Champandard, Alex J. "Planning in Games: An Overview and Lessons Learned." AiGameDev.com. 2013. *http://bit.ly/2HhffCa.*

6. Dawe, Michael, Steve Gargolinski, Luke Dicken, Troy Humphreys, and Dave Mark. "Behavior Selection Algorithms: An Overview." *Game AI Pro* (2013): 47–60. *http://bit.ly/2EyJqSi.*

7. Dill, Kevin. "What Is Game AI?" In Game AI Pro, edited by Steve Rabin, 3–9. Boca Raton, FL: CRC Press, 2013. *http://bit.ly/2Hh7Qm1.*

8. Espeholt, Lasse, Hubert Soyer, Rémi Munos, Karen Simonyan, Volodymyr Mnih, Tom Ward, Yotam Doron, Vlad Firoiu, Tim Harley, Iain Dunning, Shane Legg, and Koray Kavukcuoglu. "IMPALA: Scalable Distributed Deep-RL with Importance Weighted Actor-Learner Architectures." arXiv preprint arXiv:1802.01561, 2018. *https://arxiv.org/pdf/1802.01561.pdf.*

9. Ghallab, Malik, Dana Nau, and Paolo Traverso. *Automated Planning: Theory and Practice.* Burlington, MA: Morgan Kaufmann, 2004. *http://bit.ly/2IPYvUD.*

10. Ghallab, Malik, Dana Nau, and Paolo Traverso. *Automated Planning and Acting.* Cambridge (England): Cambridge University Press, 2016. *http://bit.ly/2tQst0w.*

11. Goodfellow, Ian, Yoshua Bengio, and Aaron Courville. *Deep Learning.* Cambridge, MA: MIT Press, 2016. *http://www.deeplearningbook.org.*

12. Graham, David "Rez". "An Introduction to Utility Theory." In *Game AI Pro*, edited by Steve Rabin, 113–128. Boca Raton, FL: CRC Press, 2013. *http://bit.ly/2SNIGxu.*

13. Hilburn, Daniel. "Simulating Behavior Trees: A Behavior Tree/Planner Hybrid

Approach." In *Game AI Pro*, edited by Steve Rabin, 99–111. Boca Raton, FL: CRC Press, 2013. *http://bit.ly/2TmmWhH*.

14. Ho, Jonathan and Stefano Ermon. "Generative Adversarial Imitation Learning". In *Advances in Neural Information Processing Systems 29*, edited by D. D. Lee, M. Sugiyama, U. V. Luxburg, I. Guyon, and R. Garnett, 4565–4573. Curran Associates, Inc., 2016. *http://bit.ly/2C6YEgL*.

15. Holden, Daniel, Taku Komura, and Jun Saito. "Phase-Functioned Neural Networks for Character Control." *ACM Transactions on Graphics*, 36, no. 4 (2017): 42:1–42:13. *http://bit.ly/2NHc5sx*.

16. Holden, Daniel, Jun Saito, and Taku Komura. "A Deep Learning Framework for Character Motion Synthesis and Editing." *ACM Transactions on Graphics*, 35, no. 4 (2016): 138:1–138:11. *http://www.ipab.inf.ed.ac.uk/cgvu/motionsynthesis.pdf*.

17. Holden, Daniel, Jun Saito, Taku Komura, and Thomas Joyce. "Learning Motion Manifolds with Convolutional Autoencoders." In *SIGGRAPH Asia Technical Briefs*, ACM (2015): 18:1–18:4. *http://www.ipab.inf.ed.ac.uk/cgvu/motioncnn.pdf*.

18. Horti, Samuel. "Why F.E.A.R.'s AI is still the best in first-person shooters." *Rock, Paper, Shotgun*, 2017. *http://bit.ly/2UkcTWx/*.

19. Humphreys, Troy. "Exploring HTN Planners through Example." In *Game AI Pro*, edited by Steve Rabin, 149–167. Boca Raton, FL: CRC Press, 2013. *http://bit.ly/2VFWSuC*.

20. Kapadia, Mubbasir, Seth Frey, Alexander Shoulson, Robert W. Sumner, and Markus Gross. "CANVAS: Computer-Assisted Narrative Animation Synthesis." In *Eurographics/ACM SIGGRAPH Symposium on Computer Animation*, The Eurographics Association (2016). *http://bit.ly/2XGYtSn*.

21. Kelly, John Paul, Adi Botea, and Sven Koenig. "Offline Planning with Hierarchical Task Networks in Video Games." In Proceedings of the Fourth Artificial Intelligence and Interactive Digital Entertainment Conference (2008). *http://bit.ly/2SK09qT*.

22. Lau, Manfred and James Kuffner. "Behavior Planning for Character Animation." In

ACM SIGGRAPH/Eurographics Symposium on Computer Animation (SCA) (2005): 271–280. *http://bit.ly/2TBSf7u.*

23. LeCun, Yann, Yoshua Bengio, and Geoffrey Hinton. "Deep learning." *Nature* 521 (2015): 436–444. *https://www.nature.com/articles/nature14539.*

24. Lillicrap, Timothy P., Jonathan J. Hunt, Alexander Pritzel, Nicolas Heess, Tom Erez, Yuval Tassa, David Silver, and Daan Wierstra. "Continuous Control with Deep Reinforcement Learning." arXiv preprint arXiv:1509.02971, 2015. *https://arxiv.org/pdf/1509.02971.pdf.*

25. Metz, Cade. "A New Way for Therapists to Get Inside Heads: Virtual Reality." *The New York Times*, July 30, 2017. *https://nyti.ms/2HmNLer.*

26. Meuleau, Nicolas, Ronen Brafman, and Emmanuel Benazera. "Stochastic Oversubscription Planning using Hierarchies of MDPs" In *Proceedings of the Sixteenth International Conference on Automated Planning and Scheduling (ICAPS-06)* (2006). *http://bit.ly/2VDdWRM.*

27. Millington, Ian and John Funge. *Artificial Intelligence for Games.* 2nd ed. Burlington, MA: Morgan Kaufmann, 2009.

28. Mnih, Volodymyr, et al. "Human-level control through deep reinforcement learning." *Nature* 518 (2015): 529.

29. Nau, Dana S., Tsz-Chiu Au, Okhtay Ilghami, Ugur Kuter, J. William Murdock, Dan Wu, and Fusun Yaman. "SHOP2: An HTN Planning System." *Journal of Artificial Intelligence Research (JAIR)* 20 (2003): 379–404. *https://arxiv.org/pdf/1106.4869.pdf.*

30. Orkin, Jeff. "Three States and a Plan: The A.I. of F.E.A.R." *Proceedings of the Game Developers Conference (GDC)* (2006). *http://bit.ly/2Ui4BhP.*

31. Peng, Xue Bin, Glen Berseth, KangKang Yin, and Michiel Van De Panne. "Deeploco: Dynamic locomotion skills using hierarchical deep reinforcement learning." *ACM Transactions on Graphics (TOG)*, 36, no. 4 (2017): 41.

32. Rabin, Steve (editor). Game AI Pro. Boca Raton, FL: CRC Press, 2013. *http://www.gameaipro.com/.*

33. Rabin, Steve (editor). *Game AI Pro 2*. Boca Raton, FL: CRC Press, 2015. *http://www.gameaipro.com/*.

34. Rabin, Steve (editor). *Game AI Pro 3*. Boca Raton, FL: CRC Press, 2017. *http://www.gameaipro.com/*.

35. Ramirez, Alejandro Jose and Vadim Bulitko. "Automated Planning and Player Modeling for Interactive Storytelling." *IEEE Transactions on Computational Intelligence and AI in Games 7* (2015): 375–386. *http://bit.ly/2Tw9Hdm*.

36. Russell, Stuart and Peter Norvig. *Artificial Intelligence: A Modern Approach*. 3rd ed. Upper Saddle River, NJ: Prentice Hall Press; 2009. *http://aima.cs.berkeley.edu/*.

37. Schmidhuber, Jürgen. "Deep learning in neural networks: An overview." *Neural Networks* 61 (2015): 85–117. *http://bit.ly/2TnMZ8c*.

38. Schulman, John, Sergey Levine, Pieter Abbeel, Michael Jordan, and Philipp Moritz. "Trust region policy optimization." In *International Conference on Machine Learning* (2015): 1889–1897.

39. Schulman, John, Filip Wolski, Prafulla Dhariwal, Alec Radford, and Oleg Klimov. "Proximal Policy Optimization Algorithms." arXiv preprint arXiv:1707.06347 (2017). *https://arxiv.org/pdf/1707.06347.pdf*

40. Senson, Alex. "Virtual Reality Therapy: Treating the Global Mental Health Crisis." *TechCrunch* (January 2016). *https://tcrn.ch/2HgM9CK*.

41. Shaker, Noor, Julian Togelius, and Mark J. Nelson. *Procedural Content Generation in Games: A Textbook and an Overview of Current Research*. New York: Springer, 2016. *http://pcgbook.com/*.

42. Silver, David, et al. "Mastering the game of Go with deep neural networks and tree search." *Nature* 529 (2016): 484.

43. Sutton, Richard S. and Andrew G. Barto. *Reinforcement Learning: An Introduction*. MIT Press, 1998. *http://bit.ly/2EzyDXX*.

44. Szepesvari, Csaba. *Algorithms for Reinforcement Learning*. San Rafael, CA: Morgan and Claypool Publishers, 2010. *http://bit.ly/2tTtXay*.

45. Vinyals, Oriol et al. "StarCraft II: A New Challenge for Reinforcement Learning." arXiv preprint arXiv:1708.04782, 2017. *https://arxiv.org/pdf/1708.04782.pdf*.

46. Young, R. Michael, Stephen Ware, Brad Cassell, and Justus Robertson. "Plans and Planning in Narrative Generation: A Review of Plan-Based Approaches to the Generation of Story, Discourse and Interactivity in Narratives." *Sprache und Datenverarbeitung, Special Issue on Formal and Computational Models of Narrative* 37 (2013): 41-64. *http://bit.ly/2IRWaJa*.

6부

체화 현실의 사용 사례

기술은 적용할 수 있을 때만 가치가 있다. 6부의 여러 장에서는 몰입형 기술이 어떻게 현실 세계에 활용되고 있는지 살펴본다.

이 글을 읽는 이들은 새로운 기술로 인해 늘어나는 고역을 묘사한 '하이프 사이클hype cycle'이라는 가상의 그래프(그림 VI-1)를 아마 알고 있으리라 믿는다. 1968년에 최초의 HMD가 만들어진 이래 확장 현실XR은 환멸의 덫에 갇혀 있는 듯했다. XR은 21세기에 접어들어서야 대중의 인식에 다시 들어왔으며, 메타Meta의 실패라든지 구글 글래스 때문에 불거진 사생활 침해의 반감에 이르기까지 시작은 순탄치 않았다.

이런 실패를 볼 때 XR은 그저 말만 요란한 기술일 뿐이라고 받아들일지 몰라도 6부에서 다루는 애플리케이션은 전과는 사뭇 다르다. 서서히 그러나 확실하게 XR 기술은 딱 맞는 틈새를 찾기 시작했고, 새로운 애플리케이션이 나올 때마다 생산성역시 점차 안정적인 수준으로 올라서고 있다.

11장에서 YUR 주식회사의 공동 창립자 딜런 샤Dilan Shah는 몰입형 기술을 통해 저마다 다른 수준의 건강을 지닌 사람들에게 어떻게 맞춤형 서비스를 제공할 수 있는지 알아본다. 헬스케어 산업은 프로세스와 절차를 엄격하게 지켜야만 최적의 돌봄 서비스를 제공할 수 있는 분야다. 가상 현실VR을 이 영역에 이떻게 적용할 수 있으며, 이 기술은 어떤 혜택을 제공할 수 있을까? 11장에서는 가상 환경 속에서 파킨슨병 환자의 손 떨림을 손 추적을 통해 안정시키는 실용적 사례를 심도 있게 알아본다.

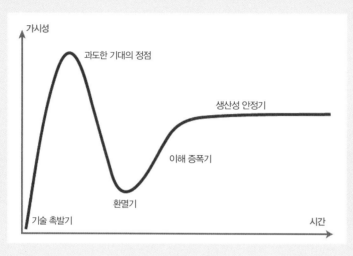

그림 VI-1. 하이프 사이클

12장에서 마크 로울리^{Mark Rowley}는 XR을 통해 팬에게 스포츠 엔터테인먼트를 전달하는 방법을 살펴본다. 마크는 최근 18년간의 ESPN 생활을 접고 스포츠 경기의 라이브 CGI 이미지를 생성하는 스타트업을 차렸다. 각 분야마다 각자의 수요가 있으며, 스포츠보다 지속성과 몰입도가 강조되는 엔터테인먼트 매체는 없다.

13장에서는 STRIVR의 VR 엔지니어 로스틴 머피^{Rosstin Murphy}가 침수 가옥, 작업 현장, 상점 강도 대처, 나쁜 소식 전하기 등 기업용 직원을 위한 VR 훈련의 네 가지 실제 사례를 설명한다.

XR 기술은 더 이상 그저 기술 시연만을 위한 것이 아니다. 월마트가 사들인 17,000대의 오큘러스 고를 통해 XR은 이제 반환점을 돌아 계몽^{enlightenment}의 언덕을 오르기 시작했다. 이 과정에서도 '과속 방지턱'이라든가 잘못된 시작들을 겪겠지만, 5장에

388

서 살펴보는 예시들을 통해 독자는 시간이라는 시험을 견뎌낼 최초의 진짜 예제들을 보게 될 것이다.

6부에서 실용적 애플리케이션 구축에 대한 아이디어와 영감을 얻기를 바란다. 몰입형 애플리케이션의 차기 스타는 여러분의 작품이 될 수도 있다. 어서 시작하자.

헬스케어 기술 생태계의
가상 현실과 증강 현실

딜런 샤^{Dilan Shah}

11장에서는 헬스케어 관련 내용을 가상 현실^{VR}과 증강 현실^{AR} 체험으로 구현하는 디자인 관련 이슈들을 다루고, 컨트롤러에서 입력된 모션 데이터를 활용해 가상 환경 속에서 파킨슨병 환자가 눈에 보이는 떨림을 경감시킬 수 있게 해주는 애플리케이션의 튜토리얼을 제공한다. 현재 글로벌 헬스케어 시장의 전망은 정책, 공공 의료 시행, 전달 방식, 커뮤니티 기반의 의학 연구, 테라피, 기술 혁신에 달려 있다. 어떤 기술 하나만으로 헬스케어 분야의 문제를 모두 해결할 수 있는 것은 아니기에 딥러닝이 단백질 접힘^{protein folding}에서부터 정밀 보건^{precision health}, 인구 집단 보건 ^{population health}에까지 적용되는 현재, 난이도 높은 건강 문제들을 해결하기 위한 여러 접근법이 나와 있다.

헬스케어에서는 복잡한 것(예, fMRI)에서부터 단순한 것(예, 효율적 예약 스케줄 관리) 까지 모든 것이 서비스에서 각자 맡은 역할이 있다. VR과 AR 기술은 비교적 새롭고, 아직은 어떤 의료 분야에서도 표준 서비스는커녕 관례로도 간주되지 않고 있다. 대상이 되는 문제엔 통증 경감, 노출 요법을 통한 외상 후 스트레스 장애^{PTSD} 치료, 약시 치료 등도 포함된다. 이런 영역들은 VR이 테라피에 적용할 수 있는 기술로, 이미 그 효과를 검증받았고 외과 수술 훈련과 계획은 AR의 사용 사례에서 찾아볼 수 있다. 시스템적 편향에 치우치지 않으면서도 VR과 AR이 건강 분야에 어떻게 적용될 수 있는지 좀 더 전체적으로 살펴볼 수 있게끔 공식 기관, 관리 기관, 승인 절차 등에 관련된 상당량의 세부 사항은 생략했다. 대신 11장에서는 VR과 AR을 이용해 더 나은 헬스케어 기술을 만드는 부분을 개략적으로 알아본다. 애플리케이션과 실험에 참여할 환자로부터는 사전 동의를 반드시 받아야 하며, 이런 목적으로만 존재하는 검토 위원회도 있다는 점을 반드시 알아야 한다. 마지막으로 11장에서는 상용과 학술적 접근법을 망라함으로써 임상적 설정에 적용되는 테라피 못지않게 계획, 지도, 복지와 예방 의학에서의 문제들을 풀고자 한다.

VR/AR 헬스 기술 애플리케이션 디자인

VR과 AR 애플리케이션을 만들려면 개발자는 사용자가 해당 기술을 이용할 때 물리적으로 머물 공간을 고려해야 한다. 예를 들어 사용자가 처치 전에 혼자서 수술 대기실에 있는지, 아니면 환자의 병실에 가족과 함께 있는지를 생각해야 한다는 뜻이다.

디자인 절차에는 이런 환경을 이해하고 전형적인 시나리오에서 무슨 일이 일어나게 되는지 이해하는 데 충분할 시간을 포함해야 한다. 의사, 간호사, 병원 직원 등 관련 인력과 충분한 인터뷰를 통해 다음과 같은 질문에 대한 답을 얻길 권한다.

- 환자가 사용자라면 가족이 환자와 X 환경에서 함께 소중한 시간을 보내고자 하는가? 혹은 환자가 혼자인가?

- 전반적 설정이 가상 현실에서의 체험을 어느 수준까지 방해하게 되는가?

- 사용자의 이동성은 어느 정도인가?

- 체험의 길이는 어느 정도여야 하는가?

- 사용자가 헤드폰을 쓸 수 있는가?

다음과 같은 부차적 사항도 고려해야 한다.

- VR/AR 기기는 청결한가? 위생 관리는 어떻게 이뤄지는가?

- 체험 이후에는 어떤 절차로 이를 유지할 것인가?

- 누가 체험을 진행할 것이며, 시간은 얼마나 걸리는가?

- 사용자가 안전하다고 느끼는가?

11장의 내용에는 미국 FDA나 다른 규제 요건이 포함되지 않는다는 점을 다시 한 번 강조하지만, 그림 11-1의 환자의 가치 측정 접근법을 슬쩍 보는 것만으로도 이 영역에 얼마나 제약이 많은지 알 수 있을 것이다. 성공적인 건강 기술 애플리케이션의 핵심에는 물리적 인터페이스에 관해 적절한 관련 당사자 연구와 사전 숙고가 필요하다. FDA의 승인을 받은 VR 사용 사례를 꼽자면 VR헬스^{VRHealth}와 마인드메이즈^{Mindmaze}가 만든 VR피지오^{VRPhysio}가 있다. 환자용 앱을 개발해 본 적이 없는 이들이 VR을 만들 때는 예방 의학에서의 사용 사례를 평가하는 프레임워크뿐 아니라 이런 애플리케이션용 물리적 공간도 고려해야 한다.

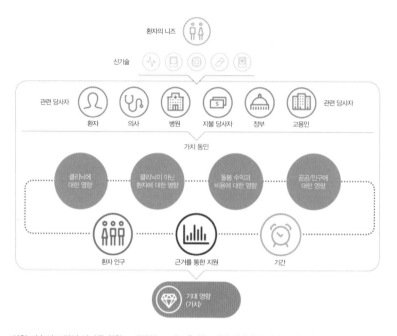

그림 11-1. '의학 기술의 포괄적 평가를 위한 프레임워크: 새로운 헬스케어 생태계의 가치 규정', 딜로이트 컨설팅 LLP와 공동 개발

표준 UX는 직관적이지 않다

지난 몇 년간 VR과 AR의 디자인은 상당한 진보를 거듭해 여러 다양한 시스템을 제작하거나 작업을 처리하는 방식이 한층 안정적으로 변했다. 가상 현실 툴킷[VRTK]만 봐도 알 수 있다(7장 참고). 하지만 '로코모션'을 예로 살펴보면(VR에서는 로코모션이 사용자를 가상 환경 안에서 움직이게 하는 방식일 때가 많다) 베지어 곡선에서부터 VR 사용자 경험[UX]의 표준인 웨이포인트 기반의 '목적지 선택'에 이르기까지 많은 형태가 존재한다.

그럼에도 몰입형 기술 업계나 게임의 맥락 외에서 (이들 매체가) 사용될 때는 우리가 흔히 쉽게 이해할 수 있다고 여기는 것들이 실제로 그렇지 않다는 점을 알아야한다. 많은 사람이 시스템을 이전에 사용해 본 적이 없기 때문에 AR 하드웨어의 기본적 입력 제스처조차도 어렵다고 여길 수 있다. 따라서 가능한 한 사용자 인터페이스가 필요 없게끔 영리하게 판단을 내려야 한다. 예컨대 핵심적 활동이 일어나는 주된 가상 환경을 열어젖히는 식의 결정을 해야 한다.

특정 애플리케이션에서 볼 수 있는 또 한 가지 흔한 입력 타입은 손 추적으로, 사용자가 리프 모션 같은 기술을 통해 자신의 손 움직임을 반영한 가상의 손을 볼 수 있게 해준다. 임바디드 랩^{Embodied Lab}의 암 환자 중심으로 디자인된 체화학습 경험 등에서 이런 적용 사례를 볼 수 있는데, 사용자가 앱에 집중하게 하는 형태인 동시에 VR에서 사용자의 손을 보여주지 않을 경우 생경하게 분리된 느낌을 주는 인터페이스이기도 하다. 특히 임바디드 랩(https://embodiedlabs.com)에서는 경험을 시동하기 위한 데스크톱 UI 대시보드를 구축하는 데 집중하고 있다. VR이나 AR에 데스크톱 인터페이스를 구현하는 방법도 고려해보자. 키보드와 마우스 입력은 그다지 생소하지 않다는 장점을 지닌다. '리셋'이나 '시간 경과에 따른 종료' 기능이 있는 가상 환경이라면 알아서 루프로 돌든지, 클릭해 재시작하는 방식에 의존하지 않도록 구성돼야 한다.

다음으로 살펴볼 프로젝트 '인사이트^{Insight}'에서는 실수로 클릭하는 일을 최소화하고자 사용자의 액션을 수락하기까지 최소한의 시간 동안 컨트롤러를 누르고 있게 한다. '마찰 덧붙이기'라 알려진 이 컴포넌트는 더 나은 UX를 위해 사용자가 액션을 숙고하게끔 속도를 늦춰주는 데 활용된다. 때로 이런 식의 디자인적 결정은 장단점이 동시에 있다. 이것이 짜증의 원천이 된다면 사용자 앞에 내버려두지 말라. 신속하게 바꾸라.

조용한 환경 선택

인사이트 프로젝트에서는 전형적인 병원이나 교육을 위한 환경과는 대조되는 환경을 만들기 위한 조치가 취해졌다. 수변에 자리를 잡고 풍경 소리가 들리게 해 긴장을 풀게 이완시켜주는 것이다.

완화 치료에서 VR을 이런 식으로 활용하면 아름다운 풍경을 통해 삶의 질을 향상시킬 수 있다. 개발자들이 스스로 '화면 공간'이 아니라 '주위 공간'을 생각하게 하고, 조감도를 통해 이용자가 보게 될 장면의 스토리보드를 구상하게 만들기 때문이기도 하다. 긴장 이완을 위한 신호로 공간 오디오 플러그인(부드러운 사각사각 소리, 미풍에 풍경이 딸랑이는 소리, 파도 소리 등)을 활용하면 사용자가 체험 환경에 빨려 들어가도록 도울 수 있어 더욱 그럴듯해진다.

편의성

VR과 AR을 의료 기관에 적용하는 또 다른 방법은 효율의 경제학을 도입하는 것이다. 의사와 간호사가 병원에서 시간을 절약할 수 있게끔 오그메딕스[Augmedix]는 전문가와 소프트웨어의 힘을 빌린 문서 자동화 플랫폼을 제공하고 있다. 이 플랫폼은 구글 글래스를 활용하므로 AR이라기에는 다소 부족하지만, 의사들이 컴퓨터 작업에서 벗어날 수 있게끔 머리에 기기를 착용하며 가장 중요한 환자 치료에 집중하게 한다는 점에서 이 기술의 하나로 분류할 수 있다. 오그메딕스는 12개국의 선도적 의료 시스템에 적용돼 병원 기반의 분과에서 가장 많이 활용되며, 의사의 생산성을 30% 향상시켜준다.

다음 절에서는 손가락을 코에 대고 시각 운동성 떨림을 측정하는 방식을 자동화하는 방법을 다루는데, 이는 2018년 인사이트를 만든 팀이 악시브[Arxiv]에 제출한 논문의 주제이기도 하다(https://arxiv.org/abs/1809.05970). 손가락을 코에 대는 테스트는 유니티 기반의 애플리케이션에 내장된 게임 로직에서 상당 부분 관리되므로, 의사는 다른 작업을 하며 편의를 누릴 수 있다.

튜토리얼: 인사이트의 파킨슨병 실험

파킨슨병은 천천히 진행되는 신경퇴행성 질환으로 떨림, 팔다리의 강직, 느려지는 동작, 불안정한 자세 등의 증세를 보인다. 이 병이 진행되면 신체적 불구에서부터 우울증에 이르기까지 삶의 질에 심각한 영향을 줄 수 있다. 인사이트는 파킨슨병 환자와 가족을 위한 환자 중심의 VR 플랫폼으로, 일반적인 VR 컨트롤러가 포지션과 방향 데이터를 고빈도로 전송할 수 있다는 관찰을 기반으로 탄생했다.

인사이트의 역할

인사이트는 VR 측정, 관리, 헬스케어, 교육용 애플리케이션이다. 환자는 일반적으로 증상에 따라 정해진 간격으로 병원에 가서 질병의 진행을 모니터링하고 약을 조절하며 재활 치료를 받게 된다. 인사이트는 환자가 평생 지니고서 계속 상태를 측정할 수 있으며, 병원 진료에도 보조적으로 활용할 수 있다.

이 플랫폼은 의료 기록과 VR에서 수집한 동작 데이터 같은 서드파티 건강 정보를 통해 환자의 건강 상태 측정지를 만들어내고, 개인화된 재활 운동법을 제공하며, 의료진이 데이터에 입각한 의사 결정을 내리게 돕는다. 환자가 재활 운동을 시작하기 전에 그림 11-2처럼 가상의 집에서 풍경을 건드리면 가상 세계로 증상이 이전된다. 그 후에는 환자가 떨림이 없는 동작을 경험하는 한편, 풍경의 동작과 소리가 증상을 표시해준다. 그런 다음 환자는 증거에 기반을 둔 맞춤형으로 개개인의 신체 기능을 개선하는 재활 운동을 안내받고, 동시에 질병의 진행 측정용 데이터 역시 수집된다. 측정이 끝나면 환자는 약, 인사이트의 증상 측정에서 계산된 건강 점수, 원격 의료를 통한 의사와의 면담을 포함하는 현재 건강 상태의 개요를 받게 된다. 원격 의료 담당 의사는 수집된 증상 정보를 포함해 인사이트가 생성한 보고서를 받게 된다.

그림 11-2. 인사이트 환경은 하늘이 보이는 평온한 해변의 방으로, 증상 평가를 수행하는 동안 부드러운 풍경 소리가 들리며 환자가 긴장을 좀 더 풀 수 있게 해준다.

인사이트는 자발적 데이터 수집을 위한 플랫폼 역할을 한다.

인사이트의 구성

인사이트 환자 데이터^{Insight Patient Data} 플랫폼은 유니티 2017.3.0f3 게임 엔진과 매트랩^{MATLAB}, 파이썬 데이터 분석 도구를 조합해 만들어졌다.

손 떨림을 위한 로우패스 필터

이 프로젝트에서 가장 결정적인 부분은 떨림 증상이 있는 사람이 실제로 움직이는 방식과 VR 기기를 통해 자기 손을 볼 때 보이는 방식의 전환이다. 로우패스 필터를 이용하거나 평균으로 움직이도록 구축한 스무스 핸드^{Smoothed Hand} C# 스크립트가 사용자의 손 모델에 부착돼 VR로 추적된 입력 물체의 포지션과 방향 데이터를 캡처해 받은 후 부드럽게 처리된 데이터를 손 모델로 변형해 출력한다.

환경

인사이트의 환경은 해너 룩센버그^{Hannah Luxenberg}라는 멘토의 영향을 강하게 받았는데, 그녀는 클리닉과 비슷한 느낌보다는 편안하게 이완되는 분위기를 목표로 하고자 했다. 모델의 대다수는 세란 얼쿠멘^{Serhan Ulkumen}이 마야를 사용해 만들었다. 유니티의 터레인^{terrain} 시스템을 활용한 지형은 하이트맵^{heightmap}을 이용해 생성한 후 나무를 배치한 것이다.

데이터 분석과 보고

본질적으로 팀은 VR 컨트롤러의 포지션에서 X, Y, Z 떨림 값을 수집하고, 그후 데이터 분석을 통해 의료진에게 각 환자마다 떨림 증상을 어떻게 치료해야 할지 상세한 정보를 제공한다.

가상 코드는 다음과 같다.

데이터 분석과 보고를 위한 임포트

```
import numpy as np
import pandas as pd
import matplotlib.pyplot as plt
import matplotlib.gridspec as gridspec
import os.path
```

환자 데이터 파일 로딩

```
while True:
    try:
        file = 'patientData.csv'
        data=pd.read_csv(file)
        print(data.head())
```

```
print()
y=[]
z=[]
x=data.iloc[:,0].values
y=data.iloc[:,1].values
z=data.iloc[:,2].values
print(type(x))
nbins=30
Xr=np.fft.fft(x,nbins)
X=abs(Xr[1:round(len(Xr)/2)])
Yr=np.fft.fft(y,nbins)
Y=abs(Yr[1:round(len(Yr)/2)])
Zr=np.fft.fft(z,nbins)
Z=abs(Zr[1:round(len(Zr)/2)])
x2=x-x.mean()
y2=y-y.mean()
z2=z-z.mean()
fig1 = plt.figure()
#print(type(fig))
tt=np.linspace(0,np.pi,len(X))
plt.plot(tt,X,tt,Y,tt,Z,alpha=0.6)
plt.xlabel('Frequency (Normalized)')
plt.ylabel('Amplitude')
plt.title('Frequency Response')
plt.legend(('X-axis', 'Y-axis', 'Z-axis'),loc='upper right')
#plt.show()
fig1.savefig('plotF.png')
fig1.savefig('plotF.pdf')
fig2 = plt.figure()
score=int((1-(1.07*(x2.std()+y2.std()+z2.std())))*100)
Tutorial: Insight Parkinson's Experiment | 261
gs = gridspec.GridSpec(1, 2, width_ratios=[4,1])
print(gs)
ax1 = plt.subplot(gs[0])
tt2=np.linspace(0,len(x2)/50,len(x2))
```

```
plt.plot(tt2,x2,tt2,y2,tt2,z2,alpha=0.6)
plt.xlabel('Time (s)')
plt.ylabel('Movement')
plt.title('Movement Insight')
plt.legend(('X-axis', 'Y-axis', 'Z-axis'),loc='upper right')
ax2 = plt.subplot(gs[1])
plt.bar(['Higher is better'],score,alpha=0.6,color=['C3'])
plt.ylim((0,100))
plt.title('Insight Score: '+str(score))
#plt.show()
fig2.savefig('plotT.png')
fig2.savefig('plotT.pdf')
```

떨림 값에 대한 통계 계산

```
stats2show=[x2.std(), y2.std(), z2.std()]
fig3 = plt.figure()
```
```
plt.bar(['X','Y','Z'],
Stats2show,
alpha=0.6,
color=['C0','C1','C2'])
plt.xlabel('Axis')
plt.ylabel('Tremor')
plt.title('Tremor values')
fig3.savefig('plotS.png')
fig3.savefig('plotS.pdf')
print('Analysis Completed!')
```

떨림 값을 판독하는 PDF 생성과 중요한 변수 초기화를 위한 임포트

```
import time
from reportlab.lib.enums import TA_JUSTIFY
```

```
from reportlab.lib.pagesizes import letter
from reportlab.platypus import SimpleDocTemplate, Paragraph, Spacer, Image
from reportlab.lib.styles import getSampleStyleSheet, ParagraphStyle
from reportlab.lib.units import inch
doc = SimpleDocTemplate("form_letter.pdf",pagesize=letter,
                        rightMargin=72,leftMargin=72,
                        topMargin=72,bottomMargin=18)
Story=[]
```

자세히 살펴보면 다음과 같다.

- 가속계 데이터는 data=pd.read_csv(file)로 로딩된다.

- x, y, z 컴포넌트는 x, y, z 변수로 추출되는데, 다음과 같다.

```
x=data.iloc[:,0].values
y=data.iloc[:,1].values
z=data.iloc[:,2].values
```

- 각 컴포넌트의 FFT[Fast Fourier Transform]가 계산돼 첫 번째 절반이 (정규화 빈도 영역의 0에서 파이까지) 각각 Xr, Yr, Zr 변수로 배포된다.

- 각 컴포넌트의 (정규화 분포의 함수: 0에서 파이까지의) 빈도 반응이 표시된다 (그림 11-1).

- (떨림에 대해) 기록된 신호의 표준 편차를 반영하는 점수가 계산돼 더 떨릴수록 낮은 점수(score=int((1-(1.07*(x2.std()+y2.std()+z2.std())))*100)가 나온다.

- 각 축(x, y, z)의 표준 편차 계산과 플로팅은 다음과 같다.

```
Xr=np.fft.fft(x,nbins)
```

```
X=abs(Xr[1:round(len(Xr)/2)])
Yr=np.fft.fft(y,nbins)
Y=abs(Yr[1:round(len(Yr)/2)])
Zr=np.fft.fft(z,nbins)
Z=abs(Zr[1:round(len(Zr)/2)]
```

- 줄 36, 38, 47은 약간 달라졌다는(수정됐다는) 점에 유의하자.

간결성을 위해 환자의 움직임에 대한 PDF 보고서에서 나머지 코드는 생략한다. 해당 코드를 보려면 이 책의 깃허브 리포지터리를 찾아보면 된다. 검색을 하려면 리포트랩ReportLab 라이브러리에서 제공하는 포매팅 코드 블록 안에서 네스팅 스트링nesting string과 파일 이름을 알아야 한다. 개발자 포스트(http://bit.ly/2Two1TS)에 작동하는 애플리케이션을 보여주는 동영상이 있으며, 코드는 깃허브 리포지터리에 링크(http://bit.ly/2F6VnQm)돼 있다.

사용된 하드웨어는 다음과 같다.

- HTC 바이브

사용된 외부 애셋은 다음과 같다.

- 스팀VR(http://bit.ly/2VVRa7E)

- Frames Pack(http://bit.ly/2HfEZj5)

- Post-Processing Stack(http://bit.ly/2T1LUOf)[1]

사용된 도구는 다음과 같다.

- 분석에는 넘파이Numpy와 판다스Pandas를 포함한 패키지들이 사용됐다.

---

1. 이 패키지는 번역서 출간 시점에서는 지원 중단 예정이다. – 편집 팀

- 시각화에는 맷플롯립^{MatPlotLib}이 사용됐다.

모델 텍스처는 다음과 같다.

- CGI 텍스처

기업

이제부터는 VR과 AR을 활용해 헬스케어 분야에서 다양한 방식으로 사람들을 돕는 기업들을 알아보자. 먼저 스탠포드대학교의 방사선과 소속이며, 전자기기 엔지니어링과 바이오 엔지니어링 교수이자 IMMERS의 공동 편집자인 브라이언 하그리브즈^{Brian Hargreaves} 박사가 의료 기관에서 활용되는 여러 몰입형 기술을 세분화해 그 가치를 알려준다. IMMERS는 스탠포드 대학의 의료 혼합 현실^{MR}과 확장 현실^{XR} 기술을 길러내는 인큐베이터라 할 수 있다.

MR이나 AR은 계획, 지도, 진단 등 환자에게 정보를 겹쳐볼 수 있어야 하는 영역에서 유용하다. VR은 몰입형 컴포넌트에 사용되긴 하지만, 수련의가 의학적 주제를 이해하거나 해당 주제를 환자에게 설명하는 과정을 더 용이하게 해준다.

계획과 지도

계획과 지도는 VR과 AR 건강 기술의 사용 사례로 외과 수술에 쓰여 왔지만, 아치폼의 유니티를 기반으로 한 치과 교정 소프트웨어를 포함한 일부는 그 외의 다른 워크플로에서도 몰입형 기술이 지닌 잠재력을 보여준다.

수술 극장

프리시전 VR^{Precision VR}은 신경외과 의사, 환자, 그 가족에게 환자의 해부학적 구조를 설명해준다. 예를 들어 의사, 환자, 가족이 서 있는 곳에서 오른쪽에는 동맥, 발치에는 두개골 구조, 어깨 위로는 종양이나 혈관을 볼 수 있는 식이다. 이런 몰입형 체험은 이들이 내부 장기 구조와 수술 계획을 이해하게 해준다.

오쏘 VR

오쏘 VR^{Osso VR}은 외과 의사, 세일즈 팀, 기술적 수준이 천차만별인 병원 의료진을 위해 설계됐다. 이는 VR 외과 수술 훈련 플랫폼 중에서도 검증된 선두 주자다. 이 회사의 제품은 최첨단 방법론과 테크놀로지를 바탕으로 몰입감 넘치는 훈련 환경에서 손으로 아주 현실감 있는 상호작용을 제공한다.

아치폼

치과의사에게 직관적인 치열 교정 도구를 제공하는 소프트웨어 기업 아치폼^{Archform}은 .stl 파일을 3D로 보여줌으로써 작업 효율을 높이는 VR 인터페이스 활용의 매력을 강조한다. VR을 통해 모델의 방향을 빠르게 조종하거나 들여다볼 수 있기 때문에 여러 각도에서 치아를 조작하고 치아 배열을 확인하는 과정이 향상된다.

의학 교육용 체험 설계

다음의 체험들은 대개 비슷하지만, 스탠포드 가상 심장 프로젝트나 임바디드 랩의 체험은 특정한 의료진에게 특히 혜택이 클 것으로 보인다.

임바디드 랩

VR에서의 스토리텔링은 세부 사항에 엄청난 주의를 기울여야 하며, 특히 목표가 체화학습embodied learning일 경우 해당 체험은 현실 세계의 많은 세부 사항을 담아내야 한다. 임바디드 랩Embodied Labs은 360도 동영상과 함께 환자의 경험을 의료진에게 전달해줄 다양한 상호작용 요소를 이용한다. 최신 경험에 음성과 손 추적을 활용해 다양한 질환의 중요한 단계에 도달하는 동안 사용자가 가족 구성원을 곁에 둔 환자의 역할을 하도록 구성했다.

라이트하우스

샌 프란시스코 베이 지역에 있는 기술 회사 라이트하우스Lighthaus에서는 스탠포드 루실 패커드 어린이 병원Stanford Lucille Packard Children's Hospital의 의학 박사이자 소아 심장 전문의 데이빗 액슬로드David Axelrod와 협업해 스탠포드 가상 심장 프로젝트SVHP, Stanford Virtual Heart Project를 만들었다. 의과생과 의사들이 사용하는 SVHP는 소아 심장에 나타나는 다양한 이상을 세분화해 쌍방향성 VR 체험을 통해 각각에 필요한 절차를 제공한다. 이 프로젝트는 심장을 열어 보여주며 사용자는 상호작용 영역으로 각 심장을 당겨 올 수 있다. 사용자는 그림 11-3처럼 심장을 이리저리 돌려보며 병을 치료하는 데 필요한 절차를 볼 수 있다.

스탠포드 가상 심장 프로젝트

그림 11-3: 오큘러스 리프트를 착용한 사용자가 박동하는 가상 심장을 돌려보고 있다.

MVI 헬스

페넘브라^{Penumbra}와 식스센스^{Sixsence}의 조인트 벤처인 MVI 헬스는 의학 훈련 시나리오에서 컨트롤러로 닦아낼 수 있는 기능을 장착한 VR 하드웨어다. GDC 2018에서는 MVI 헬스의 기술을 활용해 가상으로 혈관에서 혈전을 빨아들이는 훈련을 가능하게 하는 혈전 제거술을 시연해보이기도 했다.

버튼 클릭 한 번으로 깔끔하게 모든 적용을 리셋할 수 있어 MVI 헬스의 제품이 다른 훈련법들을 제치고 의학 교육에 필요한 이유를 분명히 보여줬다.

더 베터 랩

샌프란시스코 캘리포니아 대학에 있는 더 베터 랩^{The Better Lab}은 환자 중심의 문제에 디자인적 사고를 적용한다. 현재 이 회사의 VR 프로젝트는 다양한 외상 환자를 다루고 있으며, 하츠^{HEARTS} 기금의 지원을 받아 내년에는 독립형 헤드셋을 마무리할 예정이다. 주커버그 샌프란시스코 종합병원^{ZSFG, Zuckerberg San Francisco General}은 샌프란시스코의 유일한 1급 외상 센터다. 매달 내원하는 255건의 외상 환자 중 90명이 여러 과의 빠르고 집중적인 협진이 필요한 고도의 '900 액티베이션'에 해당한다. 의료진의 교대 시간과 월별 로테이션 때문에 외상 팀은 늘 새롭게 구성된다. 팀 구성의 변화를 해결하고자 의료진은 서로의 역할과 우려 및 우선순위에 공감하는 동시에 표준 언어와 프로세스를 공유해야 한다. 이 경험은 환자의 동의하에 리얼하게 제작된 360도 풋티지^{footage}를 통해 1급 외상 시설에서 볼 수 있는 일사불란한 조율 과정을 보여준다.

환자의 사용을 위한 체험 설계

다음 회사들은 환자가 직접적인 혜택을 받을 수 있게끔 AR과 VR을 채택하고 있다. VR 헬스에서 나온 VR피지오^{VRPhysio}는 FDA의 공인을 받은 제품이다.

비비드 비전

비비드 비전^{Vivid Vision}은 약시를 치료한다. VR 세계를 구동하면 장면이 하나는 시력이 좋은 눈, 하나는 나쁜 눈을 위한 두 개의 이미지로 분할된다. 그런 다음 시력이 좋은 눈에서 물체를 보는 신호 강도가 줄어들고, 나쁜 눈 쪽이 보는 신호 강도는 강해져 보기 쉽게 조정된다. 환자가 사용을 지속하면서 이미지 강도 조정이 더 이상 필요하지 않으면서도 두 이미지가 심도를 갖춘 하나의 이미지로 합쳐지게 하는 것이 목표다. 매주 환자는 두 눈의 시력 차이가 점점 줄어들면서 도움이 덜 필요해진다. 사용하는 과정에서 두 눈이 어떻게 공조해 사물을 바라볼지 학습해 나가기 때문이다.

VR헬스

VR헬스^{VRHealth}는 실시간 분석을 제공하는 동시에 의료용 도구와 콘텐츠를 개발하는 데 특화된 기업이다. 이 회사의 VR피지오는 운동과 동작 범위 측정용으로 FDA에 등록된(http://bit.ly/2Hh7Fbl) 제품이다. VR피지오를 켜면 그림 11-4에서처럼 동작 범위(ROM) 측정이 시작된다. 가상의 물리치료사가 동작을 시연해보인 다음 애플리케이션이 ROM 측정치와 치료 계획에 따라 치료 세션을 환자에 맞춤 제공한다.

그림 11-4. 가상 환경 안에 있는 아바타가 ROM 테스트 진행을 돕는 모습

그러면 음악, TED 강연, 단편 영화 등 다양한 콘텐츠로 구성된 짧은 동영상을 선택할 수 있다. 마지막으로 매 트레이닝 세션이 끝난 다음에는 상세한 요약 보고서가 생성된다.

USC ICT 브레이브마인드(USC 크리에이티브 테크놀로지 연구소 제공)

브레이브마인드 ^{Bravemind} 는 PTSD(외상 후 스트레스 장애)를 치료하는 의료진에 특화된 제품이다. 전장에 직접 노출시키는 대안으로 활용하거나 전투와 관련된 트라우마를 앓는 이들의 회복 치료에 쓸 수 있다. 이 제품의 가상 환경으로는 주로 이라크와 아프가니스탄이 있다. 환자는 순찰, 수송, 헬기를 통한 의무 후송 등 수많은 시나리오를 경험하게 된다. 각 시나리오마다 의료진이 환경을 맞춤 설정해 폭발, 총격전, 반군의 공격, 도로의 포격 등으로 조정할 수 있다. 연합군 병력과 민간인의 부상 정도, 차량의 손상(수송 시나리오의 경우) 정도, 폭발 방향도 변경할 수 있다. 음향 효과에는 전장의 일반적 소음(무기 발사), 주변을 둘러싼 도시의 소음(기도 소리, 벌레 소리), 무전 교신, 상공의 비행기 등이 들어간다. 진동 촉각 피드백으로는 보통 엔진의 진동, 폭발, 총격 등의 주변 소음이 전달된다. 또한 향기 분사기를 활용해 상황에 따른 냄새(화약, 디젤 가스, 쓰레기, 폭약 등)를 전달할 수도 있다.

퍼스트핸드 테크놀로지의 스노우월드

십여 년의 연구와 임상 시험을 통해 몰입형 VR이 통증을 대폭 줄이고 스트레스를 완화하며 회복 탄력성을 키워준다는 점이 증명됐다. 퍼스트핸드 테크놀로지 $^{Firsthand\ Technology}$ 는 VR 통증 제어 분야에서 연구 팀의 선구적 역할을 했으며, 최초의 VR 통증 완화 애플리케이션인 스노우월드 ^{SnowWorld} 개발에도 도움을 줬다.

VR 통증 제어 연구는 거울로 만든 간단한 '가상 상자'를 이용해 사지 절단 환자의 환상 사지통을 덜어주는 과정에서 시각 이미지와 실제 통증 간의 관련을 발견해낸 라마찬드란과 로저스^{Ramachandran and Rogers-Ramachandran}(1996)에서 그 기원을 찾을 수 있다. 2000년, 톰 퍼네스^{Tom Furness}와 심리학자 힌터 호프먼^{Hunter Hoffman}이 이끄는 휴먼 인터페이스 테크놀로지 랩^{HITL, Human Interface Technology Lab}의 팀이 컴퓨터로 생성한 VR로 환자의 통증을 대폭 경감할 수 있다는 점을 보여주는 최초의 결과물을 출간했다. 수많은 이후의 연구는 스노우월드를 활용해 VR이 영화나 스크린 기반의 컴퓨터 게임 같은 여타 방법론보다 훨씬 더 효과적이라는 점을 밝혔다.

퍼스트핸드 테크놀로지는 VR 통증 완화 참고 문헌집(https://firsthand.com/vrpr-research/)에 VR 통증 완화 연구의 핵심 참고 자료와 전문 기사 목록을 수록하고 있다.

예방 의학

미국에서 의료 서비스란 질환이 생긴 이후의 치료를 의미할 때가 많다. 몸이 아프면 항생제를 찾고, 심장 발작이 일어나면 스태틴과 콜레스테롤 처방약을 먹는 식이다. 예방 의학과 사전 의학이란 건강이 비교적 안정적인 건강 상태를 유지하는 개개인에 최적화된 건강관리를 뜻한다. 예를 들어 꾸준한 운동은 수많은 질병 등 위험 요인을 줄이는 데 도움이 되므로 예방 의학의 범주에 들어간다. VR과 AR을 이용한 예방 의학에서는 다음 회사들이 두각을 보이고 있다.

블랙박스 VR

블랙박스 VR^{Black Box VR}은 수십 년간 연구돼 온 운동 과학과 행동 변화 연구를 VR과 결합해서 오프라인 헬스장의 개념을 새로 바꿨다. 이전 Bodybuilding.com의 CEO 등이 참여한 블랙박스 VR은 자동으로 플레이어의 몸무게와 키 등에 맞춰 조절 가능한 케이블로 작동하는 등 저항력이 있는 운동기기에 VR 게임 개념을 결합시킨 기기다.

YUR 주식회사

YUR은 공간 컴퓨팅(AR과 VR 모두)을 이용해 개인이 좀 더 활동적이고 적극적으로 정보를 구할 수 있게 한다. 비트 세이버^{Beat Saber} 같이 유명한 VR 타이틀을 활용해 여러 개개인에서 수집된 정보를 바탕으로 YUR는 VR 게임을 통해 소모할 수 있는 칼로리가 상당하다는 점을 발견했다. YUR는 VR 입력 하나만으로 사용자에게 건강 데이터를 보여준다.

효과적인 체중 감소 도구로서의 VR 이용은 의도치 않은 장점이라 할 수 있다. VR은 감각과 신체를 몰입 상태로 만들어 충분히 움직이게 만들기 때문에 체중 감소는 부차적인 이득이 된다. 기존 피트니스 프로그램은 마음이 동하지 않아 실패로 이어지곤 했기 때문에 이는 인식의 획기적인 대전환이라 할 수 있다. YUR는 게임이 갖는 즐거운 속성과 운동의 신체적 혜택을 합칠 때 피트니스의 전형적인 형식을 근본적으로 바꿀 수 있다고 보고 있다.

학계의 선도적 사례 연구

여기에서 다루는 학술기관은 샌프란시스코 캘리포니아 대학, 스탠포드, 케이스 웨스턴 리저브대학교^{Case Western Reserve University} 뿐이지만, 다른 학술기관에서도 AR과 VR 그룹 협업을 통해 헬스케어 분야가 직면한 난제를 해결하고자 매진하고 있다.

스탠포드와 케이스 웨스턴 리저브대학교에서 만든 애플리케이션 중에는 유방 수술, 환자 위에 AR 투사, 수술 바늘 유도, 정형외과 수술, 뇌수술 절차 등 여러 수술의 의료 교육 앱이 있다.

스탠포드에서는 마이크로소프트 홀로렌즈를 이용한 파일럿 연구에서 환자에게 특화된 앱을 통해 MRI 이미지를 정렬함으로써 그림 11-5처럼 환자의 유방에서 병변이 자리 잡은 정확한 위치를 보여주기도 했다.

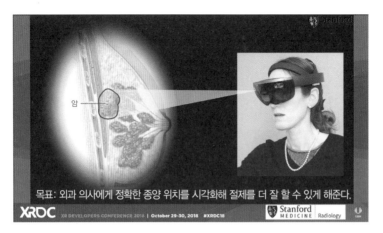

그림 11-5. 마이크로소프트 홀로렌즈를 이용해 환자에게 정렬한 유방과 병변의 MRI 이미지

이 연구의 결과 요약엔 모든 방면에서의 초기 개선안이 포함됐지만, AR 렌더링을 환자에 제대로 정렬하는 문제는 아직 간단치 않다. 향후 정렬 방법의 개선은 컴퓨터 비전과 마커 없는 추적 분야 등의 성과에 달려 있다. 스탠포드 의대 방사선과에서는 이런 가능성을 이스라엘의 리얼센스^{RealSense} 카메라를 통해 보여준 바 있다. 그림 11-6은 뚜렷한 종양의 위치를 추정하는 표준 절차와 홀로렌즈 앱의 비교를 보여준다.

그림 11-6. 이 이미지에서 학생들은 홀로렌즈를 착용하고 손으로 모델과 상호작용하고 있다.

케이스 웨스턴 리저브대학교에서는 AR을 교육적 맥락에서 활용해 여러 학생이 가상 모델과 상호작용할 수 있게 함으로써 해부학을 가르치는 작업을 했다. 복잡한 구조에서는 이렇게 여러 사람이 한 모델을 함께 보게 하면 학생들이 빠르게 힘을 합쳐 잘못된 부분을 해결하는 데 도움을 줄 수 있다.

AR을 이용한 MRI 이미지 매핑에서는 케이스 웨스턴 대학교의 실시간 MRI와 홀로렌즈 렌더링(그림 11-7) 파이프라인이 한 발 더 앞서 갔다. 직관적인 홀로렌즈 디스플레이로 입체적 MRI 데이터를 비교적 짧은 시간 안에 띄워 보일 수 있게 해준다.

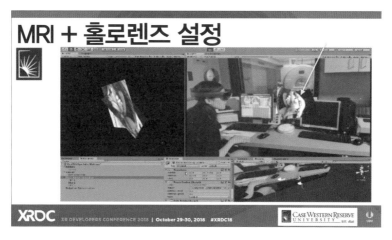

그림 11-7. 유니티를 기반으로 한 MRI 재구성 파이프라인(MRI 기사는 마이크로소프트 홀로렌즈를 쓰고 있으며, 이들의 관점에서는 환자의 MRI 데이터를 실시간으로 볼 수 있다)

스탠포드 역시 홀로렌즈를 이용한 몇 가지 애플리케이션으로 환자 위에 AR을 덮어 씌워 봄으로써 치료에 도움을 받고 있으며, 여기서는 보통의 표준 치료법에 활용되는 물체의 포지션이 추적된다. 이런 물체로는 그림 11-8과 같은 초음파 측정기와 바늘이 있다. 두 경우 모두 전문가가 추적된 데이터를 몸의 특정 부위에 더 정확히 맞추거나 정렬할 수 있다.

혼합 현실 초음파

- 홀로렌즈가 초음파 프로브를 트래킹
- 실시간 재구성
- 해당 위치에 이미지 렌더링

Stanford
MEDICINE | Radiology

Mixed-Reality Guidance for Medical Procedures - immers.stanford.edu

그림 11-8. 전문가가 환자의 팔 위에 초음파 이미지 데이터의 실시간 오버레이를 맞추고 있다(보통 의료진은 MR 없이 별도의 스크린에서 보이는 이미지를 판별한다).

즉석 증강의 영향은 아직 제대로 밝혀지지 않았지만, 예를 들어 의료 서비스 등의 속도에 어떤 변화를 가져올지 상상만으로도 흥미롭다. 이런 형태로 검사가 진단 감별력을 향상시키고 오류를 낮출 수 있을까?

스탠포드에서는 신장 이식, 폐암 치료를 위한 폐 절제, 정형외과 수술을 포함한 수술 분야의 계획을 위한 MR 애플리케이션도 개발했다(그림 11-9). 이런 수술은 혈관이나 폐엽을 건드리게 돼 까다로운 문제가 생길 수 있으므로, 의사들이 MR을 사용해서 증강 현실, 즉 새롭고 더 현대적이며 도움을 주는 UI를 통해 환자를 보면서 수술 계획을 세우면 좋을 것이다.

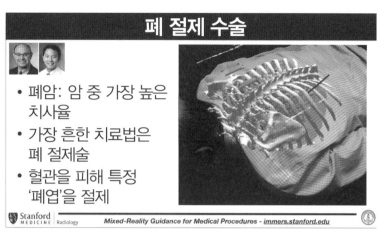

그림 11-9. 의사가 이 환자의 폐 절제 준비 단계에서 가상 폐를 살펴보고 있다.

케이스 웨스턴 리저브대학교와 스탠포드의 지속적인 협력을 통해 교수진과 학생들이 VR과 AR 기술을 장착하게끔 돕는 고등 의학 교육 과정이 도입될 수도 있겠다. 그림 11-10에서 마지막으로 보여줄 예제에서는 스탠포드가 참여한 여러 정형외과적 맥락의 MR 활용을 보여준다.

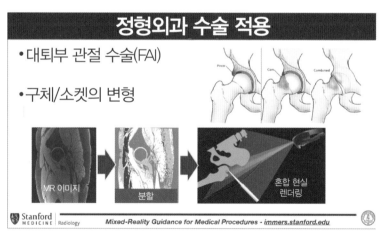

그림 11-10. 표면 표현과 3D 모델, 도구(묘사에), 절제, 등차, 기상 침습 시뮬레이션을 포함한 정형외과 수술 적응의 여러 측면

마무리하며 VR과 AR 헬스 기술이 적용되는 범위는 계획과 지도, 의학 교육, 클리닉 환경에서 활용하는 테라피, 예방 의학 등을 망라한다. 이런 애플리케이션은 팀 구성원으로서 연구자, 게임 프로그래머, 아티스트, 의사들이 필요하며, 이 장에서 소개한 파킨슨 인사이트 코드 튜토리얼에서 볼 수 있듯 운동 장애 환자에게 의미 있는 처방이 될 수 있다. 파킨슨 인사이트 프로젝트에서는 손가락을 코에 대는 기존 테스트보다 훨씬 많은 측정 수단을 제공한다. VR과 AR 헬스 기술의 활용은 기술이 좀 더 진화하고 하드웨어의 가격이 적정 수준으로 도달하며 시장이 성숙함에 따라 더욱 발전할 것이다.

12장

팬의 관점에서 본 스포츠 XR

마크 로울리^{Marc Rowley}

서문

스포츠팬에게는 진정 놀라운 시대가 열리고 있다. 기술 덕분에 스포츠 방송의 미래에 한계가 사라지고 있는 것이다. 12장에서는 증강 현실[AR], 가상 현실[VR], 스포츠를 중점적으로 다룬다. 팬이 스포츠에 갖는 뜨거운 관심은 지난 몇 년간 기술과 매체의 개발을 엄청난 속도로 발전시키는 동력이 돼 왔다. 스포츠는 전 세계 디지털 미디어 시장에서 가장 소비량이 큰 콘텐츠로, 이제 기술은 AR과 VR 체험 쪽으로 이동하기 시작했다.

개발자가 알아야 할 기본 규칙은 다음과 같다.

- 스포츠 경기에는 정해진 규칙이 있고, 경쟁이 치열하며, 결과가 존재한다.

- AR과 VR은 기술을 활용해 콘텐츠를 생성하고 한층 강화한다. 가장 좋은 예를 들자면 1998년 스포츠비전^{Sportvision}에서 시작한 '퍼스트 앤 텐 라인^{First-and-Ten line}'이 있다.

- 라이브 액션이 중요하며, 그래야 경이감, 기대감, 절대 놓치지 않으려는 욕구가 생겨난다.

이 덩치 큰 분야를 더 제대로 살펴볼 수 있게끔 12장은 세 부분으로 나눠 구성했다.

- 스포츠 AR과 VR의 핵심 원칙 다섯 가지

- 스포츠 체험의 새로운 혁명

- 미래의 개척

먼저 제대로 내 소개부터 하겠다. 이름은 마크 로울리, 20년 넘게 라이브 스포츠 AR 분야에서 일해 온 AR/VR의 개척자라 자부한다. 에미^{Emmy}상 다섯 번, 전 세계 혁신상을 여러 번 수상했으며, 여러 AR 기업을 창립하기도 했다. 이야기꾼에게 최고의 순간이란 한 번도 본 적 없는 무언가를 선보이면서 관객의 반응을 보는 때라고 믿는다.

스포츠팬을 위한 제품을 제작할 때의 목표는 마법 같은 순간을 만드는 것이다. 이 일을 해낸다면 사람들이 더 많은 것을 원하며 다시 찾게 마련이다. 미식축구의 퍼스트 앤 텐 라인과 축구의 오프사이드 라인 오버레이 도입이야말로 스포츠 중계에서는 최고의 마법이라 할 수 있다. 이런 장면을 생생하게 보여주기란 기술력의 도움 없이는 불가능한 일이다.

나는 18년간 ESPN에서 런다운 그래픽^{rundown graphic}, 가상 플레이 북, 사상 최초의 멀티뷰 카메라 파일런^{multiview camera pylon} 같은 신기술을 만들어냈다. 그리고 2017년 ESPN을 떠나 AR과 VR의 새로운 물결에 동참했다. 지금은 라이브 CGI의 CEO로 일하고 있다. 우리 팀은 라이브 이벤트를 CGI(컴퓨터로 생성한 이미지)로 동시에 모든 기기에서 스트리밍할 수 있는 라이브 AR 플레이어 풀 디지털 방송을 만들어냈다.

그럼 본론으로 들어가기 전에 기본부터 살펴보자. 기본만큼 중요한 것은 없다.

전에도 이런 말을 들어봤을 것이다. 스포츠 관련 제품을 다룰 때는 모든 것을 두 배로 하라. 여러분이 생각한 아이디어는 누군가가 이미 떠올렸을 가능성이 높은 것이 현실이다. 그들은 이미 제품을 내놓았거나 여러분에 앞서 작업을 시작했을 것이다. 하지만 아직 문제가 남아 있고 여러분의 해결책이 특별하다는 확신이 있다면 청중 앞엔 근사한 미래가 펼쳐질 수 있다. 사람들이 게임을 보는 방식을 바꿔놓을 만한 제품을 만들어 출시하기만 한다면 누구보다 큰 성공을 누릴 수 있다. 다행히도 스포츠에서 최고의 아이디어는 모두 공개돼 있다. 여러분이 할 일은 그저 특허를 훑어보는 것이다.

그림 12-1과 12-2는 현재 라이브 스포츠 경기를 어떻게 보고 있는지 두 개의 특허 예를 보여준다. 그림 12-1은 TV 스포츠 경기 중계에서 물체를 보여주는 방식을 증강시키는 특허 시스템이며, 그림 12-2는 증강 현실 방식의 콘텐츠 제공과 방송 특허 시스템이다. 특허를 보기는 지루할 것 같겠지만, 찬찬히 들여다보면 뚜렷한 문제점과 해결책을 제시한다는 점을 알 수 있다. 몇 주까지는 필요 없지만, 최소한 40시간 정도는 기존 아이디어들의 원리를 살필 필요가 있다. 그런 식으로 성공의 확률을 높이는 것이다.

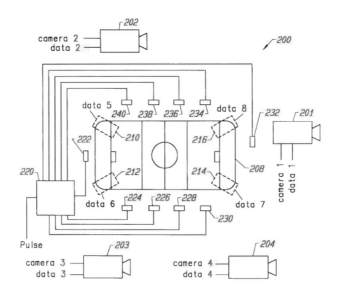

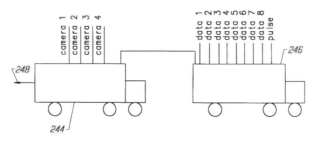

FIG. 7

그림 12-1. 경기장의 국지적 위치에 대해 활용되는 카메라들의 패스

420

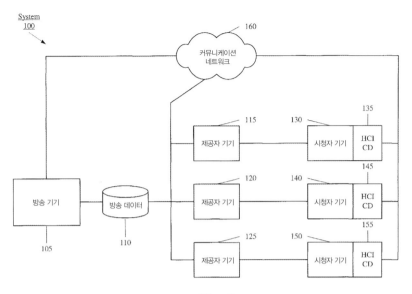

Fig. 1

그림 12-2. 플레이 결과물을 재구성하고자 데이터가 처리되는 워크플로. AR 요소를 어떻게 만들어낼지에 대한 핵심이 된다.

그럼 스포츠 제품을 만들 때 알아야 할 점들을 짚어보자.

파트 1: 스포츠 AR과 VR의 핵심 원칙 다섯 가지

스포츠 AR/VR의 다섯 가지 원칙은 다음과 같다.

- 순간이 전부다.

- 라이브란 환상이다.

- 2D 이미지/현장감이다.

- 20/80 규칙이다.

- 시간이 중요히다.

먼저 두 가지 질문을 하겠다.

스포츠는 왜 특별한가? AR과 VR이 없는 스포츠는 어떤 모습인가?

첫 번째 질문에 대한 답은 쉽다. 순간이 모든 것을 지배한다는 점이 특별하다. 스포츠는 경기 전 행사, 경기, 경기 후 행사 세 단계로 나뉜다. 하지만 모든 대회나 경기는 그만의 결정적인 순간으로 정의된다. 사람들이 바라는 것은 바로 이런 순간이다. 팬들은 바로 그 순간 현장에서 승리의 기쁨, 패배의 고통을 고스란히 느끼고 싶어 한다. 스포츠는 현실에서 도피하는 가장 훌륭한 수단이다. 몇 시간 동안 여러분은 모든 고민을 잊고 근사한 순간들을 선사하는 이 경기에만 몰입할 수 있다.

그럼 두 번째 질문에 대한 답을 보자.

심판들이 알고리즘과 가상 카메라로 공이 선 안에 떨어졌는지 밖으로 나갔는지 판정하는 것을 (호크아이) 인정하는 테니스를 생각해보자. 미식축구 방송에서 퍼스트다운 라인인 노란색 선(실제로는 존재하지 않는다)이 화면에 띄워져 시청에 도움을 주는 것 역시 마찬가지다. 이 모두 좋은 선택이지만, 우리가 가려 하는 방향은 아니다. 우리는 스포츠의 본질을 해체할 필요가 있다.

먼저 리플레이를 없애보자. 이제 더 이상 리플레이는 없다. 꽤 큰 변화다. 그렇지 않은가? 그럼 이제 라이브 스코어와 시계 그래픽을 없애보자. 그럼 경기의 비디오 피드만 존재하게 되며, 양 팀이 누군지도 모르고 현재 스코어도 알 수 없다.

이제 방송 비디오, 오디오, 생방송 텍스트 업데이트도 없애보자. 그럼 남는 것은 관중석을 꽉 채우고 경기를 보는 사람뿐이다. 100년 전에 그랬듯 이것을 기준점으로 시작해야 한다. 지금까지 하나씩 벗겨냈던 층은 모두 증강 현실[AR]이다. 사실 방송 자체가 하나의 VR 형태라 할 수 있다.

몇 번을 반복해도 부족하지만 당신이 지금 보고 있는 것은 현실이 아니라는 말이다. 방송은 여러분을 위해 만들어진 프레젠테이션이다.

이 대목에서 여러분은 의구심을 품을 수 있다. VR 헤드셋 같은 걸 쓰지 않고도 TV에서 스포츠 중계를 볼 수 있는데? 물론이다. 하지만 여러분이 보고 있는 것은 실제 상황이 아니다. 경기 중계 역시 쇼에 불과한 것이다. 감독이 카메라 앵글을 정하고, 여러분은 머릿속에서 경기장의 지도를 만든 후 중계되는 장면 간의 차이를 스스로 계산해 변화를 메워 넣는다. 그렇다. 카메라는 경기장에서 일어나는 활동의 90%만을 보여주고, 중계 감독이 여러분의 두뇌를 통해 빠르게 전환되는 컷과 컷, 그래픽과 음악으로 상황을 연출한다.

이 점이 대단히 중요한데, 이 사실을 이해하지 못하면 이번 장의 나머지 부분도 이해할 수 없으니 곰곰이 곱씹어보자.

라이브란 환상이다

생방송이란 두뇌로 처리하고 있는 것이 바로 우리가 보고 있는 순간에 일어나는 일들이라는 믿음에 다름 아니다. 사실 코트에서 경기를 볼 때 여러분의 두뇌는 13밀리세컨드 단위로 이미지들을 처리한다. 다시 말해 여러분의 눈으로 들어오는 정보는 엄밀히 따져 0.0013초 전에 이미 일어난 일이다. 하지만 여러분에게는 지금 막 일어난 일이라고 느껴진다. 보는 사람에게는 이 이상의 라이브란 있을 수 없다. 하지만 평범한 소비자에게 이 사실을 설명하면 대단히 어리둥절한 표정에 맞닥뜨릴 것이다. 스포츠에서 '라이브(생방송)'란 일반적으로 세 개의 단계로 이해된다. 라이브, 라이브 라이브, 녹화 라이브 혹은 테이프 라이브(LTT)가 그것이다.

많은 이에게 라이브, 즉 생방송이란 어떤 일을 일어난 지 1분 이내에 보여주는 것을 뜻한다. 예컨대 집에서 크롬캐스트chromecast로 콘텐츠를 보면서 현장에 있는 친구와 경기 이야기를 나눠보면 현장과 방송 간에 40초의 지연시간이 있다는 점을 알수 있을 것이다. 이 정도의 지연이라도 생방송으로 분류되지만, 규칙을 조금 유연하게 해석하는 것이다.

라이브 라이브: 4~5초 내의 콘텐츠 지연

한 걸음 더 들어가 브롱크스에서 열리는 야구 경기를 뉴욕의 아파트에서 보고 있다면 사용 중인 TV 서비스에 따라 5~60초의 지연시간이 있을 것이다. 이는 동영상 신호가 지닌 데이터 때문에 발생한다. 데이터는 카메라에서 프로덕션 스위처로, 다시 송신 허브로 전송된 후 중앙 방송으로 보내져 TV 신호나 인터넷 신호로 라우팅돼 패킷화된 다음, 시청자가 사용하는 다양한 기기를 위한 방대한 네트워크로 보내진다. 따라서 사람마다 같은 동영상을 보는 데 걸리는 지연시간이 각기 다른 것이다.

라이브는 우리가 스포츠, 뉴스 미디어, 기타 영역에서 존재한다고 믿는 방식이다. 하지만 우리가 라이브라고 동의하는 것은 모두 가상의 구성이며, 동의의 내용 역시 다소 달라질 수 있다는 점을 알아야 한다.

1990년대 후반 자동화된 데이터가 TV 화면에 나타나는 동시에 인터넷을 통해서도 접근할 수 있게 됐을 때의 이야기다. 소비자는 동영상으로 보기도 전에 스코어가 변하기 시작한다는 점을 눈치 챘다. 성난 스포츠 도박사가 메이저 방송사에 전화를 걸어 어떻게 스코어를 그렇게 정확히 예측할 수 있는지 따져 물은 일도 있었다. 재미있는 것은 이것이 사실 초보적인 산수 수준의 문제라는 점이다. 동영상 파일은 크기가 커 송신에 시간이 더 걸린다. 하지만 시계나 스코어 같은 데이터 파일은 크기가 작기 때문에 송신에 걸리는 시간이 짧다. 따라서 디지털 스코어판 업데이트는 동영상보다 빠르게 이뤄진다. 이제는 대부분의 메이저 방송사가 코드를 활용해 이 문제를 처리하고 있지만, 당시에는 놀라운 발견이었다. 동영상의 지연시간이 감소하면서 이런 문제는 대부분 사라졌지만, 여전히 어떤 곳에서는 비슷한 현상을 볼 수 있다. 라이브란 여러분의 인식 안에서만 존재한다.

그럼 라이브 스포츠 중계를 예로 살펴보자.

전 세계 방송사는 곳곳에 카메라를 세워 두고 경기의 2차원 이미지^{flat image}를 캡처해 3차원 공간에서 재생한다. 그런 다음 여러 대의 카메라로 장면들을 삽입해 시청자에게 심도, 시간, 공간감을 주는데, 다시 말해 방송사에서 가상 현실을 만들어내 인구 대다수에게 이를 실제 경기로 받아들이게끔 한다고 볼 수 있다. 하지만 지금까지의 이런 방식에는 한계가 있다.

카메라는 배치된 장소에서의 초점과 조리개, 명암, 라이팅, 신호 강도, 프로덕션 헤드 쪽으로 보내지는 픽셀, 그리고 가장 중요하게는 비춰지는 팀 구성에 대해서만 유효하다. 하지만 착각은 하지 말자, 여러분이 보고 있는 것은 현실의 2차원적 재현일 뿐이다.

2차원 스포츠 중계 제작은 카메라맨, 스위처, 오디오, 운영, 케이블 등의 구성 요소로 이뤄진다. 이들은 모두 여러분의 평면 스크린에 여러 시점의 게임 장면을 가상으로 표현해낸다. 지난 80년간 사람들은 바로 이렇게 스포츠를 시청해 왔다. 그리고 성숙기에 접어든 산업이 대개 그렇듯 사람들은 여러 요소를 추가하며 개선할 방법을 찾아냈다. 여느 미디어 분야가 다 그렇듯 혁신에는 두 단계의 중요한 순간이 있다. 스포츠도 예외는 아니다.

라이브 스포츠 중계의 첫 50~60년간 이뤄진 AR과 VR 스토리텔링의 가장 중요한 다섯 가지는 다음과 같다.

1. 라이브 전송
2. 아나운서 오디오
3. 동영상
4. 리플레이
5. 스코어 그래픽

그리고 지난 20~30년간 이뤄진 AR과 VR 기능 중 중요한 다섯 가지는 다음과 같다.

6. 라이브 온-스크린^{on-screen} 스토리텔링 그래픽

7. 하이라이트

8. 증강된 규칙 그래픽

9. 인터넷 기기용 미디어 라이브 스트리밍

10. 소셜 미디어 상호작용

각 요소는 사용자가 스포츠를 보고 경험하는 방법에 도움을 준다. 그 모두가 향하는 목표는 하나, 소비자에게 존재감을 선사해 스포츠에서 중요한 단 한 번의 순간, 결과가 어떻게 될지 소비자가 조마조마하게 집중하면서 화면으로 몸을 기울이는 그 순간의 경탄, 놀라움, 기대를 구체화하는 것이다.

스포츠 중계에 하이라이트가 없다면 빠르게 경기를 요약하는 식의 시청이 가능하겠는가? 화면에 그래픽이 없다면 테니스 경기에서 심판들이 판정을 내릴 때 시청자가 무엇을 볼 수 있을까? 풋볼 게임에서 퍼스트 앤 텐 라인을 화면에서 볼 수 없다면 어떻겠는가? 여러분이 제일 좋아하는 선수에게 코치가 보낸 SNS 메시지를 볼 수 없다면 어떨까? 이 각각의 요소가 모두 스포츠 관람 경험을 증강해주는 것이다.

하지만 정말 혁신적인 것은 그다음이다. 2000년대 후반, 나는 ESPN 팀에서 일하면서 퍼스트 앤 텐 AR 기술을 가져와 사용자의 시청 시간을 늘릴 스토리텔링 강화의 일환으로 활용하고자 했었다. 방송 사업이란 그런 것이다. 사업은 가능한 한 많은 돈을 가능한 한 오래 벌려고 하는 것이다. 스포츠에서는 고객과의 거래를 통해 돈을 번다. 지갑에서 돈을 직접 꺼내든, 고객의 관심을 파트너사(광고주)에게 판매하는 간접적인 방법이든 원리는 같다. 깊은 인상을 주거나, 더 많은 시청자 수를 확보하는 수단 등이 동원된다. 근래 수년간 두각을 나타내고 있는 수치는 바로 총 시청 시간이다.

시청 시간이야말로 많은 파트너사의 구미를 당기는 요인이다. 고객이 제품에 관심

을 충분히 갖게 되면 그 제품에 상당한 시간을 쏟는다. 이런 수치 계산에는 클릭 수나 안구 움직임 등 모든 것이 포함된다. 내가 모시던 이전 임원은 상당히 의미 있는 말을 남긴 적이 있다. 콘텐츠 소비는 20/80 규칙을 따른다는 것이다.

20/80 규칙이란 무엇일까? 여러분의 제품(콘텐츠/플랫폼)을 구매해 시간을 쓰는 총 사용자 중 20%만이 매출을 일으킨다. 이들을 위하는 일이 여러분의 작업 중 80%를 차지한다. 나머지 80%의 사용자는 여러분이 하는 일의 20%를 차지한다. 이런 상황은 사용자가 성숙한 시장에서 발생한다. 제품이 출시된 첫 달에는 미친 듯이 팔리거나 서서히 인기를 더해가게 되는데, 둘 중 어떤 쪽이든 스포츠 분야에서도 20/80 규칙은 잘 맞는 것이 증명됐다.

내 목표는 언제나 이 20%가 흥미를 느끼게 하며, 가능하면 이런 사용자 비중을 21%나 22%까지 끌어올리는 것이었다. 보통의 소비자가 생활에서 커다란 변화를 추구하게 할 수는 없다는 것이 그 이유다. 그런 일은 일어나지 않는다. 하지만 하드코어 팬층의 변화를 이끌어낼 수 있다면 평범한 소비자에게서도 다소의 변화를 관찰할 수 있다. 이게 늘 시청자 전체를 사로잡을 수 있다는 뜻은 아니다. 예컨대 e스포츠의 부상을 살펴보자. e스포츠를 즐기는 소비자는 늘 있어 왔음에도 그에 걸 맞는 대접을 받지 못했지만, 이제 이런 시청자층이 늘어나면서 앞서와 비슷한 패턴이 나타난다. 다만 e스포츠의 패턴은 소비자가 다음 대박이 될 차기작을 찾으며 한 게임에서 다음 게임으로 더 빠르게 이동한다는 특징이 있다.

그렇다면 AR과 VR에 있어 이는 무슨 의미일까? 모든 것이 달라진다는 뜻이다. 테스트할 때, 구축할 때, 최초의 실행 가능한 프로덕트를 출시할 때도 기준선은 바로 e스포츠다. 모두에게 하루는 똑같은 24시간이다. 사람들이 이 시간을 어떻게 쓸지는 지금 가장 중요하게 여기는 것이 무엇인가에 따라 달라진다. 병원에 입원 중인 아이들을 위한 앱을 구축하든, 슈퍼볼 전용 콘텐츠를 제작하든 목표로 설정해야 할 것은 바로 시간이다. 사용자가 여러분의 제품에 시간을 쓰게 만들기만 하면 사회적, 재정적, 교육적 영향력을 끼칠 수 있게 된다. 시간이 중요하다.

이제 기초적 규칙을 알았으니, 다섯 가지 핵심 원칙을 다시 짚어보자.

1. 순간이 전부다.

2. 라이브란 환상이다.

3. 이차원 이미지/존재감이다.

4. 20/80 규칙이다.

5. 중요한 것은 시간이다.

파트 2: 스포츠 경험의 새로운 혁명

이제 몇 년 간 우리는 위의 다섯 가지 원칙을 공략하는 제품을 만나게 될 텐데, 스포츠 경험을 재정의하는 이정표가 될 것이다. 이런 변화는 이전에는 인터넷 기기가 그리 보급되지 못했고 신규 고객의 학습 곡선이 최소화될 수 없었기 때문에 불가능하다고 여겨졌던 전 세계적 규모로 진행될 것이다.

이런 변화는 빠르게, 다음 세 가지 영역에 집중해서 일어날 것이다.

- 연결

- 디스플레이

- 상호작용

전 세계의 인터넷 연결 속도는 데이터 전송용 압축 시스템 덕분에 빠르게 변화해 왔다. 한 때는 3G가 대표적이었던 인터넷은 4G, 5G, LTE로 변화를 거듭하며 매년 업그레이드되고 있다. 다시 말해 처리할 수 있는 데이터의 기본 수준이 점점 커지며 빨라지고 있는데, 이런 발전은 기하급수적으로 이뤄지면서 AR과 VR의 성장에 기름을 부을 것으로 보인다. 데이터는 지연시간에 직접적인 연관이 있다. 지연시간이란 소비자가 라이브 액션을 경험할 때 실제보다 늦어지는 현상이다. 이 때문에 라이브 효과^{live effect}가 발생한다. 개발자 및 프로듀서와 배급자로서 여러분은 이 두 요인 간의 관계를 제대로 이해해야 한다. 지연시간은 대단히 중요하다.

예를 들어 스포츠 경기 중계를 위해 경기장 위에 배치하는 대규모의 싱글 유닛 VR 카메라를 최초로 테스트할 때는 공중에 매단 와이어에서 시속 20~30마일의 속도로 이동할 수 있었다. 이 카메라는 컨버터에 연결된 광학 라인으로 초당 9,000,000,000비트의 데이터를 전송하고, 컨버터는 스위처로 20,000,000비트의 데이터를 전송하면 이것이 10,000,000비트의 데이터로 변환됐다. 마지막으로 이 데이터는 다시 20,000,000비트의 데이터로 뒤섞인 후 소비자에게 전송된다. 다시 말해 초당 9기가에서 20메가로, 다시 10메가로 변환된 다음 다시 20메가 데이터가 되는 것이다. 크기를 실감할 수 있게끔 정확한 비트 단위를 기재했다. 초당 9,000,000,000비트의 데이터는 그야말로 말도 안 되는 크기로, 오늘날 이런 데이터를 처리할 수 있는 모바일 기기는 없지만 가까운 미래에는 가능해질 수도 있다.

압축과 신호 속도 문제를 해결하려 분투하는 크고 작은 기업의 혁신가들이 이제 곧 AR과 VR 체험을 구동할 수 있는 새로운 디스플레이를 내놓을 수도 있을 것이다. 풀 VR 헤드셋, AR 고글 등의 기기는 모두 데이터 피드가 필요하다. 그리고 앞서 짚었듯이 스포츠 콘텐츠에 맞는 고속의 라이브 연결은 우리 모두가 원하는 바다. 중요한 것은 라이브다.

미래의 디스플레이는 그래픽 프로세서와 광학 하드웨어로 구성될 것이다. 시각적 하드웨어를 먼저 떠올리는 이도 있겠지만, 애플과 구글은 ARKit와 ARCore를 런칭함으로써 이런 흐름을 바꿨다. 유니티와 언리얼 등의 기업은 근사한 체험을 만들어낼 프레임워크를 이미 개발했다. 이런 요인들이 합쳐져 VR과 AR 기기가 시장에 흘러넘치게 됐다. 이제 개발자로서 여러분은 하드웨어가 모든 이의 손에 들어가기를 기다릴 필요가 없어졌다. 이미 수백만의 기기가 준비돼 있다. 소비자는 이미 하드웨어를 보유하고 있다.

그래픽 프로세서는 흔히 GPU라고 부른다. 향후 몇 년 안에 인터넷 연결 속도가 향상되면서 라이브 AR과 VR을 활짝 열어줄 엔진이라 할 수 있다. GPU는 그래픽 데이터를 받아와 이미지를 생성한다. GPU 속도와 연산력은 성장을 위한 여러분의 2차 시장이다.

GPU는 디스플레이 기술을 구성하는 다양한 요인 덕분에 기하급수적인 성장을 이뤘지만 단 하나 비트코인 붐만은 해결하지 못했다. 비트코인 '채굴'의 인기가 급부상하면서 더 많은 비트코인을 얻으려는 경쟁이 붙자 프로세서 속도 역시 엄청나게 높아졌다. 덕분에 VR과 AR은 예상치 못한 급진전을 이뤘다. 프로세서 속도가 올라가면서 정말 몰입감 있는 체험을 만들어낼 수 있게끔 향상됐다. 또 한 가지 최근 일어난 변화는 레이 트레이싱^{ray tracing}의 발전이다.

이 모든 기술적 요인은 대단한 것이지만, 이야기 없이는 아무것도 아니다. 이야기 야말로 모든 것이다. 사람들은 기술을 구입하는 것이 아니라 이야기를 구입하는 것이며, 물건을 구입하고 그를 통해 이야기를 풀어낸다. 다중 경험에 있어 가장 오래된 교훈은 이야기를 들려줘야 한다는 것이다.

스포츠 경험의 세 번째 혁명은 콘텐츠의 제작 방식을 바꿔놓게 될 것이다. 요즘 아이들은 게임 컨트롤 방식을 자신에 맞춰 바꾸며, 소셜 미디어 피드 역시 개인화한다. 하지만 방송을 볼 때는 단 한 명의 프로듀서와 한 명의 감독이 존재할 뿐이며, 몇 대의 카메라만으로 화면이 구성된다. 판권 소유자들이 사용자에게 더 많은 제어권을 주게끔 제작자와 배급자를 자극할 때 비로소 이런 환경이 변하게 될 것이다. 같은 게임이라 해도 인공지능의 관할하에 각 소비자에게 맞춰 라이브 스토리의 자동 컷을 시퀀스로 풀어내 보여줄 날이 다가오고 있다.

이런 변화의 첫 번째 큰 물결은 사용자가 관람하면서 댓글을 남기고 상호작용하며 컨트롤할 수 있는 e스포츠에서 찾아왔다. 팬과 선수 간의 벽이 무너지고 있는 것이다. 전통적 방송에서는 꺼려했지만 수익이 현실화되면서 이런 방식은 서서히 두각을 드러내게 됐다. 우리 모두 잘 알고 있듯이 소비자의 요구는 언제나 승리한다.

제품을 만들 때는 언제나 이런 데이터를 중요하게 고려해야 한다. 콘텐츠 소비의 흐름을 막아버리면 진공 상태가 만들어진다는 사실은 세월 속에서 거듭 증명돼 왔다. 기존 매체에서 e스포츠의 쌍방향성을 막자마자 트위치 TV^{Twitch TV}가 엄청난 시청자를 뺏어간 사례가 이를 잘 보여준다.

이 사실을 잘 생각해보자. 영국의 스카이 스포츠^{Sky Sports}, 미국의 ESPN이나 폭스 스포츠^{FOX Sports}, 그 외의 다른 어느 나라에서도 트위치의 탄생을 막을 수는 없었다. 이들이 놓쳐버린 이 시장을 이제 아마존의 트위치 TV가 차지해서 전 세계 시청자의 대다수를 흡수했다.

트위치 TV에는 다양한 종류의 콘텐츠가 있지만, 그중 두드러진 두 가지는 게임을 플레이하거나 e스포츠 스트리밍을 자신의 플랫폼에서 송출하는 두 종류의 스트리머다. 2018 「e스포츠 옵저버^{Esports Observer}」에 따르면 트위치 스트리밍의 탑 4 계정이 거의 5억 시간의 시청 기록을 올렸다. 스트리머 닌자^{Ninja}와 슈라우드^{Shroud}는 라이엇 게임즈^{Riot Games}와 오버워치 리그^{Overwatch League}와 더불어 스트리밍 수준을 굉장히 높여 놓았다. 소비자가 이런 플랫폼을 시청하는 이유는 채팅 창을 통해 다른 소비자와 상호작용할 수 있으며, 자기가 응원하는 팀과 선수를 지원할 수도 있기 때문이다.

이 규칙을 절대 잊지 말자. 소비자가 언제나 이긴다. 지금부터 늘 모든 소비자는 통제권을 원한다는 그 사실을 기억하라.

파트 3: 미래 개척

미래는 과거의 혁신 위에 세워진다. 스포츠 AR과 VR의 미래는 엄청난 속도로 오고 있다. 기기의 보급, 지연시간에 대한 중점적 해결, 소비자 행동 양식의 변화 덕분에 이제 퀀텀(양자 컴퓨팅) 시대로의 전환에 80년까지는 걸리지 않을 것으로 보인다.

지금은 스포츠를 재정의하고 AR과 VR로 전환해야 할 시점이다. 빠르게 이야기를 풀어내며 시청자에게 통제권을 주는 제품을 구축하는 개발자들이 성공을 거둘 것이다.

미래를 만들려면 먼저 지금의 워크플로를 곰곰이 생각해봐야 한다. 콘텐츠는 어떻게 입력하며, 어디로 가게 되는가? 거시적으로 본 전반적 모습은 어떨 것이며, 세세한 디테일은 어떠한가? 그러려면 팀에서 두 개의 문서를 만들어야 한다. 하나는 할 일에 대한 단순한 개요를 적는 것이다. 스포츠 팀이라면 경기 계획에 해당한다. 각 코치마다 게임 계획이 다 있다. 풋볼에서는 I 포메이션이나 샷건 포메이션 중 하나를 선택해야 하고, 야구에서는 선수 교체를 결정한다. e스포츠에서는 정글을 얼마나 돌 것인지, 서포터는 어떤 선수가 할 것인지 정한다.

그런 다음에 세부적인 전술을 만든다. 세부 전술은 경기의 대본과 마찬가지로 자원을 어디에 배치할지, 누가 누구를 수비할 것인지, 누가 어떤 역할을 할 것인지 정하는 것이다. 이 세부 계획을 마친 다음에야 제품이 원활히 작동할 것인지 들여다볼 수 있다.

최근에 특허가 출원된 컴퓨터 생성 이미지CGI, Computer-Generated Images를 통해 라이브 경기를 전송하는 시스템을 살펴보자. 그림 12-3은 좀 더 단순한 접근법에 대한 개요다. 그림 12-4는 세부 사항이 더 추가된 것이다. 대부분은 이런 정보를 공유하고 싶지 않을 텐데, 제품을 만드는 특별한 자기만의 비법 일부를 담고 있기 때문이다. 하지만 특허를 이미 출원했고 정보가 공개된 후라면 누구에게나 보여줘도 괜찮다. 매사가 다 그렇듯 중요한 것은 실행이기 때문이다. 스포츠에서 가장 좋은 점은 경기장이 공공재라는 것인데, 모든 제품이 다 그런 것은 아니다. 스포츠에서는 "당신의 전적이 당신이 누구인지 말해준다"는 격언이 있다.

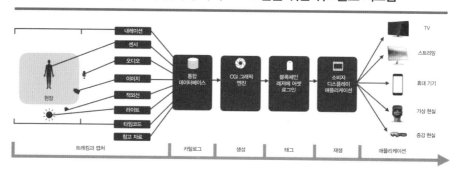

그림 12-3. 7개의 라이브 데이터셋 캡처, 기록된 데이터셋 추가, 모든 데이터 포인트를 CGI 엔진에 넣음으로써 이 모두를 시각 프레젠테이션 프로세스에 정렬하기 위한 워크플로, 각 플랫폼의 개별적인 렌더링 성능에 따라 이는 각기 다르게 변한다.

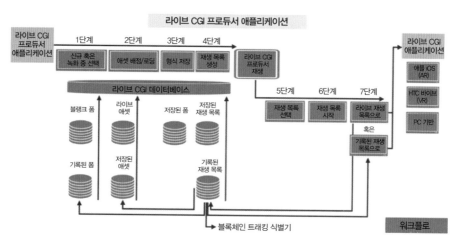

그림 12-4. 프로듀서가 라이브 스트림을 만들려면 수행해야 하는 각 단계(제품을 제작할 때는 이 단계가 가장 중요하다. 각 클릭은 어떻게 일어나는가? 각각의 터치는 무엇을 발동하는가? 처리 프로세스를 꼼꼼히 계획하는 것이 핵심이다)

이제 세부 사항으로 들어가 보자. 우선 스포츠에서 가장 중요한 요인인 지연시간에 집중해야 한다. 궁극의 기능은 바로 속도다. 마찰, 복잡한 하드웨어, 복잡한 시스템 모두가 시간을 지연시킨다. 중점을 둬야 할 것은 바로 속도를 빠르게 하는 것이다. 이는 정확을 기해야 한다는 뜻이기도 하다. 아무리 빠르더라도 정확하지 않다면 아무 짝에도 쓸모가 없다.

그다음으로는 이야기가 있어야 한다. 모든 사용자는 즐거움을 원한다. 경기에 대한 이야기, 사람들이 중요하게 생각할 이야기를 제공하자. 이야기는 특정 사용자에 대한 것이거나 어떤 팀에 대한 것이라도 상관없다. 사용자가 원하는 것은 그런 이야기로, 일단 제공하면 더 많은 이야깃거리를 기대하며 다시 찾아오게 될 것이다. 개발자 자신이 훌륭한 이야기꾼일 필요는 없지만, 그런 이를 찾아 이야기를 나눠야 한다. 스토리텔러든, 작가든 누군가 이런 재능이 있는 사람을 찾아 제품이 이야기를 전달할 수 있게끔 만들어야 한다.

마지막 지침은 소비자에게 통제권을 주라는 것이다. 소비자가 원하는 것을 주고 선호도, 좋아하는 것, 싫어하는 것이 경험을 만들어내게 한다.

그러면 이정표를 다시 정리해보자.

- 지연시간은 중요하다.

- 이야기를 풀어내라.

- 소비자는 통제권을 원한다.

"그런데 이걸 어떻게 테스트하지?"라는 의문을 가질 수 있다. 지연시간은 간단한 산수로 테스트할 수 있다. A에서 B까지 가는 데 시간이 얼마나 걸릴까? 이야기의 지속성은 소비자에게 제품에서 무엇을 취했는지 물어봄으로써 테스트할 수 있다. 그리고 소비자가 어떻게 움직이는지 확인함으로써 통제권을 얼마나 좋아하는지 측정할 수 있다. 모두 측정할 수야 있지만, 어디부터 시작해야 할까? 우리 팀은 언제나 10의 법칙^{rule of 10}을 따른다. 우리는 사용자가 열 번 이상 쓰고 싶어 하거나 보고 싶어 하지 않는 요소는 제품에 절대 넣지 않는다. 한두 번은 신기해서, 서너 번은 친구에게 보여주려고 써 볼 수도 있다. 다섯 번에서 아홉 번까지라면 맘에는 든다는 뜻이겠지만 필요는 없다. 10번 이상 쓰게 된다면 반드시 있어야 한다.

이 규칙의 좋은 예가 2008년 풋볼에서 나왔다. 뉴올리언즈 세인츠^{Saints} 팀에 레기 부시^{Reggie Bush}라는 정력적인 선수가 있었는데, 이 경기에서 선보인 신기술이 그의 속도를 유감없이 보여줬다. 무려 시속 22마일을 기록한 것이다. 엄청난 인상을 남기긴 했지만, 시청자는 시속 22마일을 자동차에 비교해 버리고는 그다지 놀라워하지 않았다. 솔직히 잘 생각해보자, 시속 22마일이면 초당 32피트, 즉 초속 9미터나 된다. 그럼에도 시청자들은 이 속도에 시큰둥했다. 여러분도 제품을 만들 때는 이런 점을 생각해봐야 한다. 사람들이 공감하고, 신경 쓰며, 영향력을 발휘하는 기능인가?

소유권

이 장을 마치기 전에 스포츠 수익에 관해 이야기할 필요가 있겠다. 스포츠에서 애매한 부분은 대규모 리그가 경기 판권을 갖고 티켓을 판매해 수익을 벌어들인다는 생각이다. 물론 각 판매처에서 다소의 수익은 발생하지만, 지난 50여 년 동안 주된 수익은 방송 판권, 라이선싱, 콘텐츠 번들 판매에서 발생해 왔다. 이 말은 리그를 스포츠라기보다 지적 재산권과 콘텐츠로 봐야 한다는 뜻이다. 하지만 표면적으로는 많은 사람이 이 점에 대해 논쟁을 벌일 수도 있다. 그래도 리그 계약을 볼 때 어떤 방송사에서 판권을 구매하는지, 그 가치는 얼마인지를 보면 분명한 답을 찾을 수 있다. 스포츠는 콘텐츠가 전부다. 이런 변화는 제품을 만드는 방식에도 영향을 미쳤고, 시장에 엄청난 자금 유입을 가져왔다.

예를 들어 럭비의 쌍방향 뷰어를 만든다면 분, 시간, 콘텐츠가 어떻게 사용됐는지 기록을 남길 필요가 있다. 리그와 선수들이 자신의 퍼포먼스를 수익화하는 핵심이 바로 이것이다. e스포츠나 당구도 마찬가지다. 수억 달러의 사업을 지배하는 동력은 바로 시간이다.

그렇다. 지연시간을 고민해야 하고, 스토리를 전달해야 하며, 통제권을 넘겨줘야 한다. 그리고 그 모두를 기록해 경험의 회계장부를 전달할 수 있어야 한다. 이 사실을 마지막에 담은 이유는 그만큼 중요하기 때문이다. 모든 점에서 멋진 것을 만들었지만 기초적인 경험의 장부를 빼먹었다면 성공할 가능성과 더불어 성장 잠재력도 포기하게 된다. 반드시 추적기^{tracker}를 구축해야 한다.

그림 12-5와 12-6은 풋티지 보고를 위한 공개 특허의 두 가지 워크플로 단면이다 (US20110008018A1). 여기에서는 팀이 풋티지를 캡처할 때의 간단한 추적 메커니즘이 어떻게 생성되는지, 그런 다음 소비자에게 스트리밍하기 전에 어떤 방식으로 카탈로그를 만드는지 개요를 볼 수 있다. 이 간단한 시스템이 2000년대 후반, 풋티지 권한에 대한 계약 협상이 이뤄지는 방식 자체를 바꿔놓았다. 복잡할 필요는 전혀 없다. 그저 무엇이 어떻게 소비되는지 추적할 수만 있으면 된다.

436

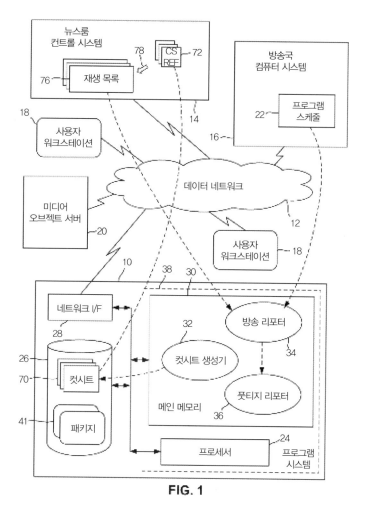

FIG. 1

그림 12–5. 방송 시스템에서 태그 처리된 데이터와 동영상에 담긴 데이터에 결합된 컷시트를 어떻게 사용하는지 보여주는 워크플로

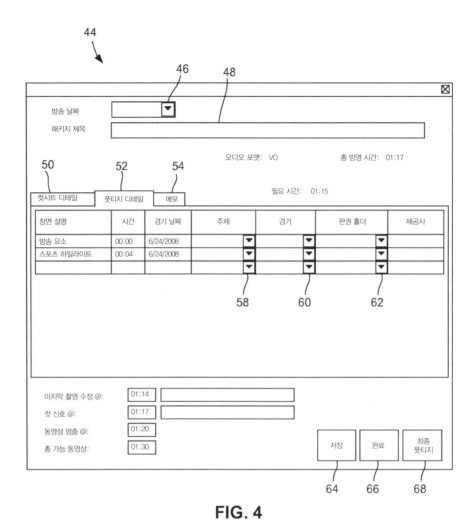

FIG. 4

그림 12-6. 컷시트의 데이터 입력으로, 각 프로듀서가 사전 설정된 데이터로 새로운 동영상을 만들게끔 배정한다(이 시스템의 매력은 모든 계약 요점, 규제와 각 사업 과정이 사용자에게는 보이지 않고, 사용자는 주제, 경기, 위치, 출처만 입력하도록 요청된다는 데 있다. 이 네 가지는 상업적 유료 콘텐츠를 돕는 복잡한 카탈로그를 생성한다).

마치며

마음에 들지 않는 말일 수도 있겠지만, 멋진 순간을 만들어내는 데 일조하기 전까지는 여러분이 수고한 결과물에 아무도 신경 쓰지 않는다.

438

잔인하게 들릴 수도 있지만, 이 사실을 더 빨리 받아들일수록 성공에 한 걸음 더 바짝 다가갈 수 있다. 스포츠에서는 선수가 성공을 거두기까지는 아무도 그가 기울인 노력에 관심을 갖지 않는다는 것을 배운다. 나는 몇 년 동안 사무실 벽에 숫자를 써뒀었는데, 그 의미를 맞춘 이는 몇 명 없었다. 숫자는 바로 1,184였다. NFL 프리시즌이 끝날 때 32개 팀이 90명에서 53명으로 추려 발표하는 뛰어난 선수들의 총수다. 천여 명의 이 젊은 선수 중 일부는 자리를 잡지만, 많은 사람은 여기에서 선수 생활을 끝마친다. 이들 모두 훈련 캠프에 참여할 기회만을 꿈꾸며 하루 15시간씩 몸을 만들면서 프로 풋볼 선수가 될 준비를 한다. 그리고는 단 한 순간 명단에서 지워진다.

여러분이 제품 제작을 시작할 때도 이 점을 생각해보길 바란다. 스포츠를 위한 제품을 만든다면 영광의 한 순간만을 위해 뛰어온 이 선수의 여정에 팬들을 참여시키는 데 초점을 맞추자. 판타지 야구 게임이든, 훈련 애플리케이션이든, 라이브 스트림이든, 무엇을 만들든지 간에 사람들이 여러 차례 다시 찾을 제품을 만들자.

그리고 함부로 여러분의 사업을 공유해선 안 된다. 팬이 여러분의 제품에 빠져드는 그 순간 소비자가 그토록 기다려온 순간에 곧바로 비즈니스 모델을 드러내는 것이야말로 저지르기 쉬운 가장 큰 실수다.

결론

지금은 스포츠 프로덕트 제작에 역사적으로 가장 멋진 변화가 일어나고 있는 시절이다. 기술의 발전 속도 덕분에 라이브 스포츠 방송의 품질이 한층 향상될 수 있었다. 녹화되는 콘텐츠 양도 많아 사람들의 일상에 큰 몫을 차지하는 생생한 경험이 제공되고 있다. 제품을 개발할 때 순간에 집중하고, 지연시간에 집중하고, 이야기에 집중하고, 소비자에게 통제권을 부여하자.

여러분이 집중해야 할 대상은 팬이다. 팬들이야말로 게임을 흥미롭게 만들 뿐더러
이야기를 뒤쫓는 궁극적 주체이기 때문이다.

가상 현실의 기업 현장 훈련 사례

로스틴 머피^{Rosstin Murphy}

13장에서는 360도 동영상^{spherical video}을 중심으로 가상 현실^{VR}을 활용한 기업 현장에서의 훈련을 알아본다. 13장을 집필하면서 정한 목표는 처음에 시작할 때 무엇이 있었다면 유용했을지 자세히 적는 것이다. 읽는 이에게도 도움이 되길 바란다.

서문: 기업 현장 훈련의 중요성

기업 훈련은 VR이 처음 성공을 거둘 분야로 유망한데, 이는 VR의 강점과 한계가 기업 훈련 환경과 잘맞기 때문이다. 이런 기업 훈련은 흔히 생각하는 것보다 시장 규모가 더 큰데, 2017년 게임 분야에 쓰인 금액은 1,217억 달러인데 반해 훈련 분야에 쓰인 금액은 3,622억 달러인 것만 봐도 알 수 있다.[10, 13]

2018년, STRIVR에서는 17,000개의 오큘러스 고^{Oculus Go} HMD를 월마트에 납품했다. 미국 전역에 있는 월마트 모든 지점에서 근무하는 직원은 백만이 넘는데, 이들이 VR로 이뤄진 회사의 훈련 프로그램을 매장마다 비치된 수십 대의 HMD 기기로 수강하는 것이다. 이 일은 큰 반향을 불러왔다. 그림 13-1은 STRIVR의 임시 창고로,

모두가 헤드셋의 품질 검사에 참여하고 있다.

그림 13-1. 17,000대의 HMD가 납품을 위해 준비돼 있다(STRIVR 2018).

VR이 성공을 거두려면 하나의 구체적 문제를 상당한 규모의 수준에서 해결할 수 있어야 하며, 다른 어떤 기술보다도 더 잘해내야 한다. 기업 훈련은 변신할 준비가 이미 돼 있는 시장이다. 현재의 기업 훈련 자체에 문제가 있기 때문이다.

이 장에서는 360도 동영상을 매체로 삼아 사용 사례, 난관, VR 훈련의 대상이 되는 고객용 콘텐츠 개발과 규모 측정을 다룬다.

VR 훈련은 효과가 있는가?

무언가를 배우려면 직접 해보는 것이 최선이다. 그런데 비행기 조종이나 심장 수술 집도는 실습으로 배우기엔 위험성이 너무 크다. 그래서 우리는 피부에 실제로 메스를 대지 않고도 이런 과제에 대한 정보를 전달할 다양한 방법론을 만들어왔다. 학습이란 측면에서 어떤 과제는 매뉴얼을 읽는 방식이 가장 몰입도가 떨어지며, 전문가의 지도하에 과제를 수행해보는 방법이 가장 몰입도가 높다.

현재로서 VR 학습은 교육자가 일대일로 가르치는 정도의 수행 실습에 미치지 못하지만, 좀 더 저렴하고 다양한 규모로 근접할 수 있는 방법이다.

그림 13-2의 분포도에서 한 축은 비용과 확장성, 다른 한 축은 효과를 보여준다. 한쪽 끝에는 훈련 매뉴얼이 자리한다. 어디에나 보낼 수 있고 필요에 따라 인쇄할 수 있으며, 화면에 띄워 읽을 수도 있지만 매듭 묶기처럼 특별히 몸을 써서 해야 하는 과제의 경우엔 그리 효과적인 교재가 못 된다. 즉, 훈련 매뉴얼은 확장성이 높지만 효과적이지는 않다.

반대쪽 끝에는 일대일 멘토링이 있는데, 이는 훈련에 가장 효과적이다. 주제에 통달한 교육자가 차근차근 여러분의 주목을 끌고, 이끌어 주고, 퀴즈를 내고, 학습 진행에 맞춰 응답을 준다. 하지만 이 방법에는 전문가의 귀한 시간이 엄청나게 들어간다. 이런 형태의 훈련은 효과적이지만 비용이 높기 때문에 확장성이 작다.

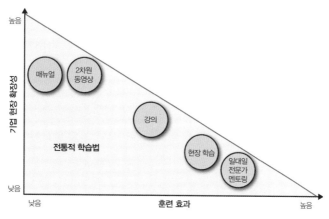

그림 13-2. 훈련 옵션들의 확장성 대 효과(STRIVR 2018)

디지털 텍스트처럼 저렴하게 배포 가능하되 효과는 일대일 멘토링에 버금가는 뭔가를 개발한다는 것이 VR이 지닌 가능성이다.

이 점을 염두에 두고 생각할 때 VR 훈련이 그렇게 효과적일까? 아직 이 점을 결정적으로 증명한 연구는 없지만, 이런 방향성을 지지하는 증거를 보여주는 연구 결과가 점점 늘어나고 있다.

VR은 다른 어떤 매체보다 생리적 반응이 현실적이다. 대표적인 사례로 추적이 가능한 방 하나 정도 크기의 장소에서 HMD를 착용한 사용자가 컴퓨터 그래픽으로 만들어진 도시 마천루 위에 서 있는 경험을 하게 해주는 '널빤지' 체험이 있다. 현실에서는 바닥에 놓인 나무판 위에 서 있을 뿐이지만, 사용자의 입장에서는 까딱하면 떨어져 죽을 수도 있는 널빤지 위에 흔들리며 서 있는 느낌이 든다. 이 체험을 한 사용자 중에서 본능적으로 고소공포증을 느끼지 않았다고 부인하는 이는 드물다. 몸의 균형이 흔들리고, 다리는 후들거리며, 한발 한발 걸어갈 때마다 심박수가 치솟는다.

학습에서 제일 좋은 방법은 직접 해보는 것인데, VR은 이처럼 현실감을 준다.

성인을 훈련할 때는 진짜처럼 느껴지는 경험이야말로 새로운 지식을 흡수하게 돕는 데 필수적 동인이 된다.[6] VR은 다른 어떤 훈련 매체보다 학습자가 현실에 가까운 느낌을 받으면서도 비용이 적게 들고 위험도가 낮은 방식이다.

VR 훈련은 특히 성인에게 잘 맞는다. 맬컴 노울즈^{Malcom S. Knowles}는 그의 저서인 『The Adult Learner(성인 학습자)』에서 성인은 학습에서 원하는 바가 아동과 다르다는 점을 짚는다. 성인이 학습할 때는 실용적 문제가 동기로 작용한다. 이것을 배우는 이유는 무엇인가? 이것이 어떻게 유용할 것인가? 실생활에서 이 지식을 활용할 수 있는가? VR 훈련에는 비경험적 학습에 비해 많은 장점이 있다.

관여도

VR은 상호작용이 풍부한 환경에 학습자가 지속적으로 관여하게 만든다. 헤드셋을 쓰고 주위를 둘러보는 것만으로 이미 상호작용을 하고 있는 것이다. 예를 들어 '상점털이 강도에 대비하는 훈련'이라는 상호작용 시나리오에서는 강도가 먼저 학습자의 뒤에서 다가오고, 학습자는 고개를 실제로 돌려야만 무슨 일이 일어나는지 볼 수 있다. VR은 사용자가 경험에 적극적으로 참여하게 만든다.

맥락

좋은 VR 훈련은 학습자가 현실감 있는 환경에서 학습한 기술을 유용하게 활용하게끔 만든다. '침수 가옥 훈련' 시나리오에서 카테고리 1과 카테고리 3에 각각 등장하는 '물'은 학술적 구분이 아니라, 실내의 바닥을 다 뜯어내고 배관을 교체해야 하는지 여부와 그냥 물기를 닦아내기만 하면 되는지 여부의 차이다.

동기

학습자는 자신의 행동에 대한 결과를 알 수 있다. 새로운 기술을 효과적으로 시연하면 좋은 결과가 나오고, 배운 바를 제대로 적용하지 못하면 나쁜 결과에 맞닥뜨리게 된다. 예를 들어 '늘어진 전선 훈련' 시나리오에서 바닥으로 처진 전선의 위험성을 알리는 데 실패하면 강아지가 감전되는 결과로 이어진다.

STRIVR에서는 VR 훈련의 효과에 대한 소규모 연구를 수행할 기회가 있었다. 이제 VR 훈련 방법론을 일대일 멘토링과 비교해 효과를 연구한 사례들을 알아보자.

사례: 침수 가옥 훈련

침수 가옥이란 일 년에 몇 번씩 의도적으로 침수를 일으키는 실제의 집으로, 보험 사정관 훈련을 위해 지어졌으며 미국 전역에 약 30채가 있다. 전문 교육관이 소규모 강의를 진행하는 과정에서 다함께 참여해 집을 건조시키고 손상이 있는 곳을 수리하거나 교체한다. 이 훈련법은 현실과 매우 가깝기 때문에 효과가 아주 뛰어나다.

하지만 집을 짓고 침수시킨 다음 수리하는 데는 당연히 많은 비용이 든다. 가옥에

가한 손상 역시 실제이기 때문에 비용이 든다. 게다가 각 주에 있는 침수 가옥 수는 아주 적으므로 훈련생들은 해당 가옥이 있는 곳까지 비행기로 이동해야 한다.

하지만 보험사에서 처리하는 주택 침수건의 비용이 엄청나기 때문에 이런 경비 지출은 그만한 가치가 있다. 예컨대 2018년의 허리케인 플로렌스 때 보험사는 30~50억 달러의 손해를 입었다. 모든 보험금 청구가 정직하게 이뤄지는 것은 아니며, 보험 사기 건은 총 청구건수의 10%에 달한다. 잘 훈련된 보험 사정관이 이런 사기 청구 액수를 잡아내는 것이 보험사에는 결정적 도움이 된다. 하지만 좀 더 적은 비용으로 같은 결과를 낼 수 있다면 어떨까?

STRIVR은 침수 가옥 훈련 코스의 VR 버전을 전문 교육관과 긴밀한 협업하에 제작했다. 카메라 팀이 일대일 교육을 받는 학생의 입장에서 가옥의 360도 동영상을 녹화한 다음, 디자이너가 이 동영상을 이용해 VR 훈련 모듈을 구축했다. 이 경우 VR 훈련 모듈은 교육 과정에서 가르치는 모든 것을 VR에 '잘 맞는지' 여부와는 관계없이 포괄적으로 다룬다.

VR 훈련 모듈이 구축된 다음, STRIVR은 60명의 학생에게 강좌를 열어 반은 진짜 침수 가옥에서, 나머지 절반은 VR 훈련 모듈을 통해 강의를 진행했다. 그런 다음 STRIVR의 데이터 팀이 실제 침수 가옥 훈련과 VR 체험의 효과 차이를 추산했다.

STRIVR의 VR 훈련 모듈에서는, 내레이터가 리사의 집에 생긴 침수 피해를 산정해야 하는 보험 청구건 시나리오를 훈련생에게 안내한다. 훈련생은 동영상의 장소(그림 13-3)에서 상호작용하도록 요청을 받거나 학습한 내용에 대한 정답 선택형 질문을 받으며(그림 13-4), 상황에 지속적으로 깊이 관여한다.

그림 13-3. 학습자가 수업 중 집중하며 상호작용할 수 있도록 마커 질문을 활용한다.

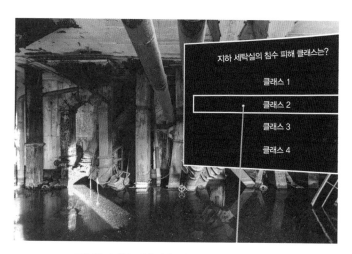

그림 13-4. 침수 피해 카테고리에 대한 정답 선택형 질문

STRIVR은 훈련 전후에 걸쳐 두 그룹의 훈련생들이 쌓은 지식을 테스트해 이들의 실력이 얼마나 향상됐는지 확인했다. 그 결과 침수 완화 훈련과 프레이밍^{Framing} 훈련 양측에서 두 그룹은 대략 비슷하게 향상된 결과를 보여줬다. 그렇다면 VR 훈련은 호환이 가능하다는 뜻이 된다. VR을 통한 체험이 실제 침수 가옥까지 비행기로 출장 가는 것과 대략 비슷한 효과를 내면서도 비용은 훨씬 저렴하기 때문이다. 두

그룹 모두 그림 13-5처럼 향상된 결과를 보였고, 두 결과 사이에 통계적으로 유의미한 차이는 없었다.

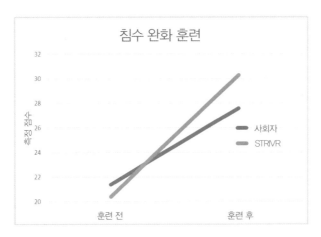

그림 13-5. VR 훈련과 실제 침수 가옥 훈련은 비슷한 향상 결과를 나타냈다(© STRIVR 2018).

데이터 수집 역시 VR 훈련의 장점이다. STRIVR은 사용자의 머리와 손 움직임을 기록해 동작 데이터를 추적한다. 훈련생에게 특히 어려운 문제가 하나 있었는데, 절반 이상이 답을 틀렸다. 데이터 분석 팀에서는 틀린 답을 한 훈련생 그룹이 정확한 답을 한 훈련생 그룹보다 더 많은 움직임을 보였다는 사실을 발견했다. 데이터 분석 팀은 그 이유를 훈련생들이 꼼지락거리며 주위를 둘러보거나, 주의를 충분히 기울이지 못했다는 뜻이라고 추론했다. 샘플 크기가 충분히 크지 않기 때문에 확실한 결론을 내릴 수는 없지만, 관련 도구가 개선됨에 따라 이런 통찰을 활용해 더 적응도가 높은 콘텐츠를 만들어낼 수 있을 것으로 보인다.

STRIVR은 이 사례를 통해 몇 가지 중요한 교훈을 얻었다.

콘텐츠는 작은 크기로

콘텐츠 디자이너는 사용자가 기꺼이 VR에 투자하고자 하는 시간을 과대평가하는 경향이 있다. 콘텐츠를 잘게 나눠 용자가 틈틈이 휴식 시간을 갖게 하는 것이 중요하다. 훈련 세션에는 20분 분량이 적당하며, 따라서 각 실습을 이 시간 이내로 만들어야 한다.

모든 콘텐츠가 VR에 '적합하지는' 않다

STRIVR은 현장 훈련의 콘텐츠 전부를 포함하려 하는 바람에 VR에 적합하지 않은 콘텐츠를 넣는 실수를 저질렀다. 예를 들어 훈련생들이 필요한 환기 장치의 양을 계산해야 하는 섹션이 있다(그림 13-6). 보통의 경우라면 훈련생들이 계산기를 쓸 수 있었겠지만 VR 시나리오에서는 계산기를 제공하지 않았다. 이는 교실에서 진행하는 편이 나은 학습의 좋은 사례다. VR 외부에 있는 기기가 필요하며 VR 매체가 위력을 발휘할 수 없는 경우 말이다.

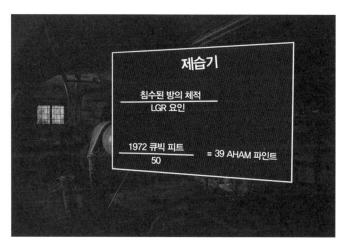

그림 13-6. 맥락이 없이 학습자에게 계산을 요구하는 것은 VR에는 '적합하지' 않다

VR 훈련이 적합한 부분은? R.I.D.E.

VR이 모든 사례에 적합한 것은 아니다. STRIVR은 'RIDE'라는 약자를 통해 VR이 제일 적합한 부분을 정의한다.

- 희귀성^{Rare}

- 불가능성^{Impossible}

- 위험성^{Dangerous}

- 고비용^{Expensive}

이 기준에 들어맞는 상황의 예는 다음과 같다.

희귀성

블랙 프라이데이 세일은 매년 한 번씩만 있는 드문 행사지만, 소매상이 수익을 올리는 데에는 절대적인 날이다. 높은 매출을 올리기는 하지만 드물게 오기 때문에 직원들이 이런 날에 대비한 지식과 경험을 충분히 갖추지 못하게 된다.

불가능성

상점털이 강도는 예측할 수 없는 사건인데, 이런 상황에 적절히 반응하지 못할 경우 귀중한 생명을 잃을 수도 있다. 이런 종류의 상황에 어떻게 반응해야 할지는 직접 경험해보지 않고서는 알기 어렵다.

위험성

작업 현장을 안전 절차에 따라 잘 관리하지 못할 경우 작업에 위험 요소로 작용하므로, 직원들이 위험 요소를 인지하고 빠르게 잘못을 시정할 수 있게끔 하는 것이 필수다.

고비용

이 장의 앞쪽에서 다뤘던 것처럼 보험 사정관은 '침수 가옥'이라는 진짜 주택을 활용해 실제의 침수 상황을 재현한다. 이 훈련은 사실적이기는 하지만 비용이 많이 든다.

현재로서는 공간적인 방위를 보여주는 VR 훈련이야말로 실제 환경이나 다른 사람의 개입 없이 신체적인 상호작용을 할 수 있는 최선의 방안이다. 컴퓨터 화면과 상호작용하는 과제는 이런 작업을 평범한 컴퓨터 인터페이스를 통해 처리하는 편이 훨씬 쉽기 때문에 VR에는 잘 맞지 않는다. 현대의 작업 환경과 사무직의 특성상 일반 컴퓨터 상호작용을 채택할 때 여러 사용 사례를 빼야 한다.

좋은 VR 훈련을 만들려면?

좋은 VR 훈련은 다음과 같다.

- 공간적이다.

- 단순하고 접근이 쉽다.

- 짧다.

- 목표 중심적이다.

- 확장 가능하다.

지금 열거한 각 특징을 더 자세히 알아보자.

공간적이다

VR 훈련은 VR의 3D 속성이 갖는 장점을 취하고자 사용자의 위, 뒤, 아래에 있는 공간을 담을 수 있어야 한다. 그러면 사용자가 공간 안에 처한 느낌이 강화되고 기억하기도 용이하다.

단순하고 접근이 쉽다

VR의 큰 강점은 쉬운 접근성에 있다. 따라서 컨트롤 설계 역시 이를 반영해야 한다. 현대의 비디오 게임은 해당 장르를 플레이하는 게이머의 경험과 친숙함에 기대어 복잡하면서도 반직관적인 컨트롤을 사용한다. 일인칭 슈팅 게임을 해 본 적 없는 사람이 주위를 둘러보면서 이동과 발사를 동시에 하려 애를 먹는 것을 보면 쉽게 알 수 있다. 대부분의 VR 하드웨어는 단순한 포인트 앤 클릭 point-and-click 컨트롤을 지원한다. 포인트 앤 클릭은 개념상 컴퓨터 마우스나 레이저 포인터 사용과 유사하기 때문에 아주 좋은 컨트롤 방법이다. 사용자가 다양한 버튼과 인터페이스를 배우게 만들지 말자. 실생활에서 활용하는 기술을 가르치는 게 목표며, 컨트롤러 학습을 전면에 부각할수록 VR 체험은 현실이 주는 안락함에서 멀어지게 된다.

짧다

세션은 짤막해야 한다. VR 훈련 세션은 20분 정도보다 길어서는 안 된다. 그래야 헤드셋 때문에 불편함을 겪지도 않고, 사용자가 학습 능력에 맞게 내용을 습득하기도 더 쉽다. 콘텐츠를 잘 쪼개두면 계속할지 아니면 현실의 다른 작업으로 돌아갈지 결정할 수 있다는 것을 사용자가 알 수 있기 때문에 더 편한 마음으로 훈련에 뛰어들 수 있다. 훈련의 진입 장벽을 낮추면 사용자는 더 자주 로그인하게 된다.

목표 중심적이다

세션 시간은 짧아야 하며 학습자의 시간은 소중하기 때문에 VR은 (일정한 규칙이 따로 없는) 샌드박스 형태의 환경보다는 규칙과 절차가 분명한 과제 학습에 가장 적합하다(하지만 기술이 발전하고 VR이 더 자연스럽고 편안해질수록 샌드박스 형태의 훈련도 더 많은 용도를 갖게 될 것이다).

확장 가능하다

VR이 여타 학습 매체를 앞서는 장점은 바로 고품질과 확장성에 있다. 이 점을 염두에 두고 플랫폼과 콘텐츠를 구축하자. 새로운 콘텐츠 생성이 쉽든지, 혹은 생성한 콘텐츠를 많은 사용자에게 재사용할 수 있어야 한다.

360도 동영상

360도 동영상은 모든 방향에서의 모습을 한 번에 캡처하기 때문에 사용자가 물리적으로 고개를 돌리면 동영상의 다른 부분을 볼 수 있다. 마치 실제로 동영상이 찍힌 장소에 있는 것 같은 효과를 주지만, 환경에 있는 물건을 움직이거나 어떤 식으로든 영향을 미칠 수는 없다.

VR 훈련 콘텐츠에서 360도 동영상이 '첫 번째 선택지'로 여겨지는 경우는 드물다. 기업 고객이 이런 종류의 훈련 경험을 구축하고 싶다고 설명한다면 제일 먼저 떠오르는 건 완전히 실사에 가까우며 완벽한 상호작용을 지원하는 3D 컴퓨터 그래픽 환경일 것이다.

하지만 훈련용 프레임워크는 확장성이 있고 효율적이어야 하며, 빠르고 쉽게 콘텐츠를 만들 수 있어야 한다. 그러려면 도구가 있어야 한다. 고객이 원하는 무엇이든 할 수 있는 3D 훈련 콘텐츠(예, 복강경 수술, 차량 시뮬레이션, 고객 상호작용)를 만드는 시스템을 구축하려 한다면 기능 추가를 끝낼 즈음에는 모든 기능을 갖춘 게임 엔진처럼 보이는 뭔가가 제작돼 있을 것이다.

기억하라. 훈련용 VR의 가장 큰 강점은 확장성이다. 다수의 인원이 접근할 수 있는 훈련 콘텐츠를 저렴하고 빠르게 만들어낼 수 있어야 한다. 훈련 콘텐츠를 만드는데 더 많은 노동력이 들어갈수록 업데이트 역시 줄어들 것이고, 제작할 수 있는 콘텐츠도 줄어든다. 비디오 게임은 수십 년간 존재했지만 현재 기업 훈련을 위한 기술은 아직도 2D 동영상에 멈춰 있는데, 이는 비디오 쪽이 제작, 유지, 업데이트, 교체에 더 용이하기 때문이다.

360도 동영상은 종래의 2D 비디오 촬영만큼 쉬울 뿐더러 상호작용성이란 측면에서 많은 장점을 제공한다.

360도 동영상의 장점

360도 동영상의 장점은 다음과 같다.

- 확장성

- 콘텐츠 생성 시 편의성

- 저렴함

- 2D 비디오보다 뛰어난 상호작용성

VR 훈련을 구축할 때는 훈련 환경을 반드시 재구성해야 한다. 360도 동영상에서는 환경을 있는 그대로 담아내기만 하면 된다. 그렇게 촬영한 결과물이 완벽히 현실처럼 실제 환경과 정확히 일치한다.

사람이 훈련의 일부로서 꼭 필요할 때는 실제 교육 담당이나 직원이 도움을 줄 수 있다. 이들은 이미 맞는 유니폼을 입고 교육 과정을 숙지하고 있으며, 사용자에게 직접 시연을 보여줄 수 있다(주의: 이후 다루겠지만, 감정을 표현하거나 카메라 앞에서 포즈를 취해야 하는 역할을 촬영할 때는 진짜 배우를 섭외하는 편이 낫다).

현재의 기술과 컴퓨터 그래픽 수준으로서는 VR로 구현할 수 있는 그래픽 수준이 동영상만큼의 사실성에 미치지 못한다.

360도 동영상의 난제

하지만 360도 동영상으로 콘텐츠를 만드는 데 난관이 없는 것은 아니다.

어떤 상황은 단 한 번이라 할지라도 카메라에 담아내기 어렵다. 이럴 때는 동영상 편집을 활용해 필요한 효과를 만들어내지만, 결과물이 그다지 사실적이지 않은 게 흠이다.

또 한 가지 난관이라면 카메라 앞에서 연기할 때는 현장의 직원이나 교육 담당이 자연스러워 보이지 않을 수 있다는 점이다. 훈련이 상점털이 강도 대응 같은 거라면 추가 비용을 들여 진짜 배우를 섭외할 필요가 있다. 현장으로 되돌아가 재촬영을 하거나 디지털로 동영상 내용을 일부 손보는 작업은 비용과 시간이 크게 소요되므로 처음부터 콘텐츠를 제대로 만들어야만 한다.

하지만 360도 동영상에서 가장 큰 난관은 경험 안에 상호작용성을 삽입하는 것이다.

360도 동영상에서의 상호작용

360도 동영상에서 무엇을 성취할 수 있을지 고려할 때 처음 고민해야 할 것은 2D 동영상에서 영감을 얻는 것이다. 2D 동영상에서는 어떤 형태의 상호작용이 가능하며, 이와 비교할 때 360도 동영상에는 어떤 장점이 있을까?

반응

여느 매체나 마찬가지로 사용자의 상호작용이란 전달되는 정보를 보고 듣는 사용자의 머릿속에서 일어나고 처리된다. 직접적인 상호작용을 요구하지 않는다 하더라도 사용자는 속으로 하는 기대, 생각, 질문을 통해 매체와 상호작용하게 된다. 이런 면에서 2D와 360도 동영상 콘텐츠는 둘 다 몰입도 있고 흥미로우며, 잘 제작되고 관련성이 있어야 한다는 요건을 갖춰야 한다. 훈련을 위해 360도 동영상을 제작할 때는 2D 동영상 오락물을 만들 때 활용되는 기술이 그 바탕에 필수적으로 깔려 있어야 한다.

응시

응시는 2D 동영상보다 360도 동영상에서 대폭 풍부해지는 상호작용의 한 형태다. 2D 농영상에서는 사용자가 화면을 봐야만 한다. 카메라의 움직임과 샷 전환은 편집자가 시청자를 특정한 장소와 시간에 집중하게끔 신중하게 선택된다. 하지만 360도 동영상에서는 편집을 최소한으로 유지해야만 사용자가 방향 감각을 잃지 않는다. 다시 말해 사용자 쪽에 더 큰 요구가 주어지며, 사용자 자신이 카메라 노릇을 하면서 주위를 둘러보고 정보를 흡수하는 데 더 적극적으로 참여하게 된다. STRIVR의 '상점털이 강도 대비 훈련' 경험을 예로 들면 먼저 학습자의 뒤에서 강도들이 다가오고, 학습자는 고개를 돌려야만 이들을 볼 수 있다. 이런 식으로 360도 동영상에서는 응시가 강력한 상호작용의 도구가 된다.

답안 선택(사지선다)형 질문

요즘의 e러닝 동영상에는 중간 중간 답안 선택형 질문이 포함될 때가 많다. 360도 동영상에서 답안 선택형 질문은 경험을 모두 마친 다음에 따로 나오는 것이 아니라 진행하는 도중에 제시할 수 있기 때문에 사용자가 맥락을 숙지한 상태에서 답안을 선택할 수 있다. 예를 들어 그림 13-7에서는 강도 중 하나가 사용자에게 총구를 겨누고 금고를 열라고 요구한다. 여러분이 어떻게 해야 할지 다급하게 고민하는 동안 시간이 멈추고 심장 박동 소리가 들린다. 이처럼 360도 동영상의 경험은 컴퓨터 화면으로 보는 것보다 훨씬 감정적으로 몰입감을 준다. 또한 360도 동영상은 동영상 속 장소나 물체를 질문의 '답'으로 선택할 수 있게 해준다. 그림 13-8에서는 풋볼의 쿼터백이 공을 첫 몇 초간 지켜본 다음 '돌파할' 위치를 선택하게 한다.

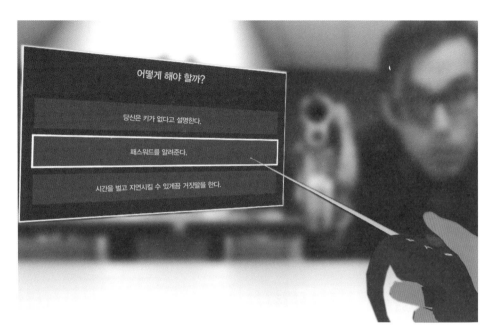

그림 13-7. 답안 선택형 질문은 VR 환경에서 선택의 결과를 맥락적으로 추측할 수 있게 해준다.

그림 13-8. 풋볼 선수는 동영상에서 올바른 위치를 선택해 '돌파 상대'를 정해야 한다.

관심 지점^{PoI, Point of Interest}

360도 동영상에는 2D 동영상에 거의 없는 기능인 동영상 속에서 한 지점을 가리켜 선택하는 강력한 상호작용 도구가 있다. 학습자가 매체와 직접 상호작용할 기회를 주기 때문에 360도 동영상의 상호작용은 최고라고 할 수 있다. 관심 지점을 정보로 활용해 그림 13-9처럼 동영상 속 핵심적 물체들로 주의를 돌리게끔 할 수도 있다.

그림 13-9. 관심 지점은 비디오에서 주요 관심 영역을 강조하는 데 정보를 제공할 수 있다.

PoI는 사용자가 동영상만 보고서 아이템의 종류를 식별하거나 실수를 찾아내도록 하는 '숨은 그림 찾기'의 맥락으로도 이용할 수 있다. 동영상에는 프롬프트만 표시되며, 사용자는 다양한 장소를 클릭해 대상과 일치하는 아이템이나 장소를 찾는다. 이 방식은 학습자가 주위를 자세히 살펴보고 고민하면서 현실과 비슷한 맥락에서 상호작용해야만 하므로 훈련 목적으로 아주 좋다. 이 기법은 종종 '작업 현장 훈련'에 활용되는데, 사용자는 발이 걸려 사고가 날 수 있는 위험한 요소를 식별하게 된다. 그림 13-10은 사용자가 다섯 개의 PoI를 찾아내고 나머지 16개를 1분 내에 마저 찾아야 하는 시나리오 상태를 보여준다.

그림 13-10. '씬 헌트'는 실수를 찾아내거나 환경 안의 다른 숨은 아이템을 찾아내는 훈련이다.

내가 선택하는 모험

마지막으로 동영상과 더 직접적으로 상호작용할 수 있는 트릭도 있다. 1983년 레이저디스크 아케이드 게임으로 나온 드래곤스 레어^{Dragon's Lair}가 이런 트릭의 초기 사례다. 이 게임에서 플레이어는 애니메이션 만화에 반응해 간단한 명령어를 입력한다. 정확한 시기에 정확한 방향을 입력하면 동영상이 계속 진행된다. 이에 실패하면 캐릭터가 죽는 모습이 나온다. 동영상은 쌍방향 컴퓨터 그래픽 경험과 같은 방식으로 사용자가 직접 상호작용할 수는 없지만, 다양한 결과를 묘사하는 여러 동영상을 찍은 다음 훈련생에게 잘못된 행동을 하면 어떻게 되는지에 대한 결과로 보여줄 수는 있다. STRIVR의 '늘어진 전선 훈련' 체험에서 늘어진 전선이 애완동물에게 위험이 된다는 사실을 방문객에게 알리지 못하면 방문객의 반려견이 감전되는 소리가 출력된다.

조합적 폭발을 피하려면 분기가 나눠지는 콘텐츠를 설계할 때 '진주 목걸이^{string}

of pearls'식 접근법을 따라 학습자가 시나리오에서 제한된 분기만을 따라갈 수 있게 허용한 다음, 다시 정답으로 유도하며 학습을 진행하는 것이 좋다.

사례: 작업 현장 훈련

작업 현장은 넓고 시끄럽고 뒤죽박죽이며 숨겨진 위험 요소가 가득하다. 한 연구에 따르면 유명 식품 제조사의 10개 공장에서 안전상의 부주의로 인해 2015년 4월 한 달간 다섯 자리 숫자의 피해가 발생했다. 무려 다섯 자리 말이다. 돈이 아니라 손가락 숫자다.

작업 현장 훈련의 흔한 사례는 실수 식별하기다. 작업 현장의 360도 동영상 안에서 직원들이 주변의 안전 수칙 위반 사례를 식별할 수 있는가?

작업 현장은 360도 동영상이 2D 동영상에 비해 분명한 장점을 보여주는 사례다. 적재 차량의 사진이 담긴 파워포인트 슬라이드를 보면 적재 차량이 위험하다는 것을 쉽게 알 수 있다. 하지만 여러분을 치는 적재 차량은 슬라이드에서처럼 눈앞에 보이는 차량이 아니다. 미처 보지 못한 뒤쪽에서 다가온 차량이다. 360도 동영상은 현실 세계와 마찬가지로 모든 각도에서 다가온다.

고객의 요구를 만족시키고자 STRIVR은 씬 헌트scene hunt라는 기능을 넣어 훈련생이 동영상에 숨겨진 PoI를 식별하게 했다. 그림 13-11처럼 장면 안에 있는 모든 것이 숨겨진 '히트박스hitbox'가 되며, 훈련생은 제한 시간 안에 이를 찾아내야 한다.

그림 13-11. '씬 헌트'에서 학습자는 제한 시간 내에 실수가 담긴 영역을 선택해 실수를 찾아내 드러내야 한다.

사용자가 시간 내에 답을 찾지 못하면 그림 13-12처럼 이들이 놓친 것이 무엇인지 표시된다.

그림 13-12. 제한 시간이 끝난 다음에는 학습자가 찾지 못한 실수가 드러나며, 이와 상호작용해야 한다.

이런 종류의 훈련이 좋은 점은 풋티지를 캡처해 훈련을 제작하기 쉽다는 데 있다. 공장에는 보통 과거의 사고 기록, 아는 것이 많은 베테랑 직원, 잠재적 오류를 분류해 둔 매뉴얼이 있다. STRIVR은 작업 현장에 실제로 존재하는 실수를 쉽게 식별하고, 교육관의 도움을 받아 안전하게 문제를 만들어낼 수 있다는 점을 확인했다.

내러티브의 역할

훈련 경험이 지루하다면 학습자가 훈련을 받게 하기 어려워진다. STRIVR의 중요한 존재 이유는 현재 최고 수준의 훈련 교재가 좋게 말해도 별로라는 데 있다. 대표적인 이유는 지루하기 때문이다. 게이미피케이션gamification은 수년 동안이나 업계에서 유행어처럼 떠돌았지만 초점은 포인트, 일일 보너스, 순간의 즐거움에 맞춰져 있었다. 사람들이 게임을 하는 이유는 무엇일까? 재미있기 때문이다. 신나고, 근사하며, 매끄럽고, 보통은 관심을 가질 이유가 충분하기 때문이다.

게임을 할 때 여러분은 그저 발차기를 배우려 우주 전투기를 조종하는 게 아니다. 여러분은 우주 전투기를 조종해 아버지의 원수인 사악한 황제를 물리치는 방법을 배운다. 특히 성인 학습자의 경우 학습에 장기적인 목표와 맥락을 제공함으로써 좀 더 몰입감 있고 집중할 수 있게 된다.[8] 과제에 목표를 부여하면 사용자가 한 차원 더 깊게 들어가 좀 더 머리를 쓰게 된다.

여러분의 VR 훈련 경험을 훈련생들이 실제로 마치길 바란다면 내러티브narrative가 필요하다. 즉, 과제 중심 학습으로 만들어야 한다.

360도 동영상에는 사용자 자신을 체화하기 어려울 수 있다. 카메라가 지닌 물리적 존재감이 없기 때문에 사용자가 자신을 유령처럼 느끼게 되는 것이다. 자신의 몸이 보이지 않는다는 사실에 사용자가 초점을 맞추지 않게끔 사용자에게 말을 걸고 관계를 맺으며 이끌어줄 캐릭터를 같이 찍어야 한다. 사람은 사회적 동물이며, 우리 뇌는 얼굴을 분석하고 사회적 신호를 읽게 배선돼 있다. 사용자가 다른 교육자와 상호작용하도록 훈련을 구성하면 신체가 없는 음성만 활용하는 것보다 훨씬 나아진다. 훈련 시나리오에는 일대일 전문가 멘토링이 이상적이며, 교육자를 촬영하는 것이 360도 동영상의 맥락에서는 가장 근접한 해법이다.

다시 말해 훈련용 360도 동영상 촬영은 여러분이 상상하는 것보다 훨씬 더 영화 촬영에 가깝다. 여러분은 캐릭터와 스토리 흐름을 잘 잡아 흥미롭고 관심이 가는 대본을 만들어야 한다. 가능한 최고의 VR 훈련을 만들고 싶다면 직업 배우를 고용해야 한다.

사례: 상점털이 강도 대비 훈련

상점털이 강도는 보통 상황에서는 훈련이 거의 불가능한 시나리오의 훌륭한 예다. 강도는 어떻게 하더라도 예측할 수 없기 때문에 가장 근접하는 훈련 시나리오는 심화 워크숍이나 역할극이다.

'상점털이 강도 대비 훈련'에서 STRIVR은 내러티브로 진행되는 경험을 구축해 훈련생이 강도가 들이닥친 상황에서 적절한 반응을 학습하게 한다. 상점털이 강도 대비 VR 훈련은 필요한 모든 기술을 가르치기보다는 오히려 추가 과정이나 온라인 훈련을 위한 도입부와 마무리 시험 용도로 제작됐다.[8] 따라서 STRIVR은 학습 설계자가 범위를 좁혀 VR에 잘 맞는 부분에만 중점을 둘 수 있었다.

상점털이 강도 대비 훈련에서 학습자는 상점 매니저의 역할을 맡아 동료와 함께 아침에 상점을 오픈한다. 학습자가 문 쪽에 신경을 쓰는 동안 강도들이 뒤에서 들어와 동료를 놀라게 해 학습자가 몸을 돌려 무슨 일인지 볼 수밖에 없게 만든다. 그러면 학습자는 이 상황에 대처해 강도들에게 협조적인 태도를 취하며 맞서지 않게 하는 답안 선택형 질문에 대답하는 형태의 상호작용을 해야 한다. 상점은 보험에 가입해 있고 대비책이 있으며, 상점 매니저의 역할은 직원이나 상점 내의 다른 사람에게 향할 수 있는 어떤 위험이든 방지하는 것이다. 이 경험에서 학습자가 틀린 답을 고르면 선택해야 할 올바른 행동은 무엇이며, 그 이유는 무엇인지 음성으로 알려준다. STRIVR에서는 답안 선택형 질문을 이전의 많은 경험 설계에서도 활용했지만, 이렇게 몰입감 있는 방식으로 활용한 것은 처음이다. 강도가 질문은 차면 시간이 느려지며, 화면은 흐릿한 흑백으로 변하고, 심장 박동 소리가 들려와 더 생생하게 느끼게 된다. 그림 13-13은 시간이 멈춘 효과 화면으로, 답안 선택형 질문에 집중해 몰입감이 높아지는 부분이다.

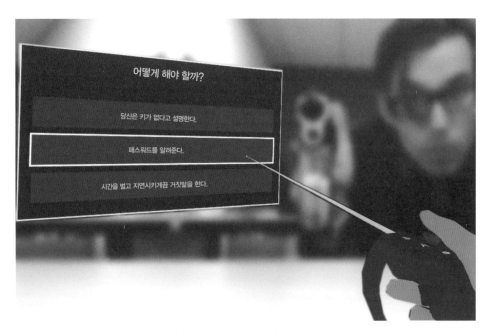

그림 13-13. 강도가 질문을 하면 시간이 느려지며, 주위는 흐릿해지고, 심장 박동 소리가 들려와서 더 강렬한 느낌을 준다.

상점털이 강도 대비 훈련은 배우와 대본이 없이는 만들어낼 수 없는 훈련 경험의 예다. 강도는 겁을 주면서 감정적인 경험을 이끌어내야 하는데, 사람 캐릭터가 이런 감정을 전달하지 못하면 학습자는 적절하게 반응할 동기를 얻지 못하기 때문에 경험이 무섭다기보다 우스워진다.

이 훈련의 가치는 학습자가 심적으로 준비를 갖추게 하는 데 있다. 훈련은 학습자가 어떻게 반응하고 무엇을 해야 하는지 시각화하게끔 만든다. 현실에서 이런 상황이 일어나면 학습자는 이미 가상으로 연습해 본 행동 모델을 떠올릴 수 있다.

이 훈련을 구축할 때 STRIVR의 디자이너는 학습자가 사람 캐릭터를 얼마나 강렬하게 응시하는지 알아챘고, 향후 훈련에서는 실체가 없는 음성보다는 사람 교육자를 활용하기 시작했다. 배우가 학습자와 상호작용하게 만들면 여러 장점을 누릴 수 있다. 학습자의 관여도가 늘어나기도 하지만, 스스로를 상황에 체화하는 효과도 생긴다. VR의 참여자에게 있어 눈에 보이는 신체가 없는 상황에서는 신장을 비교할 수 있는 사람을 넣으면 장면의 실체감이 증대된다. 또 한 가지 장점은 응시 방향이다. 장면 여기저기에 화살표나 표지를 넣는 대신에 사람 캐릭터가 걸어가거나 가리켜서 학습자의 시선을 끄는 편이 훨씬 자연스러운 느낌을 준다.

마지막으로 짚고 넘어가고자 하는 점은 트라우마를 남기거나 충격을 유발할 수 있는 경험을 제작할 때는 학습자에게 언제든 원할 때 그만둘 수 있다고 알리는 것이 필수라는 점이다. 이 훈련에서는 학습자가 불편함을 느끼면 언제든 오큘러스 홈 버튼을 누르거나 헤드셋을 벗음으로써 경험을 그만둘 수 있다는 점을 충분히 고지했다.

XR 체험의 미래: 360도 동영상을 넘어

이 장은 훈련 매체로서의 VR, 특히 360도 동영상에 초점을 맞춰 알아봤다. 360도 동영상은 찍기 쉽고 사실적인 결과를 제공하기 때문에 최고의 선택이다. 하지만 360도 동영상은 상호작용과 충실도에 있어 한계가 있다는 점도 함께 알아봤다.

그럼 다른 기술은 어떨까? 미래의 XR 훈련은 어떤 모습이 될까? 이 장의 나머지 부분에서는 360도 동영상이 개선될 수 있는 방향과 그 대안을 살펴본다.

컴퓨터 그래픽

훈련 환경을 묘사할 수 있는 다른 주된 대안은 컴퓨터 그래픽[CG]이다. CG는 상호작용성이란 측면에서 아주 큰 장점이 있다. 3D 모델은 따로 촬영이 필요 없이 무한대에 이르는 포시선으로 환경 안에서 이리저리 움직여볼 수 있다.

하지만 3D 그래픽은 모델링, 애니메이션, 라이팅이 필요하다. 3D 애셋 제작과 상호작용 시나리오 구축에도 많은 시간이 소요된다. 록스타 스튜디오^{Rockstar Studios}의 레드 데드 리뎀션 2^{Red Dead Redemption 2}는 제작에 3년 이상이 걸렸는데, 게임 회사에서는 이 정도의 제작 기간이 흔한 편이다. 이런 점을 고려할 때 CG 훈련 경험을 구축할 때는 해당 훈련은 필수적이며 항구적이어야 한다.

사례: 대면 스킬 훈련

이 사례에서는 CG로 구축된 VR 훈련 프레임워크가 부각된다. 대면 스킬^{soft skill}에서는 가상 인간을 활용해 직원에게 부정적인 성과 리뷰와 같은 어려운 대화를 시뮬레이션한다. 훈련생은 시작할 때 자신을 나타내는 아바타를 선택한다. 이들에게 시나리오를 소개한 다음, 무슨 말을 할지 선택하게 한다. 그림 13-14는 이런 프롬프트의 예를 보여준다. 가상 인간이 반응한 후 대화는 계속 진행된다. 이 경험은 미리 대본이 정해져 있는 것임에도 대부분의 사용자는 자신이 선택한 말에 가상 인간이 반응하며 상황이 변해간다고 느낀다.

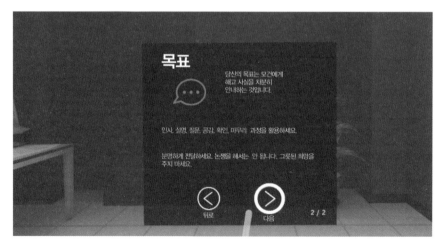

그림 13-14. 학습자는 각 단계별로 자신이 전달해야 하는 다양한 말을 선택하게 인도된다(ⓒ STRIVR 2018).

대면 스킬의 진짜 영향은 대화가 끝난 다음 일어난다. 가상 직원이 하는 얘기를 따라가는 내내 여러분의 음성과 움직임이 기록된다. 그리고 체험이 끝나고 나면 지금까지 진행된 모든 상황이 이제 반대의 역할로 다시 재생된다. 그림 13-15는 학습자가 문제 직원인 모건과 위치를 바꾸게 되는 순간을 보여준다. 원래 있던 자리 반대편에 앉아 자신이 했던 말들을 다른 사람의 입에서 전해 듣는 것은 강렬한 체험이다. 이 훈련을 처음 진행해 보고 나는 내가 한 많은 말들이 나중에 보니 무례하게 들린다는 것을 깨달았다. 예를 들어 대화 초반에 나는 이 미팅이 "별 일 아니다"라고 말했다. 그런데 상대 입장이 돼 들어보니 진실성 없는 말이란 느낌이 본능적으로 들었다.

그림 13-15. 대화를 마치고 나면 학습자는 자신이 한 말을 상대방의 입장에서 다시 듣게 된다(ⓒ STRIVR 2018).

대면 스킬 훈련은 재사용 가능한 애플리케이션이라면 CG에 투자할 가치가 충분하다는 걸 보여주는 좋은 예다.

대면 스킬 훈련은 반드시 필요한 커뮤니케이션 능력 향상을 목표로 재사용이 가능한 프레임워크다. 기업의 직무 다수에 전화를 통한 고객 응대에서부터 다양한 직원들로 이뤄진 팀 관리에 이르기까지 다양한 커뮤니케이션 스킬이 요구된다. 다양한 종류의 커뮤니케이션 훈련에 똑같은 CG 프레임워크를 활용할 수 있기 때문에 시간이 흐르면서 3D 환경과 아바타를 구축하는 데 들인 투자가 보상받는다.

이런 맥락에서는 CG의 장점이 360도 동영상보다 많다. 예를 들어 한 명의 성우를 다양하게 커스터마이즈된 아바타에 활용해 가상 인간의 외모를 조정할 수 있다. 애니메이션도 여러 아바타에 재사용할 수 있다. 또한 환경과 아바타를 여러 조합으로 믹스 매치할 수도 있다. 분기가 생기는 시나리오 역시 가상 인간이 비디오 게임 캐릭터인 양 사용자에게 역동적으로 반응할 수 있기 때문에 CG로 구축하는 편이 더 쉽다.

미래: 포토그라메트리

포토그라메트리photogrammetry는 현실의 환경, 물체, 사람들을 캡처해 이들을 3D 모델로 만들어내는 매력적인 기술이다. 한 대상에 대해 다양한 각도에서 수천 장의 사진을 찍은 다음, 이 이미지를 합쳐 3D 모델을 구성하는 것이다.

하지만 포토그라메트리 기술만으로 완벽한 3D 모델을 구축하기는 어렵다. 모델에 있는 자잘한 빈틈을 메우고 잡티를 수정하고자 수많은 손질 작업이 가해져야 한다.[9] STRIVR에서 이 기술을 활용해 가상 식료품점의 젖은 벽을 제작했을 때는 3D 아티스트인 타이런이 캡처된 환경과 상호작용 가능한 요소들을 수정하는 데 예상보다 많은 시간이 소요됐다. 그림 13-16은 특히 작업하기 골치 아픈 브로콜리 조각이다.

그림 13-16. 포토그라메트리를 활용해 현실의 물체를 모델로 만드는 것은 여전히 노동집약적 과제다(© STRIVR 2018).

포토그라메트리는 고려해 볼만한 기술이지만, 까다로운 작업이라는 점을 기억해야 한다. 이는 향후 발전을 기대하며 눈여겨볼만한 기술이다.

미래: 라이트 필드

라이트 필드^{light field}는 고리 형태로 늘어서서 회전하는 카메라들을 사용해 360도 영역 안에 들어오는 모든 빛을 잡아내는 놀라운 신기술이다. 라이트 필드로 한 영역을 촬영하면 사용자가 완전한 시차를 인식할 수 있다. 사용자가 단일 시점에 한정되는 모노 360도 동영상과는 달리 라이트 필드는 사용자가 그림 13-17과 같이 머리를 돌려 장면의 다른 각도를 볼 수 있게 해 준다.[5]

그림 13–17. 라이트 필드는 머리를 돌려 다른 관점을 볼 수 있게 해준다.

완전한 시차는 사용자의 존재감을 대폭 강화하는데, 이는 수준 높은 훈련 경험을 만드는 핵심이다. 아직 체험해보지 못했다면 구글의 'Welcome To Light Fields' 시연 동영상을 보길 권한다. 결과물은 놀라울 정도다.

2018년에 이 기술을 널리 적용하기에는 제약이 너무 많았다. 녹화되는 장소는 지름 60센티미터 가량에 불과한 탓에 사용자의 머리가 이 공간을 자꾸 벗어났다. 또한 카메라 리그의 회전 속도 때문에 정지 상태의 이미지만 담을 수 있어서 정적인 환경에 집중하는 훈련 경험에는 적합하되 역동적인 동작이나 배우가 들어가는 시나리오에서는 쓸모가 없다. 그럼에도 라이트 필드는 주목할 만한 캡처 기술이다.

미래: AR 훈련

VR은 어디에서든 다른 곳을 불러내 체험할 수 있게 하는 기술이다. 하지만 AR은 기존의 세계를 인식하는 방법을 변화시키는 것으로, 현실을 가져온 다음 이를 증강해준다.

VR은 다른 곳으로 이동한 느낌을 주고, AR은 기존 세계가 변화하는 느낌을 주는 것이다.

AR이 자연스럽게 쓰이는 것은 현장 보조 도구지만, 몇 가지 핵심 기술이 아직 충분히 발전하지 못했다. AR을 유용한 현장 보조 도구로 활용하려면 안전하고 유용할 만큼 충분한 정확도를 지니고 사람의 두뇌로는 도저히 할 수 없는 일을 해내야 한다. 우리는 이 단계에 점차 가까워지고 있다. 우리는 즉석에서 텍스트를 번역해 대체하고, 얼굴을 바꿔 이미지를 인식할 수 있는 하드웨어가 있다. 하지만 99% 정확도는 많은 사용 사례를 위해 충분치 않으며, 100% 정확도에 도달해야만 한다. 하드웨어 또한 문제다. AR 헤드셋은 더 편안하고 가벼워져야 사람들이 하루에 8시간씩 착용을 고려하게 될 것이다.

이 모든 난점에도 불구하고 AR은 전용 장소 기반 훈련 도구로서의 잠재력이 충분하다. 침수 가옥의 예를 들어 실제 환경 안에서 AR로 교육을 받는 훈련 환경을 상상해보자. 이렇게 되면 실제의 물리적인 훈련 공간을 둘러보는 동시에 개별적인 피드백과 도움을 받을 수 있는 장점까지 취할 수 있다.

이와 유사한 기술이 이미 사용되고 있다. 박물관과 관광지에서는 여러분이 지금 있는 위치를 감지하는 오디오 투어 기기를 활용하고 있다. 또 한 가지 눈여겨볼만한 기술인 VOID[12]는 착용형 VR, 위치 추적, 물리적 공간을 함께 사용해 몰입감 있는 오락을 제공한다.

미래: 음성 인식

최종적인 정확도의 역치 값을 넘기만 하면 음성 인터페이스는 훈련용 툴킷에서 큰 역할을 담당할 것이다. 우리가 훈련하는 아주 많은 측면이 고객 서비스나 대인 갈등 해결 등 사람 사이에 일어나는 일을 다룬다. 음성 인식이 HMD 툴킷에 접목되기만 하면 컨트롤 설계를 위한 완벽한 매개체가 되겠지만, 시끄러운 상점의 내부처럼 그 어떤 환경에서도 제대로 작동하리라는 신뢰성이 뒷받침돼야 한다.

미래: 이상적인 훈련 시나리오

미래의 한 순간을 상상해보자. AR 콘택트 렌즈와 강력한 AI가 제약 없이 활용되고 있다. 이런 환경에서 훈련이란 어떤 모습일까?

그건 메리 포핀스다. 웃자고 하는 얘기가 아니다.

메리 포핀스는 마법 우산을 쓰고 하늘에서 내려와 말썽꾸러기 아이들을 모범적인 시민으로 바꿔 놓는다. 아이들은 훈련이 재미있기 때문에 자신들이 훈련을 받고 있다는 사실조차 깨닫지 못한다. 메리 포핀스는 이끌고 도전하며 돌보는 일들 간의 균형을 완벽히 맞춘다.

완벽한 훈련 경험이란 바로 이런 것이어야 한다. 학습자가 어떤 이인지 파악하고 그들의 니즈에 맞춰 훈련을 시키는 강력한 AI 말이다.

이런 시나리오는 아직 현실화되기엔 멀었다. 2018년 현재, 강력한 AI가 뒷받침되는 AR 콘택트 렌즈는 아직 출현하지 않았다. 하지만 미래의 훈련이 어떤 형태여야 할지에 대한 이상적 세계를 생각해본다면 어떻게 그런 목표에 도달할 수 있을지, 특히 어떤 기술에 투자하고 어떻게 준비해 나가야 할지 생각하는 데 도움이 될 것이다.

참고 자료

1. Bailenson, Jeremy N., K. Patel, A. Nielsen, R. Bajcsy, S. Jung, and G. Kurillo. "The Effect of Interactivity on Learning Physical Actions in Virtual Reality." Media Psychology, 2008. 11: 354-376. *https://stanford.io/2C9Hdw5*.

2. Belch, Derek, interview, 2018.

3. Bowie, Fraser G. "Experiencing Danger Safely is My Virtual Reality-Experience Matters." Experience Matters, 2018. *http://bit.ly/2XFrKwY*.

4. Cordar, Andrew, Michael Borish, Adriana Foster, and Benjamin Lok. "Building Virtual Humans with Back Stories: Training Interpersonal Communication Skills in Medical Students." *Intelligent Virtual Agents (IVA)* 8637 (2014): 144–153. *http://bit.ly/2HdB4SU.*

5. Debevec, Paul. "Experimenting With Light Fields." Google, 2018. *http://bit.ly/2VDENNK.*

6. Knowles, Malcolm S., Elwood F. Holton III, and Richard A. Swanson. *The Adult Learner.* 5th ed. Houston, TX: Gulf Publishing Company, 1998.

7. Kraemer, Shannon, Sharon Hoosein, and Tyrone Schieszler, interview, 2018.

8. Mir, Haider, interview, 2018.

9. Schieszler, Tyrone, and Masaki Miyanohara, interview, 2018.

10. "Size of the Training Industry." Training Industry, 2017. *http://bit.ly/2TwPqV0.*

11. Spinner, Amanda, Joe Willage, and Michael Casale. STRIVR internal presentation, 2018.

12. "Step Beyond Reality." The VOID. *https://www.thevoid.com/.*

13. Wijman, Tom. "Mobile Revenues Account for More Than 50% of the Global Games Market as It Reaches $137.9 Billion in 2018." Newzoo, 2018. *http://bit.ly/2C3e9X6.*

찾아보기

증강 현실 · 가상 현실과 공간 컴퓨팅

차세대 공간 컴퓨팅의 이론과 예제

발   행 | 2020년 10월 30일

지은이 | 에린 팡길리넌 · 스티브 루카스 · 바산스 모한
옮긴이 | 김 서 경 · 고 은 혜

펴낸이 | 권 성 준
편집장 | 황 영 주
편   집 | 이 지 은
디자인 | 박 주 란

에이콘출판주식회사
서울특별시 양천구 국회대로 287 (목동)
전화 02-2653-7600, 팩스 02-2653-0433
www.acornpub.co.kr / editor@acornpub.co.kr

한국어판 ⓒ 에이콘출판주식회사, 2020, Printed in Korea.
ISBN 979-11-6175-457-4
http://www.acornpub.co.kr/book/creating-ar-vr

이 도서의 국립중앙도서관 출판시도서목록(CIP)은 서지정보유통지원시스템 홈페이지(http://seoji.nl.go.kr)와
국가자료공동목록시스템(http://www.nl.go.kr/kolisnet)에서 이용하실 수 있습니다.(CIP제어번호: CIP2020041736)

책값은 뒤표지에 있습니다.